Ruth Steger

Staatenimmunität und Kriegsverbrechen

Das IGH-Urteil im Verfahren Deutschland gegen Italien vom 03.02.2012

PL ACADEMIC RESEARCH

Bibliografische Information der Deutschen Nationalbibliothek
Die Deutsche Nationalbibliothek verzeichnet diese Publikation in der Deutschen Nationalbibliografie; detaillierte bibliografische Daten sind im Internet über http://dnb.d-nb.de abrufbar.

Diese Publikation wurde mit finanzieller Unterstützung aus den Fördermitteln des Vizerektorats für Forschung der Leopold-Franzens-Universität Innsbruck gedruckt.

ISSN 1862-457
ISBN 978-3-631-64337-2 (Print)
E-ISBN 978-3-653-03345-8 (E-Book)
DOI 10.3726/978-3-653-03345-8

PL Academic Research ist ein Imprint der Peter Lang GmbH.

Peter Lang – Frankfurt am Main · Bern · Bruxelles · New York · Oxford · Warszawa · Wien

Dieses Buch erscheint in einer Herausgeberreihe bei PL Academic Research und wurde vor Erscheinen peer reviewed.

www.peterlang.com

Staatenimmunität und Kriegsverbrechen

VÖLKERRECHT
EUROPRECHT UND
INTERNATIONALES
WIRTSCHAFTSRECHT

Herausgegeben von Peter Hilpold und August Reinisch

Band 17

PL ACADEMIC RESEARCH

„Keine Schuld ist dringender, als die, Dank zu sagen."
Marcus Tullius Cicero

Bei der Erstellung dieser Arbeit haben mich viele Menschen auf ganz unterschiedliche Weise unterstützt, denen ich dafür zu tiefem Dank verpflichtet bin.

Mein besonderer Dank gilt meinen Eltern Elisabeth und Ferdinand, meiner Schwester Hannah, meinem Freund Tom, Julia, Hannerose, Paul, a.o. Univ.Prof. MMag. Dr. Peter Hilpold und Dr. Jelka Mayr-Singer.

Inhaltsverzeichnis

Abkürzungsverzeichnis

Abs.	Absatz
Art.	Artikel
Bd.	Band
BGH	Bundesgerichtshof
BVerfG	Bundesverfassungsgericht
bzw.	beziehungsweise
ca.	circa
d.h.	das heißt
EGMR	Europäischer Gerichtshof für Menschenrechte
EMRK	Europäische Konvention zum Schutz der Menschenrechte und Grundfreiheiten
EuGH	Gerichtshof der Europäischen Union
EuGVÜ	Europäisches Gerichtsstands- und Vollstreckungsübereinkommen
EuGVVO	Europäische Gerichtsstands- und Vollstreckungsverordnung
EÜStI	Europäisches Übereinkommen über Staatenimmunität
f	und die folgende (Seite/RZ/Abs./§/Art.)
ff	und die folgenden (Seiten/RZ/Abs./§/Art.)
FN	Fußnote
FSIA	Foreign Sovereign Immunities Act
gem.	gemäß
GFK	Genfer Flüchtlingskonvention
ICJ	International Court of Justice
ICTY	International Criminal Tribunal for the former Yugoslavia
IDI	Institut de Droit International

idR	in der Regel
IGH	Internationaler Gerichtshof
ILC	International Law Comission
I.O.	Internationale Organisation
LG	Landesgericht
OSG	Oberstes Sondergericht (Griechenlands)
Pkt.	Punkt
RZ	Randziffer(n)
S.	Seite
sog.	sogenannt
StIGH	Ständiger Internationaler Gerichtshof
u.a.	unter anderem
UNCJISP	United Nations Convention on Jurisdictional Imunities of States and their Property
UNO	United Nations Organization
US	United States (of America)
v. / vs.	versus
v.a.	vor allem
WDK	Wiener Diplomatenrechtskonvention
WKK	Wiener Konsularrechtskonvention
WVK	Wiener Vertragsrechtskonvention
z.B.	zum Beispiel
z.T.	zum Teil
ZP	Zusatzprotokoll

1 Einleitung

Am 03. Februar 2012 fällte der Internationale Gerichtshof (IGH) das lang erwartete Urteil im Fall *Jurisdictional Immunities of the State* (*Germany v Italy, Greece Intervening*).[1] Der Haager Gerichtshof musste in diesem Verfahren darüber befinden, ob und in welchem Umfang bei Klagen wegen schweren Menschenrechtsverstößen bzw. Verletzungen des humanitären Völkerrechts vor fremden Gerichten Staatenimmunität zu gewähren ist.[2]

Die Staatenimmunität als einer der Eckpfeiler des geltenden Völkerrechts legt fest, dass Staaten aufgrund der souveränen Gleichheit der Staaten der Gerichtsbarkeit anderer Staaten grundsätzlich nicht unterworfen sind, denn *par in parem non habet imperium*. Bis nach dem Zweiten Weltkrieg galt die Staatenimmunität absolut. Erst als Staaten sich mehr und mehr auch wirtschaftlich betätigten, wurde Staatenimmunität nur mehr für hoheitliches Handeln gewährt, während der Immunitätsschutz für *acta iure gestionis* entfiel.[3]

---

1 Vgl. P. Bornkamm, State Immunity Against Claims Arising from War Crimes: The Judgment of the International Court of Justice in Jurisdictional Immunities of the State, in: 13 GLJ, 06/2012, S. 773; M. Kloth/M. Brunner, Staatenimmunität im Zivilprozess bei gravierenden Menschenrechts-verletzungen. Eine Anmerkung zu dem Urteil des Internationalen Gerichtshofs „Jurisdictional Immunities of the State (Germany v. Italy: Greece intervining)" vom 3. Februar 2012, 50 AVR 02/2012, S. 218 und K. Trapp/A. Mills, Smooth Runs the Water where the Brook is Deep: The Obscured Complexities of Germany v Italy, in: CJICL, 01/2012, S. 153.

2 Vgl. P. Bornkamm GLJ, 2012, S. 773 und M. Kloth/M. Brunner AVR, 2012, S. 218.

3 Vgl. P. Bornkamm GLJ, 2012, S. 779; M. Herdegen, Völkerrecht, München: C.H. Beck, 2012, § 33, RZ 3, § 37, RZ 1, RZ 5; M. Kloth/M. Brunner AVR, 2012, S. 218f; R. Lengelsen, Aktuelle Probleme der Staatenimmunität im Verfahren vor den Zivilgerichten und Verwaltungsgerichten, Frankfurt am Main u.a.: Peter Lang 2011, S. 17 - 19; B. Stephens, Abusing the Authority of the State: Denying Foreign Official Immunity for Egregious Human Right Abuses, in: 44 VJTL, 2011, S. 116; P. Stoll, State Immunity, in MPEPIL, last updated April 2011, abrufbar unter: www.mpepil.com, RZ 1, RZ 4, RZ 6; W. Vitzthum, Völkerrecht, Berlin u.a.: Walter de Gruyter 2010, S. 180f, RZ 87, RZ 90; T. Salomon, Die Staatenimmunität als Schild zur Abwehr gerechter Ansprüche? Zwangsarbeiterklagen vor italienischen Zivilgerichten gegen Deutschland, in: BLJ, 02/2009, S. 63; Ch. Appelbaum, Einschränkungen der Staatenimmunität in Fällen schwerer Menschenrechtsverletzungen. Klagen von Bürgern gegen einen fremden Staat oder ausländische staatliche Funktionsträger vor nationalen Gerichten, Schriften zum Völkerrecht, Band 171, Berlin: Duncker & Humbolt 2007, S. 29, S. 47; Ch. Appelbaum, Der Fall Distomo - Die Staatenimmunität Deutschlands gegenüber Klagen wegen Wehrmachtsverbrechen in Griechenland, in: 17 HuV-I, 03/2004, S. 191; K. Doehring, Völkerrecht, Heidelberg: C.F. Müller, 2004, S. 285, RZ 658, S. 288, RZ 665, S. 289, RZ 668; S. Hobe/O. Kimminich, Einführung in das Völkerrecht, Tübingen

In den letzten Jahren mehren sich Stimmen, die eine weitere Einschränkung der Immunität über die klassische Ausnahme für *acta iure gestionis* hinaus fordern, insbesondere für die Fälle von Kriegsverbrechen und schweren Menschenrechtsverletzungen. Eng damit in Zusammenhang stehen Schadenersatzklagen von Opfern von Kriegsverbrechen im Zweiten Weltkrieg, welche gegen die Bundesrepublik Deutschland erhoben worden sind.[4]

Deutschland hat den IGH am 23.Dezember 2008 angerufen, da es Italien vorwirft, die der Bundesrepublik nach dem Völkerrecht zustehende Staatenimmunität verletzt zu haben, indem italienische Gerichte (1) Gerichtsbarkeit über diese Schadenersatzklagen wegen Wehrmachtsverbrechen ausgeübt, (2) auf ähnlichen Sachverhalten beruhende griechische Klagen für in Italien vollstreckbar erklärt und (3) Zwangsvollstreckungsmaßnahmen in für hoheitliche Zwecke genutztes deutsches Staatseigentum angeordnet hatten.[5]

In dieser Arbeit wird nun zuerst der historische Hintergrund dieser Schadenersatzklagen dargestellt (Kapitel 2). Daran anschließend wird das Institut der Staatenimmunität genauer beleuchtet (Kapitel 3). Zuletzt werden noch die Theorien, die in der Literatur bzw. von Italien im Verfahren vor dem IGH herangezogen werden, um eine Immunitätsausnahme bei schweren Menschenrechtsverletzungen bzw. Verstößen gegen das humanitäre Völkerrecht zu begründen, genauer dargestellt (Kapitel 4).

---

u.a.: A. Francke 2004, S. 347f; H. Neuhold u.a. (Hrsg.) Österreichisches Handbuch des Völkerrechts. Band 1 – Textteil, Wien: Manz 2004, S. 168, RZ 866; H. Fox, The law of state Immunity, New York: Oxford University Press 2002, S. 21f; K. Ipsen, Völkerrecht, München: C.H. Beck, 1999, § 26, RZ 16f; M. Karagiannakis, State Immunity and Fundamental Human Rights, in: 11 LJIL, 01/1998, S. 11, S. 14 und A. Verdross/B. Simma, Universelles Völkerrecht, Berlin: Duncker & Humbolt 1984, §1169, § 1175.

4 Vgl. M. Kloth/M. Brunner AVR, 2012, S. 218f; Ph. Stammler, Der Anspruch von Kriegsopfern auf Schadenersatz, 2009, S. 122; W. Cremer, Entschädigungsklagen wegen schwerer Menschenrechtsverletzungen und Staatenimmunität vor nationaler Zivilgerichtsbarkeit, in: 41 AVR, 2003, S. 142 und J. Bröhmer, State Immunity and the Violation of Human Rights, The Hague u.a.: Martinus Nijhoff Publishers 1997, S. 189.

5 Vgl. C. Keitner, Germany v. Italy: The International Court of Justice Affirms Principles of State Immunity, in: 16 ASIL Insights, 05/2012, PDF-Print-Version, S. 1; M. Kloth/M. Brunner AVR, 2012, S. 222f; K. Trapp/A. Mills CJICL, 2012, S. 153; R. Lengelsen, Aktuelle Probleme der Staatenimmunität, 2011, S. 99, S. 173; J. Schaarschmidt, Die Reichweite des völkerrechtlichen Immunitätsschutzes – Deutschland v. Italien vor dem IGH, in: Ch. Tietje (Hrsg.), Beiträge zum Europa- und Völkerrecht, 05/2010, S. 5f und Memorial of Germany 2009, S. 83, Abs. 132.

2 Historischer Hintergrund und Sachverhalt des Verfahrens vor dem IGH

Hintergrund des Verfahrens vor dem IGH sind Schadenersatzklagen wegen während des Zweiten Weltkrieges begangener Kriegsverbrechen, die vor italienischen Gerichten gegen die Bundesrepublik Deutschland eingebracht wurden.[6]

Die in Italien eingebrachten Klagen lassen sich anhand der Eigenschaften der klagenden Opfer in drei Gruppen unterteilen: (1) nach ihrer Gefangennahme zum Arbeitseinsatz nach Deutschland deportierte Soldaten der italienischen Armee, denen der Status eines Kriegsgefangenen nicht zuerkannt wurde (sog. italienische Militärinternierte), (2) Zivilisten, die unrechtmäßig nach Deutschland deportiert und als Zwangsarbeiter eingesetzt wurden und (3) Zivilisten, die Opfer von durch Streitkräfte des Dritten Reiches in verschiedenen Ortschaften Italiens verübten Massakern wurden.[7]

Deutschland wirft Italien vor durch die Ausübung der Gerichtsbarkeit über diese Klagen sowie durch die Vollstreckbarerklärung des *Distomo-Urteils* und die Zwangsvollstreckung in die in Italien befindliche *Villa Vigoni* die der Bundesrepublik nach dem Völkerrecht zustehende Immunität verletzt zu haben.[8]

Im Folgenden sollen nun die diesen Kategorien zugrunde liegenden historischen Ereignisse geschildert werden. Anschließend wird die Entschädigungspolitik Nachkriegsdeutschlands dargestellt. In diesem Zusammenhang sollen die unterschiedlichen Ansichten der Streitparteien in Bezug auf die Anwendbarkeit und den Anwendungsbereich der im Friedensvertrag von 1947 sowie den beiden Abkommen aus 1961 enthaltenen Verzichtsklauseln erörtert werden. Im Anschluss sollen noch stellvertretend für die einzelnen Opfergruppen richtungsweisende Fälle, wie etwa jener des 1944 zur Zwangsarbeit

---

6 Vgl. P. Bornkamm GLJ, 2012, S. 773; J. Schaarschmidt, Die Reichweite des völkerrechtlichen Immunitätsschutzes, in: Ch. Tietje, 2010, S. 5f und Memorial of Germany 2009, S. 83, Abs. 132.

7 Vgl. ICJ Judgment Jurisdictional Immunities of the State (Germany v. Italy: Greece intervining), 03. February 2012 (im Folgenden: Judgment), S. 22, Abs. 52; Rejoinder of Italy 2011, S. 22f, Abs. 3.20 -3.23; Counter-Memorial of Italy 2009, S. 15, Abs. 2.8 und Memorial of Germany 2009, S. 12f, Abs. 13.

8 Vgl. R. Lengelsen, Aktuelle Probleme der Staatenimmunität, 2011, S. 99, S. 173; J. Schaarschmidt, Die Reichweite des völkerrechtlichen Immunitätsschutzes, in: Ch. Tietje, 2010, S. 5f und Memorial of Germany 2009, S. 83, Abs. 132.

deportierten Kriegsgefangenen Luigi Ferrini[9], beschrieben werden. Zuletzt wird ein Überblick über den Verfahrensablauf vor dem IGH gegeben.

2.1 Kriegsverbrechen in den Jahren 1943 bis 1945

Italien kämpfte von 1940 bis 1943 als Verbündeter Deutschlands im Zweiten Weltkrieg, bevor es sich den Alliierten anschloss und Deutschland den Krieg erklärte. Ab 1943 kam es in vom Deutschen Reich besetzten italienischen Gebieten zu Massakern mit zahlreichen zivilen Opfern. Außerdem wurden sowohl Zivilisten als auch Angehörige der italienischen Armee gefangen genommen und zur Zwangsarbeit nach Deutschland deportiert. Auch im ebenfalls vom Deutschen Reich besetzten Griechenland kam es zu grausamen Massakern, u.a. in der Ortschaft *Distomo*.[10] Wegen der Relevanz für das Verfahren vor dem IGH wird im Folgenden neben den Geschehnissen in Italien auch der historische Hintergrund des *Distomo*-Massakers beschrieben.

2.1.1 Massaker in Italien

Als Reaktion auf die Tötung von vier deutschen Soldaten durch Freiheitskämpfer ermordete die Panzerdivision Herman Göring am 29. Juni 1944 in Civitella, Cornia und San Pancrazio 203 Zivilisten.[11]

2.1.2 Das Distomo-Massaker

Während der Besetzung Griechenlands durch das Deutsche Reich umstellten SS-Truppen am 10. Juni 1944, als Racheakt für die vorangegangene Tötung von 18 Soldaten durch griechische Freiheitskämpfer, die griechische Ortschaft

---

9 Vgl. Counter-Memorial of Italy 2009, S. 25, Abs. 2.35.

10 Vgl. Judgment 2012, S. 13, Abs. 21 und Memorial of Germany 2009, S. 23, Abs. 33.

11 Vgl. Dissenting Opinion of Judge Cançado Trindade 2012, S. 55, Abs. 189; Judgment 2012, S. 16, Abs. 29; M. Kloth/M. Brunner AVR, 2012, S. 219f; A. Fischer-Lescano/C. Gericke, Der IGH und das transnationale Recht. Das Verfahren BRD ./. Italien als Wegweiser der zukünftigen Völkerrechtsordnung, in: KJ, 2010, S. 80; Counter-Memorial of Italy 2009, S. 15, Abs. 2.7; Memorial of Germany 2009, S. 19f, Abs. 29 und F. Moneta, State Immunity for International Crimes: The Case of Germany versus Italy before the ICJ, 2009, abrufbar unter: www.haguejusticeportal.net, S. 3.

Distomo. Es wurden über 200 Menschen, darunter viele Frauen und Kinder, auf grausame Art und Weise ermordet und die gesamte Stadt in Brand gesetzt.[12]

2.1.3 Die Deportation von Zivilisten und Kriegsgefangenen und deren Einsatz als Zwangsarbeiter

Zwischen 1937 bis zum Sturz Mussolinis 1943 wurden aufgrund der Arbeitslosigkeit in Italien zahlreiche italienische Arbeiter nach Deutschland entsandt. Auf diese Weise kamen auf Anfrage des Deutschen Reichs beispielsweise mehr als 30.000 Landarbeiter und ca. 10.000 Bauarbeiter aus Italien nach Deutschland. Nach der Unterzeichnung des Waffenstillstandes zwischen Italien und den Alliierten wurde diesen italienischen Arbeitern, die bisher eine Sonderstellung innehatten, die Ausreise aus Deutschland verboten. Zur selben Zeit wurde Nord- und Mittelitalien von deutschen Truppen besetzt. Diese besetzten Gebiete wurden vom Deutschen Reich als riesiges Menschenreservoir gesehen, weshalb eine Arbeitspflicht für alle Männer bestimmter Jahrgänge verfügt wurde. Diese Aktion schlug fehl, da die mit der Durchführung dieser Maßnahme beauftragte italienische Bürokratie verständlicherweise wenig Eifer bei der Umsetzung der Arbeitspflicht zeigte. Aus diesem Grund besannen sich die deutschen Besatzungsbehörden wieder auf die freiwillige Anwerbung und wendeten die Deportationspläne auf italienische Häftlinge an. Im Zuge der von den Nationalsozialisten selbst als „Sklavenjagd“ betitelten Frontdeportation wurden alle arbeitsfähigen Männer in den Gebieten Süd- und Mittelitaliens, aus denen sich die Wehrmacht aufgrund des Vorstoßes der Alliierten mehr und mehr zurückziehen musste, zur Zwangsarbeit herangezogen. Nach dem Seitenwechsel

---

12 Vgl. P. Bornkamm GLJ, 2012, S. 774; Dissenting Opinion of Judge Cançado Trindade 2012, S. 53, Abs. 185; Judgment 2012, S. 17, Abs. 30; M. Kloth/M. Brunner AVR, 2012, S. 221; S. Shah, Jurisdictional Immunities of the State: Germany v Italy, in: HRLR 12/2012, S. 557; R. Lengelsen, Aktuelle Probleme der Staatenimmunität, 2011, S. 96; S. Schlickewei, Denial of Individual Rights to Compensation to Victims of World War II Massacre in Light of the ECHR: Sfountouris and Others v. Germany, in: 54 German Yearbook of International Law, 2011, S. 742; J. Schaarschmidt, Die Reichweite des völkerrechtlichen Immunitätsschutzes, in: Ch. Tietje, 2010, S. 8; Memorial of Germany 2009, S. 23, Abs. 33; R. Van Alebeek, The Immunity of States and Their Officials in International Criminal Law and International Human Rights Law. New York: Oxford University Press 2008, S. 329f und K. Bartsch/B. Elberling, Jus Cogens vs. State Immunity, Round Two: The Decision of the European Court of Human Rights in the Kalogeropoulou et al. v. Greece and Germany Decision, in: 04 GLJ, 05/2003, S. 477 - 491, S. 478.

Italiens nahm die Wehrmacht außerdem rund 600.000 Soldaten der italienischen Truppen, die sich zu diesem Zeitpunkt in ihrem Einflussbereich befanden, gefangen und deportierte sie zum Arbeitseinsatz nach Deutschland oder in besetzte Gebiete. Um diese sog. italienischen Militärinternierten (IMI) effizienter ein-setzen zu können, überführte man sie zuerst freiwillig, später pauschal und ohne deren Einwilligung in den Status von Zivilarbeitern.[13]

2.2 Die deutsche Entschädigungspolitik nach dem Zweiten Weltkrieg

Die in der Nachkriegszeit getroffenen Regelungen im Zusammenhang mit den Entschädigungsansprüchen von NS-Opfern differenzieren zwischen deutschen und ausländischen Opfern. Während für erstere das nationale Entschädigungsrecht gilt, wurden zweitere auf die völkerrechtlich zu regelnden Reparationen verwiesen.[14]

Des Weiteren wurden Reparationen für die alliierten Mächte und für die früheren Verbündeten Hitler-Deutschlands in unterschiedlicher Weise geregelt. Die Alliierten vereinbarten im *Potsdamer Abkommen*[15] 1945 eine reparationspolitische Teilung zwischen Ost- und Westdeutschland. Demzufolge sollten die Forderungen der westlichen Alliierten mit Mitteln aus der Westzone samt Auslandsguthaben beglichen werden, während die Forderungen der Sowjetunion aus der Sowjetischen Besatzungszone und den entsprechenden Auslands-

---

13 Vgl. Dissenting Opinion of Judge Cançado Trindade 2012, S. 57, Abs. 197; Counter-Memorial of Italy 2009, S. 14, Abs. 2.5f; T. Salomon BLJ, 2009, S. 62; M. Spoerer, Zwangsarbeit unter dem Hakenkreuz. Ausländische Zivilarbeiter, Kriegsgefangene und Häftlinge im Deutschen Reich und im besetzten Europa 1939 – 1945, Stuttgart u.a.: Deutsche Verlags-Anstalt 2001, S. 80 - 84; G. Schreiber, Die italienischen Militärinternierten im deutschen Machtbereich: 1943 bis 1945; verraten – verachtet – vergessen, München: Oldenbourg, 1990, S. 225f, S. 231, S. 341 - 345, S. 429 - 431; P. Schramm, Kriegstagebuch des Oberkommandos der Wehrmacht, 1940 – 1945, Band III, 2. Hb, Frankfurt am Main: Bernard & Graefe Verlag für Wehrwesen, 1963, S. 1124 und H. Herzog, Deportation und Zwangsarbeit, abrufbar unter: www.resistenza.de .

14 Vgl. H. Hockerts, Die Entschädigung von NS-Verfolgten in West- und Osteuropa. Eine einführende Skizze, in: H. Hockers u.a. (Hrsg.), Grenzen der Wiedergutmachung. Die Entschädigung für NS-Verfolgte in West- und Osteuropa 1945 - 2000, Wallstein Verlag 2006, S. 8 und M. Spoerer, Zwangsarbeit, 2001, S. 241.

15 Vgl. Verhandlungsprotokoll der Konferenz von Potsdam, in: Bundestminister des Inneren (Hrsg.): DzD, II Reihe, Band 1, 3. Drittelband, Kriftel: Alfred Metzner Verlag 1992, S. 2149 - 2202.

guthaben befriedigt werden sollten.[16] Der Verteilungsschlüssel für die „Westmasse“ wurde auf der Pariser Reparationskonferenz festgelegt. An dieser Konferenz waren die ehemaligen Verbündeten des Dritten Reichs nicht beteiligt. Die Reparationsfragen dieser einstigen Verbündeten des Deutschen Reichs wurden in den mit diesen Staaten im Februar 1947 geschlossenen Friedensverträgen geregelt. Mit Ausnahme des finnischen Friedensvertrags[17] wurde in all diese Verträge, also in jene mit Italien[18], Ungarn[19], Bulgarien[20] und Rumänien[21] eine Verzichtsklausel aufgenommen.[22]

Wesentliche Bedeutung für die Entschädigung von ausländischen NS-Opfern hat das *Londoner Schuldenabkommen* (1953)[23], welches in Art. 5 Abs. 2 die Verhandlung der zwischenstaatlichen Reparationsansprüche bis zu einer endgültigen Regelung der Reparationsfrage aufschiebt.[24] Unter „endgültige“ Regelung wurde weitgehend der Abschluss eines Friedensvertrags mit Deutschland verstanden. Mit dieser Regelung wollte die USA zum Schutz ihrer eigenen Gläubigerinteressen verhindern, dass dem Deutschen Staat zu viel aufgebürdet wird. Außerdem sollte dadurch Westdeutschland als Frontstaat im Kalten Krieg gestützt und stabilisiert werden. Aus ähnlichen Motiven wurde 1953 auch von Seiten der Regierung der Sowjetunion die Reparationsfrage durch einen Reparationsverzicht längerfristig ruhig gestellt.[25] Dieses Einfrieren der Reparationszahlungen führte dazu, dass „ (…) der suchende Blick [ausländischer NS-Opfer]

---

16 Vgl. Verhandlungsprotokoll der Konferenz von Potsdam, in: DzD, II Reihe, Band 1, 3. Drittelband, S. 2159f.

17 Vgl. Treaty of Peace with Finland (Paris, 10 February 1947), in: Australian Treaty Series 1948 No. 2, Australian Government Publishing Service, abrufbar unter: www.austlii.edu.au/au/other/dfat/treaties/1948/2.html .

18 Vgl. Art. 77 Abs. 4 Treaty of Peace with Italy (Paris, 10 February 1947), in: Australian Treaty Series 1948 No. 2.

19 Vgl. Art. 30 Abs. 4 Treaty of Peace with Hungary (Paris, 10 February 1947), in: Australian Treaty Series 1948 No. 2.

20 Vgl. Art. 26 Abs 4 Treaty of Peace with Bulgaria (Paris, 10 February 1947), in: Australian Treaty Series 1948 No. 2.

21 Vgl. Art. 28 Abs. 4 Treaty of Peace with Roumania (Paris, 10 February 1947), in: Australian Treaty Series 1948 No. 2.

22 Vgl. Reply of Germany 2010, S. 11, Abs. 14f; Memorial of Germany 2009, S. 9, Abs. 8 und H. Hockerts, Die Entschädigung von NS-Verfolgten, in: H. Hockers u.a., 2006, S. 11 - 13.

23 BGBl. 1953 II, S. 331 - 485.

24 Vgl. BGBl. 1953 II, S. 340.

25 Vgl. H. Hockerts, Die Entschädigung von NS-Verfolgten, in: H. Hockers u.a., 2006, S. 14f, S. 17.

auf die bundesdeutsche Entschädigungsgesetzgebung (fiel)“[26]. Anspruchsberechtigt nach den deutschen Entschädigungsgesetzen waren jedoch, bis auf wenige in diesem Kapitel zu erörternde Ausnahmen, nur Verfolgte mit einer räumlichen Beziehung zu Deutschland.[27]

Im Folgenden soll nun einerseits auf das innerdeutsche Recht, im Speziellen auf das Bundesentschädigungsgesetz 1953 und dessen Novellierungen eingegangen werden. Andererseits sollen auch auf internationaler Ebene relevante Entwicklungen aufgezeigt werden, da Terror und Verfolgung durch das Dritte Reich nicht an der deutschen Grenze Halt gemacht haben. Da der Großteil der Opfer der Nazi-Verfolgung Ausländer waren (ca. 90 %), hat die Entschädigungsfrage in der Nachkriegszeit zunehmend auch eine internationale Dimension gewonnen.[28]

2.2.1 Der Friedensvertrag zwischen Italien und den Alliierten aus 1947

Am 10. Februar 1947 schlossen die Alliierten mit Italien einen Friedensvertrag, der v.a. die rechtlichen und ökonomischen Folgen des Krieges zwischen den Parteien regelte.[29]

Zwischen den Parteien des IGH-Verfahrens sind sowohl die Anwendbarkeit als auch der Anwendungsbereich der im Art. 77 Abs. 4 dieses Friedensvertrags enthaltenen Verzichtsklausel[30] strittig.

---

26 H. Hockerts, Die Entschädigung von NS-Verfolgten, in: H. Hockers u.a., 2006, S. 14f, S. 19.

27 Vgl. ibid., S. 14f, S. 17.

28 Vgl. H. Hockerts, Die Entschädigung von NS-Verfolgten, in: H. Hockers u.a., 2006, S. 7 und U. Herbert, Nicht entschädigungsfähig? Die Wiedergutmachungsansprüche der Ausländer, in: L. Herbst/C. Goschler (Hrsg.), Wiedergutmachung in der Bundesrepublik Deutschland. München: R. Oldenbourg Verlag 1989, S. 273.

29 Vgl. Judgment 2012, S. 13, Abs. 22; Counter-Memorial of Italy 2009, S. 16, Abs. 2.9 und Memorial of Germany 2009, S. 10, Abs. 9.

30 Art. 77 Abs 4 des Friedensvertrages lautet „Without prejudice to these and to any other dispositions in favour of Italy and Italian nationals by the Powers occupying Germany, Italy waives on its own behalf and on behalf of Italian nationals all claims against Germany and German nationals outstanding on 8 May 1944, except those arising out of contracts and other obligations entered into, and rights acquired, before 1 September 1939. This waiver shall be deemed to include debts, all inter-governmental claims in respect of arrangements entered into in the course of the war, and all claims for loss or damage arising during the war." (Vgl. Treaty of Peace with Italy, Paris, 10 February 1947, in: Australian Treaty Series 1948 No. 2).

Italien vertritt die Auffassung, dass die Verzichtsklausel nicht als Klausel zugunsten Deutschlands gesehen werden kann, da Deutschland nicht Partei des Friedensvertrags von 1947 war. Selbst wenn Deutschland von der Klausel profitieren könnte, ist Italien der Ansicht, dass Verletzungen des humanitären Völkerrechts von diesem Verzicht nicht mitumfasst sind. Dies wird damit begründet, dass der Anwendungsbereich der Verzichtsklausel v.a. privatrechtliche Rechte betrifft. Des Weiteren wird angeführt, die Alliierten hätten nur ein Interesse daran gehabt, Deutschland vor der Zahlung von Reparation an Italien zu schützen, solange sie selbst Deutschland regierten. Während dieser Zeit wollten sie nämlich alle deutschen Einnahmen für ihre eigenen Zwecke verwenden. Sie hatten jedoch keinen Grund, Deutschland für immer von seiner Verantwortung für nationalsozialistische Verbrechen zu entbinden.[31] Außerdem ist Italien der Meinung, dass von italienischer Seite nicht auf die den Opfern von Verstößen gegen das humanitäre Völkerrecht zustehenden Rechte verzichtet werden konnte, da es durch den Abschluss von Abkommen zwischen Staaten zu keiner Schmälerung dieser Rechte kommen darf. Als Hauptargumente führt Italien den *ius cogens-Charakter* des in den *Genfer Konventionen* vorgesehenen Reparationsregimes sowie das Effektivitätsprinzip an. Aufgrund des Effektivitätsgrundsatzes kann laut Italien durch ein zwischenstaatliches Abkommen zum einen nicht vollständig auf individuelle Entschädigungsansprüche verzichtet werden und zum andern muss ein solches Abkommen zu einer effektiven Entschädigung der Opfer führen. Staaten können also nach italienischer Ansicht nur über die Methoden bzw. Mittel zur Umsetzung der Reparationen verhandeln, während das Ergebnis, also der Schutz der Opfer von Verletzungen humanitären Völkerrechts sowie deren effektive Entschädigung nicht zur Disposition der Staaten gestellt ist.[32]

Nach deutscher Auffassung kann hingegen kein Zweifel an der Gültigkeit der Verzichtsklausel bestehen. Alle Friedensversträge der Alliierten mit ehemaligen Verbündeten Deutschlands enthielten solche Klauseln. Da die finanzielle Kapazität Deutschlands zur Wiedergutmachung begrenzt war, sollte aus Sicht der Alliierten den Nationen, die als unschuldige Opfer der Nationalsozialisten betrachtet wurden, der Vorrang gegeben werden. Außerdem sollte die Klausel eine Art Sanktion für frühere Verbündete des Deutschen Reichs darstellen. Die Alliierten wollten mit der Aufnahme solcher Klauseln den Verhandlungen über die finanziellen Folgen des Zweiten Weltkrieges ein definitives Ende setzen, um

31 Vgl. Counter-Memorial of Italy 2009, S. 105 - 107, Abs. 5.47 - 5.51.

32 Vgl. ibid., S. 94 - 99, Abs. 5.15 - 5.26, S. 107, Abs. 5.52.

damit zu befürchtenden endlosen Verhandlungen über Reparationszahlungen einen Riegel vorzuschieben.[33]

Deutschland ist in diesem Zusammenhang des Weiteren der Meinung, dass ihm, obwohl es nicht Partei des mit Italien geschlossenen Friedensvertrages war, aus der darin enthaltenen Verzichtsklausel ein Rechtsanspruch erwächst.[34] Dabei beruft sich die Bundesrepublik auf Art. 36 *Wiener Vertragsrechtskonvention* (WVK)[35], der Verträge zugunsten Dritter regelt. Art. 36 WVK sieht als Voraussetzungen der Berechtigung eines Drittstaates die Absicht der Vertragsparteien, dem Drittstaat ein Recht einzuräumen und die Zustimmung des Drittstaates vor.[36] Diese Voraussetzungen sind laut Deutschland erfüllt. Einerseits hat Deutschland sowohl implizit als auch explizit zugestimmt. Andererseits wurde Deutschland im Friedensvertrag ausdrücklich namentlich genannt und die Alliierten wollten durch die Klausel eine Schmälerung ihrer eigenen Reparationsansprüche durch die ehemaligen Verbündeten des Dritten Reichs verhindern. Folglich würde in den Augen Deutschland eine Verzichtsklausel die vom Begünstigten nicht geltend gemacht werden kann „absolut keinen Sinn [machen]“[37].[38]

Der italienischen Auffassung, dass der Anwendungsbereich der Verzichtsklausel Kriegsverbrechen nicht mitumfasst, wird von deutscher Seite entgegen gesetzt, dass aus der Formulierung der Klausel hervorgeht, dass diese „alle denkbaren Klagen gegen Deutschland umfasst“[39]. Deutschland bezieht sich dabei insbesondere auf Art. 77 Abs. 4 letzter Satz[40] des Friedensvertrages.[41]

Eine weitere Auseinandersetzung mit den hier angeführten Argumenten der Parteien findet im Kapitel 4.6 statt.

---

33 Vgl. Reply of Germany 2010, S. 11, Abs. 14f und Memorial of Germany 2009, S. 34, Abs. 56.

34 Vgl. ibid., S. 12, Abs. 17f.

35 Vgl. Art. 36 Vienna Convention on the Law of Treaties 1969, United Nations, Treaty Series, vol. 1155, S. 341.

36 Vgl. ibid.

37 Reply of Germany 2010, S. 13, Abs. 19 (Übersetzung durch die Verfasserin).

38 Vgl. Reply of Germany 2010, S. 12f, Abs. 17 - 19 und H. Neuhold u.a., Österreichisches Handbuch des Völkerrechts. Band 2 - Materialienteil, Wien: Manz 2004, D 10, S. 58.

39 Reply of Germany 2010, S. 15, Abs. 23 (Übersetzung durch die Verfasserin).

40 Vgl. Art. 77 Abs. 4 Treaty of Peace with Italy (Paris, 10 February 1947), in: Australian Treaty Series 1948 No. 2, siehe FN 31.

41 Vgl. Reply of Germany 2010, S. 14f, Abs. 22f.

2.2.2 Das Bundesentschädigungsgesetz aus 1953

Ein wichtiger Impuls für das spätere *Bundesentschädigungsgesetz* wurde durch das 1949 in Kraft getretene *Entschädigungsgesetz* der US-Besatzungszone gesetzt, welches bald auch von den übrigen beiden Westzonen übernommen wurde.[42] Die nächste Weichenstellung erfolgte durch den 1952 zwischen Westdeutschland und den drei Westmächten geschlossenen *Überleitungsvertrag*[43], welcher in einer Klausel die Bundesregierung zur Übernahme der Regelungen des Entschädigungsgesetzes der US-Besatzungszone als bundesdeutschen Mindeststandard verpflichtet. Das im Jahre 1953 verabschiedete erste einheitliche *Bundesentschädigungsgesetz*[44] baute daher auf der Systematik des Gesetzes der US-Zone auf. Insbesondere wurden die Definition des Verfolgtenbegriffes sowie das Territorialitätsprinzip übernommen.[45] Dieses von allen Seiten als Provisorium aufgefasste Gesetz wurde 1956 novelliert und rückwirkend für 1953 in Kraft gesetzt. Nach dem *Bundesentschädigungsgesetz* in der Fassung von 1956 (BEG)[46] sind wegen ihrer Rasse, ihrer Weltanschauung, ihres Glaubens oder ihrer politischen Gegnerschaft Verfolgte anspruchsberechtigt, sofern diese eine räumliche Beziehung zu Deutschland aufweisen (subjektiv-persönliches-Territorialitätsprinzip). Ausschlaggebend für das Bestehen einer solchen Beziehung ist der Wohnsitz des Verfolgten zu einem bestimmten Stichtag (zur genauen Regelung siehe § 4 BEG[47]).[48] Diese Regelung beschränkt den Kreis der Berechtigten im Wesentlichen, wenn auch nicht ausschließlich auf deutsche NS-Verfolgte.[49]

Insgesamt sind fünf Ausnahmen vom Territorialitätsprinzip vorgesehen: (1) Eine wesentliche Ausnahme stellt die - auf Drängen der alliierten Militär-

---

42 Vgl. H. Hockerts, Die Entschädigung von NS-Verfolgten, in: H. Hockers u.a., 2006, S. 19 und H. Hockerts, Wiedergutmachung in Deutschland. Eine historische Bilanz 1945 - 2000, in: 49 VfZ, 02/2001, S. 175f.

43 Vertrag zur Regelung aus Krieg und Besatzung entstandener Fragen, BGBl. II 1954, S. 157 - 239, BGBl. II 1955, S. 405 - 468.

44 Bundesergänzungsgesetz zur Entschädigung für Opfer der nationalsozialistischen Verfolgung (BEG), BGBl. I 1953, S. 1387 - 1408.

45 Vgl. H. Hockerts, Die Entschädigung von NS-Verfolgten, in: H. Hockers u.a., 2006, S. 20f und H. Hockerts VfZ, 2001, S. 175.

46 Drittes Gesetz zur Änderung des Bundesergänzungsgesetzes zur Entschädigung für Opfer der nationalsozialistischen Verfolgung, BGBl. I 1956, S. 559 - 597.

47 § 4 BEG, BGBl. I 1956, S. 563f.

48 Vgl. § 4 BEG, BGBl. I 1956, S. 563f.

49 Vgl. H. Hockerts, Die Entschädigung von NS-Verfolgten, in: H. Hockers u.a., 2006, S. 21; H. Hockerts VfZ, 2001, S. 182, 189f; M. Spoerer, Zwangsarbeit, 2001, S. 242 und U. Herbert, Nicht entschädigungsfähig?, in: L. Herbst u.a., 1989, S. 273.

regierung bereits im US-Zonengesetz erfolgte - Einbeziehung der sog. „*Displaced Persons*" (DPs) dar. Einbezogen wurden alle jene DPs, die sich zum Stichtag (01. Jänner 1947) in einem DP-Lager aufgehalten haben.[50] (2) Die Briten und Franzosen hatten sich dafür stark gemacht, dass zu den drei im US-Zonengesetz geregelten Verfolgungsgründen jener der Nationalität als gleichwertiger vierter hinzukommt. Gegen den Widerstand der Amerikaner konnte jedoch im *Überleitungsvertrag* nur die Mindestverpflichtung zur Schaffung einer – stark in ihrer Geltung reduzierten – Ausnahme für Nationalverfolgte durchgesetzt werden. Die nunmehr geltenden Sonderbestimmungen sehen eine Antragsberechtigung der Nationalverfolgten nur für den Fall vor, dass sie politische Flüchtlinge waren und ihnen ein dauernder Gesundheitsschaden unter Missachtung ihrer Menschenrechte zugefügt wurde.[51] Überwiegend profitierten von dieser Regelung im Exil lebende Polen. (3) In Erfüllung der im Rahmen der *Claims Conference* 1952 in das *Haager Protokoll Nr. I* aufgenommenen Verpflichtung wurden Staatenlose und Flüchtlinge im Sinne der *Genfer Konvention* (GFK), die auf Grund ihrer Rasse, Religion oder politischen Gegnerschaft Verfolgung ausgesetzt waren, von der territorialen Regel ausgenommen.[52] (4) Ebenfalls in Umsetzung der im *Haager Protokoll Nr. I* übernommenen Pflichten wurde der räumliche Anwendungsbereich auf die osteuropäischen Vertreibungsgebiete ausgedehnt.[53] (5) Eine weitere Ausnahme betrifft die Opfer von Menschenversuchen, für deren Entschädigung eine Regelung ohne Wohnsitzklausel außerhalb des BEG geschaffen wurde.[54]

Eine weitere Novelle des BEG wurde 1965 unter dem Titel „*Bundesentschädigungs-Schlußgesetz*"[55] publiziert. Durch diese Novelle wurde der Berechtigtenkreis, auf nach dem bisherigen Stichtag (01. Oktober 1953) aus Osteuropa ausgewanderte Verfolgte (die „*Post-Fifty-Three*"), erweitert.[56] Des Weiteren wurden neue Erkenntnisse der Wissenschaft berücksichtigt, nach denen durch NS-Verfolgung auch psychische Gesundheitsschäden ausgelöst werden können. Das Schlussgesetz machte hier ein neuerliches Aufrollen bereits

---

50 Vgl. § 4 Abs. 1 Z. 2 BEG, BGBl. I 1956, S. 564.

51 Vgl. §§ 167f BEG, BGBl. I 1956, S. 586f und Art. VI BEG-Schlußgesetz, BGBl. I 1965, S. 1337f.

52 Vgl. §§ 160 - 166 BEG, BGBl. I 1956, S. 586.

53 Vgl. §§ 150 - 159 BEG, BGBl. I 1956, S. 585f.

54 Vgl. Judgment 2012, S. 14, Abs. 23; H. Hockerts, Die Entschädigung von NS-Verfolgten, in: H. Hockers u.a., 2006, S. 22 und H. Hockerts VfZ, 2001, S. 175, S. 190.

55 Zweites Gesetz zur Änderung des Bundesentschädigungsgesetzes (BEG-Schlußgesetz), BGBl. I 1965, S. 1315 - 1340.

56 Vgl. Art. I Z. 2 BEG-Schlußgesetz, BGBl. I 1965, S. 1315.

rechtskräftig abgeschlossener Fälle möglich,[57] um bei ablehnenden Verfügungen in Bezug auf die Entschädigung von psychischen Schäden eine neuerlich Entscheidung zu ermöglichen.[58]

Eine große Anzahl von nicht-deutschen Zwangsarbeitern sowie KZ-Häftlingen blieb somit von Entschädigungszahlungen nach dem BEG ausgeschlossen.[59] Auch viele Klagen italienischer NS-Opfer auf der Rechtsgrundlage des BEG wurden abgelehnt, da die Kläger entweder nicht als NS-Verfolgte im Sinne des BEG angesehen wurden oder sie nicht über den vom BEG geforderten Wohnsitz bzw. dauernden Aufenthalt in Deutschland verfügten. Die Novellierung des BEG 1956 führte hierbei zu keiner Verbesserung, da die italienischen Opfer keinen Flüchtlingsstatus nach der GFK hatten. Klagen ausländischer Staatsbürger, die sich auf das BEG stützen, wurden somit grundsätzlich abgewiesen.[60]

2.2.3 Die Globalentschädigungsabkommen von 1961

Als in der Novelle des BEG 1956 westeuropäische Zwangsarbeiter erneut unberücksichtigt blieben, wuchs der Protest aus diesen Staaten. Am 21. Juni 1956 übereichten die Botschafter acht westeuropäischer Regierungen[61] fast gleichlautende Noten, in denen die Bundesrepublik zur Berücksichtigung der sog. „Westverfolgten" in ihrer Entschädigungspolitik aufgefordert wurde. In den Jahren 1956 bis 1958 schlossen sich die Schweiz, Italien und Schweden dieser Demarche an. Deutschland erklärte sich daraufhin zu Einzelverhandlungen mit den jeweiligen intervenierenden Staaten bereit, wobei die Freiwilligkeit der Leistungen und das Nicht-Bestehen einer völkerrechtlichen Verpflichtung betont

---

57 Vgl. Art. IV BEG-Schlußgesetz, BGBl. I 1965, S. 1335.

58 Vgl. Judgment 2012, S. 14, Abs. 23; H. Hockerts, Die Entschädigung von NS-Verfolgten, in: H. Hockers u.a. 2006, S. 25f; H. Hockerts VfZ, 2001, S. 187, S. 190; M. Spoerer, Zwangsarbeit, 2001, S. 242 und U. Herbert, Nicht entschädigungsfähig?, in: L. Herbst u.a., 1989, S. 273.

59 Vgl. H. Hockerts, Die Entschädigung von NS-Verfolgten, in: H. Hockers u.a., 2006, S. 26; M. Spoerer, Zwangsarbeit, 2001, S. 242 und U. Herbert, Nicht entschädigungsfähig?, in: L. Herbst u.a., 1989, S. 275.

60 Vgl. Judgment 2012, S. 14, Abs. 23 und Counter-Memorial of Italy 2009, S. 26f, Abs. 2.24 - 2.26.

61 Auf französische Initiative hin haben sich Belgien, Griechenland, Dänemark, Luxemburg, Großbritannien, Norwegen und die Niederlande zur Überreichung eines Einspruches entschlossen.

wurden.[62] Diese Verhandlungen mündeten im Abschluss von elf bilateralen Globalabkommen zwischen 1959 und 1964, in denen sich Bonn jeweils zur Zahlung einer Globalsumme verpflichtete, während es den Vertragsstaaten überlassen wurde, diese Gelder zu verteilen.[63]

Die beiden Globalabkommen zwischen Italien und Deutschland wurde am 02. Juni 1961 unterzeichnet. Das *Abkommen über die Regelung gewisser vermögensrechtlicher, wirtschaftlicher und finanzieller Fragen* (Finanzabkommen) sah die Zahlung von 40 Mio. DM „zur Erledigung schwebender wirtschaftlicher Fragen“[64] (Art. 1) vor. Im *Vertrag über Leistungen zugunsten italienischer Staatsangehöriger, die von nationalsozialistischen Verfolgungsmaßnahmen betroffen worden sind* (Wiedergutmachungsabkommen) wurde von deutscher Seite die Zahlung einer Summe von weiteren 40 Mio. DM “zugunsten der aus Gründen der Rasse, des Glaubens oder der Weltanschauung von nationalsozialistischen Verfolgungsmaßnahmen betroffenen italienischen Staatsangehörigen, die durch diese Verfolgungsmaßnahmen Freiheitsschäden oder Gesundheitsschädigungen erlitten haben“[65] bzw. zugunsten deren Hinterbliebenen zugesagt (Art. 1 Abs. 1). Die Art der Verwendung dieser Entschädigungszahlungen wurde dabei dem Ermessen der italienischen Regierung überlassen (Art. 1 Abs. 2).[66]

Beide Abkommen enthalten eine Verzichtsklausel. Im Finanzabkommen wird die Regelung in Art. 2 Abs. 1 in folgender Weise getroffen:

> „Die italienische Regierung erklärt, daß alle Ansprüche und Forderungen der Italienischen Republik oder von italienischen natürlichen oder juristischen Personen, die gegen die Bundesrepublik Deutschland oder gegen deutsche natürliche oder juristische Personen noch schweben, erledigt sind, sofern sie auf Rechte und Tatbestände zurückgehen, die in der Zeit vom 1. September 1939 bis 8. Mai 1945 entstanden sind.”[67]

---

62 Vgl. Féaux de la Croix, Staatsvertragliche Ergänzungen, S. 203 zitiert nach U. Herbert, Nicht entschädigungsfähig?, in: L. Herbst u.a.,1989, S. 285.

63 Vgl. H. Hockerts, Die Entschädigung von NS-Verfolgten, in: H. Hockers u.a., 2006, S. 26 - 29; M. Spoerer, Zwangsarbeit, 2001, S. 244 und U. Herbert, Nicht entschädigungsfähig?, in: L. Herbst u.a., 1989, S. 285.

64 BGBl. 1963 II, S. 669.

65 Ibid., S. 793.

66 Vgl. Judgment 2012, S. 14, Abs. 24f; Memorial of Germany 2009, S. 11, Abs. 11 und F. Focardi/L. Klinkhammer, Wiedergutmachung für Patisanen? Das deutsch-italienische Globalabkommen von 1961, in: H. Hockers u.a. (Hrsg.), Grenzen der Wiedergutmachung. Die Entschädigung für NS-Verfolgte in West- und Osteuropa 1945 - 2000, Wallstein Verlag 2006, S. 484f.

67 BGBl. 1963 II, S. 669.

Das Wiedergutmachungsabkommen enthält eine ähnliche Regelung in Art. 3:

> „Mit der in Artikel 1 bezeichneten Zahlung sind zwischen der Bundesrepublik Deutschland und der Italienischen Republik, unbeschadet etwaiger Ansprüche italienischer Staatsangehöriger auf Grund der deutschen Wiedergutmachungsgesetze, alle Fragen, die Gegenstand dieses Vertrages sind, abschließend geregelt.“[68]

Aus italienischer Sicht anerkennt Deutschland durch den Abschluss der Globalabkommen, dass seinerseits Entschädigungspflichten gegenüber Opfern von Verstößen gegen humanitäres Völkerrecht bestehen. Außerdem verzichtet Deutschland nach italienischer Auffassung damit zugleich darauf, sich künftig auf die Verzichtsklausel des Friedensvertrages von 1947 zu berufen. Italien ist des Weiteren der Ansicht, dass durch diese Abkommen nur ein erster Schritt in einem weiteren Prozess zur Gewährung einer angemessenen Entschädigung für italienische Opfer von Verstößen gegen das humanitäre Recht gesetzt worden sei. Ferner wird argumentiert, dass die beiden Abkommen nur einen sehr begrenzten Anwendungsbereich aufweisen, der nicht alle Opfer von Verletzungen des humanitären Völkerrechts mitumfasst. Da sich nach italienischer Meinung die Verzichtsklauseln jedoch nur auf den Anwendungsbereich des jeweiligen Abkommens beziehen können, wurde durch diese Klauseln die Frage der Entschädigung für Opfer von Verletzungen des humanitären Völkerrechts keinesfalls endgültig abgeschlossen.[69]

Deutschland vertritt hingegen die Auffassung, aus diesen Abkommen ginge eindeutig hervor, dass das Reparationsregime zwischen Italien und Deutschland auf der Prämisse beruht, Reparationen ausschließlich durch globale Zahlungen auf einer zwischenstaatlichen Ebene zu gewähren und zu fordern. Ein solches Regime kann nach der Meinung Deutschlands nicht einfach rückwirkend umgestoßen werden.[70] Außerdem habe Deutschland im Rahmen der beiden Abkommen für damalige Verhältnisse beträchtliche Summen an Italien ausbezahlt. Diese Zahlungen, auf die aufgrund der Verzichtsklausel des Friedensvertrags von 1947 kein Anspruch bestand, waren somit ein Zeichen des guten Willens Deutschlands, das mit der Absicht gesetzt wurde, die Beziehung zu Italien zu normalisieren. Die italienischen Verhandlungspartner anerkannten die Zahlungen und schienen mit den getroffenen Vereinbarungen zufrieden zu sein, sonst hätten sie nach Ansicht Deutschlands den Verzichtsklauseln nicht zu-

68 BGBl. 1963 II, S. 793.

69 Vgl. Counter-Memorial of Italy 2009, S. 17f, Abs. 2.15 - 2.18, S. 108 - 109, Abs. 5.54 - 5.58.

70 Vgl. Memorial of Germany 2009, S. 12, Abs. 12.

gestimmt. Dies wird nach Meinung der Bundesrepublik Deutschland ebenfalls daran deutlich, dass keine Vorbehalte zu den Abkommen gemacht wurden und die italienische Regierung nach Abschluss der Abkommen fast 40 Jahre passiv blieb.[71]

2.2.4 Das Gesetz zur Errichtung einer Stiftung Erinnerung, Verantwortung und Zukunft

Seit den 50er Jahren hatten ehemalige Zwangsarbeiter wiederholt Entschädigung von deutschen Unternehmen gefordert. Diese Forderungen wurden mit Ausnahme weniger Fälle stets abgelehnt. Hauptargument war dabei, dass solche Forderungen unter Reparationen und somit unter die Sperrwirkung des *Londoner Schuldenabkommens* fallen. Als die Rechtsprechung allerdings mehr und mehr dazu überging, den Abschluss des *Zwei-Plus-Vier-Vertrages* von September 1990 als Erfüllung der Funktion eines Friedensvertrages anzusehen, erschien diese Argumentation immer weniger überzeugend. Den stärksten Beweggrund zur Stiftungsinitiative der deutschen Unternehmen bildeten jedoch die in den 90er Jahren in den USA eingebrachten Sammelklagen, da den Unternehmen unabhängig vom Ausgang solcher Verfahren ein erheblicher Imageverlust drohte. Zunächst betrafen diese *class actions* überwiegend US-amerikanische Konzerne mit Niederlassungen in Deutschland, ab 1998 wurden v.a. deutsche Unternehmen auf Schadenersatz sowie die Zahlung ausstehender Lohnzahlungen geklagt. Der drohende Imageschaden sowie der von amerikanischen Anwaltskanzleien und der amerikanischen Öffentlichkeit ausgeübte Druck, der sich bis hin zu einer Boykottdrohung gegen deutsche Unternehmen gesteigert hatte, führten dazu, dass sich 1999 zwölf deutsche Unternehmen zur Stiftungsinitiative zusammenfanden. Bis Ende des Jahres 2000 hatten sich weitere 5.000 Unternehmen dieser Initiative angeschlossen. Nach zwölf Verhandlungsrunden einigte man sich auf die Höhe der Stiftungssumme, die Schlüssel für deren Verteilung sowie die Ausgestaltung des Rechtsfriedens für die deutschen Unternehmen. Bezüglich der Finanzierung wurde vereinbart, dass die deutschen Unternehmen und der deutsche Staat jeweils 5 Milliarden DM in den Fond einzahlen. Diese Mittel wurden nicht direkt an die Betroffenen ausgezahlt, sondern nach einem fixen Schlüssel auf Partnerorganisationen verteilt.[72] Beispielsweise erhielt die *International Organization for Migration* – mit Sitz in

71 Vgl. Reply of Germany 2010, S. 18f, Abs. 30 - 33.

72 Vgl. § 9 Gesetz zur Errichtung einer Stiftung „Erinnerung, Verantwortung und Zukunft", BGBl. I 2000, S. 1265f.

Genf – 6,7% der Geldmittel. Die von den deutschen Unternehmen favorisierte Lösung eines staatsvertraglich verankerten Klagsauschlusses wurde von amerikanischer Seite abgelehnt. Die deutschen Verhandlungspartner fügten sich schließlich der von amerikanischer Seite vorgeschlagenen *Statement of Interest-Konstruktion*. Am 06. Juli 2000 wurde das *Gesetz zur Errichtung einer Stiftung „Erinnerung, Verantwortung und Zukunft"* (Stiftungsgesetz)[73] vom Bundestag verabschiedet, welches mit der Unterzeichnung einer internationalen Abschlusserklärung durch alle Verhandlungspartner in Kraft trat.[74]

Bei der Stiftungsinitiative spielten „ohne Zweifel (...) pragmatische(n) Unternehmensinteressen"[75] die dominierende Rolle. Von den Unternehmen wurde überwiegend die Auffassung vertreten, dass ihrerseits lediglich eine moralische, jedoch keine rechtliche Verpflichtung zur Leistung von Entschädigungszahlungen bestand.[76]

Die Anspruchsberechtigten nach dem Stiftungsgesetz können grob in zwei Gruppen unterteilt werden[77]: (1) Sklavenarbeiter, die mit jeweils bis zu 15.000 DM entschädigt wurden. Dabei handelte es sich v.a. um Häftlinge aus Konzentrationslagern, Arbeitserziehungslagern, jüdischen Zwangsarbeiterlagern und Ghettos. (2) Zwangsarbeiter iSd Stiftungsgesetzes erhielten bis zu 5.000 DM. Unter diese Kategorie fallen Zivilarbeiter, die aus ihrem Heimatland zur Zwangsarbeit in besetzte Gebiete deportiert wurden und zwar unabhängig von ihrem Wohnsitz bei Antragsstellung.[78]

---

73 BGBl. I 2000, S. 1263 - 1269.

74 Vgl. C. Goschler, Die Bundesrepublik und die Entschädigung von Ausländern seit 1966, in: H. Hockerts u.a. (Hrsg.), Grenzen der Wiedergutmachung. Die Entschädigung für NS-Verfolgte in West- und Osteuropa 1945-2000, Göttingen: Wallstein Verlag 2006, S. 133 - 141; S. Spiliotis, Verantwortung und Rechtsfrieden. Die Stiftungsinitiative der deutschen Wirtschaft. Frankfurt am Main: Fischer Taschenbuch Verlag 2003, S. 194 - 198; H. Hockerts VfZ, 2001, S. 211 - 213 und M. Spoerer, Zwangsarbeit, 2001, S. 247 - 250.

75 C. Goschler, Die Bundesrepublik und die Entschädigung von Ausländern, in: H. Hockerts u.a., 2006, S. 133.

76 Vgl. C. Goschler, Die Bundesrepublik und die Entschädigung von Ausländern, in: H. Hockerts u.a., 2006, S. 133, S. 142 und S. Spiliotis, Verantwortung und Rechtsfrieden, 2003, S. 194.

77 Zur genauen Regelung siehe § 11 Abs. 1 Gesetz zur Errichtung einer Stiftung „Erinnerung, Verantwortung und Zukunft", BGBl. 2000 I, S. 1263.

78 Vgl. Counter-Memorial of Italy 2009, S. 22, Abs. 2.28; C. Goschler, Die Bundesrepublik und die Entschädigung von Ausländern, in: H. Hockerts u.a., 2006, S. 142; M. Spoerer, Zwangsarbeit, 2001, S. 249f und M. Spoerer, Mark, NS-Zwangsarbeit im Deutschen Reich. Eine Statistik vom 30. September 1955 nach Arbeitsamtsbezirken, in: 49 VfZ, 04/2001, S. 666.

Kriegsgefangene sind gem. § 11 Abs. 3 Stiftungsgesetz nicht anspruchsberechtigt,[79] weil „(…) nach den Regeln des Völkerrechts (…) Kriegsgefangene von dem Gewahrsamsstaat zu Arbeiten herangezogen werden [durften].“[80] Personen, die vom Status des Kriegsgefangenen in den eines Zivilarbeiters überführt worden waren, können, sofern sie die übrigen Voraussetzungen erfüllen, nach § 11 Abs. 1 anspruchsberechtigt sein.[81]

Tausende IMI, denen der Kriegsgefangenenstatus aberkannt worden war (siehe dazu unter 2.1.3), stellten Anträge auf Entschädigung nach dem Stiftungsgesetz. Die deutschen Behörden stellten sich in diesem Zusammenhang auf den Standpunkt, dass das Deutsche Reich den Status der italienischen Soldaten nicht einseitig von Kriegsgefangenen in den von Zivilarbeitern umwandeln konnte, weshalb die IMI ihren Status als Kriegsgefangene nie verloren hatten und folglich nicht zu den Anspruchsberechtigten gem. des Stiftungsgesetzes zählen. Sie stützten sich dabei auf das im Auftrag der Bundesrepublik Deutschland von Christian *Tomuschat* erstellte Rechtsgutachten zur *Leistungsberechtigung von IMI*[82], in welchem dieser zu dem Schluss kommt,

> „ (…) daß weder die Umbenennung der in deutschen Gewahrsam geratenen italienischen Soldaten in ‘Militärinternierte‘ noch die Verletzung der Regeln über die ihnen zustehende Behandlung an ihrem Status als Kriegsgefangene etwas ändern konnte. […] (…) die IMI [besaßen] bis zu ihrer endgültigen Befreiung nach dem Ende des Zweiten Weltkrieges nach den Regeln des Völkerrechts den Status von Kriegsgefangenen (…). Grundsätzlich kann daher die Ausschlußklausel des § 11 Abs. 3 StiftG auf sie Anwendung finden.“[83]

Auf der Grundlage dieser Argumentation wurden die Anträge der überwiegenden Mehrheit der IMI negativ beantwortet. Die gerichtliche Anfechtung dieser Entscheidungen durch die Betroffenen blieb erfolglos.[84]

---

79 Vgl. § 11 Abs. 3 Gesetz zur Errichtung einer Stiftung „Erinnerung, Verantwortung und Zukunft“, BGBl. 2000 I, S. 1267.

80 Drucksache 15/3206, 13. April 2000, S. 16.

81 Vgl. ibid.

82 Vgl. Judgment 2012, S. 15, Abs. 26; Counter-Memorial of Italy 2009, S. 22f, Abs. 2.28f und T. Salomon BLJ, 2009, S. 62.

83 Ch. Tomuschat, Leistungsberechtigung der Italienischen Militärinternierten nach dem Gesetz zur Errichtung einer Stiftung "Erinnerung, Verantwortung und Zukunft"? Rechtsgutachten, Berlin 31. Juli 2001, S. 18, S. 25.

84 Vgl. Judgment 2012, S. 15, Abs. 26 und Counter-Memorial of Italy 2009, S. 23f, Abs. 2.30 - 2.32.

Auch das in dieser Sache von einem ehemaligen Offizier der italienischen Armee, von Herrn Ferrini und dem 940 IMI vertretenden Verein *Associazione nazionale reduci dalla prigionia dall'internamento e dalla guerra di liberazione* (A.N.R.P.) angerufene Bundesverfassungsgericht (BVerfG) stellte 2004 fest, dass der Ausschluss der Kriegsgefangenen im Stiftungsgesetz keinen Verstoß gegen den Gleichheitssatz der deutschen Verfassung darstellt. Außerdem hielt es fest, dass sich aus dem Völkerrecht kein individueller Entschädigungsanspruch ergibt.85

Die gegen Deutschland wegen dieser Entscheidung von der *A.N.R.P.* und 275 weiteren italienischen Staatsbürgern erhobene Beschwerde an den Europäischen Gerichtshof für Menschenrechte (EGMR) wurde von diesem als unzulässig zurückgewiesen.[86] Insoweit sich diese Klage gegen die Deportation und Zwangsarbeit als solche richtete, wurde diese vom EGMR als *ratione temporis* unzulässig erklärt, weil sowohl die Deportation der Beschwerdeführer als auch deren Einsatz als Zwangsarbeiter vor Inkrafttreten der EMRK stattgefunden hatten. Ebenso sieht die EMRK bei Verletzungen des Rechts auf Freiheit nach Ansicht des Gerichtshofs keine Verpflichtung zur Entschädigung vor, wenn die Verletzungshandlungen, wie im vorliegenden Fall, vor der Ratifizierung der EMRK durch die beschuldigte Vertragspartei gesetzt worden sind.[87]

Jener Teil der Klage in welchem sich die Beschwerdeführer auf das in Art. 1 des 1. ZPEMRK verbriefte Recht auf Eigentum berufen, ist nach Auffassung des Gerichtshofs *ratione materiae* unzulässig.[88] Er begründet dies wie folgt:

> „(…) the Court must first consider whether Article 1 of Protocol No. 1 is applicable. Therefore, it has to be examined whether the applicants had "possessions" within the meaning of Article 1 of Protocol No. 1, i. e. "existing possessions" or a "legitimate expectation" of obtaining the effective enjoyment of a property right. In this respect the Court recalls that a legitimate expectation must be based either on a legal provision or have a solid basis in the domestic case-law (…). […]
>
> Whatever sufferings the applicants' forced labour brought about, none of the Conventions referred to by the applicants establishes any individual claims for compensation. When the Foundation Law entered into force there was no legal provision, whether of an international or of a domestic character, supporting the

85 Vgl. A. Gattini, War Crime and State Immunity in the Ferrini Decision, in: 3 JICJ, 2005, S. 232f und BVerfG, 2 BvR 1379/01 vom 28. Juni 2004.

86 Vgl. Judgment 2012, S. 15, Abs. 26; Counter-Memorial of Italy 2009, S. 24f, Abs. 2.33 und Associazione nazionale reduci and 275 others v. Germany, Entscheidung vom 4. September 2007, Nr. 45563/04.

87 Vgl. Associazione nazionale reduci and 275 others v. Germany, Entscheidung vom 4. September 2007, Nr. 45563/04, S. 12.

88 Vgl. ibid., S. 14.

applicants' claims against the Federal Republic of Germany. Furthermore, the applicants have been unable to point to any case-law in their favour.

The Court therefore concludes that the applicants cannot claim to have had a legitimate expectation of compensation for their detention and forced labour during the Second World War."[89]

Die Anwendbarkeit des von den Beschwerdeführern ebenfalls geltend gemachten Art. 6 EMRK setzt das Bestehen eines Anspruches nach dem nationalen Recht voraus. Aus dem vom EGMR festgestellten Nichtbestehen eines individuellen Entschädigungsanspruches ergibt sich somit in seinen Augen auch die Nichtanwendbarkeit des Art. 6 EMRK.[90]

Obwohl das Stiftungsgesetz also einen wesentlichen Schritt, insbesondere in Bezug auf die Beseitigung der Ungleichbehandlung der osteuropäischen Zwangsarbeiter, darstellt, blieben weiterhin viele ausländische NS-Opfer von Entschädigungszahlungen ausgeschlossen, wie beispielsweise die IMI. Ein weiterer Grund hierfür war, dass die Entschädigung der 600.000 überlebenden IMI die an sich schon gering angesetzten Fondmittel für den „Rest der Welt" (6,7% oder 540 Mio. DM) gesprengt hätten. Diese geringe Summe resultierte aus der Tatsache, dass diese Opfergruppe in den Verhandlungen keine durchsetzungsfähige politische Lobby hatte.[91] Selbst wenn man aus diesen Mitteln ausschließlich überlebende IMI entschädigt hätte, hätte jeder IMI nur 900 DM (umgerechnet ca. 460 €) erhalten. Wenn man also bedenkt, dass aus diesem Fond noch sehr viele weitere Opfer zu entschädigen waren, wäre bei Einbeziehung der IMI für die Entschädigung jedes Einzelnen nur eine sehr geringe Summe zur Verfügung gestanden.

Die Auszahlungsaktivitäten der Stiftung sind seit 2007 nun offiziell abgeschlossen.[92] Insgesamt wurden laut Statistik der Stiftung Erinnerung Verantwortung und Zukunft (EVZ) 3.995 Italiener aus Mitteln der EVZ entschädigt.[93]

---

89 Associazione nazionale reduci and 275 others v. Germany, Entscheidung vom 4. September 2007, Nr. 45563/04, S. 14.

90 Vgl. ibid., S. 16f.

91 Vgl. C. Goschler, Die Bundesrepublik und die Entschädigung von Ausländern, in: H. Hockerts u.a., 2006, S. 141 und M. Spoerer, Zwangsarbeit, 2001, S. 250f.

92 Vgl. EVZ Tätigkeitsbericht 2011, S. 101.

93 Vgl. Stiftung EVZ, Informationen zu den Zahlungen an ehemalige Zwangsarbeiter – Länderübersicht, S. 4, abrufbar unter: http://www.stiftung-evz.de/w/files/presse-downloads/auszahlungen-nach-laendern_de.pdf.

2.2.5 Fazit

Deutschland vertritt die Auffassung, dass einiges getan wurde, um Opfer von NS-Verbrechen zu entschädigen. Beispielsweise sind ohne Bestehen einer rechtlichen Verpflichtung beträchtliche Summen im Rahmen der Globalabkommen an Italien ausbezahlt worden. Daneben wurde das deutsche Auslandsvermögen konfisziert und große Mengen an Gütern in natura aus den Besetzungszonen entnommen. Des Weiteren musste Deutschland auf Teile seines Territoriums verzichten. Außerdem wurden Gesetze geschaffen, um NS-Unrecht wiedergutzumachen.[94]

Italien ist hingegen der Ansicht, dass ein Großteil der italienischen Opfer von deutschen Entschädigungsmechanismen ausgeschlossen geblieben ist und niemals eine angemessene Entschädigung erhalten hat. Einerseits waren die meisten Opfer von Verstößen gegen das humanitäre Völkerrecht von den Globalabkommen aus dem Jahr 1961 nicht mitumfasst. Anderseits ermöglichte auch die deutsche Entschädigungsgesetzgebung keine effektive Entschädigung, da nach dem BEG ausländische Staatsbürger grundsätzlich nicht anspruchsberechtigt waren und die überwiegende Zahl der Klagen italienischer NS-Opfer nach dem Stiftungsgesetz abgelehnt worden sind. Auch eine Anfechtung dieser negativen Entscheidungen vor deutschen Gerichten blieb erfolglos. Aus diesem Grund vertritt Italien die Meinung, dass Deutschland seine Entschädigungsverpflichtung nur zum Teil erfüllt hat und folglich weiterhin der Verpflichtung zur Leistung einer effektiven Entschädigung unterliegt.[95]

Aus diesem Grund argumentiert Italien im Verfahren vor dem IGH, dass die Nichtanerkennung der Staatenimmunität Deutschlands durch italienische Gerichte rechtmäßig sei, da alle anderen Versuche der verschiedenen – nun vor italienischen Gerichten – klagenden Opfergruppen, Entschädigung zu erlangen fehlgeschlagen waren (sog. *„last resort“ argument*).[96] Eine detaillierte Auseinandersetzung mit dieser Argumentation findet im Kapitel 4.4 statt.

94 Vgl. Reply of Germany 2010, S. 18f, Abs. 30 - 33.

95 Vgl. Counter-Memorial of Italy 2009, S. 17, Abs. 2.13f, S. 18 - 25, Abs. 2.18 - 2.35, S. 110f, Abs. 5.59 - 5.64.

96 Vgl. Judgment 2012, S. 40, Abs. 98.

2.3 Verfahren vor italienischen und griechischen Gerichten

Die italienischen Gerichte haben nach deutscher Auffassung in ihren Entscheidungen wiederholt die Immunität Deutschlands missachtet, wobei die kritische Phase dieser Entwicklung mit der Fällung des *Ferrini-Urteils*[97] durch die *Corte di Cassazione* (Kassationsgerichtshof) erreicht worden ist. Aufgrund weiterer Entscheidungen, in denen die *Corte* ihre Argumentation bestätigte, befürchtete Deutschland eine Flut von Klagen gegen die Bundesrepublik. Um die Beendigung dieser unrechtmäßigen Praktiken italienischer Gerichte zu erreichen, erhob Deutschland Klage vor dem IGH.[98] Im Folgenden soll nun ein Überblick über die in diesem Zusammenhang relevanten Fälle gegeben werden. Die Fälle werden dabei stellvertretend für viele ähnliche Fälle aus den jeweiligen Opfergruppen beschrieben.

2.3.1 Der Ferrini-Fall

Als richtungsweisende Entscheidung für den Komplex der nach Deutschland zur Leistung von Zwangsarbeit deportierten Italienern werden hier das Verfahren und das Urteil im *Ferrini-Fall* genauer dargestellt. Konkreter Hintergrund in diesem Fall ist die am 04. August 1944 erfolgte Festnahme und anschließende Deportation von Luigi Ferrini aus Arezzo und sein bis zum Kriegsende andauernder Einsatz als Zwangsarbeiter in einer Munitionsfabrik.[99]

Herr Ferrini erhob am 23. September 1998 Klage auf Schadenersatz wegen seiner Deportation und seinem Einsatz als Zwangsarbeiter gegen die Bundesrepublik Deutschland beim *Tribunale di Arezzo* (Landesgericht Arezzo) in Italien. Sowohl vom *Tribunale*[100] als auch von der *Corte di Appello di Firenze* (Oberlandesgericht Florenz) wurde die Klage bzw. die Berufung unter Anerkennung

---

97 Corte di Cassazione (sez. un. civ.), Ferrini c. Repubblica federale di Germania, Enscheidung vom 11. März 2004, Nr. 5044, in: 87 Rivista di diritto internazionale 2004, S. 540 - 551 – ins Englische übersetzt in: 128 ILR 2006, S. 659 - 675.

98 Vgl. N. Paech, Staatenimmunität und Kriegsverbrechen, in: 47 AVR, 2009, S. 37 und Application instituting Proceedings 2008, S. 4.

99 Vgl. Judgment 2012, S. 16, Abs. 27; Shah HRLR, 2012, S. 557; A. Fischer-Lescano/C. Gericke KJ, 2010, S. 79; J. Schaarschmidt, Die Reichweite des völkerrechtlichen Immunitätsschutzes, in: Ch. Tietje, 2010, S. 7; F. Moneta, State Immunity, 2009, S. 1 und P. De Sana/F. De Vittor, State Immunity and Human Rights: The Italian Supreme Court Decision on the Ferrini Case, in: 16 EJIL 01/2005, S. 93.

100 Tribunale di Arezzo, Ferrini Luigi v. Repubblica Federale di Germania, Entscheidung vom 03. November 2000, Nr. 1403/98 (unveröffentlicht).

der seitens Deutschlands vorgebrachten Einrede der Immunität wegen Nichtbestehens der Gerichtsbarkeit als unzulässig zurückgewiesen. Eine andere Meinung wird von der in dritter Instanz angerufenen *Corte di Cassazione* in ihrem Urteil vom 11. März 2004[101] vertreten. Der Gerichtshof legt dar, dass Deportation und Zwangsarbeit als Kriegsverbrechen gelten und unterstreicht die Schwere dieser Verbrechen. Er setzt sich damit auseinander, ob eine Berufung auf den grundsätzlich im Völkerrecht bestehenden Grundsatz der Staatenimmunität auch in Fällen von internationalen Verbrechen möglich ist und verneint dies. Begründend führt er an, dass Menschenrechte aufgrund der Normenhierarchie über dem Prinzip der Staatenimmunität stehen.[102] Außerdem vertritt der Gerichtshof die Auffassung, dass die Staatenimmunität in Fällen von Kriegsverbrechen nicht zu gewähren sei, da auch die funktionale Immunität hier nicht greife.[103] Zusätzlich bezieht sich der Kassationsgerichtshof auf die gebietsbezogene Deliktsausnahme, da die Kriegsverbrechen zum Teil auf italienischem Territorium begangen wurden.[104] In diesem Zusammenhang argumentiert das Gericht erneut mit dem Vorrang der Menschenrechte, diesmal gegenüber der Souveränität fremder Staaten, weshalb die Argumentation hier ineinander übergeht. Als Hauptargument der *Corte di Cassazione* kann also die Normenhierarchie angesehen werden. Gegenüber dem Argument des *Areopag*, die Begehung internationaler Verbrechen stelle einen impliziten Verzicht auf die Staatenimmunität dar,[105] äußerte sich der Kassations-gerichtshof kritisch und folgte diesem nicht.[106] Im Ergebnis bestehe nach Ansicht des Kassationsgerichtshofs also italienische Gerichtsbarkeit, da in Fällen von internationalen

---

101 Vgl. Corte di Cassazione (sez. un. civ.), Ferrini c. Repubblica federale di Germania, Enscheidung vom 11. März 2004, Nr. 5044, in: 87 Rivista di diritto internazionale 2004, S. 540 - 551.

102 Vgl. Corte di Cassazione (sez. un. civ.), Ferrini c. Repubblica federale di Germania, Enscheidung vom 11. März 2004, Nr. 5044, in: 87 Rivista di diritto internazionale 2004, S. 544 - 547 bzw. 128 ILR 2006, S. 666 - 669.

103 Vgl. Corte di Cassazione (sez. un. civ.), Ferrini c. Repubblica federale di Germania, Enscheidung vom 11. März 2004, Nr. 5044, in: 87 Rivista di diritto internazionale 2004, S. 550f bzw. 128 ILR 2006, S. 674.

104 Vgl. Corte di Cassazione (sez. un. civ.), Ferrini c. Repubblica federale di Germania, Enscheidung vom 11. März 2004, Nr. 5044, in: 87 Rivista di diritto internazionale 2004, S. 548 - 550 bzw. 128 ILR 2006, S. 670 - 673.

105 Vgl. S. Shah HRLR, 2012, S. 557f und Areopag, Prefecture of Voiotia v. Federal Republic of Germany, Entscheidung vom 4. Mai 2000, Nr. 11/2000, in: 129 ILR 2007, S. 521.

106 Vgl. Corte di Cassazione (sez. un. civ.), Ferrini c. Repubblica federale di Germania, Enscheidung vom 11. März 2004, Nr. 5044, in: 87 Rivista di diritto internazionale 2004, S. 545f bzw. 128 ILR 2006, S. 667f.

Verbrechen eine Berufung Deutschlands auf seine Immunität nicht möglich ist.[107] Der Fall wurde zur neuerlichen Entscheidung an das *Tribunale di Arezzo* zurückverwiesen,[108] welches die Klage wegen Verjährung abwies. Die mit der Berufung befasste *Corte di Appello di Firenze* sprach in ihrem Urteil vom 17. Februar 2011 Luigi Ferrini sowohl den Schadenersatz als auch den Ersatz der Prozesskosten zu. Das Oberlandesgericht vertrat dabei die Ansicht, bei der Staatenimmunität handle es sich um keinen absolut geltenden Grundsatz und eine Berufung auf dieses Prinzip scheide bei internationalen Verbrechen aus.[109]

2.3.2 Weitere Fälle in Italien

Nach dem Urteil im *Ferrini-Fall*[110] brachten viele weitere Opfer von Deportation und Zwangsarbeit Klagen vor italienischen Gerichten ein.[111] Im Anschluss sollen stellvertretend für die Vielzahl von vor italienischen Gerichten anhängig gemachten Klagen zwei Verfahren dargestellt werden. Darüber hinaus soll noch

---

107 Vgl. Corte di Cassazione (sez. un. civ.), Ferrini c. Repubblica federale di Germania, Enscheidung vom 11. März 2004, Nr. 5044, in: 87 Rivista di diritto internazionale 2004, S. 551 bzw. 128 ILR 2006, S. 674.

108 Vgl. Corte di Cassazione (sez. un. civ.), Ferrini c. Repubblica federale di Germania, Enscheidung vom 11. März 2004, Nr. 5044, in: 87 Rivista di diritto internazionale 2004, S. 551 bzw. 128 ILR 2006, S. 674.

109 Vgl. P. Bornkamm GLJ, 2012, S. 775; Judgment 2012, S. 16, Abs. 27; M. Kloth/M. Brunner AVR, 2012, S. 220; S. Shah HRLR, 2012, S. 557; R. Lengelsen, Aktuelle Probleme der Staatenimmunität, 2011, S. 168f; J. Schaarschmidt, Die Reichweite des völkerrechtlichen Immunitätsschutzes, in: Ch. Tietje, 2010, S. 7f, S. 32; Counter-Memorial of Italy 2009, S. 25, Abs. 2.35; Memorial of Germany 2009, S. 14 - 16, Abs. 18 - 22; F. Moneta, State Immunity, 2009, S. 1 - 3; Ph. Stammler, Der Anspruch von Kriegsopfern auf Schadenersatz. Eine Darstellung der völkerrechtlichen Grundlage sowie Praxis internationaler Organisationen und verschiedener Staaten zur Anerkennung individueller Wiedergutmachungsansprüche bei Verstößen gegen humanitäres Völkerrecht, Berlin: Duncker & Humblot 2009, S. 230 - 232; R. Van Alebeek, The Immunity of States, 2008, S. 342f; Ch. Appelbaum, Einschränkungen der Staatenimmunität, 2007, S. 202f; L. McGregor, State Immunity and Jus Cogens in: 55 ICLQ, 02/2006, S. 439f; P. De Sana/F. De Vittor EJIL, 2005, S. 89, S. 93, S. 98, S. 101f, S. 104 und A. Gattini JICJ, 2005, S. 224, S. 227 - 230.

110 Vgl. Corte di Cassazione (sez. un. civ.), Ferrini c. Repubblica federale di Germania, Enscheidung vom 11. März 2004, Nr. 5044, in: 87 Rivista di diritto internazionale 2004, S. 540 - 551.

111 Vgl. P. Bornkamm GLJ, 2012, S. 775; Judgment 2012, S. 16, Abs. 28; Counter-Memorial of Italy 2009, S. 26, Abs. 2.36; Memorial of Germany 2009, S. 16, Abs. 23 und F. Moneta, State Immunity, 2009, S. 3.

der Fall des Max Josef Milde beschrieben werden, da die *Corte di Cassazione* in dieser Entscheidung die Argumentation des *Ferrini-Urteils* ebenfalls bestätigte.

2.3.2.1 Der Fall Mantelli und andere

Mantelli wurde im Juni 1944 als 22-jähriger zur Zwangsarbeit in die Mercedes-Benz Fabrik nach Gaggenau (Baden) deportiert, wo er bis zu seiner Befreiung im Mai 1945 festgehalten wurde. Am 13. April 2004 erhob er gemeinsam mit 11 anderen Opfern beim *Tribunale di Torino* Klage gegen Deutschland. Die Bundesrepublik beantragte daraufhin bei der *Corte di Cassazione* eine vorgezogene Entscheidung über die Gerichtsbarkeit („*regolamento preventivo di giurisdizione*") gem. Art. 41 des *codice di procedura civile (*italienische Zivilprozessordnung*)*. Daraufhin machte die *Procura Generale presso la Corte di Cassazione* (Generalstaatsanwaltschaft des Kassationsgerichtshofs) am 22. November 2007 eine Eingabe an den Kassationsgerichtshof, in welcher sie darlegt, dass die *Corte* im betreffenden Fall die mangelnde Zuständigkeit feststellen sollte. In ihrem Beschluss („*ordinanza*") vom 29. Mai 2008[112] bestätigte die *Corte di Cassazione* jedoch ihr *Ferrini-Urteil* und entschied, dass die Zuständigkeit der italienischen Gerichte gegeben ist, da diese der Bundesrepublik Deutschland keine Immunität zu gewähren haben.[113]

2.3.2.2 Der Maietta-Fall

Auch Liberato Maietta war 1943 im Alter von 18 Jahren von Truppen des Deutschen Reichs gefangen genommen und zur Zwangsarbeit nach Deutschland deportiert worden. Am 28. April 2004 erhob er vor dem *Tribunale di Sciacca* Klage gegen Deutschland. Auch in diesem Fall rief Deutschland die *Corte di Cassazione* an und verlangte eine Feststellung über die Zuständigkeit des *Tribunale*. Die Generalstaatsanwaltschaft verfasste daraufhin wiederum eine dem *Mantelli-Fall* inhaltlich entsprechende Eingabe. Wie bereits dargelegt, wurde diese Eingabe nicht befolgt und auch dieser Fall mit dem Beschluss vom

---

112 Corte di Cassazione (sez. un. civ.), ordinanza, Repubblica federale di Germania c. Pres cons. ministri; Daimlerchrysler AG e altri, Entscheidung vom 29. Mai 2008, Nr. 14201, in: 134 Foro Italiano, 01/2009, S. 1568.

113 Vgl. Judgment 2012, S. 16, Abs. 28; R. Lengelsen, Aktuelle Probleme der Staatenimmunität, 2011, S. 171; Counter-Memorial of Italy 2009, S. 26, Abs. 2.36; C. Focarelli, Federal Republic of Germany v. Giovanni Mantelli and Others, in: 103 AJIL, 2009, S. 122 - 125 und Memorial of Germany 2009, S. 16f, Abs. 24.

29. Mai 2008[114] dahingehend entschieden, dass die Zuständigkeit der italienischen Gerichte gegeben ist. Sowohl der *Mantelli-Fall* als auch der *Maietta-Fall* wurden zur neuerlichen Entscheidung an die erste Instanz zurückverwiesen.[115]

2.3.2.3 Der Milde-Fall

Wegen seiner Teilnahme an den Massakern der Panzerdivision Göring in Civitella und anderen italienischen Ortschaften wurde der ehemalige Wehrmachtsangehörige Max Josef Milde vom *Tribunale Militare di La Spezia* (Militärtribunal in La Spezia) in Abwesenheit zu einer lebenslangen Gefängnisstrafe verurteilt. Zugleich wurden Milde und die Bundesrepublik Deutschland als Gesamtschuldner zur Zahlung von ca. 1 Mio. Euro Schadenersatz an die Opfer der Massaker, die im Strafverfahren eine Zivilklage eingebracht hatten, verurteilt. Des Weiteren wurde Deutschland die Tragung der Prozesskosten auferlegt. Die Bundesrepublik erhob gegen dieses Urteil Berufung mit dem Argument, die Ausübung der Gerichtsbarkeit verletze Italiens internationale Verpflichtungen, die sich aus den Verzichtsklauseln des Friedensvertrags bzw. der Globalabkommen und dem Prinzip der Staatenimmunität ergeben. Das Rechtsmittel wurde von der *Corte Militare di Appello* (Militär-Berufungsgericht) in Rom am 18. Dezember 2007 abgewiesen. Die gegen diese Entscheidung erhobene Kassationsbeschwerde wurde von der *Corte di Cassazione* mit Urteil vom 21. Oktober 2008[116] abgewiesen. In dieser Entscheidung wird durch den Kassationsgerichtshof erneut seine Ansicht bestätigt, dass eine Berufung auf die Immunität in Fällen von schweren Menschenrechts-verletzungen, wie jene, die von Streitkräften des Deutschen Reichs im Zweiten Weltkrieg begangen wurden, ausscheidet.[117]

---

114 Corte di Cassazione (sez. un. civ.), Repubblica federale di Germania c. Presidenza Consiglio dei ministeri e Maietta, Entscheidung vom 29. Mai 2008, Nr. 14209, in: 91 Rivista di diritto internazionale 2008, S. 896 - 900.

115 Vgl. Judgment 2012, S. 16, Abs. 28; C. Focarelli AJIL, 2009, S. 122 - 125 und Memorial of Germany 2009, S. 17 - 19, Abs. 25 - 28.

116 Corte di Cassazione (sez. I pen.), Milde, Entscheidung vom 21. Oktober 2008 (registriert am 13. Jänner 2009), Nr. 1072, in: 92 Rivista di diritto internazionale 2009, S. 619 - 632.

117 Vgl. Dissenting Opinion of Cançado Trindade 2012, S. 55, Abs. 190f; Judgment 2012, S. 16f, Abs. 29; M. Kloth/M. Brunner AVR 2012, S. 220; R. Lengelsen, Aktuelle Probleme der Staatenimmunität, 2011, S. 172f; A. Fischer-Lescano/C. Gericke KJ, 2010, S. 79f; A. Ciampi, The Italian Court of Cassation Asserts Civil Jurisdiction over Germany in a Criminal Case Relating to the Second World War. The Civitella Case, in: 07 JICJ, 2009, S. 597 - 599; Corte di Cassazione (Sez. I pen.), Milde, Entscheidung vom 21. Oktober 2008 (registriert am 13. Jänner 2009), Nr. 1072, in: 92 Rivista di

Dieses Urteil hatte Zwangsvollstreckungsmaßnahmen gegen in Italien befindliche Vermögensgegenstände der Bundesrepublik Deutschland, insbesondere die Eintragung einer gerichtlichen Hypothek in das Liegenschaftsregister der *Villa Vigoni* (deutsch-italienisches Kulturzentrum) zur Folge.[118]

Eine genauere Auseinandersetzung mit der zentralen Frage der Entscheidung des Kassationsgerichtshofs im Fall *Milde*, nämlich jener, ob die völkergewohnheitsrechtlich anerkannten Regeln der Staatenimmunität auch in Fällen von schweren internationalen Verbrechen zur Anwendung gelangen müssen[119], findet im Kapitel 4 statt.

2.3.3 Die Distomo-Entscheidung

Mehr als 250 Überlebende und Angehörige von Opfern des *Distomo-Massakers* erhoben 1995 Schadenersatzklage gegen Deutschland. Im Urteil des erstinstanzlich zuständigen Gerichts in Livadia vom 25. September 1997[120] stellte dieses seine Zuständigkeit fest und sprach den Klägern Schadenersatz in der Höhe von ca. 27 Mio. Euro zu. Außerdem wurde Deutschland zur teilweisen Tragung der Prozesskosten verurteilt. Das Gericht stützte sich zur Begründung des Bestehens einer Immunitätsausnahme hauptsächlich auf das Argument, das Verhalten der deutschen Soldaten habe gegen *ius cogens* verstoßen und könne somit kein hoheitliches Handeln sein. Außerdem sieht das Gericht in den *ius cogens*-Verletzungen einen impliziten Verzicht auf die Immunität. Des Weiteren argumentiert das Gericht, die territoriale Souveränität gehe dem Grundsatz der Immunität vor, worin ein Bezug auf die gebietsbezogene Deliktsausnahme gesehen werden kann.[121]

---

diritto internazionale 2009, S. 624 - 626; Counter-Memorial of Italy 2009, S. 26, Abs. 2.37; I. Massimo, Corte di Cassazione (sez. I penale), 13 January 2009, No. 1072. Criminal proceedings against Josef Milde, in: XVIII IYBIL, Leiden u.a.: Martinus Nijhoff Publishers 2009, S. 325f; Memorial of Germany 2009, S. 19 - 21, Abs. 29 - 31 und F. Moneta, State Immunity, 2009, S. 3f.

118 Vgl. F. Moneta, State Immunity, 2009, S. 4.

119 Vgl. A. Ciampi JICJ, 2009, S. 601.

120 Landesgericht Livadia, Prefecture of Voiotia v. Federal Republic of Germany, Entscheidung vom 25. September 1997 (Verlesung am 30. Oktober 1997), Nr. 137/1997.

121 Vgl. K. Blome, Die Auswahl des Gerichtsstands im Kriegsvölkerrecht. Zur Legitimität von Forum Shopping, in: 45 KJ 03/2012, S. 287; P. Bornkamm GLJ, 2012, S. 774; Judgment, S. 17, Abs. 30; M. Kloth/M. Brunner AVR 2012, S. 221; S. Shah HRLR, 2012, S. 557f; R. Lengelsen, Aktuelle Probleme der Staatenimmunität, 2011, S. 106; J. Schaarschmidt, Die Reichweite des völkerrechtlichen Immunitätsschutzes, in: Ch. Tietje, 2010, S. 8; Memorial of Germany 2009, S. 23, Abs. 33; Ph. Stammler, Der

In der Berufung an den *Areopag* (Oberster Gerichtshof) berief sich Deutschland auf seine Immunität, weshalb nach deutscher Ansicht keine Entscheidung in der Sache ergehen hätte dürfen. Mit Entscheidung vom 05. Mai 2000[122] bestätigte der *Areopag* das erstinstanzliche Urteil und wies die Berufung ab.[123] Er verneinte die Immunität Deutschlands im Wesentlichen unter Heranziehung der gebietsbezogenen Deliktsausnahme, die von der Mehrheit der Richter als völkergewohnheitsrechtlich bestehende Immunitätsausnahme angesehen wird.[124] Dabei anerkennt das Gericht zwar, dass die gebietsbezogene Deliktsausnahme bei sich aus bewaffneten Konflikten ergebenden Schadenersatzansprüchen grundsätzlich nicht zur Anwendung kommt.[125] Bei Schädigungshandlungen, welche vom allgemeinen Kriegsgeschehen abweichen, also keine unausweichliche Folge des Krieges darstellen und einen individualisierbaren Kreis von Personen betreffen, die nicht an den Kampfhandlungen beteiligt waren, wird

---

Anspruch von Kriegsopfern auf Schadenersatz, 2009, S. 223f; R. Van Alebeek, The Immunity of States, 2008, S. 329f; Ch. Appelbaum HuV-I 2004, S. 192; K. Bartsch/B. Elberling GLJ, 2003, S. 479; L. Caplan, State Immunity, Human Rights, and Jus Cogens: A Critique of the Normative Hierarchy Theory, in: 97 AJIL, 2003, S. 768f und I. Bantekas, Prefecture of Voiotia v. Federal Republic of Germany. Case No. 137/1997, in: 92 AJIL, 04/1998, S. 765 - 768, S. 765 - 767.

122 Areopag, Prefecture of Voiotia v. Federal Republic of Germany, Entscheidung vom 4. Mai 2000, Nr. 11/2000, in: 129 ILR 2007, S. 514 - 524; Auszüge in deutscher Übersetzung in: 33 KJ 2000, S. 472 - 476.

123 Vgl. K. Blome KJ, 2012, S. 287; P. Bornkamm GLJ, 2012, S. 774; Judgment, S. 17, Abs. 30; M. Kloth/M. Brunner AVR 2012, S. 221; S. Shah HRLR, 2012, S. 557f; Memorial of Germany 2009, S. 23, Abs. 34; Ph. Stammler, Der Anspruch von Kriegsopfern auf Schadenersatz, 2009, S. 224; ; R. Van Alebeek, The Immunity of States, 2008, S. 330; P. De Sana/F. De Vittor EJIL, 2005, S. 96; K. Bartsch/B. Elberling GLJ, 2003, S. 479; L. Caplan AJIL, 2003, S. 769 und Areopag, Prefecture of Voiotia v. Federal Republic of Germany, Entscheidung vom 4. Mai 2000, Nr. 11/2000, in: 129 ILR 2007, S. 514 bzw. 33 KJ 2000, S. 476.

124 Vgl. R. Lengelsen, Aktuelle Probleme der Staatenimmunität, 2011, S. 106f; Ph. Stammler, Der Anspruch von Kriegsopfern auf Schadenersatz, 2009, S. 224; R. Van Alebeek, The Immunity of States, 2008, S. 330; Ch. Appelbaum, Einschränkungen der Staatenimmunität, 2007, S. 123; P. De Sana/F. De Vittor EJIL, 2005, S. 96; Ch. Appelbaum HuV-I, 2004, S. 193; L. Caplan AJIL, 2003, S. 769f und Areopag, Prefecture of Voiotia v. Federal Republic of Germany, Entscheidung vom 4. Mai 2000, Nr. 11/2000, in: 129 ILR 2007, S. 517 - 519 bzw. 33 KJ 2000, S. 472 - 474.

125 Vgl. R. Lengelsen, Aktuelle Probleme der Staatenimmunität, 2011, S. 106f; Memorial of Germany 2009, S. 23, Abs. 34; Ph. Stammler, Der Anspruch von Kriegsopfern auf Schadenersatz, 2009, S. 224f; Ch. Appelbaum, Einschränkungen der Staatenimmunität, 2007, S. 123; Ch. Appelbaum HuV-I, 2004, S. 193; L. Caplan AJIL, 2003, S. 770 und Areopag, Prefecture of Voiotia v. Federal Republic of Germany, Entscheidung vom 4. Mai 2000, Nr. 11/2000, in: 129 ILR 2007, S. 519 bzw. 33 KJ 2000, S. 474.

die Nichtgewährung von Immunität aufgrund der deliktsbezogenen Gebietsausnahme vom *Areopag* jedoch als ausnahmsweise zulässig angesehen.[126]

2.3.4 Die Vollstreckbarkeitserklärung und Zwangsvollstreckung des Distomo-Urteils

Die gem. Art. 923 der griechischen Zivilprozessordnung zur Vollstreckung eines Urteils gegen einen fremden Staat in Griechenland notwendige Genehmigung des Justizministers wurde auf Antrag der Kläger des *Distomo-Prozesses* nicht erteilt. Die deutschen Gerichte aller Instanzen bis hin zum Bundesgerichtshof (BGH) hatten dem *Distomo-Urteil* die Anerkennung verweigert, wodurch auch eine Vollstreckung in Deutschland ausschied.[127]

Daraufhin erhoben die Opfer Beschwerde an den EGMR, da ihrer Ansicht nach das ihnen gem. Art. 6 EMRK zustehende Recht auf Zugang zu einem Gericht durch die fehlende Vollstreckungsmöglichkeit in beiden Staaten beeinträchtigt würde. Außerdem behaupteten sie eine Verletzung des ihnen nach Art. 1 des 1. ZPEMRK zustehenden Rechts auf Achtung des Eigentums. Die Beschwerde wurde vom EGMR unter Bezugnahme auf den Grundsatz der Staatenimmunität für unzulässig erklärt, da dieser Grundsatz sowohl Eingriffe in das Recht auf Zugang zu einem Gericht als auch in das Eigentumsrecht rechtfertigen könne. Die Förderung der guten Beziehungen zwischen Staaten durch die in der Anerkennung der Immunität ihren Ausdruck findende Achtung des Völkerrechts stellt in den Augen des EGMR nämlich ein berechtigtes Ziel dar.[128]

---

126 Vgl. R. Lengelsen, Aktuelle Probleme der Staatenimmunität, 2011, S. 106f; Ph. Stammler, Der Anspruch von Kriegsopfern auf Schadenersatz, 2009, S. 224f; R. Van Alebeek, The Immunity of States, 2008, S. 330; Ch. Appelbaum, Einschränkungen der Staatenimmunität, 2007, S. 123; Ch. Appelbaum HuV-I, 2004, S. 193; L. Caplan AJIL, 2003, S. 770 und Areopag, Prefecture of Voiotia v. Federal Republic of Germany, Entscheidung vom 4. Mai 2000, Nr. 11/2000, in: 129 ILR 2007, S. 519 bzw. 33 KJ 2000, S. 475f.

127 Vgl. K. Blome KJ, 2012, S. 287; P. Bornkamm GLJ, 2012, S. 775; Judgment 2012, S. 17, Abs. 30, Abs. 32; M. Kloth/M. Brunner AVR, 2012, S. 221; S. Shah HRLR, 2012, S. 558; R. Lengelsen, Aktuelle Probleme der Staatenimmunität, 2011, S. 97; J. Schaarschmidt, Die Reichweite des völkerrechtlichen Immunitätsschutzes, in: Ch. Tietje, 2010, S. 8f; Memorial of Germany 2009, S. 24, Abs. 35; Ph. Stammler, Der Anspruch von Kriegsopfern auf Schadenersatz, 2009, S. 225 und K. Bartsch/B. Elberling GLJ, 2003, S. 480.

128 Vgl. K. Blome KJ, 2012, S. 288; P. Bornkamm GLJ, 2012, S. 775; Judgment 2012, S. 17, Abs. 31; M. Kloth/M. Brunner AVR, 2012, S. 221; R. Lengelsen, Aktuelle Probleme der Staatenimmunität, 2011, S. 102f; J. Schaarschmidt, Die Reichweite des

Der *Areopag* legte dem Obersten Sondergericht Griechenlands (OSG) in einem zeitlich parallel anhängigen Verfahren gem. Art. 100 der griechischen Verfassung die Frage der Immunitätsgewährung zur Klärung vor. Inhalt dieses Verfahrens gegen Deutschland waren von Wehrmachtsoldaten in der Ortschaft Lidoriki gesetzte Handlungen. In seinem Urteil vom 17. September 2002 bejahte das OSG das Bestehen der Immunität Deutschlands nach den Grundsätzen des Völkerrechts bei Schadenersatzklagen wegen Kriegsverbrechen (sog. *Margellos-Entscheidung*).[129] Während diese Entscheidung für andere vor griechischen Gerichten anhängige Schadenersatzklagen gegen Deutschland den Verlust der Erfolgsaussichten bedeutete, weil das OSG endgültig und verbindlich über die Auslegung völkergewohnheitsrechtlicher Normen entscheidet, blieb die *Distomo-Entscheidung* unberührt, da sie zu diesem Zeitpunkt bereits rechtskräftig und vollstreckbar war.[130]

Nach dem Urteil des EGMR, welches die Nichterteilung der Vollstreckungsgenehmigung in Griechenland bzw. Nichtanerkennung der *Distomo-Entscheidungen* in Deutschland für zulässig erklärt hatte, entschieden sich die Kläger eine Vollstreckung in anderen europäischen Staaten zu versuchen. Wegen des im Jahr 2004 ergangenen *Ferrini-Urteils*[131] erschien die Beantragung der Vollstreckung in Italien am erfolgversprechendsten. Auf Antrag der Kläger wurde die Kostenentscheidung des *Distomo*-Urteils von der *Corte d' Appello* in Florenz mit richterlicher Verfügung („*decreto*") vom 02. Mai 2005 für vollstreckbar erklärt. Der dagegen von Deutschland erhobene Rechtsbehelf wurde

---

völkerrechtlichen Immunitätsschutzes, in: Ch. Tietje, 2010, S. 9; Memorial of Germany 2009, S. 24f, Abs. 36; Ph. Stammler, Der Anspruch von Kriegsopfern auf Schadenersatz, 2009, S. 225; K. Bartsch/B. Elberling GLJ, 2003, S. 481 - 483 und EGMR, Kalogeropoulou and others v. Greece and Germany, Entscheidung vom 12. Dezember 2002, Nr. 59021/00, S. 1, S. 4f, S. 8.

129 Vgl. Greece, Special Supreme Court (Anotato Eidiko Dikastirio) Margellos and Others v. Federal Republic of Germany, Entscheidung vom 17. September 2002, Nr. 6/2002, in: 129 ILR 2007, S. 526 - 533.

130 Vgl. Judgment 2012, S. 18, Abs. 36, S. 33, Abs. 76; M. Kloth/M. Brunner AVR, 2012, S. 221; R. Lengelsen, Aktuelle Probleme der Staatenimmunität, 2011, S. 97; J. Schaarschmidt, Die Reichweite des völkerrechtlichen Immunitätsschutzes, in: Ch. Tietje, 2010, S. 9; Memorial of Germany 2009, S. 40, Abs. 65; Ph. Stammler, Der Anspruch von Kriegsopfern auf Schadenersatz, 2009, S. 226; L. McGregor ICLQ, 2006, S. 440f und K. Bartsch/B. Elberling GLJ, 2003, S. 481f.

131 Corte di Cassazione (sez. un. civ.), Ferrini c. Repubblica federale di Germania, Enscheidung vom 11. März 2004, Nr. 5044, in: 87 Rivista di diritto internazionale 2004, S. 540 - 550 bzw. 128 ILR 2006, S. 659 - 675.

am 06. Februar 2007 von der *Corte d' Appello di Firenze* zurückgewiesen.[132] Diese Entscheidung wurde vom Kassationsgerichtshof mit Urteil vom 06. Mai 2008[133] bestätigt. Während sich das Oberlandesgericht in seiner Begründung auf die *Europäische Gerichtsstands- und Vollstreckungsverordnung* (EuGVVO) gestützt hatte, sah der Kassationsgerichtshof die Vollstreckung aufgrund der Regelungen des italienischen IPR-Gesetzes für zulässig an.[134]

Auch dem Antrag auf Vollstreckbarerklärung der *Distomo-Entscheidung* in der Sache selbst wurde vom Oberlandesgericht Florenz mit richterlicher Verfügung vom 13. Juni 2006 stattgegeben. Die *avvocatura distrettuale dello Stato* (Bezirksstaatsadvokatur) in Mailand forderte in einer Eingabe die Aufhebung der am 13. Juni 2006 getroffenen Verfügung. Trotzdem wies die *Corte d' Appello di Firenze* den am 02. August 2007 erhobenen Einspruch Deutschlands mit Urteil vom 21. Oktober 2008 zurück. Die hiergegen erhobene Kassationsbeschwerde war erfolglos, die *Corte di Cassazione* bestätigte in ihrer Entscheidung vom 12. Januar 2011 das Urteil des Oberlandesgerichts.[135]

Mithilfe der Vollstreckbarerklärung des Oberlandesgerichts in Florenz wurde durch die Kläger am 07. Juni 2007 die Eintragung einer gerichtlichen Hypothek („*ipoteca giudiziale*") in das Liegenschaftsregister der *Villa Vigoni*, ein im Eigentum Deutschlands stehendes deutsch-italienisches Kulturzentrum, in der Nähe des Comer Sees, erreicht. Daraufhin erhob Deutschland Einspruch und die Bezirksstaatsadvokatur forderte die Löschung der Hypothek. Mit Gesetzesdekreten wurde die Zwangsvollstreckung während der Rechtsanhängigkeit des Verfahrens vor dem IGH im vorliegenden Fall ausgesetzt.[136]

---

132 Corte d'Appello di Firenze, Repubblica federale di Germania c. Amministrazione regionale della Vojotia, Grecia, Entscheidung vom 06.Februar 2007 (registriert am 22.März 2007), in: 133 Foro Italiano, 01/2008, S. 1308 - 1316.

133 Corte di Cassazione (sez. un. civ.), Repubbublica federale di Germania c. Amministrazione regionale della Vojotia, Entscheidung vom 06.Mai 2008 (registriert am 29. Mai 2008), Nr. 14199, in: 92 Rivista di diritto internazionale 2009, S. 594 - 597.

134 Vgl. K. Blome KJ, 2012, S. 288; P. Bornkamm GLJ, 2012, S. 775f; Judgment 2012, S. 17f, Abs. 33; S. Shah HRLR, 2012, S. 558; R. Lengelsen, Aktuelle Probleme der Staatenimmunität, 2011, S. 98; C. Focarelli AJIL, 2009, S. 123f; Corte di Cassazione (sez. un. civ.), Repubbublica federale di Germania c. Amministrazione regionale della Vojotia, Entscheidung vom 06.Mai 2008 (registriert am 29. Mai 2008), Nr. 14199, in: 92 Rivista di diritto internazionale 2009, S. 595; Memorial of Germany 2009, S. 25, Abs. 37 und Ph. Stammler, Der Anspruch von Kriegsopfern auf Schadenersatz, 2009, S. 233f.

135 Vgl. Judgment 2012, S. 17f, Abs. 33f; M. Kloth/M. Brunner AVR, 2012, S. 222 und Memorial of Germany 2009, S. 25f, Abs. 38.

136 Vgl. Judgment 2012, S. 17f, Abs. 33; M. Kloth/M. Brunner AVR, 2012, S. 222; S. Shah HRLR, 2012, S. 558; R. Lengelsen, Aktuelle Probleme der Staatenimmunität,

2.4 Das Verfahren vor dem IGH

Am 23. Dezember 2008 beantragte die Bundesrepublik Deutschland die Eröffnung des Verfahrens vor dem IGH. In diesem Antrag beschuldigt Deutschland Italien die der Bundesrepublik nach internationalem Recht zukommende Staatenimmunität verletzt zu haben.[137] Die Zuständigkeit des IGH leitet die Bundesrepublik aus der *European Convention for the Peaceful Settlement of Disputes of 29 April 1957* (im Folgenden: *European Convention*) ab, welche zwischen den Parteien seit 1961 in Kraft steht.[138] Der Antrag wurde Italien unverzüglich übermittelt und mit Erlass vom 29. April 2009 die Fristen für die Einbringung der Klage und Klagebeantwortung festgesetzt.[139] In seiner Klage behauptet Deutschland erneut Immunitätsverletzungen und zwar durch das Zulassen von Schadenersatzklagen gegen Deutschland wegen Kriegsverbrechen im Zweiten Weltkrieg durch italienische Zivilgerichte, durch Zwangsvollstreckungsmaßnahmen gegen die *Villa Vigoni*, sowie durch die Vollstreckbarerklärung des *Distomo-Urteils*. Deutschland beantragte die Feststellung der Staatenverantwortlichkeit Italiens sowie die Verurteilung Italiens zur Ergreifung aller Maßnahmen zur Beseitigung der Folgen der rechtswidrigen Vollstreckung und zur Verhinderung weiterer, die Staatenimmunität verletzenden, Entscheidungen.[140] Gemeinsam mit seiner Klagebeantwortung erhob Italien Gegenklage gem. Art. 80 der *Rules of Court*, in welcher es die Feststellung der Verletzung der Seitens Deutschland bestehenden Pflicht zur Gewährung einer effektiven Entschädigung sowie des Bestehens der Staatenverantwortlichkeit Deutschlands und die Verpflichtung zur Beendigung des rechtswidrigen Verhaltens begehrte.[141] Mit *Order* vom 06. Juli 2010 wurde Italiens Gegenklage als unzulässig zurückgewiesen, weil nach Ansicht des IGH seine gem. Art. 80 Abs. 1 *Rules of Court* erforderliche Zuständigkeit nicht gegeben ist. Italiens Gegenklage betreffe nämlich die Frage der Auswirkungen der Verzichtsklausel des Friedensvertrags von 1947 und liege somit außerhalb des zeitlichen Anwen-

2011, S. 99; Counter-Memorial of Italy 2009, S. 26, Abs. 2.39; Memorial of Germany 2009, S. 26f, Abs. 39f und Ph. Stammler, Der Anspruch von Kriegsopfern auf Schadenersatz, 2009, S. 233.

137 Vgl. Judgment 2012, S. 7, Abs. 1.

138 Vgl. Application instituting Proceedings 2008, S. 10.

139 Vgl. Judgment 2012, S. 7, Abs. 2f.

140 Vgl. R. Lengelsen, Aktuelle Probleme der Staatenimmunität, 2011, S. 99, S. 173; J. Schaarschmidt, Die Reichweite des völkerrechtlichen Immunitätsschutzes, in: Ch. Tietje, 2010, S. 6 und Memorial of Germany 2009, S. 83, Abs. 132.

141 Vgl. Counter-Memorial of Italy 2009, S. 128, Abs. 7.2, S. 133, Abs. 7.14, S. 134.

dungsbereichs der *European Convention*,[142] auf welche der IGH seine Zuständigkeit stützt.[143] Deutschland und Italien wurde in dieser *Order* die Vorlage weiterer Schriftsätze gestattet.[144] Italien machte von seinem Recht Gebrauch, die Richterbank um einen *iudex ad hoc* namentlich um Professor Giorgio Gaja zu erweitern.[145] Im Juli 2011 wurde die Griechische Republik als Nebenintervenient zugelassen.[146] Im September 2011 fand die mündliche Verhandlung statt.[147] Am 3. Februar 2012 wurde schließlich das Urteil erlassen.[148] Dabei wurden von sechs Richtern Sondervoten verfasst. Die Richter *Koroma*, *Keith* und *Bennouna* erstellten jeweils kurze *seperate opinions*. Richter *Yusuf* kritisiert in seiner *dissenting opinion* die mangelnde Berücksichtigung des Nichtbestehens von alternativen Mitteln zur Erlangung von Wiedergutmachung seitens der Opfer durch die Mehrheit der Richter.[149] Der *iudex ad hoc Gaja* setzt sich in seiner *dissenting opinion* kritisch mit der Mehrheitsmeinung auseinander, die gebietsbezogene Deliktsausnahme sei auf Handlungen feindlicher Truppen im Forumstaat nicht anwendbar.[150] Richter *Cançado Trindade* steht der Mehrheitsmeinung in ihrer Gesamtheit ablehnend gegenüber und legt seine Argumente in einer umfangreichen *dissenting opinion* dar.[151]

---

142 Sarzo kritisiert in diesem Zusammenhang, dass der IGH lediglich seine Zuständigkeit ratione temporis feststellt, im Gegensatz zu vorangegangenen Entscheidungen des Gerichtshofs, eine Prüfung der Frage, ob ein direkter Zusammenhang zwischen der Klage und der Gegenklage besteht, jedoch unterlassen wurde. (Vgl. M. Sarzo, The Dark Side of Immunity: Is There Any Individual Right for Activities Jure Imperii?, in 26 LJIL 2013, S. 124.).

143 Vgl. Judgment 2012, S. 7, Abs. 5; K. Trapp/A. Mills CJICL, 2012, S. 163f; N. Matthiesen, Wiedergutmachung für Opfer internationaler bewaffneter Konflikte. Die Rechtsposition des Individuums bei Verletzungen des humanitären Völkerrechts, Völkerrecht und internationale Beziehungen, Bd. 5, Berlin: Lit Verlag 2012, S. 389; T. McCormarck, A Guide to State Practice in the Field of International Humanitarian Law, in: YIHL 2010, Den Haag: Springer 2011, S. 537 und Order vom 6.7.2010, S. 10, Abs. 27 - 31.

144 Vgl. Judgment 2012, S. 7, Abs. 5 und Order vom 6.7.2010, S. 11, Abs. 35.

145 Vgl. Judgment 2012, S. 7, Abs. 3.

146 Vgl. ibid., S. 10, Abs. 10.

147 Vgl. ibid., S. 9, Abs. 13.

148 Vgl. C. Keitner ASIL Insights, 2012, S. 1.

149 Vgl. Dissenting Opinion of Judge Yusuf 2012, S. 1, Abs. 1 - 3, S. 2f, Abs. 7, Abs. 9 - 12 und C. Keitner ASIL Insights, 2012, S. 3.

150 Vgl. Dissenting Opinion of Judge Ad hoc Gaja 2012, S. 1, Abs. 1, S. 3 - 8, Abs. 5 - 10 und C. Keitner ASIL Insights, 2012, S. 3.

151 Vgl. Dissenting Opinion of Judge Cançado Trindade 2012, S. 3, Abs. 1 und C. Keitner ASIL Insights, 2012, S. 3.

3 Die Staatenimmunität im Völkerrecht

Bereits im Mittelalter entstand die Ansicht, dass aufgrund der souveränen Gleichheit der Staaten kein Staat über einen anderen zu Gerichte sitzen soll.[152] Diesen dem Rechtsinstitut der Staatenimmunität zugrunde liegenden Gedanken beschrieb *Bartolus* im 14. Jahrhundert mit dem Grundsatz „*Par in parem non habet imperium*"[153].

Im Folgenden sollen nun zuerst eine Definition des Rechtsinstituts sowie eine Abgrenzung von verwandten Phänomenen erfolgen. Im Anschluss daran wird die Entwicklung der Staatenimmunität von den soeben beschriebenen Anfängen bis hin zum aktuellen Stand des Völkerrechts aufgezeigt. Außerdem soll näher auf die Kodifikation in diesem Bereich eingegangen werden.

3.1 Begriffsdefinition

Der Staatenimmunität liegt der Gedanke "*par in parem non habet imperium*" zugrunde. Aus der Souveränität und Gleichheit der Staaten wird somit abgeleitet, dass kein Staat Jurisdiktion über einen anderen Staat ausüben darf, also über diesen nicht zu Gerichte sitzen darf.[154] Anders formuliert umschreiben die Regeln der Staatenimmunität „ (...) die Fälle, in denen ein Staat nicht der Jurisdiktion, konkret der Gerichtsbarkeit anderer Staaten, unterworfen ist."[155]

Der Grundsatz der souveränen Staatengleichheit ist heute in Art. 2 Abs. 1 der UN-Charter niedergelegt, welcher besagt, dass die Organisation auf der Gleichheit aller Mitglieder beruht. Neben dem Grundsatz der Staatenimmunität wird aus dieser Bestimmung abgeleitet, dass in Internationalen Organisationen

---

152 Vgl. M. Herdegen, Völkerrecht, 2012, § 37, RZ 1; R. Lengelsen, Aktuelle Probleme der Staatenimmunität, 2011, S. 17 und H. Neuhold u.a., Österreichisches Handbuch des Völkerrechts, Textteil, 2004, S. 167, RZ 864.

153 Vgl. Verdross/B. Simma, Universelles Völkerrecht, 1984, § 1168.

154 Vgl. P. Bornkamm GLJ, 2012, S. 779; M. Herdegen, Völkerrecht, 2012, § 33, RZ 3, § 37, RZ 1; M. Kloth/M. Brunner AVR, 2012, S. 218; R. Lengelsen, Aktuelle Probleme der Staatenimmunität, 2011, S. 17; Stoll MPEPIL, 2011, RZ 1, RZ 4; W. Vitzthum, Völkerrecht, 2010, S. 180, RZ 87; T. Salomon BLJ, 2009, S. 63; Ch. Appelbaum, Einschränkungen der Staatenimmunität, 2007, S. 29; Ch. Appelbaum HuV-I, 2004, S. 191; K. Doehring, Völkerrecht, Heidelberg: C.F. Müller, 2004, S. 285, RZ 658; S. Hobe/O. Kimminich, Einführung in das Völkerrecht, 2004, S. 347; K. Ipsen, Völkerrecht, München: C.H. Beck, 1999, § 26, RZ 16 und M. Karagiannakis LJIL, 1998, S. 14.

155 Ch. Appelbaum, Einschränkungen der Staatenimmunität, 2007, S. 29.

(I.O.) grundsätzlich allen Staaten dieselben Stimm- und Beteiligungsrechte zukommen und Entscheidungen grundsätzlich einstimmig zu treffen sind.[156]

In der Literatur wird z.T. diskutiert, ob die Gewährung von Immunität eine bloße Höflichkeitsgeste („*comity*") sei, oder ob eine Völkerrechtsregel existiert, die zur Gewährung der Immunität verpflichtet. Erstere Meinung wurde beispielsweise von *Lauterpacht* in einem 1951 publizierten Artikel sowie in der US-amerikanischen Rechtsprechung vertreten. Der ganz überwiegende Teil der Völkerrechtslehre sowie die Gerichte europäischer Staaten teilt jedoch die zweite Ansicht.[157] Im Verfahren vor dem IGH spielt diese Diskussion keine Rolle, da die Parteien darin übereinstimmen, dass die Staatenimmunität regelnde Völkerrechtsnormen bestehen.[158]

Es ist zwischen der Gewährung von Immunität für das gesamte staatliche Handeln und jener nur für nicht-hoheitliches Handeln zu unterscheiden. In Zeiten des Koordinationsvölkerrechts, welches die staatliche Souveränität nahezu verabsolutierte, galt die Staatenimmunität nahezu unbegrenzt (absolute Immunitätslehre). Später, mit dem Wandel zu einem Subordinationssystem sowie aufgrund weiterer Einflussfaktoren, entstand eine restriktive Immunitätstheorie.[159] Auf diese Entwicklungen soll im anschließenden Kapitel genauer eingegangen werden.

Von der Staatenimmunität muss die im angloamerikanischen Raum entwickelte *Act of State Doctrine* abgegrenzt werden. Diese Lehre besagt, dass Hoheitsakte anderer Staaten auf deren Hoheitsgebiet durch die Organe eines anderen Staates nicht auf Wirksamkeit oder Rechtmäßigkeit hin überprüft werden dürfen. Im Unterschied zur Staatenimmunität kommt diese Doktrin also auch dann zur Anwendung, wenn der Staat nicht selbst am Verfahren beteiligt ist, sondern sein Handeln nur eine Vorfrage in einem Verfahren zwischen Privaten darstellt. Außerdem findet man diese Regeln nur im anglo-

---

156 Vgl. M. Herdegen, Völkerrecht, 2012, § 33, RZ 3; R. Lengelsen, Aktuelle Probleme der Staatenimmunität, 2011, S. 17; W. Vitzthum, Völkerrecht, 2010, S. 180, RZ 87 und K. Doehring, Völkerrecht, 2004, S. 189, RZ 429.

157 Vgl. Appelbaum, Einschränkungen der Staatenimmunität, 2007, S. 34f, S. 40, S. 42, S. Hobe/O. Kimminich, Einführung in das Völkerrecht, 2004, S. 347; L. Caplan AJIL, 2003, S. 748 - 751; H. Fox, The law of state Immunity, 2002, S. 17; K. Ipsen, Völkerrecht, 1999, § 27, RZ 17ff und A. Verdross/B. Simma, Universelles Völkerrecht, 1984, § 1168ff.

158 Vgl. Judgment 2012, S. 23, Abs. 53; M. Kloth/M. Brunner AVR, 2012, S. 223 und S. Shah HRLR, 2012, S. 559.

159 Vgl. W. Vitzthum, Völkerrecht, 2010, S. 181, RZ 90; Ch. Appelbaum, Einschränkungen der Staatenimmunität, 2007, S. 30; K. Doehring, Völkerrecht, 2004, S. 286, RZ 659 und S. Hobe/O. Kimminich, Einführung in das Völkerrecht, 2004, S. 347f.

amerikanischen Rechtsraum, während die Staatenimmunität Teil des Völkergewohnheitsrechts ist.[160]

3.2 Zur Entwicklung der Staatenimmunität

Der Ursprung der Staatenimmunität liegt in der persönlichen Immunität des souveränen Fürsten, die zunächst auf seine Beamten und Repräsentanten ausgedehnt und im Zuge der Entwicklung des modernen Staates sowie des modernen Völkerrechts auf den mit eigener Rechtspersönlichkeit ausgestatteten Staat übertragen wurde.[161]

Aufgrund der bis ins 19. Jahrhundert bestehenden engen Verbindung zwischen den Staatstätigkeiten und den hoheitlichen Aufgaben, galt die Immunität fremder Staaten zu dieser Zeit als absolut (Grundsatz der absoluten Immunität). Allerdings gab es immer schon Ausnahmen, wie etwa für den Verzicht auf Immunität, für die Widerklage und für dingliche Klagen, welche das Eigentum (v.a. an Liegenschaften) im Gerichtsstaat betreffen.[162]

Nach dem Zweiten Weltkrieg, als Staaten sich mehr und mehr auch wirtschaftlich betätigten, wurde Immunität nur noch für hoheitliche Akte (*acta iure imperii*) und nicht mehr für privates Handeln (*acta iure gestionis*) gewährt (relative oder restriktive Immunität). Dadurch sollen staatliche und private Händler gleich behandelt werden, weshalb für Fälle, in denen der Staat nicht-hoheitlich handelt, keine Immunität im Erkenntnisverfahren besteht. Für das Vollstreckungsverfahren gilt, dass nur in nicht-hoheitlichen Zwecken dienendes Vermögen des Staates vollstreckt werden darf. Die Staaten können sich

---

160 Vgl. Vitzthum 2010, S. 180f, RZ 89; Ch. Appelbaum, Einschränkungen der Staatenimmunität, 2007, S. 33f; K. Doehring, Völkerrecht, 2004, S. 285, RZ 658; Hobe/Kimminich 2004, S. 346f und Neuhold u.a., Österreichisches Handbuch des Völkerrechts, Textteil, 2004, S. 171f, RZ 882.

161 Vgl. R. Lengelsen, Aktuelle Probleme der Staatenimmunität, 2011, S. 17 und B. Stephens VJTL, 2011, S. 1169.

162 Vgl. M. Herdegen, Völkerrecht, 2012, § 37, RZ 4; X. Yang, State Immunity- in International Law, Cambridge u.a.: Cambridge University Press 2012, S. 7, S. 10; R. Lengelsen, Aktuelle Probleme der Staatenimmunität, 2011, S. 19; W. Vitzthum, Völkerrecht, 2010, S. 181, RZ 90; S. Hobe/O. Kimminich, Einführung in das Völkerrecht, 2004, S. 347f; H. Neuhold u.a., Österreichisches Handbuch des Völkerrechts, Textteil, 2004, S. 167f, RZ 864f; K. Ipsen, Völkerrecht, 1999, § 26, RZ 24f und A. Verdross/B. Simma, Universelles Völkerrecht, 1984, § 1168.

außerdem sowohl im Erkenntnis- als auch im Vollstreckungsverfahren durch ausdrücklichen Verzicht der Gerichtsbarkeit des anderen Staates unterwerfen.[163]

Diese Entwicklung findet Ausdruck in einer wachsenden Zahl von Gerichten, die in ihren Entscheidungen eine Unterscheidung zwischen *acta iure imperii* und *acta iure gestionis* treffen. Während die *Common Law-Länder* wesentlich länger an alten Präjustizen und somit am Grundsatz der absoluten Immunität festhielten, zeichnete sich in den Gerichtsentscheidungen der *Civil Law-Staaten* bereits früher eine Anpassung an den Grundsatz der relativen Immunität ab.[164]

Die Anerkennung der restriktiven Immunität erfolgte allen voran durch italienische, belgische und ägyptische Gerichte, beispielsweise im italienischen Fall *Guttieres v. Elmilik* aus dem Jahr 1886. Der belgische *Cour de Cassation* bestätigte 1903 die von den belgischen Gerichten praktizierte Anwendung der *restriktiven Immunitätslehre.*[165] Nach dem Zweiten Weltkrieg folgte die österreichische[166], deutsche[167] und schweizer[168] Rechtsprechung.[169]

---

163 Vgl. M. Herdegen, Völkerrecht, 2012, § 37, RZ 5; M. Kloth/M. Brunner AVR, 2012, S. 218f; X. Yang, State Immunity, 2012, S. 11 S. 32; R. Lengelsen, Aktuelle Probleme der Staatenimmunität, 2011, S. 18f; B. Stephens VJTL, 2011, S. 116; P. Stoll MPEPIL, 2011, RZ 6; W. Vitzthum, Völkerrecht, 2010, S. 181, RZ 90; T. Salomon BLJ, 2009, S. 63; Ch. Appelbaum, Einschränkungen der Staatenimmunität, 2007, S. 47; K. Doehring, Völkerrecht, 2004, S. 288, RZ 665, S. 289, RZ 668; S. Hobe/O. Kimminich, Einführung in das Völkerrecht, 2004, S. 348; H. Neuhold u.a., Österreichisches Handbuch des Völkerrechts, Textteil, 2004, S. 168, RZ 866; H. Fox, The law of state Immunity, 2002, S. 21, S. 22; K. Ipsen, Völkerrecht, 1999, § 26, RZ 17, RZ 26; M. Karagiannakis LJIL, 1998, S. 11f und A. Verdross/B. Simma, Universelles Völkerrecht, 1984, § 1169, § 1175.

164 Vgl. H. Neuhold u.a., Österreichisches Handbuch des Völkerrechts, Textteil, 2004, S. 168, RZ 867 und A. Verdross/B. Simma, Universelles Völkerrecht, 1984, § 1169, § 1171.

165 Vgl. dazu Cour de Cassation, Chemins de Fer Liégeois-Luxembourgeois v l'Etat Néerlandais.

166 Vgl. Oberster Gerichtshof, Hoffmann g Dralle, Entscheidung vom 10.Mai 1950, SZ 23/143.

167 Das BVerfG stellte in seinem Beschluss vom 30. April 1963 im Heizungsreparatur-Fall fest, dass „(...) eine allgemeine Regel des Völkerrechts, nach der die inländische Gerichtsbarkeit für Klagen gegen einen ausländischen Staat in bezug auf seine nicht-hoheitliche Betätigung ausgeschlossen ist, [nicht] besteht" (Beschluss vom 30.April 1963, BVerfGE 2 BvM 1/62).

168 Vgl. beispielsweise die Entscheidung des Bundesgerichtshofes im Fall Republique Arabe Unie c. Dame X, BGE 86 I 23, Entscheidung vom 10. Februar 1960.

169 Vgl. X. Yang, State Immunity, 2012, S. 13 - 15; H. Fox, State Immunity, in: M. Evans (Hrsg.): International Law, New York: Oxford University Press 2010, S. 345f;

Hier soll stellvertretend für den Beginn der Entwicklung der Rechtsprechung in den *Common* Law-Ländern der Präzedenzfall *The Schooner Exchange v. Mc Faddon*[170] aus dem Jahr 1812 angeführt werden, aus welchem abgeleitet wird, dass ausländische Staaten von der Gerichtsbarkeit des Forumstaates befreit sind. Gegenstand dieser Entscheidung des amerikanischen *Supreme Court* war die Klage des Eigentümers Schooner auf Herausgabe des Schiffes *Schooner Exchange*, welches als Kriegsschiff Napoleons in Philadelphia eingelaufen war. Die Klage stützt Schooner auf die Behauptung, sein Schiff sei ihm von französischen Streitkräften weggenommen und in ein Kriegsschiff umgewandelt worden. Der *Supreme Court* bejahte den Immunitätsschutz in diesem Fall und dehnte ihn mehr als 100 Jahre später im Fall *Berizzi Brothers Company v. Steamship Pesaro*[171] auf Handelsschiffe aus.[172]

Die spätere Loslösung vom Grundsatz der absoluten Immunität im angloamerikanischen Raum zeigt sich deutlich durch den sog. *Tate Letter* des US-amerikanischen Außenministeriums aus dem Jahr 1952, in welchem der *Legal Advisor* des *State Department* Jacke B. Tate bekannt gab, dass das *State Department* in Zukunft die restriktive Immunitätstheorie anstelle der absoluten Immunitätslehre anwenden werde.[173]

Auch bei den verschiedenen Kodifikationsversuchen zeigt sich die Prävalenz der restriktiven Immunitätstheorie. Neben den Kodifikationsbemühungen privater Organisationen wie dem *Institut de Droit International (IDI)*, der *International Law Association (ILA)* oder der *Harvard University* war

---

Counter-Memorial of Italy 2009, S. 46, Abs. 4.15; R. Van Alebeek, The Immunity of States, 2008, S. 14; Ch. Appelbaum, Einschränkungen der Staatenimmunität, 2007, S. 47f; H. Neuhold u.a., Österreichisches Handbuch des Völkerrechts, Textteil, 2004, S. 168, RZ 867; H. Fox, The law of state Immunity, 2002, S. 119 und A. Verdross/B. Simma, Universelles Völkerrecht, 1984, § 1169.

170 U.S. Supreme Court, The Schooner Exchange v. M'Faddon, 11 U.S. 116 (1812).

171 U.S. Supreme Court, Berizzi Brothers Co. v. Steamship Pesaro, 271 U.S. 562 (1926)

172 Vgl. J. Bosch, Immunität und internationale Verbrechen, Baden-Baden: Nomos Verlag 2004, S. 67; H. Fox, State Immunity, in: M. Evans, 2010, S. 344; Ch. Appelbaum, Einschränkungen der Staatenimmunität, 2007, S. 35 - 37 und H. Fox, The law of state Immunity, 2002, S. 183.

173 Vgl. M. Herdegen, Völkerrecht, 2012, § 37, RZ 5; H. Fox, State Immunity, in: M. Evans, 2010, S. 346; Ch. Appelbaum, Einschränkungen der Staatenimmunität, 2007, S. 48; J. Bosch, Immunität und internationale Verbrechen, 2004, S. 68; H. Fox, The law of state Immunity, 2002, S. 185; K. Ipsen, Völkerrecht, 1999, § 26, RZ 17; J. Bröhmer, State Immunity and the Violation of Human Rights, 1997, S. 51; Ph. Lieberman, Expropriation, Torture, and Jus Cogens under the Foreign Sovereign Immunities Act: Siderman De Blake v. Republic of Argentina, in: 24 IALR, 03/1993, S. 506 und A. Verdross/B. Simma, Universelles Völkerrecht, 1984, § 1170.

1962 die Immunität von Staatsschiffen geregelt worden.[174] Das inhaltlich umfassende, jedoch räumlich auf Europa beschränkte, im Rahmen des Europarates geschlossene *Europäische Übereinkommen über die Staatenimmunität* (EÜStI)[175] aus dem Jahre 1972, trat 1976 in Kraft. Im Rahmen der Vereinten Nationen wurde das *UN-Übereinkommen über die gerichtliche Immunität der Staaten und ihres Vermögens* (UNCJISP)[176] ausgearbeitet und 2005 zur Ratifikation aufgelegt.[177] Dieses Abkommen und jenes, das im Rahmen der UNO geschlossen wurde, werden im anschließenden Kapitel einer genaueren Betrachtung unterzogen.

Daneben wurde das Recht der Staatenimmunität auch in zahlreichen Staaten in Gesetzesform gegossen. Die USA waren dabei der erste Staat, in dem die restriktive Immunitätstheorie durch den *US Foreign Sovereign Immunities Act* 1976 (FSIA)[178] in die nationale Gesetzgebung Eingang fand. Als weitere Beispiele für Kodifikationen eines restriktiven Immunitätsverständnisses sollen hier der *State Immunity Act 1978*[179] (Großbritannien), der *State Immunity Act 1985*[180] (Kanada), der *Foreign States Immunities Act 1985*[181] (Australien), der

174 Vgl. Convention for the Unification of Certain Rules Concerning the Immunity of State-owened Ships vom 10. April 1926, abgedruckt in: A. Dickson, Andrew u.a., State Immunity. Selected Materials and Commentary, Oxford: Clifford Chance LLP 2004, S. 1 - 9.

175 European Convention on State Immunity vom 16. Mai 1972, European Treaty Series No. 74, abgedruckt in: A. Dickson, Andrew u.a., State Immunity, 2004, S. 10 - 30.

176 United Nations Convention on Jurisdictional Immunities of States and Their Property vom 02.Dezember 2004, UN Doc. A/59/49.

177 Vgl. R. Lengelsen, Aktuelle Probleme der Staatenimmunität, 2011, S. 19, 21f; P. Stoll MPEPIL, 2011, RZ 7 - 12; H. Fox, State Immunity, in: M. Evans, 2010, S. 346f; W. Vitzthum, Völkerrecht, 2010, S. 182, RZ 92; T. Salomon BLJ, 2009, S. 63; R. Van Alebeek, The Immunity of States, 2008, S. 19f; H. Neuhold u.a., Österreichisches Handbuch des Völkerrechts, Textteil, 2004, S. 168, RZ 868; H. Fox, The law of state Immunity, 2002, S. 85 - 100; J. Bröhmer, State Immunity and the Violation of Human Rights, 1997, S. 119 - 133 und B. Heß, The International Law Commission's Draft Convention on the Jurisdictional Immunities of States and Their Property, in: 04 EJIL, 02/1993, S. 270.

178 United States: Foreign Sovereign Immunities Act of 1976, in: 15 ILM, 06/1976, S. 1388 - 1392.

179 State Immunity Act 1978, c. 33 (UK), abgedruckt in: A. Dickson, Andrew u.a., State Immunity, 2004, S. 329 - 442.

180 Canadian State Immunity Act, R.S., 1985, c. S-18, abgedruckt in: A. Dickson, Andrew u.a., State Immunity, 2004, S. 488 - 495.

181 Australia Foreign States Immunities Act 1985, abgedruckt in: A. Dickson, Andrew u.a., State Immunity, 2004, S. 469 - 487.

State Immunity Ordinance 1981[182] (Pakistan) und der *Foreign States Immunities Act 1981*[183] (Südamerika) angeführt werden. Im Unterschied zu den *Common Law-Staaten* wurden in den *Civil Law-Ländern* keine Gesetzgebungsakten zur Staatenimmunität erlassen. Die meisten Verfassungen der *Civil Law-Staaten* sehen eine Verpflichtung zur Einhaltung des Völkerrechts und somit auch der Regeln der Staatenimmunität vor. Beispielsweise kann hier Art. 10 der italienischen Verfassung genannt werden, der in Abs 1 folgendes vorschreibt[184]:

> „Die italienische Rechtsordnung paßt sich den allgemein anerkannten Bestimmungen des Völkerrechts an."[185]

Zusammenfassend kann somit festgehalten werden, dass man zwar heute noch in einigen Rechtssystemen Überreste des absoluten Immunitätsverständnisses findet, beispielsweise in China und Russland, in der Staatengemeinschaft jedoch die restriktive Immunitätstheorie überwiegend vertreten wird.[186]

Infolge dieser Abkehr vom Grundsatz der absoluten Immunität und der Hinwendung zur restriktiven Immunitätstheorie, stellt die Abgrenzung zwischen *acta iure imperii* und *acta iure gestionis* heute das zentrale Problem der Staatenimmunität dar. Nach der überwiegenden Ansicht ist dabei auf die Natur der Handlung und nicht auf ihren Zweck abzustellen. Ausschlaggebend ist also, ob dieselbe Handlung auch ein Privater ausführen hätte können.[187]

---

182 The State Immunity Ordinance 1981, Ordinance No. VI of 1981, abgedruckt in: A. Dickson, Andrew u.a., State Immunity, 2004, S. 496 - 503.

183 Foreign States Immunities Act 1981, No. 87 of 1981, abgedruckt in: A. Dickson, Andrew u.a., State Immunity, 2004, S. 513 - 522.

184 Vgl. W. Vitzthum, Völkerrecht, 2010, S. 181, RZ 90; T. Salomon BLJ, 2009, S. 63; R. Van Alebeek, The Immunity of States, 2008, S. 17f; H. Neuhold u.a., Österreichisches Handbuch des Völkerrechts, Textteil, 2004, S. 168, RZ 867; L. Caplan AJIL, 2003, S. 762; H. Fox, The law of state Immunity, 2002, S. 118, S. 124f; M. Karagiannakis LJIL, 1998, S. 12f; B. Heß EJIL, 1993, S. 269 und A. Verdross/B. Simma, Universelles Völkerrecht, 1984, § 1170f.

185 Art 10, Abs. 1 Costituzione della Repubblica Italiana („L'ordinamento giuridico italiano si conforma alle norme del diritto internazionale generalmente riconosciute.").

186 Vgl. R. Van Alebeek, The Immunity of States, 2008, S. 20, S. 46 und H. Fox, The law of state Immunity, 2002, S. 257.

187 Vgl. M. Herdegen, Völkerrecht, 2012, § 37, RZ 6; Ch. Appelbaum, Einschränkungen der Staatenimmunität, 2007, S. 49, S 82f; K. Doehring, Völkerrecht, 2004, S. 287, RZ 662; H. Neuhold u.a., Österreichisches Handbuch des Völkerrechts, Textteil, 2004, S. 168f, RZ 869; K. Ipsen, Völkerrecht, 1999, § 26, RZ 18; B. Heß EJIL, 1993, S. 269 und A. Verdross/B. Simma, Universelles Völkerrecht, 1984, § 1173.

Als besonders problematisch erweist sich diese Abgrenzung bei unerlaubten Handlungen. Einerseits wird in diesem Zusammenhang argumentiert, dass eine solche Unterscheidung hier vollkommen versage. Andererseits wird die Meinung vertreten, dass solche Handlungen auch von Privaten gesetzt werden können und somit dem Staat kein Immunitätsschutz zukommt.[188] Erstere Meinung wird von Richter *Cançado Trindade* in seiner *dissenting opinion* vertreten.[189] Im Zusammenhang mit der These, dass *ius cogens-Normen* einen Staat daran hindern sich auf seine Immunität zu berufen, argumentiert Italien im Sinne der zweiten Meinung indem es ausführt, dass Handlungen, die Verstöße gegen zwingende Normen darstellen nicht als souveräne Akte angesehen werden können.[190] Eine genauere Analyse dieser Argumente wird im Kapitel 4.8 erfolgen.

Im Verfahren vor dem IGH vertreten die Parteien außerdem unterschiedliche Ansichten betreffend die Entwicklung von der absoluten zur relativen Immunitätstheorie, sowie die Bedeutung der Unterscheidung zwischen *acta iure imperii* und *acta iure gestionis* für die Anwendbarkeit der Staatenimmunität. Deutschland ist der Meinung, dass erst der *Tate-Letter* den entscheidenden Wendepunkt in der Entwicklung hin zur restriktiven Immunitätstheorie darstellt und seither in der juristischen Praxis betreffend der Staatenimmunität in Bezug auf die Handlungen des Staates zwischen *acta iure imperii* und *acta iure gestionis* unterschieden wird. Somit galt nach deutscher Auffassung zum Zeitpunkt der durch das Dritte Reich begangenen Kriegsverbrechen die absolute Immunitätstheorie noch in unbestrittener Weise.[191]

Italien sieht den Ursprung des Wandels von der absoluten zur restriktiven Immunitätstheorie hingegen in der Rechtsprechung nationaler Gerichte. Italien schreibt in diesem Zusammenhang der belgischen Rechtsprechung eine Vorreiterrolle zu. Beispielsweise wird die Entscheidung des belgischen *Cour de Cassation* aus dem Jahr 1903, durch welche er die von den belgischen Gerichten bereits praktizierte Anwendung der restriktiven Immunitätslehre bestätigte, als „*leading case*" für die relative Immunitätstheorie angesehen. Die italienischen Gerichte folgten dem belgischen Beispiel durch eine Entscheidung im Jahr 1925. Nach italienischer Auffassung zeigt sich bei einer Betrachtung der Rechtsprechung des beginnenden 20. Jahrhunderts, dass die restriktive Immunitätstheorie weit vor dem Zweiten Weltkrieg von einer zunehmenden Anzahl der

188 Vgl. Ch. Appelbaum, Einschränkungen der Staatenimmunität, 2007, S 83f und K. Doehring, Völkerrecht, 2004, S. 287, RZ 662.

189 Vgl. Dissenting Opinion of Cançado Trindade 2012, S. 52, Abs. 177f.

190 Vgl. Counter-Memorial of Italy 2009, S. 65, Abs. 4.69.

191 Dissenting Opinion of Cançado Trindade 2012, S. 46f, Abs. 156 und Memorial of Germany 2009, S. 30 - 33, Abs. 48 - 54, S. 56f, Abs. 91.

Gerichte europäischen Staaten angewendet wurde. Italien teilt des Weiteren die deutsche Ansicht, dass die Unterscheidung zwischen *acta iure imperii* und *acta iure gestionis* immer noch das ausschlaggebende Kriterium für den sachlichen Anwendungsbereich der Staatenimmunität darstellt, nur zum Teil. Nach italienischer Auffassung haben Immunitätsausnahmen zunehmend einen weiteren Anwendungsbereich und kommen teilweise auch bei *acta iure imperii* zur Anwendung.[192]

Diese unterschiedlichen Argumentationen spielen einerseits in Bezug auf die gebietsbezogenen Deliktsausnahme eine Rolle, da Italien im Gegensatz zu Deutschland der Meinung ist, dass in diesem Zusammenhang die Unterscheidung zwischen *acta iure imperii* und *acta iure gestionis* nicht von Relevanz ist (siehe dazu Kapitel 4.1).[193] Andererseits ist Deutschland der Meinung, dass die *Corte di Cassazione* die restriktive Immunitätslehre unrechtmäßig rückwirkend auf Ereignisse aus der Zeit des Zweiten Weltkrieges angewandt hat (näheres zur Problematik der intertemporalen Rechtsanwendung unter 4.13).[194]

3.3 Verträge zur Staatenimmunität

Im Folgenden sollen von den bereits im vorherigen Kapitel angeführten Kodifikationsversuchen das EÜStI und das UNCJISP einer genaueren Betrachtung unterzogen werden.

Hierbei sei vorausgeschickt, dass diese Kodifikationen für das im Rahmen dieser Arbeit behandelte IGH-Verfahren nur insoweit relevant sind, als sie geltendes Gewohnheitsrecht abbilden. Denn nur Deutschland ist Partei des europäischen Übereinkommens und weder Deutschland noch Italien haben bisher das UN-Übereinkommen unterzeichnet, welches darüber hinaus mangels ausreichender Ratifikationen auch noch nicht in Kraft getreten ist.[195]

---

192 Vgl. Dissenting Opinion of Cançado Trindade 2012, S. 46f, Abs. 157f und Counter-Memorial of Italy 2009, S. 45 - 51, Abs. 4.13 - 4.26, S. 59, Abs. 4.51.

193 Vgl. Dissenting Opinion of Cançado Trindade 2012, S. 47, Abs. 159; Counter-Memorial of Italy 2009, S. 51f, Abs. 4.27 - 4.30 und Memorial of Germany, S. 33f, Abs. 55, S. 43, Abs. 71.

194 Vgl. Counter-Memorial of Italy 2009, S. 56, Abs. 4.43 und Memorial of Germany 2009, S. 56f, Abs. 91.

195 Vgl. Judgment 2012, S. 23, Abs. 54, S. 28, Abs. 66 und M. Kloth/M. Brunner AVR, 2012, S. 224.

3.3.1 Das europäische Übereinkommen über die Staatenimmunität

Das EÜStI[196] war der erste Versuch einer Kodifikation, die auf der restriktiven Immunitätstheorie beruht. Der von einem Expertenkomitee von 1965 bis 1970 ausgearbeitete Entwurf des Abkommens wurde vom Ministerkomitee angenommen und 1972 für die Mitglieder des Europarates zur Unterzeichnung aufgelegt. 1976 trat das Übereinkommen nach drei Ratifikationen in Kraft, blieb jedoch von geringer Bedeutung, da die Anzahl der Vertragsparteien bis heute nur auf acht Staaten gestiegen ist. Dazu zählen: die Bundesrepublik Deutschland, Belgien, Österreich, die Schweiz, die Niederlande, das Vereinigte Königreich und Zypern. Weiters wird die Bedeutung dieses Abkommens durch den auf Europa beschränkten Geltungsbereich geschmälert.[197]

Kapitel I des europäischen Übereinkommens regelt die Immunität im Erkenntnisverfahren. Die Art. 1 bis 3 legen jene Fälle fest, in denen ein Vertragsstaat keine Immunität beanspruchen kann, weil er sich durch seine Zustimmung, die in verschiedenen Verhaltensweisen ihren Ausdruck finden kann, der Gerichtsbarkeit des anderen Staats unterworfen hat.[198] Beispielsweise äußert sich die Zustimmung durch das Anhängigmachen eines Verfahrens vor dem Gericht eines anderen Staates, den Prozessbeitritt als Nebenintervenient, das Erheben einer Widerklage (Art. 1 EÜStI[199]) oder das Setzen von Prozesshandlungen (Art. 3 EÜStI[200]). Die Unterwerfung kann auch durch eine internationale Vereinbarung, eine ausdrückliche Bestimmung in einem Vertrag oder die nach Entstehen der Streitigkeit ausdrücklich erklärte Zustimmung erfolgen (Art. 2 EÜStI[201]). Die Art. 5 bis 14 EÜStI sehen weitere zehn Ausnahmen aus dem Bereich privatrechtlicher Rechtsgeschäfte bzw. kommerzieller Aktivitäten

---

196 European Convention on State Immunity vom 16. Mai 1972, European Treaty Series No. 74, abgedruckt in: A. Dickson, Andrew u.a., State Immunity, 2004, S. 10 - 30.

197 Vgl. M. Herdegen, Völkerrecht, 2012, § 37, RZ 2; R. Lengelsen, Aktuelle Probleme der Staatenimmunität, 2011, S. 21; W. Vitzthum, Völkerrecht, 2010, S. 182, RZ 92; Ch. Appelbaum, Einschränkungen der Staatenimmunität, 2007, S. 46; L. Caplan AJIL, 2003, S. 757 und H. Fox, The law of state Immunity, 2002, S. 94.

198 Vgl. J. Bröhmer, State Immunity and the Violation of Human Rights, 1997, S. 120 und European Convention on State Immunity, in: A. Dickson, Andrew u.a., State Immunity, 2004, S. 10f.

199 Vgl. Art. 1 European Convention on State Immunity, in: A. Dickson, Andrew u.a., State Immunity, 2004, S. 10, RZ 1.026.

200 Vgl. Art. 3 European Convention on State Immunity, in: A. Dickson, Andrew u.a., State Immunity, 2004, S. 11, RZ 1.028.

201 Vgl. Art. 2 European Convention on State Immunity, in: A. Dickson, Andrew u.a., State Immunity, 2004, S. 11, RZ 1.027.

vor, wobei in all diesen Bestimmungen das Erfordernis eines *„jurisdictional link"* zwischen dem beklagten Staat und dem Forumstaat vorgesehen ist.[202] Art. 15 EÜStI[203] stellt sodann die Regel auf, dass ein Staat grundsätzlich Immunität genießt, sofern keine der Ausnahmen der Art. 1 bis 14 EÜStI zur Anwendung gelangen.[204]

Kapitel II der Konvention enthält prozessuale Bestimmungen, Kapitel III die Regelung der Immunität im Vollstreckungsverfahren.[205]

In Kapitel IV ist zum einen die Möglichkeit vorgesehen über die im Übereinkommen vorgesehenen Ausnahmen hinaus bestimmte Verfahren durch Erklärung von einer Immunitätsgewährung auszunehmen. Art. 24[206] eröffnet den Vertragsstaaten die Möglichkeit in einer Notifikation zu erklären, dass ihre Gerichte zur Ausübung der Gerichtsbarkeit gegenüber anderen Vertragsparteien in demselben Ausmaß berechtigt sind, in dem sie diese auch gegenüber Nicht-Vertragsparteien ausüben. Davon unberührt bleibt die Immunität fremder Staaten, die sie hinsichtlich *acta iure imperii* genießen.[207]

Kapitel V nimmt bestimmte Verfahren und Bereiche ausdrücklich vom Anwendungsbereich des Übereinkommens aus.[208]

3.3.2 Das UN-Übereinkommen über die gerichtliche Immunität der Staaten und ihres Vermögens

Im Jahre 1947 wurde die *International Law Commission* (*ILC*) zur Erfüllung der in Art. 13 Abs. 1 lit. a) UN-Charta[209] vorgesehenen Aufgaben, Untersuchungen durchzuführen sowie Empfehlungen auszusprechen um eine fortschreitende

202 Vgl. European Convention on State Immunity, in: A. Dickson, Andrew u.a., State Immunity, 2004, S. 11 - 14, RZ 1.030 - 1.039.

203 Vgl. Art. 15 European Convention on State Immunity, in: A. Dickson, Andrew u.a., State Immunity, 2004, S. 14, RZ 1.040.

204 Vgl. L. Caplan AJIL, 2003, S. 756 und H. Fox, The law of state Immunity, 2002, S. 95 - 98.

205 Vgl. H. Fox, The law of state Immunity, 2002, S. 96, S. 98 und European Convention on State Immunity, in: A. Dickson, Andrew u.a., State Immunity, 2004, S. 14 - 16.

206 Vgl. Art. 24 European Convention on State Immunity, in: A. Dickson, Andrew u.a., State Immunity, 2004, S. 18f, RZ 1.049

207 Vgl H. Fox, The law of state Immunity, 2002, S. 96f und European Convention on State Immunity, in: A. Dickson, Andrew u.a., State Immunity, 2004, S. 18 - 20.

208 Vgl H. Fox, The law of state Immunity, 2002, S. 96 und European Convention on State Immunity vom 16. Mai 1972, in: A. Dickson, Andrew u.a., State Immunity, 2004, S. 20 - 22.

209 Vgl. Art. 13 Abs. 1 lit. a) Charter of the United Nations, San Francisco, 26. Juni 1945.

Entwicklung des Völkerrechts und dessen Kodifikation zu begünstigen, eingerichtet.[210]

Obwohl die ILC die Kodifikation der Staatenimmunität von Anfang an als notwendig ansah, lag die Priorität zunächst auf anderen Themen. 1977 erteilte die Generalversammlung schließlich mittels Resolution der ILC den Auftrag mit der Ausarbeitung dieses Rechtsbereiches zu beginnen. Daraufhin wurde von der ILC eine Arbeitsgruppe eingerichtet, die jährlich Bericht erstattete. Es sollte noch weitere 27 Jahre dauern, bis der von der ILC ausgearbeitete Entwurf von der Generalversammlung mittels Resolution angenommen wurde. Die Resolution wurde im Anschluss veröffentlicht und für zwei Jahre (2005 bis 2007) zur Unterzeichnung aufgelegt. Bislang konnte das Abkommen allerdings noch nicht in Kraft treten, da dafür 30 Ratifikationen erforderlich wären, bisher allerdings erst 28 Unterzeichnungen und 11 Ratifikationen vorliegen.[211]

Aus dieser geringen Zustimmung seitens der Staatengemeinschaft ergibt sich, dass nicht allein aus der Aufnahme einer Regel in das UN-Übereinkommen auf die Existenz und Ausgestaltung des Völkergewohnheitsrechts geschlossen werden kann. Folglich muss, um festzustellen, inwieweit eine Regelung des UN-Übereinkommens dem geltenden Völkergewohnheitsrecht entspricht, weiterhin die Staatenpraxis herangezogen werden.[212]

Der Einführungsteil (Art. 1 - 4) des Übereinkommens regelt den sachlichen und zeitlichen Geltungsbereich und enthält Begriffsbestimmungen.[213]

Art. 5 UNCJISP stellt die Grundregel auf, dass Staaten nach Maßgabe des Übereinkommens Immunität von der Gerichtsbarkeit anderer Staaten genießen. Dem Übereinkommen liegt also ein Regel-Ausnahmeprinzip zugrunde. Dies hat zu Folge, dass im konkreten Fall Immunität stets gegeben ist, sofern nicht das Bestehen einer Ausnahme nachgewiesen wird. Das Abkommen bekräftigt dadurch das Prinzip „in dubio pro immunitate". Art. 6 UNCJISP bestimmt die

---

210 Vgl. R. Lengelsen, Aktuelle Probleme der Staatenimmunität, 2011, S. 23; S. Hobe/O. Kimminich, Einführung in das Völkerrecht, 2004, S. 194; H. Neuhold u.a., Österreichisches Handbuch des Völkerrechts, Textteil, 2004, S. 41, RZ 225; J. Bröhmer, State Immunity and the Violation of Human Rights, 1997, S. 125 und A. Verdross/B. Simma, Universelles Völkerrecht, 1984, § 591.

211 Vgl. R. Lengelsen, Aktuelle Probleme der Staatenimmunität, 2011, S. 23 - 35; Ph. Stammler, Der Anspruch von Kriegsopfern auf Schadenersatz, 2009, S. 278f; J. Bröhmer, State Immunity and the Violation of Human Rights, 1997, S. 125 und B. Heß EJIL, 1993, S. 270.

212 Vgl. R. Lengelsen, Aktuelle Probleme der Staatenimmunität, 2011, S. 35 und B. Heß EJIL, 1993, S. 282.

213 Vgl. R. Lengelsen, Aktuelle Probleme der Staatenimmunität, 2011, S. 37f und United Nations Convention on Jurisdictional Immunities of States and Their Property vom 02.Dezember 2004, UN Doc. A/59/49.

amtswegige Wahrnehmung der Staatenimmunität. Die Art. 7 - 9 UNCJISP legen Immunitätsausnahmen für den Fall der freiwilligen Unterwerfung eines Staates unter die Gerichtsbarkeit eines anderen Staates fest. Art. 7 regelt dabei die Unterwerfung durch ausdrückliche Zustimmung, Art. 8 jene durch freiwillige Verfahrens-beteiligung und Art. 9 jene Fälle im Zusammenhang mit Widerklagen, die eine Berufung auf die Immunität ausschließen.[214]

Der dritte Teil des Übereinkommens (Art. 10 - 17) regelt spezielle Ausnahmen von der Staatenimmunität im Erkenntnisverfahren, wie beispielsweise jene für privatwirtschaftliche Rechtsgeschäfte (Art. 10), jene im Bereich des Arbeitsrechts (Art. 11) sowie die gebietsbezogene Deliktsausnahme (Art. 12).[215]

Teil IV des Übereinkommens (Art. 18 - 21) enthält Bestimmungen zur Immunität im Zwangsvollstreckungsverfahren. Gem. den Art. 18 und 19 UNCJISP kann eine Zwangsvollstreckung grundsätzlich mit Zustimmung des Staates und des Weiteren in Gegenstände mit nicht-hoheitlicher Zweckbestimmung erfolgen. Art. 21 UNCJISP nimmt bestimmte Vermögensarten generell von der Zwangsvollstreckung aus. In Art. 20 wird klargestellt, dass die Zustimmung zur Ausübung der Gerichtsbarkeit nicht automatisch einen Verzicht auf die Immunität im Vollstreckungsverfahren beinhaltet.[216]

Der V Teil (Art. 22 – 24) enthält gewisse prozessuale Regeln, wie z.B. die Zustellung von gerichtlichen Dokumenten (Art. 22 UNCJISP) oder die Erschwerung des Erlasses von Versäumnisurteilen gegen Staaten (Art. 23 UNCJISP).[217]

---

214 Vgl. R. Lengelsen, Aktuelle Probleme der Staatenimmunität, 2011, S. 37f, S. 48, S. 64f, S. 67f; D. Stewart, The UN Convention on Jurisdictional Immunities of States and Their Property, in: 99 AJIL, 01/2005, S. 197f; United Nations Convention on Jurisdictional Immunities of States and Their Property vom 02.Dezember 2004, UN Doc. A/59/49 und J. Bröhmer, State Immunity and the Violation of Human Rights, 1997, S. 126.

215 Vgl. R. Lengelsen, Aktuelle Probleme der Staatenimmunität, 2011, S. 73, S. 85f, S. 90; P. Stoll MPEPIL, 2011, RZ 37; D. Stewart AJIL, 2005, S. 198 – 205; United Nations Convention on Jurisdictional Immunities of States and Their Property vom 02.Dezember 2004, UN Doc. A/59/49 und J. Bröhmer, State Immunity and the Violation of Human Rights, 1997, S. 126f.

216 Vgl. R. Lengelsen, Aktuelle Probleme der Staatenimmunität, 2011, S. 131, S. 136, S. 149; P. Stoll MPEPIL, 2011, RZ 49, RZ 53, RZ 55, RZ 59f, RZ 70f; United Nations Convention on Jurisdictional Immunities of States and Their Property vom 02.Dezember 2004, UN Doc. A/59/49 und J. Bröhmer, State Immunity and the Violation of Human Rights, 1997, S. 127.

217 Vgl. R. Lengelsen, Aktuelle Probleme der Staatenimmunität, 2011, S. 39; D. Stewart AJIL, 2005, S. 208 und United Nations Convention on Jurisdictional Immunities of States and Their Property vom 02.Dezember 2004, UN Doc. A/59/49.

Die im VI Teil geregelten Schlussbestimmungen enthalten ein Streitbeilegungsverfahren (Art. 27 UNCJISP) sowie weitere für internationale Abkommen übliche formelle Bestimmungen.[218]

218 Vgl. R. Lengelsen, Aktuelle Probleme der Staatenimmunität, 2011, S. 39; D. Stewart AJIL, 2005, S. 209 und United Nations Convention on Jurisdictional Immunities of States and Their Property vom 02.Dezember 2004, UN Doc. A/59/49.

4 Einschränkung der Staatenimmunität bei Kriegsverbrechen und schweren Menschenrechtsverletzungen

In den letzten Jahren wird in der Fachliteratur zunehmend eine weitere Einschränkung der Immunität über die klassische Ausnahme für *acta iure gestionis* hinaus gefordert, insbesondere in Fällen von Kriegsverbrechen und schweren Menschenrechtsverletzungen. Das Bestehen einer solchen Immunitätsausnahme wird dabei in unterschiedlicher Weise begründet. Eine Begründung besteht darin, dass in der Begehung von Menschenrechte verletzenden Handlungen ein impliziter Verzicht des Staates auf sein Immunitätsrecht zu sehen ist. Eine andere Theorie betrachtet das Immunitätsrecht bei schweren Menschenrechtsverletzungen als verwirkt. Ein weiterer Ansatz qualifiziert solche Taten als *acta iure gestionis*, weil völkerrechtswidriges Verhalten nicht Teil der offiziellen hoheitlichen Tätigkeit sein kann. Der Verstoß gegen Menschenrechte könne nämlich nicht Aufgabe des Staates sein. Nach *Caplans collective benefit theory*[219] dient die Staatenimmunität dazu, die guten Beziehungen zwischen Staaten aufrecht zu erhalten, weshalb Staaten, die nicht völkerrechtskonform handeln, also z.B. Menschenrechtsverletzungen begehen und dadurch diesen guten Beziehungen schaden, sich nicht auf die Staatenimmunität berufen können. Des Weiteren wird die Verweigerung der Immunität als Repressalie gegen völkerrechtswidrige Menschenrechtsverletzungen angesehen. Außerdem wird die sog. Normenhierarchie-Theorie herangezogen, um eine Immunitätsausnahme zu begründen. Diese geht davon aus, dass bestimmte Menschenrechte aufgrund ihres *ius cogens*-Charakters gegenüber dem der Durchsetzung dieser Normen entgegenstehenden Immunitätsrechts Vorrang genießen. Ferner wird in diesem Zusammenhang noch auf die angeblich völkergewohnheitsrechtlich bestehende gebietsbezogene Deliktsausnahme Bezug genommen.[220]

Der Großteil dieser Argumente wurde von den Prozessparteien oder in den Begründungen der nationalen Entscheidungen, die zum IGH-Verfahren geführt haben, vertreten. Auch die Literatur hat sich im Zusammenhang mit dem Verfahren *Deutschland gegen Italien* mit diesen Theorien auseinandergesetzt.

---

219 Vgl. L. Caplan AJIL, 2003, S. 744, S. 776f, S. 781.

220 Vgl. R. Lengelsen, Aktuelle Probleme der Staatenimmunität, 2011, S. 161f; Ph. Stammler, Der Anspruch von Kriegsopfern auf Schadenersatz, 2009, S. 122 - 124; W. Cremer AVR, 2003, S. 142; H. Fox, The law of state Immunity, 2002, S. 517; und J. Bröhmer, State Immunity and the Violation of Human Rights, 1997, S. 189.

Deutschland fordert in seinem ersten Antrag den IGH auf festzustellen, dass Italien durch die Ausübung der Gerichtsbarkeit über die Schadenersatzklagen italienischer Opfer seine völkerrechtliche Pflicht zur Gewährung von Immunität verletzt habe (hierzu auch unter 2.). In seinem Urteil beschäftigt sich der IGH in Zusammenhang mit diesem Antrag, v.a. mit den Hauptargumenten Italiens zur Begründung einer Immunitätsausnahme und den dazu von deutscher Seite vorgebrachten Gegenargumenten, nämlich mit der gebietsbezogenen Deliktausnahme (hierzu unter 4.1), sowie mit der Substanz und den Umständen der Forderungen in den Verfahren vor italienischen Gerichten.[221]

In diesem zweiten Punkt werden vom IGH drei Argumentationslinien Italiens behandelt. (1) Italien vertritt die Meinung, dass die Handlungen Deutschlands schwere Verletzungen des humanitären Völkerrechts darstellen, weshalb diese nicht unter den Immunitätsschutz fallen (hierzu unter 4.2). (2) Des Weiteren erblickt Italien in diesen Kriegsverbrechen eine Verletzung zwingender Normen (*ius cogens*) und rechtfertigt die Nichtgewährung von Immunität mit der Normenhierarchie-Theorie (hierzu unter 4.3). (3) Außerdem sei die Ausübung der Gerichtsbarkeit durch italienische Gerichte notwendig, da die Erhebung einer Klage vor Gerichten des Forumstaates für die klagenden Opfer die einzige und letzte Möglichkeit darstellt, um Entschädigungszahlungen zu erlangen (sog. *„last resort" argument*) (hierzu unter 4.4).[222]

Anschließend setzt sich der IGH noch mit den anderen beiden Anträgen Deutschlands, nämlich jenen auf Feststellung der Verletzung der völkerrechtlichen Pflicht zur Gewährung von Staatenimmunität seitens Italiens durch die Anordnung von Zwangsvollstreckungsmaßnahmen in die *Villa Vigoni* sowie durch die Vollstreckbarerklärung des *Distomo-Urteils* durch italienische Gerichte, auseinander (hierzu unter 4.12).[223]

Im Folgenden wird auf die einzelnen in Literatur und Rechtsprechung vertretenen Ansichten genauer eingegangen, wobei der Schwerpunkt auf jene Theorien gelegt wird, die im Verfahren vor dem IGH vorgebracht und von diesem in seinem Urteil behandelt wurden. Dabei soll ein Überblick über den Inhalt der Ausnahmen, die von den Prozessparteien vertretenen Ansichten, die unterschiedlichen Meinungen in der Literatur sowie über die Staatenpraxis gegeben werden.

221 Vgl. Judgment 2012, S. 22 - 42.

222 Vgl. Judgment 2012, S. 34, Abs. 80f, S. 37f, Abs. 39, S. 40, Abs. 89; M. Kloth/M. Brunner AVR, 2012, S. 224f und K. Trapp/A. Mills CJICL, 2012, S. 159.

223 Vgl. Judgment 2012, S. 43 - 49, Abs. 109 - 133.

Da die Argumente teilweise fließend ineinander übergehen und z.T. in einem engen Zusammenhang zueinander stehen, wurden diese dem inhaltlich passenden Kapitel zugeordnet und in weiteren Kapiteln darauf verwiesen.

4.1 Die gebietsbezogene Deliktsausnahme

Die Idee zur dieser Immunitätsausnahme entstand im Rahmen der ständigen diplomatischen Vertretungen. Ein Forumstaat soll keiner Verpflichtung zur Gewährung von Immunität unterliegen, wenn die deliktischen Handlungen des fremden Staats im Hoheitsgebiet des Forumstaates gesetzt wurden.[224]

Diese sog. gebietsbezogene Deliktsausnahme wurde auf internationaler Ebene u.a. in den Art. 11 EÜStI und Art. 12 UNCJISP sowie in fast allen nationalen Immunitätsgesetzen kodifiziert.[225]

Zum ersten Mal zur Anwendung gelangte die Deliktsausnahme im Fall *Letelier v. Republic of Chile*[226].[227]

Da von einem Staat auf fremdem Territorium begangene Menschenrechtsverletzungen hoheitliches Handeln darstellen, müssten diese allerdings grundsätzlich unter den Immunitätsschutz fallen. Eine Immunitätsausnahme bei deliktischem Handeln kann jedoch aufgrund ihrer völkergewohnheitsrechtlichen Anerkennung völkerrechtlich zulässig sein.[228] Aus diesem Grund wird im Folgenden anhand der Staatenpraxis untersucht, ob eine solche Anerkennung vorliegt sowie die dazu vorgebrachten unterschiedlichen Ansichten in der Literatur dargestellt. Des Weiteren muss geprüft werden, ob im Falle des Bestehens einer völkergewohnheitsrechtlich anerkannten gebietsbezogenen

224 Vgl. J. Schaarschmidt, Die Reichweite des völkerrechtlichen Immunitätsschutzes, in: Ch. Tietje, 2010, S. 16; Ph. Stammler, Der Anspruch von Kriegsopfern auf Schadenersatz, 2009, S. 123f; Ch. Appelbaum, Einschränkungen der Staatenimmunität, 2007, S. 114 und J. Bröhmer, State Immunity and the Violation of Human Rights, 1997, S. 19f.

225 Vgl. M. Herdegen, Völkerrecht, 2012, § 37, RZ 6; Judgment 2012, S. 26, Abs. 62; R. Lengelsen, Aktuelle Probleme der Staatenimmunität, 2011, S. 90, S. 95; J. Schaarschmidt, Die Reichweite des völkerrechtlichen Immunitätsschutzes, in: Ch. Tietje, 2010, S. 16; Salomon BLJ, 2009, S. 65 Ch. Appelbaum, Einschränkungen der Staatenimmunität, 2007, S. 119, S. 127f; W. Cremer AVR, 2003, S. 146f und J. Bröhmer, State Immunity and the Violation of Human Rights, 1997, S. 121, S. 127.

226 United States: District Court for the District of Columbia Circuit Opinion in Letelier v. Chile ILM, 1980.

227 Vgl. Ch. Appelbaum, Einschränkungen der Staatenimmunität, 2007, S. 114.

228 Vgl. Ch. Appelbaum, Einschränkungen der Staatenimmunität, 2007, S. 118 und A. Scheffler, Die Bewältigung hoheitlich begangenen Unrechts durch fremde Zivilgerichte, Berlin: Duncker & Humblot, 1997, S. 67.

Deliktsausnahme eine solche auf bewaffnete Konflikte überhaupt Anwendung finden könnte.

4.1.1 Praxis in Staaten mit Immunitätsgesetzen

4.1.1.1 Praxis in den USA

Gemäß § 1605 (a) (5) des US-amerikanischen FSIA aus 1976 genießt ein Staat keine Immunität bei Schadenersatzklagen[229]

> „(…) against a foreign state for personal injury or death, or damage to or loss of property, occurring in the United States and caused by the tortious act or omission of that foreign state or of any official or employee of that foreign state while acting within the scope of his office or employment (…)"[230]

Ausgenommen vom Anwendungsbereich sind gemäß § 1605 (a) (5)

> „(A) any claim based upon the exercise or performance or the failure to exercise or perform a discretionary function regardless of whether the discretion be abused, or
>
> (B) any claim arising out of malicious prosecution, abuse of process, libel, slander, misrepresentation, deceit, or interference with contract rights (…)."[231]

In seinen Anmerkungen zum § 1605 (a) (5) FSIA erläutert das *US State Department* die Regelung[232]

> „ (…) is directed primarily at the problem of traffic accidents but is cast in general terms as applying to all tort actions for money damages, not otherwise encompassed by Section 1605 (a) 2 relating to commercial activities."[233]

---

229 Vgl. Ch. Appelbaum, Einschränkungen der Staatenimmunität, 2007, S. 119 und M. Karagiannakis LJIL, 1998, S. 32.

230 United States: Foreign Sovereign Immunities Act of 1976, in: 15 ILM, 06/1976, S. 1389.

231 Ibid.

232 Vgl. Ch. Appelbaum, Einschränkungen der Staatenimmunität, 2007, S. 119 und United States: Bill to define the Jurisdiction of U.S. Courts in Suits against Foreign States, the Circumstances in which Foreign States are immune from Suit and in which Execution may not be levied in their Property, in: 15 ILM, 01/1976, S. 108.

233 United States: Bill to define the Jurisdiction of U.S. Courts in Suits against Foreign States, ILM, 1976, S. 108.

Aufgrund dieser Aussage erscheint es fragwürdig, ob diese Bestimmung auch auf hoheitliche Handlungen wie etwa Menschenrechtsverletzungen anwendbar ist.[234]

Im Fall *Letelier v. Republic of Chile* wurde diese Immunitätsausnahme erstmals von einem US-Gericht angewandt. In diesem Verfahren erhoben Angehörige von Orlando Letelier, dem früheren chilenischen Außenminister und Botschafter in Washington sowie seiner US-amerikanischen Mitarbeiterin Ronni Moffitt u.a. Klage gegen die Republik Chile beim *District Court of Columbia.* Die Kläger beschuldigten die Republik Chile der Beteiligung an der Ermordung der beiden durch eine Autobombe in Washington D.C., da diese entweder vom Chef des chilenischen Geheimdienstes General *Contreras* oder dem Chef der Militärjunta General *Pinochet* in Auftrag gegeben worden war. Daher forderten die Kläger von der Republik Chile Schadenersatz für die Tötung ihrer Angehörigen.[235]

Der *District Court of Columbia* entschied, Chile könne sich nicht auf seine Immunität berufen. Der von Chile vorgebrachte Einwand § 1605 (a) (5) FSIA[236] solle nur auf privates, nicht jedoch auf hoheitliches Handeln anwendbar sein, wurde vom Gericht verworfen. Auch eine *„discretionary function"* ist nach Ansicht des Gerichts nicht gegeben, da keinem Staat die Entscheidungsfreiheit zukomme politische Morde anzuordnen.[237]

Ein ähnlicher Sachverhalt liegt dem Fall *Liu v. Republic of China* zugrunde. Die Frau des in Kalifornien auf Befehl des chinesischen Geheimdienstdirektors ermordeten Journalisten und US-amerikanischen Staatsbürgers Liu forderte Schadenersatz von der Republik China. Während das in erster Instanz entscheidende Gericht zu dem Schluss gelangte, China könne gerichtlich nicht

---

234 Vgl. Ch. Appelbaum, Einschränkungen der Staatenimmunität, 2007, S. 119.

235 Vgl. R. Lengelsen, Aktuelle Probleme der Staatenimmunität, 2011, S. 111; N. Paech AVR, 2009, S. 66f; Ch. Appelbaum, Einschränkungen der Staatenimmunität, 2007, S. 114, S. 119; J. Bosch, Immunität und internationale Verbrechen, 2004, S. 96; H. Fox, The law of state Immunity, 2002, S. 313; M. Karagiannakis LJIL, 1998, S. 33 und United States: District Court for the District of Columbia Circuit Opinion in Letelier v. Chile, in: 19 ILM, 02/1980, S. 409f.

236 Vgl. Vgl. § 1605 (a) (5) United States: Foreign Sovereign Immunities Act of 1976, in: 15 ILM, 06/1976, S. 1389.

237 Vgl. R. Lengelsen, Aktuelle Probleme der Staatenimmunität, 2011, S 112; N. Paech AVR, 2009, S. 67f; Ch. Appelbaum, Einschränkungen der Staatenimmunität, 2007, S. 119; H. Fox, The law of state Immunity, 2002, S. 313; M. Karagiannakis LJIL, 1998, S. 33 und United States: District Court for the District of Columbia Circuit Opinion, Letelier v. Chile, in: ILM, 1980, S. 422f.

zu Verantwortung gezogen werden, bejahte der *Court of Appeal* die Anwendbarkeit des § 1605 (a) (5) FSIA[238].[239]

In diesen beiden immunitätsbeschränkenden Urteilen wird die gebietsbezogene Deliktsausnahme auch bei hoheitlichen Handlungen angewandt. Die beiden Gerichte wenden dabei aber nationales, US-amerikanisches Recht und nicht Völkerrecht an. Diese Entscheidungen zeigen somit nur die US-amerikanische Gesetzeslage auf und lassen nur insofern Rückschlüsse auf das Völkerrecht zu, als sie Teil der US-amerikanischen Staatenpraxis sind. Außerdem kann aus den Urteilen nicht abgelesen werden, ob die gebietsbezogene Deliktsausnahme auch in Fällen bewaffneter Konflikte anwendbar wäre, da beide Entscheidungen Tötungen von Zivilpersonen betreffen.[240]

4.1.1.2 Praxis in anderen Staaten mit Immunitätsgesetzgebung

Mit Ausnahme der *Pakistani State Immunity Ordinance* aus 1981 enthalten alle anderen nationalen Immunitätsgesetze ähnliche Regelungen wie der FSIA, nämlich § 5 des *UK SIA* 1978[241], § 7 des SIA Singapurs aus 1979[242], § 6 des südafrikanischen *Foreign States Immunities Act* 1981[243], § 6 des kanadischen SIA 1985[244], § 13 des australischen SIA 1985[245], Art. 2 (e) des argentinischen Immunitätsgesetzes[246], das *Israel Foreign State Immunity Law* aus 2008 sowie

238 Vgl. § 1605 (a) (5) United States: Foreign Sovereign Immunities Act of 1976, in: 15 ILM, 06/1976, S. 1389.

239 Vgl. R. Lengelsen, Aktuelle Probleme der Staatenimmunität, 2011, S. 112f; N. Paech AVR, 2009, S 68; Ch. Appelbaum, Einschränkungen der Staatenimmunität, 2007, S. 120f; H. Fox, The law of state Immunity, 2002, S. 313 und M. Karagiannakis LJIL, 1998, S. 33.

240 Vgl. R. Lengelsen, Aktuelle Probleme der Staatenimmunität, 2011, S. 113.

241 Vgl. § 5 State Immunity Act 1978, c. 33 (UK), abgedruckt in: A. Dickson, Andrew u.a., State Immunity, 2004, S. 367, RZ 4.047.

242 Vgl. § 7 State Immunity Act 1979, abgedruckt in: A. Dickson, Andrew u.a., State Immunity, 2004, S. 507, RZ 5.112.

243 Vgl. § 6 Foreign States Immunities Act 1981, No. 87 of 1981, abgedruckt in: A. Dickson, Andrew u.a., State Immunity, 2004, S. 515, RZ 5.131.

244 Vgl. § 6 Canadian State Immunity Act, R.S., 1985, c. S-18, abgedruckt in: A. Dickson, Andrew u.a., State Immunity, 2004, S. 490, RZ 5.072.

245 Vgl. § 13 Australia Foreign States Immunities Act 1985, abgedruckt in: A. Dickson, Andrew u.a., State Immunity, 2004, S. 475, RZ 5.034.

246 Art. 2 (e) Inmunidad Jurisdiccional de los Estados Extranjeros ante los Tribunales Argentinos vom 22. Juni 1995, LeyNo. 24.488, abgedruckt in: A. Dickson, Andrew u.a., State Immunity, 2004, S. 461, RZ 5.003.

Art. 10 des *Act on the Civil Jurisdiction of Japan with respect to a Foreign State* 2009.[247]

Bei all diesen Ausnahmetatbeständen ist jedoch nicht eindeutig erkennbar, ob diese auch hoheitliches Handeln wie Menschenrechtsverletzungen mitumfassen sollen.[248]

4.1.2 Praxis in Staaten ohne Immunitätsgesetzgebung

4.1.2.1 Entscheidungen nationaler Gerichte

Die Richtermehrheit des *Areopags* bejahte im Fall *Distomo* das Bestehen einer völkergewohnheitsrechtlich anerkannten gebietsbezogenen Deliktsausnahme selbst dann, wenn es sich um *acta iure imperii* handelt (siehe dazu auch unter 2.3.3).[249] Als Belege für seine Argumentation führt der *Areopag* Art. 11 EÜStI, Art. 12 UNCJISP, nationale Immunitätsgesetze sowie die *Letelier*- und die *Liu-Entscheidung* an.[250] Die gegen dieses Urteil stimmenden Richter führten in einem Minderheitsvotum aus, dass die gebietsbezogene Deliktsausnahme nicht völkergewohnheitsrechtlich gelte. Die aus der niedrigen Zahl an Ratifizierungen resultierende geringe Bedeutung des EÜStI sowie die Tatsache, dass der *ILC*-Entwurf zur Staatenimmunität mangels ausreichender Ratifizierungen noch nicht in Kraft getreten sei (siehe dazu unter 3.3.1 und 3.3.2), zeigen, dass viele Staaten einer solchen Ausnahme noch immer kritisch gegenüber stehen. Da

---

247 Vgl. Judgment 2012, S. 30, Abs. 70; Memorial of Germany 2009, S. 48 - 50, Abs. 78 - 81; Ch. Appelbaum, Einschränkungen der Staatenimmunität, 2007, S. 122f; W. Cremer AVR, 2003, S. 147f und J. Bröhmer, State Immunity and the Violation of Human Rights, 1997, S. 88, S. 97f, S. 100 - 103.

248 Vgl. Ch. Appelbaum, Einschränkungen der Staatenimmunität, 2007, S. 123.

249 Vgl. Judgment 2012, S. 33, Abs. 76; R. Lengelsen, Aktuelle Probleme der Staatenimmunität, 2011, S. 109; H. Fox, State Immunity, in: M. Evans, 2010, S. 359; Memorial of Germany 2009, S. 23, Abs. 34; T. Salomon BLJ, 2009, S. 65; Ph. Stammler, Der Anspruch von Kriegsopfern auf Schadenersatz, 2009, S. 224; Ch. Appelbaum, Einschränkungen der Staatenimmunität, 2007, S. 123; De Sena/De Vittore 2005, S. 96; Ch. Appelbaum HuV-I, 2004, S. 193; J. Bosch, Immunität und internationale Verbrechen, 2004, S. 97; L. Caplan AJIL, 2003, S. 769f; W. Cremer AVR, 2003, S. 43 und Areopag, Prefecture of Voiotia v. Federal Republic of Germany, Entscheidung vom 4. Mai 2000, Nr. 11/2000, in: 129 ILR 2007, S. 519 bzw. 33 KJ 2000, S. 474.

250 Vgl. Ph. Stammler, Der Anspruch von Kriegsopfern auf Schadenersatz, 2009, S. 224; De Sena/De Vittore 2005, S. 96f und Areopag, Prefecture of Voiotia v. Federal Republic of Germany, Entscheidung vom 4. Mai 2000, Nr. 11/2000, in: 129 ILR 2007, S. 517f bzw. 33 KJ 2000, S. 472 - 474.

nationale Gesetzgebungsakte nur Bedeutung für den jeweiligen Rechtskreis hätten, würde auch der Verweis auf diese nicht als ausreichender Nachweis einer allgemeinen Überzeugung der Staaten angesehen werden können.[251]

Auf Vorlage des *Areopags* im Fall *Margellos* entschied das *OSG* Griechenlands, dass nach den Grundsätzen des Völkerrechts der Bundesrepublik Deutschland in Verfahren betreffend Schadenersatzklagen wegen Kriegsverbrechen Immunität zu gewähren ist. Insbesondere stellte es fest, dass die gebietsbezogene Deliktsausnahme nicht auf bewaffnete Konflikte anwendbar ist (siehe dazu auch unter 2.3.4).[252]

Wenn man also die griechische Staatenpraxis als Ganzes betrachtet, bestärkt diese nicht die These des Bestehens einer völkergewohnheitsrechtlich anerkannten gebietsbezogenen Deliktsausnahme, da nur im Fall *Distomo*[253] eine solche Immunitätsausnahme angenommen wurde, während in anderen gleichartigen, parallel entschiedenen Fällen erstinstanzliche Gerichte sowie das *OSG*[254] Immunität gewährt hatten.[255]

Der italienische Kassationsgerichtshof geht in seiner Entscheidung im Fall *Ferrini* vom Bestehen einer völkergewohnheitsrechtlich anerkannten gebietsbezogenen Deliktsausnahme aus (siehe dazu auch unter 2.3.1).[256] Er verweist

---

251 Vgl. Ph. Stammler, Der Anspruch von Kriegsopfern auf Schadenersatz, 2009, S. 225 und Dissenting Opinion of President Matthias and Judges Kromydas, Rigos, Bakas and Vardavakis, in: Areopag, Prefecture of Voiotia v. Federal Republic of Germany, Entscheidung vom 4. Mai 2000, Nr. 11/2000, in: 129 ILR 2007, S. 521f.

252 Vgl. Judgment 2012, S. 18, Abs. 36, S. 33, Abs. 76; R. Lengelsen, Aktuelle Probleme der Staatenimmunität, 2011, S. 97; J. Schaarschmidt, Die Reichweite des völkerrechtlichen Immunitätsschutzes, in: Ch. Tietje, 2010, S. 9; Memorial of Germany 2009, S. 40, Abs. 65; Ph. Stammler, Der Anspruch von Kriegsopfern auf Schadenersatz, 2009, S. 226; L. McGregor ICLQ, 2006, S. 440f; Greece, Special Supreme Court (Anotato Eidiko Dikastirio) Margellos and Others v. Federal Republic of Germany, Entscheidung vom 17. September 2002, Nr. 6/2002, in: 129 ILR 2007, S. 526, S. 529 - 533 und K. Bartsch/B. Elberling GLJ, 2003, S. 481f.

253 Vgl. Areopag, Prefecture of Voiotia v. Federal Republic of Germany, Entscheidung vom 4. Mai 2000, Nr. 11/2000, in: 129 ILR 2007, S. 514 - 524; Auszüge in deutscher Übersetzung in: 33 KJ 2000, S. 472 - 476.

254 Vgl. Greece, Special Supreme Court (Anotato Eidiko Dikastirio) Margellos and Others v. Federal Republic of Germany, Entscheidung vom 17. September 2002, Nr. 6/2002, in: 129 ILR 2007, S. 526, S. 529 - 533 und K. Bartsch/B. Elberling GLJ, 2003, S. 481f

255 Vgl. Judgment 2012, S. 33, Abs. 76 und R. Lengelsen, Aktuelle Probleme der Staatenimmunität, 2011, S. 110.

256 Vgl. Judgment 2012, S. 16, Abs. 27; R. Lengelsen, Aktuelle Probleme der Staatenimmunität, 2011, S. 169; H. Fox, State Immunity, in: M. Evans, 2010, S. 359; Ph. Stammler, Der Anspruch von Kriegsopfern auf Schadenersatz, 2009, S. 232; A. Gattini JICJ, 2005, S. 230 und Corte di Cassazione (sez. un. civ.), Ferrini c. Repubblica

dabei u.a. auf die Entwicklung in den USA, wo der *FSIA* 1996 durch den *Anti-terrorism and Effective Death Penalty Act* novelliert worden war.[257]

Auch im Verfahren vor dem IGH führt Italien diese Immunitätsausnahme als Argument an. Italien stützt sich dabei insbesondere auf die Art. 11 EÜStI und Art. 12 UNCJISP sowie darauf, dass in neun von zehn Staaten mit Immunitätgesetzgebung diese Gesetze eine solche Ausnahme enthalten.[258]

4.1.2.2 Entscheidungen des EGMR

Im Fall *McElhinney* klagte ein irischer Staatsbürger einen britischen Soldaten sowie den Nordirlandminister vor dem irischen *High Court* wegen seines post-traumatischen Schocks auf Schadenersatz. Hintergrund dieses Verfahrens waren folgende Geschehnisse: Als McElhinney mit seinem Wohnanhänger über die Grenze zwischen Nordirland und der Republik Irland fuhr, geriet er versehentlich in eine Straßensperre und der wachehabende britische Soldat wurde von seinem Anhänger erfasst. Der Soldat feuerte daraufhin Schüsse auf den Wagen ab. In der Angst in einen terroristischen Angriff geraten zu sein, fuhr McElhinney auf irischem Territorium davon. Der Soldat verfolgte ihn, bedrohte ihn mit seiner Waffe und drückte zwei Mal den Abzug, als der Kläger versuchte, die Situation aufzuklären. Aufgrund einer Ladehemmung löste sich jedoch kein Schuss.[259]

Der *High Court* gewährt auf Antrag des Nordirlandministers dem Vereinigten Königreich Staatenimmunität, wogegen McElhinney ein Rechtsmittel einlegte. In seinem Rechtsmittel legte er dar, dass aufgrund der gebietsbezogenen Deliktsausnahme in diesem Fall keine Immunität zu gewähren sei. Das Rechtsmittel wurde vom irischen *Supreme Court* abgewiesen.[260] Der

---

federale di Germania, Enscheidung vom 11. März 2004, Nr. 5044, in: 87 Rivista di diritto internazionale 2004, S. 548 - 550 bzw. 128 ILR 2006, S. 670 - 673.

257 Vgl. R. Lengelsen, Aktuelle Probleme der Staatenimmunität, 2011, S. 169f und Memorial of Germany 2009, S. 15, Abs. 20.

258 Vgl. Judgment 2012, S. 26, Abs. 26 und Counter-Memorial of Italy 2009, S. 51 - 56, Abs. 4.27 - 4.42.

259 Vgl. Dissenting Opinion of Judge Cançado Trindade 2012, S. 41, Abs. 135; Ph. Stammler, Der Anspruch von Kriegsopfern auf Schadenersatz, 2009, S. 265; R. Van Alebeek, The Immunity of States, 2008, S. 381; Ch. Appelbaum, Einschränkungen der Staatenimmunität, 2007, S. 124f und M. Emberland, McElhinney v. Ireland App. No. 31253/96; Al-Adsani v. United Kingdom App. No. 35763/97; Fogarty v. United Kingdom App. No. 37112/97, in: 96 AJIL, 03/2002, S. 700.

260 Vgl. Dissenting Opinion of Judge Cançado Trindade 2012, S. 41, Abs. 135; Ph. Stammler, Der Anspruch von Kriegsopfern auf Schadenersatz, 2009, S. 265 und Ch. Appelbaum, Einschränkungen der Staatenimmunität, 2007, S. 125.

Supreme Court greift in seinem Urteil eine in der Literatur vertretene Ansicht auf, wonach die Immunitätsausnahme des Art. 11 EÜStI, insoweit sie auch hoheitliches Handeln mit einschließt, nicht dem allgemeinen Völkerrecht entspricht und somit nur zwischen den Vertragsstaaten des EÜStI zur Anwendung gelangen kann.[261]

Nachdem sein Rechtsmittel abgewiesen worden war, erhob McElhinney beim EGMR Beschwerde gegen Irland und das Vereinigte Königreich wegen Verletzung des in Art. 6 Abs. 1 EMRK verbrieften Rechts auf Zugang zu den Gerichten.[262]

Der EGMR entschied, dass Einschränkungen des Art. 6 Abs. 1 EMRK durch die Staatenimmunität zulässig seien. Nach Ansicht der Richtermehrheit gebe es zwar[263]

> „(…) a trend in international and comparative law towards limiting State immunity in respect of personal injury caused by an act or omission within the forum State, but (that) this practice is by no means universal."[264]

Diese Entwicklungen gebe es nach Ansicht der Richtermehrheit darüber hinaus hauptsächlich in Bezug auf

> „(…) 'insurable' personal injury, that is incidents arising out of ordinary road traffic accidents, rather than matters relating to the core area of State sovereignty such as the acts of a soldier on foreign territory which, of their very nature, may involve sensitive issues affecting diplomatic relations between States and national security."[265]

---

261 Vgl. Ch. Appelbaum, Einschränkungen der Staatenimmunität, 2007, S. 125.

262 Vgl. Ph. Stammler, Der Anspruch von Kriegsopfern auf Schadenersatz, 2009, S. 265; R. Van Alebeek, The Immunity of States, 2008, S. 382 und Ch. Appelbaum, Einschränkungen der Staatenimmunität, 2007, S. 125.

263 Vgl. R. Lengelsen, Aktuelle Probleme der Staatenimmunität, 2011, S. 116; R. Van Alebeek, The Immunity of States, 2008, S. 386 und Ch. Appelbaum, Einschränkungen der Staatenimmunität, 2007, S. 125.

264 EGMR, McElhinney v. Ireland, Entscheidung vom 21. November 2001, Nr. 31253/96, S. 13, Abs. 38.

265 Ibid.

Deshalb gelangen die Richter zu dem Schluss, dass

> „(…) it cannot be said that Ireland is alone in holding that immunity attaches to suits in respect of such torts committed by *acta jure imperii* or that, in affording this immunity, Ireland falls outside any currently accepted international standards. The Court agrees with the Supreme Court in the present case (…) that it is not possible, given the present state of the development of international law, to conclude that Irish law conflicts with its general principles."[266]

Diese Entscheidung wurde mit einer Mehrheit von zwölf zu fünf Stimmen getroffen. In ihrem gemeinsamen Sondervotum brachten die überstimmten Richter *Caflisch*, *Cabral Barreto* und *Vajić* die Meinung zum Ausdruck, dass das Völkerrecht für Fälle wie den vorliegenden keine Verpflichtung zur Immunitätsgewährung mehr vorsehe. Als Argumente führen sie Regelungen in nationalen Immunitätsgesetzen, wie beispielsweise dem FSIA[267] und in internationale Kodifikationsversuchen, wie Art. 11 EÜStI und Art. 12 des *ILC*-Entwurfes, an.[268]

Richter *Loucaides* legt in seinem Sondervotum dar, dass die Gewährung von Immunität ohne vorherige Abwägung der Interessen des Individuums und jenen des Staates eine unverhältnismäßige Einschränkung des Rechts auf Zugang zu den Gerichten darstellt. Auch Richter *Rozakis* vertritt die Meinung, dass man aufgrund einer Interessenabwägung und unter Berücksichtigung von Entwicklungen im internationalen Recht zum Schluss gelangen muss, dass das Interesse des Einzelnen auf Zugang zu den Gerichten weit schwerer wiegt als die Staats-interessen auf Gewährung von Immunität.[269]

Der Kläger im Verfahren *Grosz v. France* war 1943 mit Hilfe Frankreichs nach Deutschland deportiert und im Anschluss zwei Jahre lang als Zwangsarbeiter eingesetzt worden. Im Jahr 2002 erhob er vor einem französischen

---

266 EGMR, McElhinney v. Ireland, Entscheidung vom 21. November 2001, Nr. 31253/96, S. 13, Abs. 38.

267 United States: Foreign Sovereign Immunities Act of 1976, in: 15 ILM, 06/1976, S. 1388 - 1392.

268 Vgl. Dissenting Opinion of Judge Cançado Trindade 2012, S. 41, Abs. 137; R. Lengelsen, Aktuelle Probleme der Staatenimmunität, 2011, S. 116; R. Van Alebeek, The Immunity of States, 2008, S. 387; Ch. Appelbaum, Einschränkungen der Staatenimmunität, 2007, S. 126; M. Emberland AJIL, 2002, S. 701 und EGMR, McElhinney v. Ireland, Entscheidung vom 21. November 2001, Nr. 31253/96, S. 17 - 20.

269 Vgl. Dissenting Opinion of Judge Cançado Trindade 2012, S. 41, Abs. 136; R. Van Alebeek, The Immunity of States, 2008, S. 387 und EGMR, McElhinney v. Ireland, Entscheidung vom 21. November 2001, Nr. 31253/96, S. 15f, S. 21f.

Arbeitsgericht Klage auf Lohnzahlung für die Zeit der Zwangsarbeit. Nachdem seine Klage sowohl von den ersten beiden Instanz als auch vom *Cour de Cassation* unter Bezugnahme auf die Staatenimmunität als unzulässig zurückgewiesen worden war, erhob der Kläger Beschwerde an den EGMR wegen Verletzung seiner Rechte gemäß Art. 6 Abs. 1 EMRK.[270]

Der EGMR wies die Klage als unzulässig zurück, da nach Ansicht des Gerichtshofs Maßnahmen einen Staates, die der nach Völkerrecht vorgeschriebenen Staatenimmunität Rechnung tragen, nicht als unverhältnismäßiger Einschränkung des in Art. 6 Abs. 1 verbrieften Rechts betrachtet werden können.[271]

Im Jahr 2002 erhoben 257 Angehörige von Opfern des *Distomo-Massakers* Beschwerde an den EGMR nachdem der Justizminister seine Zustimmung zur Vollstreckung des *Distomo-Urteils* verweigert hatte (siehe dazu unter 2.3.4).[272] Auch in dieser Entscheidung wies der EGMR die Beschwerde als unzulässig zurück, da mit der Einschränkung des Rechts auf Zugang zu den Gerichten aufgrund der Staatenimmunität ein legitimes Ziel verfolgt wird (genaueres siehe unter 2.3.4). Zur Verhältnismäßigkeit führt der EGMR aus, dass die EMRK nicht in einem Vakuum interpretiert werden könne, sondern eine solche Interpretation im Einklang mit den Normen des Völkerrechts, einschließlich jener der Staatenimmunität, zu erfolgen habe. Aus diesem Grund könnten Maßnahmen der Vertragsstaaten, die unter Befolgung der Regeln der Staatenimmunität gesetzt wurden, nicht generell als unverhältnismäßiger Eingriff in die Rechte des Art. 6 Abs. 1 EMRK betrachtet werden. Regeln wie jene der Staatenimmunität müssen also als der Konvention inhärente Beschränkungen angesehen werden.[273]

Somit gelangt die Richter zu dem Schluss, dass der Gerichtshof

> „(...) not find it established, however, that there is yet acceptance in international law of the proposition that States are not entitled to immunity in respect of civil claims for damages brought against them in another State for crimes against

---

270 Vgl. ECHR, Information Note on the Court's case-law, 120/2009, S. 18.

271 Vgl. Judgment 2012, S. 32, Abs. 73; EGMR, Grosz c. France, Entscheidung vom 16. Juni 2009, Nr. 14717/06 und ECHR, Information Note on the Court's case-law, 120/2009, S. 19.

272 Vgl. K. Bartsch/B. Elberling GLJ, 2003, S. 482 und EGMR, Kalogeropoulou and others v. Greece and Germany, Entscheidung vom 12.Dezember 2002, Nr. 59021/00, S. 1, S. 4f.

273 Vgl. EGMR, Kalogeropoulou and others v. Greece and Germany, Entscheidung vom 12. Dezember 2002, Nr. 59021/00, S. 8f.

humanity (…). The Greek Government cannot therefore be required to override the rule of State immunity against their will.

Accordingly, the Minister of Justice's refusal to give the applicants leave to apply for expropriation of certain German property situated in Greece cannot be regarded as an unjustified interference with their right of access to a tribunal, (…)."[274]

4.1.2.3 Rechtsprechung des EuGH

Auch der *Gerichtshof der Europäischen Union* (EuGH) räumt dem Immunitätsschutz gegenüber dem individuellen Klagerecht den Vorrang ein. Nachdem das *OSG* in Griechenland entschieden hatte, dass die gebietsbezogene Deliktsausnahme auf die Immunität Deutschlands in Verfahren wegen Wehrmachtsverbrechen keine Auswirkungen hat, legte das griechische Gericht, bei dem der *Distomo-Fall* anhängig war, dem EuGH die Frage vor, ob die Immunität Deutschlands aufgrund der in Art. 5 des Europäisches Gerichtsstands- und Vollstreckungsübereinkommen (EuGVÜ) niedergelegten Deliktsausnahme ausgeschlossen werden könnte.[275]

Der EuGH verneinte diese Frage unter Verweis auf seine ständige Rechtsprechung, wonach hoheitliches Handeln vom Anwendungsbereich des Übereinkommens nicht mitumfasst ist. Nach Ansicht des EuGH gelte dies auch für rechtswidriges Handeln, sogar für Verstöße gegen *ius cogens*, da die Frage nach der Art des Handelns (hoheitlich, nicht-hoheitlich) als Vorfrage und somit vor jener nach der Natur der Handlung (rechtswidrig, rechtmäßig) zu beantworten sei.[276]

4.1.3 Internationale Kodifikationsarbeiten

4.1.3.1 Regelung im europäischen Übereinkommen über die Staatenimmunität

Art. 11 EÜStI sieht eine Immunitätsausnahme für Personen- oder Eigentumsschäden vor, wenn die Verletzungs- bzw. Schädigungshandlung auf dem Gebiet

274 EGMR, Kalogeropoulou and others v. Greece and Germany, Entscheidung vom 12. Dezember 2002, Nr. 59021/00, S. 9.

275 Vgl. Ph. Stammler, Der Anspruch von Kriegsopfern auf Schadenersatz, 2009, S. 266f und EuGH, Lechouritou u.a. v. Deutschland, Urteil vom 15. Februar 2007, Rechtssache C-292/05, RZ 12, RZ 15f.

276 Vgl. Ph. Stammler, Der Anspruch von Kriegsopfern auf Schadenersatz, 2009, S. 267 und EuGH, Lechouritou u.a. v. Deutschland, Urteil vom 15. Februar 2007, Rechtssache C-292/05, RZ 31 - 39, RZ 43.

des Forumstaates gesetzt wurde und der Schädiger sich zu diesem Zeitpunkt in diesem Territorium befand.[277]

Vielfach wird in diesem Zusammenhang die Meinung vertreten, dass Art. 11 EÜStI nicht zwischen *acta iure imperii* und *acta iure gestionis* unterscheidet, sondern auf das Territorialitätsprinzip abstellt. Nach dieser Ansicht ist der Art. 11 somit auch auf hoheitliches Handeln anwendbar.[278]

Dem wird entgegengehalten, dass die Konvention eine Kompromisslösung zwischen absoluter und restriktiver Immunität darstelle, d.h. einem Staat sogar Immunitätsschutz für *acta iure gestionis* gewährt würde, wenn das Abkommen für diese keine Immunitätsausnahme vorsehe. Folglich kann nicht davon ausgegangen werden, dass das Abkommen Regelungen treffen wollte, die über einen restriktiven Ansatz hinausgehen. *Acta iure imperii* sollten also jedenfalls Immunität genießen.[279]

Nach Art. 31 EÜStI sollen durch die Bestimmungen des Abkommens die Immunitäten und Privilegien bewaffneter Streitkräfte auf dem Territorium eines anderen Vertragsstaates nicht berührt werden.[280]

4.1.3.2 Regelung im UN-Übereinkommen

Eine dem Art. 11 EÜStI ähnliche Regelung enthält Art. 12 UNCJISP, der die Berufung auf die Staatenimmunität für gegen einen Staat gerichtete Schadenersatzforderungen wegen der Verletzung oder des Todes von Personen oder wegen Eigentumsbeschädigungen bzw. dem Verlust desselben ausschließt, sofern die Schädigungshandlung bzw. Unterlassung im Forumstaat von einem dort befindlichen Täter begangen wurde.[281]

---

277 Vgl. N. Paech AVR, 2009, S. 68f; Ch. Appelbaum, Einschränkungen der Staatenimmunität, 2007, S. 127; Art. 11 European Convention on State Immunity, in: A. Dickson, Andrew u.a., State Immunity, 2004, S. 13, RZ 1.036; W. Cremer AVR, 2003, S. 146; H. Fox, The law of state Immunity, 2002, S. 309 und J. Bröhmer, State Immunity and the Violation of Human Rights, 1997, S. 121.

278 Vgl. J. Schaarschmidt, Die Reichweite des völkerrechtlichen Immunitätsschutzes, in: Ch. Tietje, 2010, S. 16; N. Paech AVR, 2009, S. 69; Ch. Appelbaum, Einschränkungen der Staatenimmunität, 2007, S. 127 und W. Cremer AVR, 2003, S. 146.

279 Vgl. Ch. Appelbaum, Einschränkungen der Staatenimmunität, 2007, S. 127.

280 Vgl. J. Schaarschmidt, Die Reichweite des völkerrechtlichen Immunitätsschutzes, in: Ch. Tietje, 2010, S. 18; Ch. Appelbaum, Einschränkungen der Staatenimmunität, 2007, S. 127 und Art. 31 European Convention on State Immunity, in: A. Dickson, Andrew u.a., State Immunity, 2004, S. 21, RZ 1.056.

281 Vgl. Trapp/Mills CJICL, 2012, S. 155; R. Lengelsen, Aktuelle Probleme der Staatenimmunität, 2011, S. 90; P. Stoll MPEPIL, 2011, RZ 37, RZ 80; Ch. Appelbaum, Einschränkungen der Staatenimmunität, 2007, S. 128; D. Stewart AJIL, 2005, S. 201 und

Während des Entstehungsprozesses des ILC-Entwurfes war Art. 12 mehrmals Inhalt von Diskussionen und Kritik. Mehrere Mitglieder äußerten sogar so tiefgreifende Zweifel, dass sie forderten, den Artikel zu streichen. Trotz all dieser Vorbehalte wurde Art. 12 Teil der Endfassung des *ILC*-Entwurfs, dieser bleibt jedoch bis heute umstritten.[282]

Unklarheiten bestehen bezüglich des exakten Anwendungsbereiches dieser Norm. In der Kommentierung des Artikelentwurfs stellt die *ILC* nämlich fest, dass Art. 12 UNCJISP hauptsächlich auf versicherbare Schäden Anwendung finden soll.[283]

> „The areas of damage envisaged in article 12 are mainly concerned with accidental death or physical injuries to persons or damage to tangible property involved in traffic accidents (…). Essentially, the rule of nonimmunity will preclude the possibility of the insurance company hiding behind the cloak of State immunity (…).“[284]

Daneben seien aber vom Anwendungsbereich auch

> „(…) intentional physical harm such as assault and battery, malicious damage to property, arson or even homicide, including political assassination."[285]

mitumfasst.[286]

Auch Art. 12 UNCJISP unterscheidet nicht ausdrücklich zwischen *acta iure imperii* und *acta iure gestionis*.[287]

Fraglich ist jedenfalls die Anwendbarkeit des Art. 12 UNCJISP auf bewaffnete Konflikte. In ihren Erläuterungen stellt die *ILC* nämlich klar, dass

---

United Nations Convention on Jurisdictional Immunities of States and Their Property vom 02.Dezember 2004, UN Doc. A/59/49.

282 Vgl. R. Lengelsen, Aktuelle Probleme der Staatenimmunität, 2011, S. 91f und Ch. Appelbaum, Einschränkungen der Staatenimmunität, 2007, S. 128f.

283 Vgl. P. Stoll MPEPIL, 2011, RZ 38; Ph. Stammler, Der Anspruch von Kriegsopfern auf Schadenersatz, 2009, S. 280; Ch. Appelbaum, Einschränkungen der Staatenimmunität, 2007, S. 128 und D. Stewart AJIL, 2005, S. 201.

284 ILC-YB II 1991, S. 45.

285 Ibid.

286 Vgl. P. Stoll MPEPIL, 2011, RZ 39 und Ch. Appelbaum, Einschränkungen der Staatenimmunität, 2007, S. 128.

287 Vgl. D. Stewart AJIL, 2005, S. 202 und United Nations Convention on Jurisdictional Immunities of States and Their Property vom 02.Dezember 2004, UN Doc. A/59/49.

diese Bestimmung nicht auf bewaffnete Konflikte anwendbar sein soll.[288] Auf eben diese Kommentierung verweist der Vorsitzende des Ad-Hoc-Ausschusses im Bericht dieses Ausschusses. Die Resolution, mit welcher nun das UN-Abkommen verabschiedet wurde, verweist wiederum auf diese Aussage des Vorsitzenden.[289] Die Erläuterungen der *ILC* könnten somit gem. Art. 31 Abs. 2 WVK als interpretationsrelevanter Zusammenhang des UN-Übereinkommens angesehen werden.[290]

4.1.3.3 Sonstige Kodifikationsversuche

Der 1994 überarbeite Entwurf der *ILA* aus dem Jahr 1981 sieht in Art. III F. eine Immunitätsausnahme bei Tod oder Verletzung von Menschen bzw. bei Beschädigung oder Verlust von Eigentum vor, wenn sich das Schaden verursachende Ereignis ganz oder teilweise im Forumstaat ereignet hat bzw. eine direkte Auswirkung im Gerichtsstaat nach sich zieht.[291]

Auch der Entwurf des *IDI* aus dem Jahr 1991 kennt in seinem Art. 2 (e) eine Immunitätsausnahme für deliktisches Verhalten und zwar für im Gerichtsstaat begangene, einem fremden Staat zurechenbare Tötungen, Körperverletzungen oder Sachbeschädigungen.[292]

Der Entwurf der *Organisation Amerikanischer Staaten* (*OAS*) enthält in Art. 6 (e) ebenfalls eine Deliktsklausel. Dieser Entwurf sieht jedoch eine ausdrückliche Beschränkung auf in Verbindung mit wirtschaftlichen Tätigkeiten begangene Delikte vor.[293]

---

288 Vgl. ILC-YB II 1991, S. 46.

289 Vgl. Präambel der GA Res 59/38 vom 2. Dezember 2004.

290 Vgl. Judgment 2012, S. 29, Abs. 69 und R. Lengelsen, Aktuelle Probleme der Staatenimmunität, 2011, S. 93.

291 Vgl. N. Paech AVR, 2009, S. 69; Ch. Appelbaum, Einschränkungen der Staatenimmunität, 2007, S. 129; Art. III F International Law Association Revised Draft Articles for a Convention on State Immunity 1994, abgedruckt in: A. Dickson, Andrew u.a., State Immunity, 2004, S. 197, RZ 2.081; W. Cremer AVR, 2003, S. 147 und J. Bröhmer, State Immunity and the Violation of Human Rights, 1997, S. 130f.

292 Vgl. N. Paech AVR, 2009, S. 70; Art. 2 (e) Resolution of L'Institut de Droit International on Contemporary Problems Concerning the Immunity of States in Relations to Questions of Jurisdiction and Enforcement vom 2. September 1991, abgedruckt in: A. Dickson, Andrew u.a., State Immunity, 2004, S. 206f, RZ 2.116; W. Cremer AVR, 2003, S. 147 und J. Bröhmer, State Immunity and the Violation of Human Rights, 1997, S. 135.

293 Vgl. N. Paech AVR, 2009, S. 70; Ch. Appelbaum, Einschränkungen der Staatenimmunität, 2007, S. 129; Art. 6 (e) Organization of American States: Inter-American Draft Convention on Jurisdictional Immunity of States vom 21. Jänner 1983,

4.1.4 Argumentation der Parteien im IGH-Verfahren

In seiner Klageschrift kritisiert Deutschland die Heranziehung der gebietsbezogenen Deliktsausnahme als Argument im Fall *Ferrini*[294], weil diese Immunitätsausnahme nach deutscher Ansicht nie dazu gedacht war, auf unrechtmäßige Handlungen, die während bewaffneter Konflikte gesetzt wurden, Anwendung zu finden.[295] Deutschland legt dar, dass Art. 11 EÜStI aufgrund des Art. 31 EÜStI nicht zur Anwendung gelangen könnte. Dabei bezieht sich die Bundesrepublik auf den *Explanatory Report to the European Convention on State Immunity* und die Entscheidung im *McElhinney-Fall*, in welcher die Richter des *Supreme Courts* und des EGMR klarstellten, dass Art. 31 gegenüber Art. 11 EÜStI Vorrang genießt (zur EGMR-Entscheidung siehe unter 4.1.2.2).[296]

Aus den Erläuterungen der UN-Konvention durch die *ILC* und der Stellungnahme des Vorsitzenden des Ad-Hoc-Ausschusses bei der Berichterstattung vor der Generalversammlung (siehe dazu unter 4.1.3.2) würde auch deutlich hervorgehen, dass dieses Übereinkommen ebenfalls nicht auf Situationen in bewaffneten Konflikten anwendbar sei.[297]

Daneben setzt sich Deutschland ausführlich mit der nationalen Gesetzgebung auseinander und gelangt zu dem Schluss, dass diese entweder die Anwendbarkeit ihrer Deliktsklauseln auf bewaffnete Konflikte ausdrücklich ausschließen, wie etwa der *United Kingdom State Immunity Act 1978* oder keine Hinweise darauf enthalten, dass die Bestimmung auch auf bewaffnete Konflikte anwendbar sein sollte, wie etwa der *South African Foreign Sovereign Immunity Act 1981*.[298]

Italien führt demgegenüber in ihrer Klagebeantwortung aus, dass nahezu alle internationalen und nationalen Kodifikationen der Staatenimmunität eine gebietsbezogene Deliktsausnahme beinhalten. Diese Immunitätsausnahme stelle nach italienischer Auffassung den wichtigsten Fall des Abgehens von der Unterscheidung zwischen *acta iure imperii* und *acta iure gestionis* dar.[299]

---

abgedruckt in: A. Dickson, Andrew u.a., State Immunity, 2004, S. 202, RZ 2.094; W. Cremer AVR, 2003, S. 147 und J. Bröhmer, State Immunity and the Violation of Human Rights, 1997, S. 137f.

294 Vgl. Corte di Cassazione (sez. un. civ.), Ferrini c. Repubblica federale di Germania, Enscheidung vom 11. März 2004, Nr. 5044, in: 87 Rivista di diritto internazionale 2004, S. 548 - 550 bzw. 128 ILR 2006, S. 670 - 673.

295 Vgl. Memorial of Germany 2009, S. 43, Abs. 71.

296 Vgl. ibid., S. 44f, Abs. 72f.

297 Vgl. ibid., S. 45f, Abs. 74, S. 67, Abs. 109.

298 Vgl. ibid., S. 47 - 51, Abs. 76 - 82.

299 Vgl. P. Bornkamm GLJ, 2012, S. 776; M. Kloth/M. Brunner AVR, 2012, S. 225; S. Shah HRLR, 2012, S. 560 und Counter-Memorial of Italy 2009, S. 51, Abs. 4.28.

Bezüglich der Anwendbarkeit der Art. 11 EÜStI und Art. 12 UNCJISP auf bewaffnete Konflikte gesteht Italien zwar zu, dass Art. 31EÜStI die Anwendbarkeit ausschließt, vertritt jedoch die Ansicht, dass die UN-Konvention in Ermangelung einer ausdrücklichen Ausschlussklausel auf Situationen in bewaffneten Konflikten anwendbar sei.[300]

Ähnlich wie der Kassationsgerichtshof nimmt Italien in seinen Schriftsätzen Bezug auf die Entwicklung in den USA, wo der FSIA 1996 durch den *Antiterrorism and Effective Death Penalty Act* novelliert worden war.[301]

Aufgrund dieser Neufassung des FSIA genießen fremde Staaten vor US-Gerichten keinen Immunitätsschutz, wenn diesen bzw. deren Staatsorganen Folter, Sabotage- und Tötungshandlungen oder Geiselnahmen bzw. die Unterstützung solcher Handlungen durch materielle oder Geldmittel zur Last gelegt werden. Diese Immunitätsausnahme ist u.a. dahingehend beschränkt, dass diese nur zur Anwendung gelangen kann, wenn das Außenministerium den beklagten Staat als „*sponsor of terrorism*" eingestuft hat.[302]

Durch den Verweis auf das Verfahren im Fall *Republic of Iraq v. Simon et al* möchte Italien Deutschlands Aussage widerlegen, wonach die US-amerikanischen Gerichte niemals einen Prozess zulassen würden, durch welchen Opfer Schadenersatz für Geschehnisse während eines bewaffneten Konfliktes erhalten würden. In diesem Fall erhoben Opfer, die während des Golf-Krieges von Irakern gefangen genommen und gefoltert worden waren, vor US-Gerichten eine Schadenersatzklage gegen den Irak. Sie behaupteten, dem Irak sei keine Immunität zu gewähren, da dieser seit 1990 als „*sponsor of terrorism*" galt. Der *Supreme Court* sah diese Immunitätsausnahme, unabhängig von der Tatsache, dass diese Situationen in einem bewaffneten Konflikt betraf, als gegeben an.[303]

Deutschland hält in seiner *Reply* Italien entgegen, dass schwerlich behauptet werden kann, die Deliktsklausel hätte zur Beseitigung der Unterscheidung zwischen *acta iure imperii* und *acta iure gestionis* geführt, da die Kommentierungen des EÜStI und des UNCJISP deutlich zeigen, dass deren Deliktsklauseln vornehmlich für Vorfälle wie Autounfälle konzipiert wurden. Militärische Auseinandersetzungen seien mit solchen Vorfällen nicht vergleichbar. Die Klärung von aus solchen Auseinandersetzungen entspringenden Individualforderungen würde zum einen die bewährten Regelungsmechanismen

---

300 Vgl. S. Shah HRLR, 2012, S. 560f und Counter-Memorial of Italy 2009, S. 54f, Abs. 4.38 - 4.41.

301 Vgl. R. Lengelsen, Aktuelle Probleme der Staatenimmunität, 2011, S. 169f; Counter-Memorial of Italy, S. 55f, Abs. 4.42 und Memorial of Germany 2009, S. 15, Abs. 20.

302 Vgl. Ch. Appelbaum, Einschränkungen der Staatenimmunität, 2007, S. 192f.

303 Vgl. Counter-Memorial of Italy, S. 55f, Abs. 4.42.

des Völkerrechts außer Kraft setzen und zum anderen die Fähigkeiten nationaler Gerichte übersteigen.[304]

4.1.5 Zwischenergebnis

Die Begehung der Schädigungs- bzw. Verletzungshandlung im Forumstaat, die Anwesenheit des Täters in diesem Territorium zum Zeitpunkt der Tatbegehung und der Schadenseintritt im Gerichtsstaat können zusammenfassend im Sinne eines größten gemeinsamen Nenners als Voraussetzung der Anwendbarkeit der gebietsbezogenen Deliktsausnahme angesehen werden. Nicht eindeutig geklärt ist dabei, ob diese Immunitätsausnahme auch bei hoheitlichen Handlungen anwendbar sein soll.[305]

Der Großteil der Autoren[306] gelangt zum Schluss, dass die dargestellte Staatenpraxis nicht ausreicht, um eine völkergewohnheitsrechtliche Geltung der gebietsbezogenen Deliktsausnahme, insbesondere in Bezug auf hoheitliches Handeln, anzunehmen. Selbst wenn man der ebenfalls in der Literatur[307] und Rechtsprechung[308] vertretenen Ansicht folgt, eine gewohnheitsrechtliche Anerkennung sei gegeben, muss noch geprüft werden, ob in diesem Fall das Heranziehen der Immunitätsausnahme nicht an der mangelnden Anwendbarkeit auf bewaffnete Konflikte scheitern würde.

Cremer[309] argumentiert in diesem Zusammenhang, dass es nicht erforderlich sei, dass die gebietsbezogene Deliktsausnahme bereits geltendes Völker-

---

304 Vgl. Reply of Germany 2010, S. 30f, Abs. 52 - 53.

305 Vgl. Ch. Appelbaum, Einschränkungen der Staatenimmunität, 2007, S. 131 und W. Cremer AVR, 2003, S. 149f. Bröhmer spricht sich dafür aus, dass im EÜStI, im ILC-Entwurf, im Entwurf der ILA sowie in jenem des IDI die Unterscheidung zwischen acta iure gestionis und acta iure imperii aufgegeben wurde (Vgl. J. Bröhmer, State Immunity and the Violation of Human Rights, 1997, S. 121, S. 127, S. 131, S. 135).

306 Vgl. M. Herdegen, Völkerrecht, 2012, § 37, RZ 6; R. Lengelsen, Aktuelle Probleme der Staatenimmunität, 2011, S. 118; J. Schaarschmidt, Die Reichweite des völkerrechtlichen Immunitätsschutzes, in: Ch. Tietje, 2010, S. 17; Ph. Stammler, Der Anspruch von Kriegsopfern auf Schadenersatz, 2009, S. 227; Ch. Appelbaum, Einschränkungen der Staatenimmunität, 2007, S. 132 und W. Cremer AVR, 2003, S. 150.

307 Vgl. N. Paech AVR, 2009, S. 70 und J. Bosch, Immunität und internationale Verbrechen, 2004, S. 98.

308 Vgl. Corte di Cassazione (sez. un. civ.), Ferrini c. Repubblica federale di Germania, Enscheidung vom 11. März 2004, Nr. 5044 und Areopag, Prefecture of Voiotia v. Federal Republic of Germany, Entscheidung vom 4. Mai 2000, Nr. 11/2000, in: 129 ILR 2007, S. 519 bzw. 33 KJ 2000, S. 474.

309 Vgl. W. Cremer AVR, 2003, S. 150f.

gewohnheitsrecht geworden sei. Das Recht zur Ausübung von Gerichtsbarkeit sei bereits dann gegeben, wenn das Völkerrecht diese nicht mehr verbiete, es also zu einem partiellen Untergang von Völkergewohnheitsrecht gekommen sei. Hierbei nimmt *Cremer* an, dass für den Untergang von völkergewohnheitsrechtlichen Regelungen weniger strenge Voraussetzungen gelten als für die Entstehung neuen Völkergewohnheitsrechts.[310]

Aus der Entscheidung des BVerfG im *Heizungsreparatur-Fall*[311] leitet er ab, dass die *opinio iuris* sowohl eine Begründungs- als auch eine Fortbestandsbedingung für völkergewohnheitsrechtliche Regeln sei. Alle nationalen Immunitätsgesetze, mit Ausnahme des pakistanischen sowie alle internationalen Kodifikationen, außer jene der *OAS*, kennen in Abweichung vom bisherigen Völkergewohnheitsrecht Immunitätsausnahmen auch bei hoheitlichem Handeln. *Cremer* schlussfolgert hieraus, dass heute eine völkergewohnheitsrechtliche Regelung, wonach Staaten bei *acta iure imperii* stets Immunität genießen, nicht mehr nachgewiesen werden kann. Insbesondere gelte die Pflicht zur Immunitätsgewährung für die Anwendungsfälle der gebietsbezogenen Deliktsausnahme nicht mehr. Somit sei die Immunitätsgewährung durch Völkerrecht derzeit weder geboten noch verboten.[312]

Cremers Ansicht wird entgegengehalten, dass das BVerfG mit seiner Aussage im *Heizungsreparatur-Fall* nur die Definition der „allgemeinen Regeln des Völkerrechts" nach dem GG wiedergeben wollte. Das BVerfG stützt seine Entscheidung in diesem Fall nämlich auf eine umfangreiche Untersuchung der Staatenpraxis, die belegt, dass die Gerichte überwiegend nicht mehr der absoluten, sondern der relativen Immunitätslehre folgen. Eine solche umfangreiche Staatenpraxis besteht im Hinblick auf eine Immunitätsausnahme für auf fremdem Staatsgebiet begangene Menschenrechtsverletzungen jedoch nicht. Außerdem lasse sich aus der völkerrechtlichen Literatur[313], insoweit sie sich mit der Abänderung bzw. mit dem Untergang völkergewohnheitsrechtlicher Regeln beschäftigt, keine weniger strengen Maßstäbe als für die Entstehung solcher Normen ableiten. Es reiche jedenfalls nicht aus, wenn einige wenige Staaten die Regel nicht mehr anerkennen.[314]

---

310 Vgl. W. Cremer AVR, 2003, S. 150f.

311 Vgl. Beschluss vom 30.April 1963, BVerfGE 2 BvM 1/62.

312 Vgl. Ch. Appelbaum, Einschränkungen der Staatenimmunität, 2007, S. 132f und W. Cremer AVR, 2003, S. 153f.

313 Vgl. H. Neuhold u.a., Österreichisches Handbuch des Völkerrechts, Textteil, 2004, S. 39f, RZ 214 - 218; K. Ipsen, Völkerrecht, 1999, § 16, RZ 48 und A. Verdross/B. Simma, Universelles Völkerrecht, 1984, § 573 - § 576.

314 Vgl. Ch. Appelbaum, Einschränkungen der Staatenimmunität, 2007, S. 134.

Der IGH stellt in seinem Urteil im Fall *Deutschland gegen Italien* in diesem Zusammenhang fest, dass weder nationale Immunitätsgesetze, noch Art. 11 EÜStI oder Art. 12 UNCJISP eine ausdrückliche Unterscheidung zwischen *acta iure imperii* und *acta iure gestionis* treffen. Trotzdem steht Deutschland nach Ansicht des IGH mit seiner Annahme nicht alleine da, dass die Immunitätsausnahme für deliktisches Handeln völkergewohnheitsrechtlich nicht anerkannt sei, insoweit sie eine Anwendbarkeit für hoheitliches Handeln vorsehe. Der IGH sieht es im vorliegenden Verfahren jedoch nicht als seine Aufgabe ganz allgemein festzustellen, ob die gebietsbezogene Deliktsausnahme auch für *acta iure imperii* anwendbar ist, sondern ob diese Immunitätsausnahme in Fällen bewaffneter Konflikte zur Anwendung kommen kann.[315] Auf diese Frage der Anwendbarkeit wird im Folgenden unter 4.1.6 genauer eingegangen.

4.1.6 Anwendbarkeit auf bewaffnete Konflikte

Wie bereits dargestellt schließt das EÜStI in seinem Art. 31 die Anwendbarkeit der gebietsbezogenen Deliktsausnahme für Situationen in bewaffneten Konflikten ausdrücklich aus (siehe dazu unter 4.1.3.1).[316] Demgegenüber ergibt sich die Nicht-Anwendbarkeit des UN-Übereinkommens auf bewaffnete Konflikte nur aus der Kommentierung dieses *ILC*-Entwurfs (siehe dazu unter 4.1.3.2).[317]

Nach Ansicht einiger Autoren können für eine solche Nicht-Anwendbarkeit durchaus gute Argumente gefunden werden. Im Kriegsfall werden wesentlich häufiger schwere Völkerrechtsverstöße begangen als in Friedenszeiten. Somit ergeben sich in Kriegszeiten wesentlich mehr Situationen, die Gegenstand einer Klage werden könnten. Nach klassischem Völkerrecht werden diese Schäden zwischen den beteiligten Staaten ausgeglichen und nicht vom Opfer in einem Schadenersatzprozess geltend gemacht. Wäre dies nämlich der Fall, könnte dieser Schritt eine Störung der Beziehung zwischen den Staaten und eine Gefährdung des internationalen Friedens nach sich ziehen.[318]

---

315 Vgl. Judgment 2012, S. 27, Abs. 64f und S. Shah HRLR, 2012, S. 561.

316 Vgl. Art. 31 European Convention on State Immunity, in: A. Dickson, Andrew u.a., State Immunity, 2004, S. 21, RZ 1.056

317 Vgl. Ch. Appelbaum, Einschränkungen der Staatenimmunität, 2007, S. 131 und ILC-YB II 1991, S. 46.

318 Vgl. Reply of Germany 2010, S. 31, Abs. 53; J. Schaarschmidt, Die Reichweite des völkerrechtlichen Immunitätsschutzes, in: Ch. Tietje, 2010, S. 19, Ph. Stammler, Der Anspruch von Kriegsopfern auf Schadenersatz, 2009, S. 333, S. 338 und Ch. Appelbaum, Einschränkungen der Staatenimmunität, 2007, S. 131.

Der IGH stellt in diesem Zusammenhang fest, dass Art. 31 zwar u.a. dazu gedacht war das Verhältnis zwischen dem EÜStI und den Abkommen zum Status von Gaststreitkräften (*„visiting forces“)* zu regeln. Die Formulierung des Art. 31 lasse jedoch deutlich erkennen, dass dieser nicht auf diese Problematik beschränkt ist und sämtliche Handlungen fremder Streitkräfte, unabhängig davon, ob diese mit Zustimmung des Forumstaates gesetzt wurden und ob sie in Kriegs- oder Friedenszeiten stattgefunden haben, umfasst. Hierzu zitiert der IGH Entscheidungen belgischer, irischer, slowenischer und polnischer Gerichte, die dieselbe Auffassung vertreten.[319]

In Bezug auf Art. 12 UNCJISP stellt der IGH ebenfalls fest, dass der *ILC*-Entwurf keine ausdrückliche Ausschlussklausel enthält, jedoch sowohl die Kommentierung dieses Artikels als auch die Aussage des Vorsitzenden des Ad-Hoc-Ausschusses bei der Berichterstattung vor der Generalversammlung die Auffassung zum Ausdruck bringen, dass diese Bestimmung auf bewaffnete Konflikte nicht anwendbar sein sollte (siehe dazu unter 4.1.3.2). Diese Auslegung des *ILC*-Entwurfs wurde von keinem Staat angezweifelt und zwei der bisher ratifizierenden Staaten, namentlich Schweden und Norwegen, gaben Erklärungen ab, wonach die Konvention auf militärische Handlungen keine Anwendung finden soll.[320] Aus diesem Grund gelangt der IGH zu dem Schluss, dass

> „(…) the inclusion in the Convention of Article 12 cannot be taken as affording any support to the contention that customary international law denies State immunity in tort proceedings relating to acts occasioning death, personal injury or damage to property committed in the territory of the forum State by the armed forces and associated organs of another State in the context of an armed conflict.”[321]

Im Anschluss daran setzt sich der IGH mit der Staatenpraxis in Form von nationaler Gesetzgebung auseinander und stellt fest, dass neun von zehn Staaten mit Immunitätsgesetzgebung eine gebietsbezogene Deliktsausnahme kennen (siehe dazu unter 4.1.1.2). Zwei dieser Gesetze schließen bewaffnete Konflikte ausdrücklich von ihrem Anwendungsbereich aus (*United Kingdom SIA, Singapore SIA*). Die kanadischen, australischen und israelischen Bestimmungen legen eine Nicht-Anwendbarkeit nur in Bezug auf mit Zustimmung des Aufnahmestaats („host state“) anwesende Gaststreitkräfte fest. Keine Ausschlussregelungen kennen die entsprechenden Bestimmungen der

319 Vgl. Judgment 2012, S. 28f, Abs. 67.
320 Vgl. ibid., S. 29, Abs. 69.
321 Judgment 2012, S. 29, Abs. 69.

argentinischen, südafrikanischen und japanischen Immunitätsgesetze. Auch der FSIA enthält keine Norm, die die Anwendbarkeit dieses Gesetzes auf Klagen wegen Handlungen fremder Streitkräfte ausdrücklich regelt. § 1605 (a) (5) (A) kennt jedoch eine Ausnahme für *„discretionary functions"*. Im Fall *Letelier v. Republic of Chile*[322] interpretierte das zuständige Gericht diesen Ausnahmetabestand dahingehend, dass fremde Staaten, deren Vertreter Attentate auf US-amerikanischem Boden begehen, keinen Immunitätsschutz genießen (siehe unter 4.1.1.1). Allerdings gäbe es laut IGH keinen Fall, in dem diese Bestimmung auf bewaffnete Konflikte angewendet worden wäre.[323]

Auch die Betrachtung von nationalen Gerichtsentscheidungen deutet nach Ansicht des IGH darauf hin, dass Staaten bezüglich hoheitlicher Akte, welche von ihren Streitkräften auf fremdem Territorium gesetzt werden, Immunität genießen.[324] Der vor französischen Gerichten verhandelte Fall *Grosz* (Inhalt des Verfahrens siehe unter 4.1.2.2) wird vom IGH als besonders einschlägig betrachtet. Ebenso von großer Relevanz sind die Entscheidung der Höchstgerichte Sloweniens und Polens, die im Zusammenhang mit von deutschen Streitkräften während des Zweiten Weltkrieges auf ihrem Territorium begangenen unrechtmäßigen Handlungen festhielten, dass Deutschland in solchen Fällen Immunität zu gewähren sei. Auch Gerichte unterer Instanzen in Belgien, Serbien und Brasilien entschieden in ähnlichen Fällen, dass Deutschland Immunitätsschutz genieße.[325]

Somit würde neben den Entscheidungen der eigenen Gerichte nur das von einem griechischen Gericht gefällte *Distomo-Urteil* den italienischen Standpunkt stützen. Bei einer Gesamtbetrachtung der griechischen Staatenpraxis stellt der IGH nämlich fest, dass diese die von Italien vertretene Ansicht eher widerlegt als bekräftigt (siehe dazu auch unter 4.1.2.1).[326] Die Untersuchung der nationalen Rechtsprechung bekräftigt somit die Annahme, dass *acta iure imperii*, die von Staatsorganen im Rahmen eines bewaffneten Konflikts gesetzt wurden, in zivilgerichtlichen Verfahren immer noch Immunitätsschutz genießen und zwar selbst dann, wenn die Verletzungs- bzw. Schädigungshandlung im Forumstaat stattgefunden hat. Die nationalen Gerichte bringen in ihren

---

322 United States: District Court for the District of Columbia Circuit Opinion, Letelier v. Chile, in: ILM, 1980.

323 Vgl. Judgment 2012, S. 30, Abs. 70f; M. Kloth/M. Brunner AVR, 2012, S. 226 und S. Shah HRLR, 2012, S. 561f.

324 Vgl. Judgment 2012, S. 31, Abs. 72.

325 Vgl. Judgment 2012, S. 32, Abs. 74 und M. Kloth/M. Brunner AVR, 2012, S. 227.

326 Vgl. Judgemnt 2012, S. 33, Abs. 76 und M. Kloth/M. Brunner AVR, 2012, S. 227.

Entscheidungen nämlich die *opinio iuris* zum Ausdruck, dass das Völkerrecht sie zur Immunitätsgewährung verpflichtet.[327]

Aus der ausführlichen Prüfung der Staatenpraxis schlussfolgert der IGH, dass

> „(...) customary international law continues to require that a State be accorded immunity in proceedings for torts allegedly committed on the territory of another State by its armed forces and other organs of State in the course of conducting an armed conflict. (...) The Court therefore concludes that, contrary to what had been argued by Italy in the present proceedings, the decision of the Italian courts to deny immunity to Germany cannot be justified on the basis of the territorial tort principle."[328]

Eine andere Ansicht wird von *iudex ad hoc Gaja* vertreten, der der Meinung ist, wenn die gebietsbezogene Deliktsausnahme sowohl auf *acta iure gestionis* als auch auf *acta iure imperii* anwendbar sei, bestehe kein Grund die Anwendbarkeit auf Situationen in bewaffneten Konflikten zu verneinen.[329] Denn wenn

> „(...) the conduct of all State organs is equally attributed to the State (...) [w]hy should a distinction be made between military and other organs of the same State?"[330]

Richter *Koroma* äußert in seiner *seperate opinion* die Auffassung, dass Vorfälle wie Verkehrsunfälle nur eine begrenzte Verantwortlichkeit des Staates nach sich ziehen, während in Kriegssituationen begangene Delikte eine nahezu unbegrenzte Verantwortlichkeit mit sich bringen würden. Aus diesem Grund könnten erstere Fälle von nationalen Gerichten verhandelt werden, während zweitere aufgrund ihrer politischen Natur in zwischenstaatlichen Verfahren geklärt werden sollten.[331] Dem hält Richter *Gaja* entgegen:

> „The fact that military activities may cause injuries on a large scale does not seem a good reason for depriving the many potential claimants of their judicial remedy. It

327 Vgl. Judgment 2012, S. 33, Abs. 77 und S. Shah HRLR, 2012, S. 562f.

328 Judgment 2012, S. 33f, Abs. 78f.

329 Vgl. Dissenting Opinion of Judge Ad Hoc Gaja, S. 3f, Abs. 5, S. 7, Abs. 9 und S. Shah HRLR, 2012, S. 563.

330 Dissenting Opinion of Judge Ad Hoc Gaja 2012, S. 7, Abs. 9.

331 Vgl. Dissenting Opinion of Judge Koroma 2012, S. 2, Abs. 6.

> may be that in practice this remedy will not be effective, but this applies more generally to all claims brought against foreign States given the difficulty for a successful claimant of enforcing any judgment that may be obtained."[332]

Richter *Yusuf* wirft dem IGH in Bezug auf die Untersuchung der Staatenpraxis eine selektive Sichtweise vor[333], denn

> „[i]t is not (...) very persuasive to characterize some of the exceptions to immunity as part of customary international law, despite the continued existence of conflicting domestic judicial decisions on their application, while interpreting other exceptions, similarly based on divergent domestic courts' decisions, as supporting the non-existence of customary norms. This may give the impression of cherry-picking, particularly where the number of cases invoked is rather limited on both sides of the equation."[334]

4.1.7 Fazit

Wie die Mehrheit des Völkerrechtlichen Schrifttums[335] vertritt also auch der IGH[336] die Ansicht, dass aufgrund der Staatenpraxis davon auszugehen ist, dass keine völkergewohnheitsrechtliche Immunitätsausnahme für Situationen in bewaffneten Situationen besteht.[337]

Die Begründung einer Immunitätsausnahme in Fällen von Kriegsverbrechen durch das Heranziehen der gebietsbezogenen Deliktsausnahme, wie sie in italienischen Gerichtsentscheidungen und von Italien vor dem IGH vertreten wurde, ist somit mit dem geltenden Völkerrecht nicht vereinbar.[338]

---

332 Dissenting Opinion of Judge Ad Hoc Gaja 2012, S. 7, Abs. 9.

333 Vgl. Dissenting Opinion of Judge Yusuf 2012, S. 5, Abs. 23 und M. Kloth/M. Brunner AVR, 2012, S. 224.

334 Dissenting Opinion of Judge Yusuf 2012, S. 5, Abs. 23.

335 Vgl. R. Lengelsen, Aktuelle Probleme der Staatenimmunität, 2011, S. 93; S. 95; J. Schaarschmidt, Die Reichweite des völkerrechtlichen Immunitätsschutzes, in: Ch. Tietje, 2010, S. 18; T. Salomon BLJ, 2009, S. 65; Ph. Stammler, Der Anspruch von Kriegsopfern auf Schadenersatz, 2009, S. 228 und Ch. Appelbaum, Einschränkungen der Staatenimmunität, 2007, S. 131.

336 Vgl. Judgment 2012, S. 33f, Abs. 78f.

337 Vgl. K. Trapp/A. Mills CJICL, 2012, S. 156.

338 Vgl. Judgment 2012, S. 34, Abs. 79.

4.2 Zum Bestehen einer völkergewohnheitsrechtlichen Immunitätsausnahme für Verletzungen von Menschenrechten oder des Kriegsrechts

Ein Teil des völkerrechtlichen Schrifttums geht vom Bestehen einer allgemeinen völkergewohnheitsrechtlich anerkannten Immunitätsausnahme bei schweren Menschenrechtsverletzungen aus. Allerdings deutet zumindest bezüglich der Zivilgerichtsbarkeit nur wenig Staatenpraxis auf das Bestehen einer solchen Ausnahme hin, weshalb der Großteil der Autoren die Existenz einer solchen Ausnahmeregelung verneint.[339]

In Zusammenhang mit Italiens Behauptung, nach dem Völkerrecht sei bei schweren Verletzungen des humanitären Völkerrechts keine oder nur in beschränktem Ausmaß Immunität zu gewähren,[340] stellt der IGH fest:

> „(…) the Court must observe that the proposition that the availability of immunity will be to some extent dependent upon the gravity of the unlawful act presents a logical problem. Immunity from jurisdiction is an immunity not merely from being subjected to an adverse judgment but from being subjected to the trial process. It is, therefore, necessarily preliminary in nature. Consequently, a national court is required to determine whether or not a foreign State is entitled to immunity as a matter of international law before it can hear the merits of the case brought before it and before the facts have been established. If immunity were to be dependent upon the State actually having committed a serious violation of international human rights law or the law of armed conflict, then it would become necessary for the national court to hold an enquiry into the merits in order to determine whether it had jurisdiction. If, on the other hand, the mere allegation that the State had committed such wrongful acts were to be sufficient to deprive the State of its entitlement to immunity, immunity could, in effect be negated simply by skilful construction of the claim."[341]

Anschließend setzt sich der IGH mit der Staatenpraxis auseinander, um festzustellen, ob sich das Völkergewohnheitsrechts dahingehend entwickelt hat,

339 Vgl. T. Salomon BLJ, 2009, S. 65; Ch. Appelbaum, Einschränkungen der Staatenimmunität, 2007, S. 212; J. Bosch, Immunität und internationale Verbrechen, 2004, S. 99 - 102 und W. Cremer AVR, 2003, S. 143f.

340 Vgl. Judgment 2012, S. 34, Abs. 81.

341 Judgment 2012, S. 34, Abs. 82.

dass bei schweren Verletzungen des humanitären Völkerrechts keine Staatenimmunität mehr zu gewähren ist. Abgesehen von italienischen Gerichtsentscheidungen deutet die Staatenpraxis darauf hin, dass das Völkergewohnheitsrecht die Gewährung der Staatenimmunität nicht von der Schwere der behaupteten Rechtsverletzung bzw. dem *ius cogens-Charakter* der verletzten Norm abhängig macht.[342]

4.3 Der Vorrang von ius cogens

In manchen nationalen Entscheidungen, wie jener des Kassationsgerichtshofes im Fall *Ferrini*[343] oder *des* LG Livadia im *Distomo-Fall*, wird aus der Rechtsfigur des *ius cogens* eine Immunitätsausnahme abgeleitet (siehe dazu unter 2.3.1 und 2.3.3).[344] Auch im Sondervotum zur *Al-Adsani-Entscheidung* des EGMR[345] und von Teilen der Literatur[346] wird das *ius cogens-Konzept* zur Begründung einer Immunitätsausnahme herangezogen.[347]

Im Folgenden soll nun zuerst die Entwicklung der Rechtsfigur des *ius cogens* aufgezeigt werden. Im Anschluss daran wird das Verhältnis von *ius cogens* und Staatenimmunität einer genaueren Betrachtung unterzogen.

342 Vgl. Judgment 2012, S. 45, Abs. 83f und S. Shah HRLR, 2012, S. 565f.

343 Vgl. Corte di Cassazione (sez. un. civ.), Ferrini c. Repubblica federale di Germania, Enscheidung vom 11. März 2004, Nr. 5044, in: 87 Rivista di diritto internazionale 2004, S. 544 - 547 bzw. 128 ILR 2006, S. 666 - 669.

344 Vgl. J. Schaarschmidt, Die Reichweite des völkerrechtlichen Immunitätsschutzes, in: Ch. Tietje, 2010, S. 21; F. Moneta, State Immunity, 2009, S. 2, S. 4; N. Paech AVR, 2009, S. 42 - 45; A. Gattini JICJ, 2005, S. 224 und J. Bosch, Immunität und internationale Verbrechen, 2004, S. 102 - 106.

345 Vgl. Joint Dissenting Opinion of Judge Rozakis and Caflisch, joined by Judge Wildhaber, Costa, Cabral Barreto, Vajić, in EGMR, Al-Adsani v. The United Kingdom, Entscheidung vom 21. November 2001, Nr. 35763/97, S. 29 - 32.

346 Vgl. A. Orakhelashvili, State Immunity and Hierarchy of Norms: Why the House of Lords Got It Wrong, in: 18 EJIL, 05/2008, S. 955ff; L. McGregor ICLQ, 2006, S. 437ff; J. Bosch, Immunität und internationale Verbrechen, 2004, S. 109f; K. Bartsch/B. Elberling GLJ, 2003, S. 477ff; A. Bianchi, Immunity versus Human Rights: The Pinochet Case, in: 10 EJIL, 02/1999, S. 237 - 277, S. 237ff; M. Karagiannakis LJIL, 1998, S. 9ff; A. Bianchi, Denying State Immunity to Violators of Human Rights, in: 46 Austrian J. of Publ. Intl. Law, 1994, S. 217 - 219 und A. Belsky u.a., Implied Waiver under the FSIA: A Proposed Exception to Immunity for Violations of Peremptory Norms of International Law, in: 77 CLR, 02/1989, S. 365ff.

347 Vgl. Ch. Appelbaum, Einschränkungen der Staatenimmunität, 2007, S. 252.

4.3.1 Entwicklung des ius cogens

Das *ius cogens-Konzept* kann heute als „etablierter allgemeiner Grundsatz des Völkerrechts“[348] angesehen werden, der in Übung und Rechtsbewusstsein der Staaten Eingang gefunden hat und auch in der Vertragspraxis wiederholt in Erscheinung tritt. In der Lehre fand das *ius cogens-Prinzip* bereits vor einer diesbezüglichen Staatenpraxis große Beachtung und heute wird im völkerrechtlichen Schrifttum nahezu ausnahmslos vom Bestehen zwingender Normen ausgegangen.[349]

In diesem Kapitel wird die Entwicklung und Ausgestaltung des *ius cogens-Konzepts* in der Lehre, Rechtsprechung sowie durch Kodifikationen aufgezeigt.

4.3.1.1 Zwingende Normen in der Rechtslehre

Die Anhänger der Naturrechtslehre ordneten das *ius cogens* dem *ius necessarium*, d.h. jenem, dem positiven Völkerrecht zugrunde liegenden notwendigen und nicht veränderlichen Völkerrecht, zu.[350] Als aus der Naturrechtslehre kommende Vordenker der *ius cogens-Lehre* können *Grotius, Pufendorff, Suarez, Vattel, Victoria* und *Wolff* genannt werden.[351]

Die Vertreter des Positivismus bestritten hingegen das Bestehen von *ius necessarium*. Abgesehen von radikalen Stimmen, die behaupteten, ein Vertrag könne ohne Einschränkungen jeglichen Inhalt haben, da allein der Wille der Staaten als Geltungsgrund für das Völkerrecht anzusehen sei, wurde jedoch beispielsweise von *Heffter* oder *Anzilotti* die Möglichkeit der Nichtigerklärung sittenwidriger Verträge zugestanden.[352]

Die Verfechter der neo-naturrechtlichen Theorie, die überwiegend kontinentaleuropäische Völkerrechtler waren, sahen jene Normen als *ius cogens* an, die für die Staatengemeinschaft als Ganzes von grundlegender Bedeutung sind.[353]

---

348 S. Kadelbach, Zwingendes Völkerrecht. Berlin: Duncker & Humblot 1992, S. 128.

349 Vgl. R. Van Alebeek, The Immunity of States, 2008, S. 305 und S. Kadelbach, Zwingendes Völkerrecht, 1992, S. 128.

350 Vgl. R. Nieto-Navia, International Peremptory Norms (Jus Cogens) and international Humanitarian Law, in: L. Vohrah u.a., Man's Inhumanity to Man - Essays on International Law in Honour of Antonio Cassese. Den Haag: Kluwer Law International, 2003, S. 597f; K. Ipsen, Völkerrecht, 1999, § 15, RZ 37 und A. Verdross/B. Simma, Universelles Völkerrecht, 1984, S. 328.

351 Vgl. S. Kadelbach, Zwingendes Völkerrecht, 1992, S. 124.

352 Vgl. K. Ipsen, Völkerrecht, 1999, § 15, RZ 37 und A. Verdross/B. Simma, Universelles Völkerrecht, 1984, § 524.

353 Vgl. K. Ipsen, Völkerrecht, 1999, § 15, RZ 38.

Voluntaristisch beeinflusste Vertreter der Staatswillenstheorie leiteten den zwingenden Charakter der *ius cogens-Normen* einzig und allein aus Vereinbarungen von Völkerrechtsubjekten ab. Das Bestehen einer Werteordnung, die vom Willen der Staaten unabhängig ist, wurde abgelehnt.[354]

Daneben wurde die Ansicht vertreten, dass sich der zwingende Charakter des *ius cogens* aus dessen Zugehörigkeit zu einem völkerrechtlichen *ordre public* ergibt.[355]

Unter dem Einfluss der von der *UNO* getragenen Zentralisierungstendenzen in Bezug auf internationale Rechtssetzung und Konfliktlösung und die dadurch geprägte Idee einer Staatengemeinschaft sowie durch die Arbeiten der *ILC* an der WVK wurde die Auffassung, die vom Bestehen zwingender Normen ausgeht, nach dem Zweiten Weltkrieg zur herrschenden Meinung.[356] Die endgültige Anerkennung des Konzeptes kann jedenfalls in der Kodifizierung der *ius cogens-Konzeption* in der WVK[357] gesehen werden, nach deren Verabschiedung das Bestehen zwingender Normen kaum noch geleugnet wurde (siehe dazu sogleich unter 4.3.1.2).[358]

Da die herrschende Lehre heute vom Bestehen zwingender Normen ausgeht, setzt sich das völkerrechtliche Schrifttum nun nicht mehr mit der Frage nach der Existenz zwingender Normen, sondern mit Fragen der Entstehung, Reichweite sowie den Rechtsfolgen von *ius cogens-Verletzungen* und damit, welche Normen dem zwingenden Recht angehören, auseinander.[359]

In der Literatur werden heute ganz überwiegend das Gewaltverbot und die Achtung elementarer Menschenrechte (wie das Verbot des Sklavenhandels, des Völkermordes oder der Folter) und die Achtung des humanitären Völkerrechts als *ius cogens-Normen* angesehen.[360]

---

354 Vgl. K. Ipsen, Völkerrecht, 1999,§ 15, RZ 39.

355 Vgl. ibid., § 15, RZ 40.

356 Vgl. S. Kadelbach, Zwingendes Völkerrecht, 1992, S. 125f.

357 Vgl. Art. 53 Vienna Convention on the Law of Treaties 1969, United Nations, Treaty Series, vol. 1155, S. 344.

358 Vgl. R. Van Alebeek, The Immunity of States, 2008, S. 304f; K. Doehring, Völkerrecht, 2004, S. 132, RZ 299 und S. Kadelbach, Zwingendes Völkerrecht, 1992, S. 125f.

359 Vgl. K. Ipsen, Völkerrecht, 1999, § 15, RZ 36 und S. Kadelbach, Zwingendes Völkerrecht, 1992, S. 126.

360 Vgl. M. Herdegen, Völkerrecht, 2012, § 16, RZ 14; W. Vitzthum, Völkerrecht, 2010, S. 168, RZ 49, S. 664, RZ 23; Ch. Appelbaum, Einschränkungen der Staatenimmunität, 2007, S. 254f; K. Doehring, Völkerrecht, 2004, S. 132, RZ 300, S. Hobe/O. Kimminich, Einführung in das Völkerrecht, 2004, S. 174, S. 310; R. Nieto-Navia, International Peremptory Norms, in: L. Vohrah u.a., 2003, S. 614; K. Ipsen, Völkerrecht, 1999, § 15, RZ 59 und Ph. Lieberman IALR, 1993, S. 514.

Strittig ist hingegen die Qualifizierung von umweltgefährdenden Aktivitäten sowie des Selbstbestimmungsrechts der Völker als zwingendes Recht.[361]

4.3.1.2 Die Wiener Vertragsrechtskonvention

In Rahmen der Vorarbeiten zur WVK gelang der Theorie des *ius cogens* der endgültige Durchbruch. Die Existenz von zwingenden Normen wurde in Art. 53 WVK[362] ausdrücklich anerkannt.[363] Dieser lautet in der deutschen Übersetzung wie folgt:

> „Ein Vertrag ist nichtig, wenn er im Zeitpunkt seines Abschlusses im Widerspruch zu einer zwingenden Norm des allgemeinen Völkerrechts steht. Im Sinne dieses Übereinkommens ist eine zwingende Norm des allgemeinen Völkerrechts eine Norm, die von der internationalen Staatengemeinschaft in ihrer Gesamtheit angenommen und anerkannt wird als eine Norm, von der nicht abgewichen werden darf und durch eine spätere Norm des allgemeinen Völkerrechts derselben Rechtsnatur geändert werden kann." (Art. 53 WVK)

An die Entstehung neuen *ius cogens* werden, im Gegensatz zu einfachem Völkergewohnheitsrecht, gesteigerte Anforderungen gestellt: Die Anerkennung der besonderen Qualität der Norm muss durch die „Staatengemeinschaft in ihrer Gesamtheit"[364] erfolgen, d.h. (quasi-)universellen Charakter haben. Eine solche Anerkennung kann durch einen universell gültigen Vertrag oder eine Bestimmung des Völkergewohnheitsrechts erfolgen.[365] Teilweise wird in der Literatur auch die Entstehung regionalen *ius cogens* bejaht.[366]

---

361 Vgl. M. Herdegen, Völkerrecht, 2012, § 16, RZ 14; K. Doehring, Völkerrecht, 2004, S. 132, RZ 300 und K. Ipsen, Völkerrecht, 1999, § 15, RZ 59, S.164, RZ 60. Während Herdegen und Doehring das Selbstbestimmungsrecht als zwingende Normen ansehen, steht Ipsen dem ablehnend gegenüber. Doehring vertritt die Ansicht umweltschädigende Aktionen seien ius cogens-Normen, Ipsen lehnt dies wiederum ab.

362 Vienna Convention on the Law of Treaties 1969, United Nations, Treaty Series, vol. 1155, S. 344.

363 Vgl. M. Herdegen, Völkerrecht, 2012, § 16, RZ 14; R. Van Alebeek, The Immunity of States, 2008, S. 304; K. Doehring, Völkerrecht, 2004, S. 132, RZ 299; S. Hobe/O. Kimminich, Einführung in das Völkerrecht, 2004, S. 173; H. Fox, The law of state Immunity, 2002, S. 523 ; Ph. Lieberman IALR, 1993, S. 513 und A. Verdross/B. Simma, Universelles Völkerrecht, 1984, § 525.

364 Art. 53 WVK.

365 Vgl. M. Herdegen, Völkerrecht, 2012, § 16, RZ 14; Ch. Appelbaum, Einschränkungen der Staatenimmunität, 2007, S. 254; Nieto-Navia 2003, S. 604f; K. Ipsen, Völkerrecht, 1999, § 15, RZ 42f; Ph. Lieberman IALR, 1993, S. 514; S. Kadelbach, Zwingendes

Der Nachsatz des letzten Satzes des Art. 53 WVK regelt die erschwerte Ersetzbarkeit von zwingenden Normen. *Ius cogens* kann nur durch eine neue Norm, die denselben Charakter aufweist, außer Kraft gesetzt werden.[367]

Ein Vertrag, der zum Zeitpunkt seines Abschlusses gegen eine *ius cogens-Norm* verstößt, ist gem. Art. 53 WVK[368] nichtig. Außerdem sieht Art. 64 WVK[369] vor, dass jeder zum Zeitpunkt der Entstehung einer neuen *ius cogens-Norm* bestehende Vertrag, wenn er mit dieser im Widerspruch steht, nichtig wird und erlischt.[370]

Die WVK trifft allerdings keine Aussagen über die Rechtsfolgen einer *ius cogens-Verletzung*. Im Entwurf der *ILC* zur Staatenverantwortlichkeit sind Rechtsfolgen schwerer Verletzungen zwingender Völkerrechtsnormen vorgesehen (dazu sogleich unter 4.3.1.3).[371]

4.3.1.3 Der ILC-Entwurf zur Staatenverantwortlichkeit

Art. 41 Nr. 1 des *ILC*-Entwurfs[372] verpflichtet die Staaten bei schweren Verletzungen von zwingenden Normen des Völkerrechts zusammenzuarbeiten, um diese Verletzung zu beenden. Nr. 2 desselben Artikels[373] stellt die Ver-

---

Völkerrecht, 1992, S. 177f; und A. Verdross/B. Simma, Universelles Völkerrecht, 1984, § 530.

366 Vgl. A. Verdross/B. Simma, Universelles Völkerrecht, 1984, § 531.

367 Vgl. R. Nieto-Navia, International Peremptory Norms, in: L. Vohrah u.a., 2003, S. 606 und S. Kadelbach, Zwingendes Völkerrecht, 1992, S. 179 und Art. 53 Vienna Convention on the Law of Treaties 1969, United Nations, Treaty Series, vol. 1155, S. 344.

368 Vgl. Art. 53 Vienna Convention on the Law of Treaties 1969, United Nations, Treaty Series, vol. 1155, S. 344.

369 Vgl. Art. 64 Vienna Convention on the Law of Treaties 1969, United Nations, Treaty Series, vol. 1155, S. 347.

370 Vgl. W. Vitzthum, Völkerrecht, 2010, S. 11, RZ 13, S. 58, RZ 126; R. Van Alebeek, The Immunity of States, 2008, S. 304; S. Hobe/O. Kimminich, Einführung in das Völkerrecht, 2004, S. 220; Nieto-Navia 2003, S. 612; K. Ipsen, Völkerrecht, 1999, § 15, RZ 46; Ph. Lieberman IALR, 1993, S. 514 und A. Verdross/B. Simma, Universelles Völkerrecht, 1984, § 525.

371 Vgl. Ch. Appelbaum, Einschränkungen der Staatenimmunität, 2007, S. 250.

372 Art. 41 Nr. 1 der Draft articles on Responsibility of States for Internationally Wrongful Acts lautet „States shall cooperate to bring to an end through lawful means any serious breach within the meaning of article 40" (S. 113).

373 Art. 41 Nr. 2 der Draft articles on Responsibility of States for Internationally Wrongful Acts lautet „No State shall recognize as lawful a situation created by a serious breach within the meaning of article 40, nor render aid or assistance in maintaining that situation." (S. 114).

pflichtung auf, durch solche schweren Verletzungen entstandene Situationen weder als rechtmäßig anzuerkennen, noch dabei Unterstützung oder Hilfe zu leisten.[374] In der Kommentierung des Entwurfs wird als Beispiel die völkerrechtswidrige Annexion Kuwaits durch den Irak angeführt.[375]

Gemäß Art. 48 Abs. 2 des *ILC*-Entwurfs kann bei einer Verletzung von *erga omnes-Verpflichtungen*, d.h. bei Verpflichtungen gegenüber der Staatengemeinschaft als Ganzes[376], jeder Staat die Beendigung des völkerrechtswidrigen Verhaltens und die Erfüllung der Schadenersatzverpflichtung im Interesse des verletzten Staates bzw. des Nutznießers der Verpflichtung verlangen. Die Berechtigung zur Ergreifung von Repressalien im Fall der Verletzung einer *erga omnes-Verpflichtung* ist im *ILC*-Entwurf hingegen nicht enthalten.[377]

4.3.1.4 Staatenpraxis

Für die Zwischenkriegszeit sowie die Zeit des Zweiten Weltkrieges (1919-1945) gibt es kaum Hinweise auf Staatenpraxis zum *ius cogens-Prinzip*.[378] In der Staatenpraxis nach 1945 wird die Rechtsfigur des *ius cogens* von mehreren Staaten als rechtliches Argument angeführt, beispielsweise im Zypernkonflikt, ebenso von mehreren arabischen Staaten im Zusammenhang mit der Absprache von Camp David sowie von Algerien bezüglich des *Abkommens von Madrid*.[379] Die auf der Wiener Vertragskonvention von Seiten der Staaten bekundete, dem *ius cogens-Konzept* positiv gegenüberstehende *opinio iuris*, wurde also seit 1964 auch in anderem Zusammenhang geäußert und zwar auch von Staaten, die der WVK nicht beigetreten waren.[380] Diese Beobachtung bekräftigen laut Kadelbach „die Annahme, daß *ius cogens* (…) erst nach dem Zweiten Weltkrieg entstanden ist."[381]

Als erste für die Rechtsfigur des *ius cogens* relevante Gerichtsentscheidung soll hier die *Wimbledon-Entscheidung*[382] des Ständigen Internationalen

374 Vgl. M. Herdegen, Völkerrecht, 2012, § 60, RZ 3; W. Vitzthum, Völkerrecht, 2010, S. 591, RZ 18; Ch. Appelbaum, Einschränkungen der Staatenimmunität, 2007, S. 250 und L. McGregor ICLQ, 2006, S. 444.

375 Vgl. Draft articles on Responsibility of States for Internationally Wrongful Acts with commentaries 2001, in: II Yearbook of the International Law Commission 2001, Part Two, S. 114.

376 Vgl. ibid., S.126f.

377 Vgl. Ch. Appelbaum, Einschränkungen der Staatenimmunität, 2007, S. 250.

378 Vgl. S. Kadelbach, Zwingendes Völkerrecht, 1992, S. 84.

379 Vgl. ibid., S. 91.

380 Vgl. ibid., S. 91f.

381 Ibid., S. 92.

382 Vgl. Case of the S.S. Wimbledon, PCIJ, ser. A, No. 1.

Gerichtshofs (StIGH) aus dem Jahr 1923 angeführt werden. Hintergrund der Klage vor dem StIGH war die Verweigerung der Durchfahrt durch den Kieler Kanal gegenüber einem von Frankreich gecharterten, mit einer Waffenlieferung für Polen beladenen, englischen Schiff durch deutsche Behörden. Diese begründeten die Verweigerung mit der Unvereinbarkeit eines solchen Waffentransports mit der Neutralität Deutschlands im polnisch-russischen Krieg. Laut dem StIGH bestand jedoch eine Verpflichtung Deutschlands zur Zulassung der Passage gemäß Art. 380 des Versailler Vertrags. Diese Bestimmungen wurden vom StIGH als „a provision of a general and peremptory character"[383] angesehen.[384] Damit umschreiben die Richter des StIGH den Charakter der Bestimmungen des Versailler Vertrages mit Begriffen, welche heute als Synonyme für *ius cogens* verwendet werden.[385]

Daneben erfolgte die Anerkennung höherrangigen Rechts im *savoryardischen Freiheitszonenfall*, jedoch ebenfalls nur auf vertraglicher Basis.[386]

Weitergehende Annahmen vertrat Richter *Schücking* in seinem Sondervotum zum *Oscar Chinn-Fall*[387]. Streitgegenstand war hier die Verdrängung eines freien britischen Schifffahrtunternehmens durch die von Belgien mit Subventionen unterstützte Konkurrenz auf dem Kongo. Auf Basis der Gegenseitigkeit war im Berliner Generalakt den Staatsbürgern der beteiligten Staaten noch volle Wirtschaftsfreiheit im Vertragsgebiet eingeräumt worden. Auch Art. 1 der Konvention von St.-Germain-en-Laye sicherte eine von der Nationalität unabhängige Gleichbehandlung zu. Im Gegensatz zur Berliner Akte geht diese Konvention im Art. 13 vom Verbot ab, Regelungen für fremde Staatsangehörige zu erlassen. Die Richtermehrheit erblickte darin keinen Rechtsverstoß.[388] Richter *Schücke* legt in seinem Sondervotum hingegen dar, dass Handlungen, die gegen *ius cogens* verstoßen, automatisch nichtig seien.[389] Damit anerkennt er die Befugnis der Staaten zwingendes Recht durch multilaterale Konventionen zu schaffen.[390]

---

383 Case of the S.S. Wimbledon, PCIJ, ser. A, No. 1, S. 21.

384 Vgl. Case of the S.S. Wimbledon, PCIJ, ser. A, No. 1, S. 16, S. 18f und S. Kadelbach, Zwingendes Völkerrecht, 1992, S. 110.

385 Vgl. S. Kadelbach, Zwingendes Völkerrecht, 1992, S. 110.

386 Vgl. PCIJ, Case of the Free Zones of Upper Savoy and the District of Gex, Entscheidung vom 7. Juni 1932, ser. AB, No. 46 und S. Kadelbach, Zwingendes Völkerrecht, 1992, S. 111.

387 Vgl. PCIJ, The Oscar Chinn Case, Entscheidung vom 12. Dezember 1934, ser. AB, No. 63,.

388 Vgl. S. Kadelbach, Zwingendes Völkerrecht, 1992, S. 111.

389 Vgl. Ch. Appelbaum, Einschränkungen der Staatenimmunität, 2007, S. 257 und S. Kadelbach, Zwingendes Völkerrecht, 1992, S. 111.

390 Vgl. S. Kadelbach, Zwingendes Völkerrecht, 1992, S. 111f.

Über die soeben aufgezeigte Anerkennung der Existenz *inter partes* gültiger zwingender Rechte hinaus sprechen sich die Entscheidungen seit 1945 zunehmend für das Bestehen höherrangigen universellen zwingenden Rechts aus.[391] Die Rechtsprechung des IGH lässt eine „(...) gegenüber dem *ius cogens* freundliche Haltung erkennen."[392] Eindeutige Bekenntnisse zur Existenz von *ius cogens-Normen* sind in Sondervoten von IGH-Richtern, beispielsweise in der *dissenting opinion* des Richter *Al-Kasawneh*[393] und *van den Wyngaert*[394] im *Haftbefehls-Fall*, sowie in regionalen und nationalen Gerichtsentscheidungen enthalten.[395]

Einen weiteren Beitrag zur Ausdehnung des Anwendungsbereiches der *ius cogens-Normen* über das Vertragsrecht hinaus leistete das *International Criminal Tribunal for the former Yugoslavia (ICTY)* im *Furundzija-Fall*[396].[397]

Zusammenfassend lässt sich also festhalten, dass in der Rechtsprechung vor 1945 *ius cogens* nur in Erwägung gezogen wurde, wenn eine vertragliche Fixierung vorliegt. In der Nachkriegszeit wurde die staatliche Souveränität nach und nach relativiert und in den Gerichtsentscheidungen zunehmend vom Bestehen universeller zwingender Normen ausgegangen.[398]

Während manche Entscheidungen sich dabei für eine weite Interpretation des *ius cogens-Konzepts* aussprechen, welches somit Menschenrechte im Allgemeinen umfasst, wird im Großteil der Rechtsprechung die Ansicht vertreten, dass nur die Kernnormen der Menschenrechte unter *ius cogens-Normen* zu subsumieren sind.[399]

---

391 Vgl. S. Kadelbach, Zwingendes Völkerrecht, 1992, S. 123.

392 Ibid., S. 123.

393 Vgl. Dissenting Opinion of Judge Al-Kasawneh, in: Arrest Warrant (Democratic Republic of the Congo v. Belgium), Entscheidung vom 1. April 2000, I.C.J. Reports 2002, S. 98, Abs. 7.

394 Vgl. Dissenting Opinion of Judge Van den Wyngaert, in: Arrest Warrant (Democratic Republic of the Congo v. Belgium), Entscheidung vom 1. April 2000, I.C.J. Reports 2002, S. 156f.

395 Vgl. Ch. Appelbaum, Einschränkungen der Staatenimmunität, 2007, S. 258; K. Ipsen, Völkerrecht, 1999, § 15, RZ 54 und S. Kadelbach, Zwingendes Völkerrecht, 1992, S. 123f.

396 International Criminal Tribunal for the former Yugoslavia, Prosecutor v. Anton Furundzija, Urteil vom 10.Dezember 1998, Case-No.: IT-95-17/1-T.

397 Vgl. Ch. Appelbaum, Einschränkungen der Staatenimmunität, 2007, S. 257f.

398 Vgl. S. Kadelbach, Zwingendes Völkerrecht, 1992, S. 123, S. 128.

399 Vgl. R. Van Alebeek, The Immunity of States, 2008, S. 305.

4.3.2 Das Verhältnis von ius cogens und Staatenimmunität

In Teilen der Literatur[400] sowie in der *Ferrini-Entscheidung*[401] (siehe dazu unter 2.3.1) wird die Ansicht vertreten, dass aus der im Völkerrecht bestehenden Normenhierarchie mit *ius cogens* an der Spitze eine Immunitätsausnahme bei *ius cogens-Verletzungen* abgeleitet werden kann.[402]

Daneben wird von Teilen des völkerrechtlichen Schrifttums[403] (siehe dazu unter 4.7.1.1) und in manchen nationalen Entscheidungen, beispielsweise im *Distomo-Urteil*[404] (siehe dazu unter 4.7.1.2), argumentiert, ein Staat der *ius cogens-Verletzungen* begeht, verzichtet dadurch implizit auf seine Immunität.[405]

Die Kritiker der Normenhierarchie-Theorie setzen an zwei Punkten an: Einerseits wird die Existenz einer Normenhierarchie im Völkerrecht angezweifelt und andererseits wird in Frage gestellt, dass es überhaupt zu einem Konflikt zwischen diesen Normen kommen kann.[406]

Im Folgenden sollen nun die entsprechenden Meinungen in der Literatur, die Staatenpraxis im Zusammenhang mit *ius cogens-Verletzungen* sowie die Standpunkte der Parteien im IGH-Verfahren dargestellt werden. Des Weiteren findet eine Auseinandersetzung mit der Ansicht des IGHs statt.

---

400 Vgl. A. Orakhelashvili EJIL, 2008, S. 955ff; K. Bartsch/B. Elberling 2003, S. 477ff; A. Bianchi EJIL, 1999, S. 237ff; M. Karagiannakis LJIL, 1998, S. 9ff und A. Belsky u.a. CLR, 1989, S. 365ff.

401 Vgl. Corte di Cassazione (sez. un. civ.), Ferrini c. Repubblica federale di Germania, Enscheidung vom 11. März 2004, Nr. 5044, in: 87 Rivista di diritto internazionale 2004, S. 544 - 547 bzw. 128 ILR 2006, S. 666 - 669.

402 Vgl. X. Yang, State Immunity, 2012, S. 429; R. Lengelsen, Aktuelle Probleme der Staatenimmunität, 2011, S. 162; Ph. Stammler, Der Anspruch von Kriegsopfern auf Schadenersatz, 2009, S. 123; R. Van Alebeek, The Immunity of States, 2008, S. 316; Ch. Appelbaum, Einschränkungen der Staatenimmunität, 2007, S. 260; J. Bosch, Immunität und internationale Verbrechen, 2004, S. 107; W. Cremer AVR, 2003, S. 158 und H. Fox, The law of state Immunity, 2002, S.517.

403 Vgl. X. Yang, State Immunity, 2012, S. 429; M. Karagiannakis LJIL, 1998, S. 20, S. 23; T. Johnson, A Violation of Jus Cogens Norms as an implicit Waiver of Immunity under The Federal Sovereign Immunities Act, in: 19 MJIL, 1995, S. 259ff; S. Richman, Siderman De Blake v. Argentina: Can the FSIA grant Immunity for Violations of Jus Cogens Norms? 19 Brook. J. Int'l L., 1993, S. 967ff und A. Belsky u.a. CLR, 1989, S. 365ff.

404Vgl. Areopag, Prefecture of Voiotia v. Federal Republic of Germany, Entscheidung vom 4. Mai 2000, Nr. 11/2000, in: 129 ILR 2007, S. 515.

405 Vgl. Ch. Appelbaum, Einschränkungen der Staatenimmunität, 2007, S. 275; P. De Sana/F. De Vittor EJIL, 2005, S. 96; J. Bröhmer, State Immunity and the Violation of Human Rights, 1997, S. 190f und A. Belsky u.a. CLR, 1989, S. 377, S. 394, S. 398.

406 Vgl. R. Lengelsen, Aktuelle Probleme der Staatenimmunität, 2011, S. 163.

4.3.2.1 Meinungen in der Literatur

Von den Verfechtern der Normenhierarchie-Theorie wird argumentiert, dass die Staatenimmunität die Durchsetzung von in der Normenhierarchie über diesen Immunitätsregeln stehenden zwingenden Normen, beispielsweise das den Opfer von *ius cogens-Verletzungen* zustehende Recht auf Entschädigung, verhindern würde. Die der *ius cogens-Norm* entgegenstehende einfache Völkerrechtsnorm der Staatenimmunität dürfe somit nicht zur Anwendung gelangen.[407]

Zum Teil wird hierbei die Ansicht vertreten, die Gewährung von Staatenimmunität wäre unvereinbar mit der in Art. 41 des *ILC*-Entwurfs über Staatenverantwortlichkeit[408] festgelegten Verpflichtung durch schwere *ius cogens-Verletzungen* entstandene Situationen weder als rechtmäßig anzuerkennen, noch dabei Unterstützung oder Hilfe zu leisten (zum *ILC*-Entwurf siehe unter 4.3.1.3).[409] Der IGH spricht sich in seiner Entscheidung im Verfahren *Deutschland gegen Italien* gegen eine solche Sichtweise aus (siehe dazu genauer unter 4.3.2.5).[410]

Von den Gegnern dieses Ansatzes wird bestritten, dass im Völkerrecht eine Normenhierarchie existiert. Die Ansicht *ius cogens* wäre allgemein von höherem Rang, verbunden mit Konsequenzen wie sie sich etwa auch aus dem Verhältnis Verfassungsrecht – einfache Gesetze ergeben, würde über das Konzept der WVK und den allgemein anerkannten Wirkungen zwingender Normen hinausgehen.[411]

Selbst wenn menschenrechtliche Bestimmungen im Rang höher wären als die Staatenimmunität, könnte diese Höherrangigkeit jedoch nur Wirkungen ent-

---

407 Vgl. R. Lengelsen, Aktuelle Probleme der Staatenimmunität, 2011, S. 162; Ph. Stammler, Der Anspruch von Kriegsopfern auf Schadenersatz, 2009, S. 123; A. Orakhelashvili EJIL, 2008, S. 964; R. Van Alebeek, The Immunity of States, 2008, S. 316; Ch. Appelbaum, Einschränkungen der Staatenimmunität, 2007, S. 260; K. Bartsch/B. Elberling 2003, S. 484; W. Cremer AVR, 2003, S. 158; H. Fox, The law of state Immunity, 2002, S. 517; A. Bianchi EJIL, 1999, S. 265 und M. Karagiannakis LJIL, 1998, S. 19f.

408 Vgl. Art. 41 Draft articles on Responsibility of States for Internationally Wrongful Acts with commentaries 2001, in: II Yearbook of the International Law Commission 2001, Part Two, S. 113f.

409 Vgl. A. Orakhelashvili EJIL, 2008, S. 963f; R. Van Alebeek, The Immunity of States, 2008, S. 353; L. McGregor ICLQ, 2006, S. 443f und Belsky u.a. 1989, S. 401, FN 198.

410 Vgl. Judgment 2012, S. 38, Abs. 93.

411 Vgl. R. Lengelsen, Aktuelle Probleme der Staatenimmunität, 2011, S. 164; Ch. Appelbaum, Einschränkungen der Staatenimmunität, 2007, S. 258f; J. Bosch, Immunität und internationale Verbrechen, 2004, S. 107f und J. Bröhmer, State Immunity and the Violation of Human Rights, 1997, S. 195.

falten, wenn ein inhaltlicher Konflikt zwischen diesen beiden Normen bestünde. Dies wird von den Gegnern der Normenhierarchie-Theorie jedoch bezweifelt.[412] Es müsse nämlich zwischen materiell-rechtlichen und prozessualen Bestimmungen, also zwischen dem in der Menschenrechtsbestimmung enthaltenen materiellen Verbot, der aus einem Verstoß resultierenden völkerrechtlichen Verantwortlichkeit, dem materiell-rechtlichen Anspruch auf Entschädigung und dem Gebot auf prozessuale Durchsetzung dieses Anspruches unterschieden werden. Das Verbot an sich wird als Primärnorm bezeichnet, die Regelungen betreffend die Bestrafung des Täters, die Gewährung von Schadenersatz etc. als Sekundärnormen.[413]

Vertreter der Normenhierarchie-Theorie behaupten in diesem Zusammenhang, jede zwingende Norm enthalte auch die, ebenfalls im *ius cogens-Rang* stehende, Verpflichtung zur prozessualen Durchsetzung.[414]

Dem wird entgegengehalten, dass bei vielen Sekundärnormen bereits deren völkergewohnheitsrechtliche Geltung bezweifelt wird und die Staatenpraxis auch keine Hinweise enthält, dass diese als zwingende Normen zu qualifizieren sind. Bloß aus dem Bestehen einer materiell-rechtlichen *ius cogens-Norm* könne somit nicht auf das Vorliegen einer prozessualen *ius cogens-Regelung* geschlossen werden.[415]

---

412 Vgl. Saha HRLR 2012, S. 569; P. Stoll MPEPIL, 2011, RZ 81; S. Talmon, Jus cogens after Germany v. Italy: Substantive and Procedural Rules Distinguished, in: Bonn Research Papers on Public International Law, 04/2012, S. 10, S. 29; R. Lengelsen, Aktuelle Probleme der Staatenimmunität, 2011, S. 166; J. Schaarschmidt, Die Reichweite des völkerrechtlichen Immunitätsschutzes, in: Ch. Tietje, 2010, S. 22; T. Salomon BLJ, 2009, S. 65 und L. Caplan AJIL, 2003, S. 771.

413 Vgl. S. Talmon Bonn Research Papers on Public International Law, 2012, S. 10f; R. Lengelsen, Aktuelle Probleme der Staatenimmunität, 2011, S. 166f und H. Fox, The law of state Immunity, 2002, S. 525.

414 Vgl. R. Lengelsen, Aktuelle Probleme der Staatenimmunität, 2011, S. 167 und K. Bartsch/B. Elberling 2003, S. 486.

415 Vgl. R. Lengelsen, Aktuelle Probleme der Staatenimmunität, 2011, S. 167; Ch. Tomuschat, Staatliche Gerichtsimmunität – Die Fälle Distomo und Ferrini, Vortrag vom 13. Dezember 2011, S. 12f; J. Schaarschmidt, Die Reichweite des völkerrechtlichen Immunitätsschutzes, in: Ch. Tietje, 2010, S. 24f; T. Salomon BLJ, 2009, S. 65; Ch. Appelbaum, Einschränkungen der Staatenimmunität, 2007, S. 270; W. Cremer AVR, 2003, S. 162 und J. Bröhmer, State Immunity and the Violation of Human Rights, 1997, S. 195.

Eine strikte Trennung zwischen materiell-rechtlichen und prozessualen Bestimmungen wird von Verfechtern der Normenhierarchie-Theorie als zu formalistisch, theoretisch und künstlich kritisiert.[416]

Talmon hält dem entgegen, dass „(…) law, by its very nature, is formalistic and technical. These traits contribute to clarity, certainty and predictability – also 'values' not to be discarded lightly."[417]

4.3.2.2 Staatenpraxis

In einigen Entscheidungen setzen sich Gerichte mit der Normenhierarchie-Theorie auseinander.[418]

Beschwerdeführer im EGMR-Verfahren *Al-Adsani v. Kuwait* war ein britisch-kuwaitischer Doppelstaatsbürger, der während des Golfkrieges in der Luftwaffe Kuwaits diente. Während seines Dienstes gelangte er in den Besitz eines Sexvideos, in dem ein Familienmitglied des Emir von Kuwait zu sehen ist. Nach Ende des Krieges wurde Al-Adsani vom Scheich, welcher auf den Videobändern zu sehen ist, unter mutmaßlicher Beteiligung des kuwaitischen Geheimdienstes entführt und gefoltert, um die Herausgabe des Videos sowie Stillschweigen über dessen Inhalt zu erzwingen. Al-Adsani trug schwere Verletzungen und psychische Schäden davon.[419]

Am 29. August 1992 erhob Al-Adsani im Vereinigten Königreich eine Schadenersatzklage gegen den Staat Kuwait und den Scheich. Während gegen den Scheich ein Versäumnisurteil gefällt wurde, scheiterte die Zustellung der Klageschrift an Kuwait an der Staatenimmunität. Nach mehreren verschiedenen Urteilen der Gerichte unterschiedlicher Instanzen, wurde Al-Adsanis Begehren schließlich in letzter Instanz abgewiesen.[420]

Daraufhin erhob Al-Adsani gegen das Vereinte Königreich Beschwerde an den EGMR wegen Verletzung seines Rechts auf Zugang zu den Gerichten.[421]

---

416 Vgl. S. Talmon Bonn Research Papers on Public International Law, 2012, S. 3 und L. McGregor Torture and State Immunity: Deflecting Impunity, Distorting Sovereignty, in: 18 EJIL, 05/2007, S. 911.

417 S. Talmon Bonn Research Papers on Public International Law, 2012, S. 29f.

418 Vgl. R. Lengelsen, Aktuelle Probleme der Staatenimmunität, 2011, S. 174.

419 Vgl. R. Lengelsen, Aktuelle Probleme der Staatenimmunität, 2011, S. 61; Ph. Stammler, Der Anspruch von Kriegsopfern auf Schadenersatz, 2009, S. 264, FN 492; M. Emberland AJIL, 2002, S. 700 und J. Bröhmer, State Immunity and the Violation of Human Rights, 1997, S. 93.

420 Vgl. R. Lengelsen, Aktuelle Probleme der Staatenimmunität, 2011, S. 61f; Ph. Stammler, Der Anspruch von Kriegsopfern auf Schadenersatz, 2009, S. 264, FN 492 und M. Emberland AJIL, 2002, S. 700.

421 Vgl. R. Lengelsen, Aktuelle Probleme der Staatenimmunität, 2011, S. 62.

Wie in den am selben Tag gefällten Urteilen *McElhinney*[422] und *Fogarty*[423] vertrat der EGMR auch in diesem Verfahren die Meinung, dass der Zugang zu den Gerichten gerechtfertigterweise beschränkt werden könnte, wenn Immunität in Übereinstimmung mit dem Völkergewohnheitsrecht gewährt wird. Die Mehrheit von neun Richtern vertrat hierbei die Ansicht, dies sei auch im Verfahren *Al-Adsani v. UK*[424] der Fall. Zwar sei das Folterverbot eine Norm des *ius cogens*, die Staatenpraxis lasse jedoch keinen Schluss darauf zu, dass dies in Zivilverfahren die Nichtgewährung von Immunität zur Folge habe. Die Entscheidungen des *ICTY* im Fall *Furundzija*[425] bzw. des *House of Lords* im Fall *Pinochet*[426] betreffen die Immunität von Staatsvertretern in einem Strafverfahren, weshalb deren Ergebnisse nicht auf den *Al-Adsani-Fall*, der die Staatenimmunität in Zivilverfahren zum Gegenstand hat, übertragen werden können.[427] Demgegenüber ging die Minderheit von acht Richtern vom Bestehen einer aus der Verletzung der zwingenden Norm des Folterverbotes resultierenden Immunitätsausnahme aus. Ein Staat könne sich nämlich nicht auf hierarchisch niederrangigere Normen berufen, um die Konsequenzen einer *ius cogens-Verletzung* zu umgehen.[428]

Auch in seiner Entscheidung aus dem Jahr 2002 im Fall *Kalogeropoulou and others v. Greece and Germany* entschied der Gerichtshof, dass nach dem gegenwärtigen Stand des Völkerrechts kein Grundsatz existiere, wonach bei Schadenersatzklagen wegen schwerer Menschenrechtsverletzungen die

---

422 EGMR, McElhinney v. Ireland, Entscheidung vom 21. November 2001, Nr. 31253/96.

423 EGMR, Fogarty v. United Kingdom, Entscheidung vom 21. November 2001, NR.. 37112/97.

424 EGMR, Al-Adsani v. United Kingdom, Entscheidung vom 21. November 2001, Nr. 35763/97.

425 International Criminal Tribunal for the former Yugoslavia, Prosecutor v. Anton Furundzija, Urteil vom 10.Dezember 1998, Case-No.: IT-95-17/1-T.

426 United Kingdom House of Lords: Regina v. Bartle and the Commissioner of Police for the Metropolis and Others - Ex Parte Pinochet, Entscheidung vom 24. März 1999, in: 38 ILM 1999, S. 581 - 663; Näheres zu den Hintergründen dieses Verfahren siehe C. Bradley/J. Goldsmith, Pinochet and International Human Rights Litigation, in: 97 MLR, 07/1999, S. 2129 - 2184.

427 Vgl. Ch. Appelbaum, Einschränkungen der Staatenimmunität, 2007, S. 205 und W. Cremer AVR, 2003, S. 160.

428 Vgl. R. Lengelsen, Aktuelle Probleme der Staatenimmunität, 2011, S. 62, S. 174; B. Stephens VJTL, 2011, S. 1174; Ph. Stammler, Der Anspruch von Kriegsopfern auf Schadenersatz, 2009, S. 264f; R. Van Alebeek, The Immunity of States, 2008, S. 317, S. 388; Ch. Appelbaum, Einschränkungen der Staatenimmunität, 2007, S. 201f; L. Caplan AJIL, 2003, S. 741f und W. Cremer AVR, 2003, S. 159 - 161.

Berufung auf die Staatenimmunität ausscheide (siehe dazu unter 2.3.4 und 4.1.2.2).[429]

Die *Corte di Cassazione* stützt ihr Urteil im *Ferrini-Fall* hauptsächlich auf die Normenhierarchie-Theorie (dazu unter 2.3.1).[430] In diesem Zusammenhang zieht sie auch die Art. 40 und 41 des *ILC*-Entwurfes über die Staatenverantwortlichkeit heran, um diese Immunitätsausnahme zu rechtfertigen. Die Gewährung von Immunität sei mit den Entwicklungen im Bereich der völkerrechtlichen Verbrechen unvereinbar, da dadurch Werte keinen Schutz erfahren, die für die internationale Gemeinschaft von wesentlicher Bedeutung sind. Diesen im Rang höherstehenden Normen müsse Priorität eingeräumt werden.[431]

In ihrem Minderheitsvotum im Fall *Princz* setzt sich Richterin *Wald* ebenfalls mit den Konsequenzen von *ius cogens-Verstößen* auseinander und nimmt an, dass ein Staat durch eine solche Verletzung implizit auf sein Immunitätsrecht verzichtet.[432] Eine genauere Auseinandersetzung mit diesem Urteil und der Theorie des impliziten Immunitätsverzichts findet unter 4.7.1 statt.

Der EuGH räumt dem Immunitätsschutz gegenüber dem individuellen Klagerecht den Vorrang ein. Nach seiner ständigen Rechtsprechung ist hoheitliches Handeln vom Anwendungsbereich des EuGVÜ nicht mitumfasst. Dies gelte auch für rechtswidriges Handeln, sogar für Verstöße gegen *ius cogens*, da die Frage nach der Art des Handelns als Vorfrage und somit vor jener nach der Natur der Handlung zu beantworten sei (siehe hierzu unter 4.1.2.3).[433]

---

429 Vgl. Memorial of Germany 2009, S. 24f, Abs. 36; Ch. Appelbaum, Einschränkungen der Staatenimmunität, 2007, S. 207; K. Bartsch/B. Elberling GLJ, 2003, S. 483 und EGMR, Kalogeropoulou and others v. Greece and Germany, Entscheidung vom 12. Dezember 2002, Nr. 59021/00, S. 9.

430 Vgl. A. Gattini JICJ, 2005, S. 230 und Corte di Cassazione (sez. un. civ.), Ferrini c. Repubblica federale di Germania, Enscheidung vom 11. März 2004, Nr. 5044, in: 87 Rivista di diritto internazionale 2004, S. 544 - 547 bzw. 128 ILR 2006, S. 666 - 669.

431 Vgl. N. Paech AVR, 2009, S. 60f und Ch. Appelbaum, Einschränkungen der Staatenimmunität, 2007, S. 202.

432 Vgl. N. Paech AVR, 2009, S. 55f; R. Van Alebeek, The Immunity of States, 2008, S. 328; Ch. Appelbaum, Einschränkungen der Staatenimmunität, 2007, S. 274; J. Bosch, Immunität und internationale Verbrechen, 2004, S. 93; M. Karagiannakis LJIL, 1998, S. 37; A. Scheffler, Die Bewältigung hoheitlich begangenen Unrechts, 1997, S. 87 und Dissenting Opinion of Judge Wald, in: US Court of Appeal, District of Columbia, Hugo Princz v. Federal Republic of Germany, Entscheidung vom 01.Juli 1994, 26 F.3d.

433 Vgl. Ph. Stammler, Der Anspruch von Kriegsopfern auf Schadenersatz, 2009, S. 267 und EuGH, Lechouritou u.a. v. Deutschland, Urteil vom 15.Februar 2007, Rechtssache C-292/05, RZ 31 - 39, RZ 43.

4.3.2.3 Weltrechtsprinzip

Um die Ausübung der Gerichtsbarkeit durch den Forumstaat zu rechtfertigen, wird zum Teil auch auf das Weltrechtsprinzip verwiesen. Das Prinzip der universellen Jurisdiktion ermöglicht es jedem Staat weltweit gewisse Straftaten zu verfolgen.[434] Diese Ermächtigung ist jedoch auf die Verfolgung von Einzelpersonen beschränkt, Klagen gegen Staaten sind somit nicht mitumfasst.[435] Da diese Straftaten dem Schutz von Rechtsgütern mit *ius cogens-Charakter* bzw. mit dem Status internationaler Verbrechen bzw. dem Schutz von *erga omnes-Verpflichtungen* dienen, soll jeder Staat über diese Straftaten richten können.[436] Eine Diskussion dieser Argumente erfolgt v.a. im Zusammenhang mit der Staatsorganimmunität bzw. der Strafverfolgung ehemaliger Amtsinhaber.[437] Von der *Corte di Cassazione* wurde im *Ferrini-Urteil* jedoch die Meinung vertreten, dass das Prinzip der universellen Jurisdiktion zweifelsfrei auch bei zivilrechtlichen Klagen in Zusammenhang mit *ius cogens-Verstößen* zur Anwendung gelangt.[438]

Der Kassationsgerichtshof scheint also von der Vergleichbarkeit bzw. Gleichstellung von universeller Straf- und Zivilgerichtsbarkeit auszugehen. Die Frage der Staatenimmunität in zivilrechtlichen Verfahren ist aber von jener der kriminellen Verantwortlichkeit von Staatsorganen zu trennen.[439] Die strafrechtliche Verantwortlichkeit hat an sich strafenden Charakter. Außerdem sind

---

434 Vgl. M. Herdegen, Völkerrecht, 2012, § 26, RZ 1, J. Schaarschmidt, Die Reichweite des völkerrechtlichen Immunitätsschutzes, in: Ch. Tietje, 2010, S. 30; J. Bosch, Immunität und internationale Verbrechen, 2004, S. 48 und A. Scheffler, Die Bewältigung hoheitlich begangenen Unrechts, 1997, S. 90.

435 Vgl. M. Herdegen, Völkerrecht, 2012, § 26, RZ 13, J. Schaarschmidt, Die Reichweite des völkerrechtlichen Immunitätsschutzes, in: Ch. Tietje, 2010, S. 30f und A. Scheffler, Die Bewältigung hoheitlich begangenen Unrechts, 1997, S. 90.

436 Vgl. J. Schaarschmidt, Die Reichweite des völkerrechtlichen Immunitätsschutzes, in: Ch. Tietje, 2010, S. 31; J. Bosch, Immunität und internationale Verbrechen, 2004, S. 54 und H. Fox, The law of state Immunity, 2002, S. 526.

437 Vgl. J. Schaarschmidt, Die Reichweite des völkerrechtlichen Immunitätsschutzes, in: Ch. Tietje, 2010, S. 31; H. Fox, The law of state Immunity, 2002, S. 526f und A. Scheffler, Die Bewältigung hoheitlich begangenen Unrechts, 1997, S. 89f.

438 Vgl. J. Schaarschmidt, Die Reichweite des völkerrechtlichen Immunitätsschutzes, in: Ch. Tietje, 2010, S. 31; A. Ciampi JICJ, 2009, S. 605; F. Moneta, State Immunity, 2009, S. 2 und Corte di Cassazione (sez. un. civ.), Ferrini c. Repubblica federale di Germania, Enscheidung vom 11. März 2004, Nr. 5044, in: 87 Rivista di diritto internazionale 2004, S. 546f bzw. 128 ILR 2006, S. 669.

439 Vgl. J. Schaarschmidt, Die Reichweite des völkerrechtlichen Immunitätsschutzes, in: Ch. Tietje, 2010, S. 31; Ch. Appelbaum, Einschränkungen der Staatenimmunität, 2007, S. 204; A. Gattini JICJ, 2005, S. 239f und M. Karagiannakis LJIL, 1998, S. 38.

dieser Grenzen gesetzt, wie beispielsweise durch die materielle Unmöglichkeit zur Zahlung von Schadenersatz oder den Tod des Beschuldigten. Dies trifft auf die Staatenverantwortlichkeit nicht zu.[440]

Außerdem existiert keine völkerrechtliche Norm, welche die Geltung des Weltrechtsprinzips für das Zivilrecht festlegt. Dieses Prinzip findet sich des Weiteren fast ausschließlich in der amerikanischen Praxis. Somit kann auch nicht vom Bestehen einer völkergewohnheitsrechtlichen Regelung dieser Frage ausgegangen werden.[441]

Trapp und *Mills* vertreten in diesem Zusammenhang die Auffassung, auch wenn sich aus dem Völkergewohnheitsrecht keine universelle zivilrechtliche Jurisdiktion ergeben möge, so würde die Idee einer universellen Jurisdiktion doch jedenfalls zeigen, dass der materiell-rechtliche Inhalt einer Norm prozessuale Auswirkungen habe. Das Konzept der universellen Jurisdiktion stellt also eine klare Verbindung zwischen prozessualen und materiell-rechtlichen Fragen her.[442]

Die Argumentation mit dem Weltrechtsprinzip setzt außerdem voraus, dass sich aus der universellen Jurisdiktion eine Immunitätsausnahme ergibt.[443] Der IGH hat jedoch im Fall *Arrest Warrent* festgestellt, dass es sich bei Jurisdiktion und Immunität um zwei verschiedene Dinge handelt, die folglich voneinander zu trennen sind.[444] Selbst wenn die Ausübung einer universellen Jurisdiktion im Zivilrecht völkergewohnheitsrechtlich zulässig wäre, muss dies nach Ansicht des IGH nicht automatisch eine Immunitätsbeschränkung nach sich ziehen.[445]

4.3.2.4 Argumentation der Parteien im Verfahren vor dem IGH

Deutschland vertritt im Verfahren vor dem IGH die Ansicht, das Konzept des *ius cogens*, auf welches sich der italienische Kassationsgerichtshof u.a. zur

---

440 Vgl. J. Schaarschmidt, Die Reichweite des völkerrechtlichen Immunitätsschutzes, in: Ch. Tietje, 2010, S. 31 und A. Gattini JICJ, 2005, S. 239f.

441 Vgl. R. Lengelsen, Aktuelle Probleme der Staatenimmunität, 2011, S. 170; J. Schaarschmidt, Die Reichweite des völkerrechtlichen Immunitätsschutzes, in: Ch. Tietje, 2010, S. 31; R. Van Alebeek, The Immunity of States, 2008, S. 352; A. Gattini JICJ, 2005, S. 238f und J. Bosch, Immunität und internationale Verbrechen, 2004, S. 57.

442 Vgl. K. Trapp/A. Mills CJICL, 2012, S. 161f.

443 Vgl. J. Schaarschmidt, Die Reichweite des völkerrechtlichen Immunitätsschutzes, in: Ch. Tietje, 2010, S. 31.

444 Vgl. IGH, Arrest Warrant (Democratic Republic of the Congo v. Belgium), Entscheidung vom 1. April 2000, I.C.J. Reports 2002, S. 25f.

445 Vgl. J. Schaarschmidt, Die Reichweite des völkerrechtlichen Immunitätsschutzes, in: Ch. Tietje, 2010, S. 31f.

Begründung seines Urteils im Fall *Ferrini* gestützt hatte (siehe dazu unter 2.3.1),[446] habe zum Zeitpunkt der Wehrmachtsverbrechen, auf welche sich die Klagen italienischer Opfer beziehen, noch nicht existiert. Dieses Konzept habe nämlich erst durch die Verankerung desselben in der WVK allgemeine Anerkennung erfahren (näheres zur Problematik der intertemporalen Rechtsanwendung unter 4.13).[447] Außerdem sei es notwendig zwischen den primären Regelungen, denen die *ius cogens-Normen* angehören, und sekundären Bestimmungen, welche die rechtlichen Konsequenzen der Verletzung ersterer regeln, eine strikte Trennung vorzunehmen. Dies gehe aus der Rechtsprechung des IGH deutlich hervor. Daher sei die Voraussetzung der Zustimmung zur Ausübung der Gerichtsbarkeit ohne Ausnahmen auch dann anzuwenden, wenn der Kläger seine Klage auf die Verletzung zwingender Normen stützt. Art. 41 des *ILC*-Entwurfs[448] über die Staatenverantwortlichkeit verpflichtet die Staaten zur Kooperation, er dient jedoch nicht dazu einseitige Selbsthilfemaßnahmen zu ermöglichen. Außerdem müsse bedacht werden, in welchem Umfang ein Staat tatsächlich finanzielle Entschädigung leisten könne. Würde man die Beilegung der Kriegsfolgen den nationalen Gerichten der Opfer überlassen, hätte dies zur Folge, dass diese den Opfern sehr hohe Summen zusprechen, welche die Kapazitäten des beklagten Staates übersteigen. Aus diesem Grund würde nur eine zwischenstaatliche Lösung dieser Problematik zu befriedigenden Ergebnissen führen, d.h. nur dadurch könnte eine gerechte Verteilung der zur Verfügung stehenden Mittel sichergestellt werden. Aus der Begehung internationaler Verbrechen könne somit nicht automatisch ein Recht auf Zurverfügungstellung eines individuellen Rechtsbehelfes abgeleitet werden.[449]

Italien stellt sich demgegenüber auf den Standpunkt, dass sich das Konzept vom Bestehen einer Normenhierarchie im Völkerrecht bereits vor dem Zweiten Weltkrieg herausgebildet habe.[450] Darüber hinaus sei das eigentliche Problem im vorliegenden Fall nicht die Frage, wie die Wehrmachtsverbrechen zur damaligen Zeit zu qualifizieren waren, sondern ob die Verweigerung des Zugangs zum

---

446 Vgl. Corte di Cassazione (sez. un. civ.), Ferrini c. Repubblica federale di Germania, Enscheidung vom 11. März 2004, Nr. 5044, in: 87 Rivista di diritto internazionale 2004, S. 544 - 547 bzw. 128 ILR 2006, S. 666 - 669.

447 Vgl. Reply of Germany 2010, S. 33f, Abs. 57 und Memorial of Germany 2009, S. 51f, Abs. 83 - 85.

448 Vgl. Art. 41 Draft articles on Responsibility of States for Internationally Wrongful Acts with commentaries 2001, in: II Yearbook of the International Law Commission 2001, Part Two, S. 113f.

449 Vgl. Reply of Germany 2010, S. 40, Abs. 67 und Memorial of Germany 2009, S. 53 - 55, Abs. 86 - 89.

450 Vgl. Counter-Memorial of Italy 2009, S. 61 - 63, Abs. 4.58 - 4.62.

Recht sowie die Verweigerung jeglicher Form von Entschädigung für Verbrechen, die eindeutig durch Völkergewohnheitsrecht verboten waren und heutzutage auf jeden Fall *ius cogens-Verletzungen* darstellen, mit dem heutigen *ius cogens-Konzept* vereinbar sind (zur Problematik des Spannungsverhältnisses zwischen der Staatenimmunität und dem Zugang zum Recht siehe auch unter 4.6).[451]

Im Unterschied zu Deutschland, das der Ansicht ist zwischen zwingenden Normen und den Regelungen über die Staatenimmunität könne es aufgrund deren unterschiedlichen Inhalts keinen Konflikt geben,[452] ist Italien der Meinung *ius cogens-Normen* könnten einen Staat sehr wohl daran hindern sich auf seine Immunität zu berufen. Einerseits weil ein Verstoß gegen *ius cogens-Normen* nicht als souveräner Akt angesehen werden könne (siehe dazu unter 4.8.3), andererseits sei der für die Verletzung von *ius cogens-Normen* verantwortliche Staat aufgrund der hierarchischen Überlegenheit dieser Normen gegenüber der Staatenimmunität nicht mehr berechtigt seine Immunität in Anspruch zu nehmen.[453]

4.3.2.5 Standpunkt des IGHs

Der IGH ist der Meinung, dass die Überzeugungskraft der von Italien argumentierten Normenhierarchie-Theorie vom Bestehen eines Konfliktes zwischen den *ius cogens-No*rmen und den völkergewohnheitsrechtlichen Regeln, welche Staaten zu Gewährung von Immunität verpflichten, abhängig ist.[454] Nach Ansicht des Gerichtshofs liege ein solcher Normenkonflikt jedoch nicht vor.[455] Er begründet dies wie folgt:

> „The two sets of rules address different matters. The rules of State immunity are procedural in character and are confined to determining whether or not the courts of one State may exercise jurisdiction in respect of another State. They do not bear upon the question whether or not the conduct in respect of which the proceedings are brought was lawful or unlawful. That is why the application of the contemporary law of State immunity to proceedings concerning events which occurred in 1943-1945 does not infringe the principle that law should not be applied retrospectively to determine matters of legality and responsibility (…). For the same reason,

451 Vgl. Counter-Memorial of Italy 2009, S. 64, Abs. 4.66.

452 Vgl. Reply of Germany 2010, S. 40, Abs. 67 und Memorial of Germany 2009, S. 55, Abs. 89.

453 Vgl. Counter-Memorial of Italy 2009, S. 64f, Abs. 4.67f, Abs. 4.69, S. 67, Abs. 4.72.

454 Vgl. Judgment 2012, S. 38, Abs. 93.

455 M. Kloth/M. Brunner AVR, 2012, S. 229 und S. Shah HRLR, 2012, S. 567.

recognizing the immunity of a foreign State in accordance with customary international law does not amount to recognizing as lawful a situation created by the breach of a *jus cogens* rule, or rendering aid and assistance in maintaining that situation, and so cannot contravene the principle in Article 41 of the International Law Commission's Articles on State Responsibility."[456]

Die Verpflichtung zur Entschädigung muss unabhängig von den Bestimmungen betreffend der Mittel zur Durchsetzung dieser Ansprüche betrachtet werden. Die Staatenimmunität betrifft nur letztere Kategorie. Die Staatenimmunität stehe also mit der Entschädigungsverpflichtung eben so wenig im Konflikt wie mit der Bestimmung, welche die unrechtmäßige Handlung verbietet. Eine Betrachtung der Staatenpraxis zeige, dass nahezu in jedem Friedensvertrag bzw. in jeder anderweitigen Regelung von Kriegsfolgen entweder keine Reparationszahlungen gefordert oder Globalentschädigungsregelungen getroffen wurden. Aus dieser Staatenpraxis könne schwerlich abgeleitet werden, dass eine zwingende Norm des Völkerrechts existiere, wonach jedes Individuum vollständig entschädigt werden muss.[457]

Auch das Argument, dass Bestimmungen welche die Durchsetzbarkeit von *ius cogens-Normen* verhindern, selbst bei Nichtbestehen eines direkten Konfliktes zwischen diesen beiden Normen, nicht zur Anwendung gelangen dürfen, ist in den Augen des IGHs nicht überzeugend,[458] da

„[a] *jus cogens* rule is one from which no derogation is permitted but the rules which determine the scope and extent of jurisdiction and when that jurisdiction may be exercised do not derogate from those substantive rules which possess *jus cogens* status, nor is there anything inherent in the concept of *jus cogens* which would require their modification or would displace their application."[459]

Als Belege für seine Argumentation führt der IGH mehrere nationale Entscheidungen, beispielsweise die *Margellos-Entscheidung*[460] sowie Ent-

456 Judgment 2012, S. 38, Abs. 93.
457 Vgl. Judgment 2012, S. 38, Abs. 94 und M. Kloth/M. Brunner AVR, 2012, S. 230f.
458 Vgl. Judgment 2012, S. 38, Abs. 95.
459 Ibid., S. 38f, Abs. 95.
460 Greece, Special Supreme Court (Anotato Eidiko Dikastirio) Margellos and Others v. Federal Republic of Germany, Entscheidung vom 17. September 2002, Nr. 6/2002, in: 129 ILR 2007, S. 526 - 536.

scheidungen des EGMR (*Al-Adsani*[461], *Kalogeropoulou*[462]) an, in denen ebenfalls festgestellt worden war, dass die Verletzung von zwingenden Normen des Völkerrechts nicht die Nichtanwendbarkeit der Staatenimmunität zur Folge hat.[463]

Zusammenfassend gelangt der IGH also zu dem Ergebnis, dass selbst unter der Annahme, dass die Kriegsverbrechen, welche Gegenstand der Verfahren vor italienischen Gerichten waren, *ius cogens-Verletzungen* darstellen, diese Tatsache die Anwendbarkeit der völkergewohnheitsrechtlichen Regelungen der Staatenimmunität nicht beeinflussen würde.[464]

Richter *Cançado Trindade* vertritt in seinem Sondervotum hingegen die Meinung, dass sehr wohl ein Konflikt zwischen materiell-rechtlichen *ius cogens-Normen* und den prozessualen Regelungen der Staatenimmunität bestehen könne:[465]

> „There is thus a material conflict, even though a formalist one may not be discernible. The fact remains that a conflict does exist, and the Court's reasoning leads to what I perceive as a groundless deconstruction of *jus cogens*, depriving this latter of its effects and legal consequences."[466]

Außerdem stützt er die Nichtanwendbarkeit von Staatenimmunität in Fällen von *ius cogens*-Verstößen darauf, dass solche Handlungen nicht als *acta iure imperii* qualifiziert werden können (näheres dazu unter 4.7). Er vertritt die Meinung, dass durch die Immunitätsgewährung der Zugang zum Recht versperrt wäre, was insbesondere im Bereich von *ius cogens-Verletzungen* nicht vertretbar ist (nähere dazu unter 4.13).[467]

> „(…) When a State pursues a criminal policy of murdering segments of its own population, and of the population of other States, it cannot, later on, place itself behind the shield of sovereign immunities, as these latter were never conceived for that purpose. Grave breaches of human rights and of international humanitarian law,

---

461 EGMR, Al-Adsani v. United Kingdom, Entscheidung vom 21. November 2001, Nr. 35763/97.

462 EGMR, Kalogeropoulou and others v. Greece and Germany, Entscheidung vom 12. Dezember 2002, Nr. 59021/00.

463 Vgl Judgment 2012, S. 39, Abs. 96.

464 Vgl. ibid., S. 39, Abs. 97.

465 Vgl. Dissenting Opinion of Judge Cançado Trindade 2012, S. 83, Abs. 296.

466 Ibid., S. 84, Abs. 296.

467 Vgl. Dissenting Opinion of Judge Cançado Trindade 2012, S. 39, Abs. 129, S. 62, Abs. 219, S. 82, Abs. 290.

amounting to international crimes, are not at all acts *jure imperii*. They are anti-juridical acts, they are breaches of *jus cogens*, that cannot simply be removed or thrown into oblivion by reliance on State immunity. This would block the access to justice, and impose impunity. It is, in fact, the opposite should take place: breaches of *jus cogens* bring about the removal of claims of State immunity, so that justice can be done."[468]

4.4 Die Zuständigkeit nationaler Gerichte als ultima ratio

Wie bereits unter 2.2.5 beschrieben, ist Italien im Gegensatz zu Deutschland der Ansicht, dass ein Großteil der italienischen Opfer von Deutschland nicht entschädigt worden ist.[469]

Aus diesem Grund, so Italien im Verfahren vor dem IGH, sei die Nichtgewährung der Staatenimmunität gegenüber Deutschland durch italienische Gerichte rechtmäßig, da alle anderen Versuche der verschiedenen nun vor italienischen Gerichten klagenden Opfergruppen Entschädigung zu erlangen fehlgeschlagen waren. Die Erhebung einer Klage vor Gerichten des Forumstaates stellt somit für diese Opfer die einzige und letzte Möglichkeit, also die *ultima ratio*, dar, um Entschädigungszahlungen zu erlangen (sog. *„last resort" argument*).[470]

Der wahre Grund der Auseinandersetzung, die zum Verfahren vor dem IGH geführt habe, sei die Weigerung Deutschlands italienische Opfer, welchen durch Behörden des Dritten Reiches schwerere Verletzungen des humanitären Völkerrechts zugefügt worden waren, zu entschädigen. Diese Rechtsverweigerung (*„denial of justice"*) seitens Deutschlands sei der Grund dafür, dass italienische Gerichte Verfahren gegen die Bundesrepublik zugelassen haben.[471]

Der IGH stellt fest, dass Deutschland wesentliche Schritte ergriffen hat, um italienische Opfer zu entschädigen. Trotzdem habe der Großteil der IMI, aufgrund der gesetzlichen Regelungen in der Bundesrepublik (siehe dazu unter 2.2), niemals Entschädigungszahlungen erhalten. Obwohl der Mehrheit der IMI der Status als Kriegsgefangener verweigert worden war, entschied Deutschland

---

468 Dissenting Opinion of Judge Cançado Trindade 2012, S. 39, Abs. 129.

469 Vgl. Reply of Germany 2010, S. 18f, Abs. 30 - 33 und Counter-Memorial of Italy 2009, S. 17, Abs. 2.14, S. 18, Abs. 2.18, S. 19, Abs. 2.21, S. 29, Abs. 2.45., S. 110f, Abs. 5.61 - 5.64.

470 Vgl. Judgment 2012, S. 40, Abs. 98; M. Kloth/M. Brunner AVR, 2012, S. 232; S. Shah HRLR, 2012, S. 567 und Counter-Memorial of Italy 2009, S. 27, Abs. 2.41, S. 29, Abs. 2.45, S. 82f, Abs. 4.110, S. 84f, Abs. 4.116, S. 122, Abs. 6.26.

471 Vgl. Counter-Memorial of Italy 2009, S. 36, Abs. 3.12.

nämlich, dass diese ihren Status als Kriegsgefangene nie verloren hatten und sie folglich nicht zu den Anspruchsberechtigten gem. des Stiftungsgesetzes zählen (genauer sie dazu unter 2.2.4).[472]

In den Augen des Gerichts sei es

> „(...) a matter of surprise – and regret – that Germany decided to deny compensation to a group of victims on the ground that they had been entitled to a status which, at the relevant time, Germany had refused to recognize, particularly since those victims had thereby been denied the legal protection to which that status entitled them."[473]

Allerdings sei die Frage nach der Immunitätsgewährung für einen Staat vor den Gerichten eines fremden Staates unabhängig von der Frage nach der Verantwortlichkeit des Staates und des Bestehens einer Entschädigungsverpflichtung seitens dieses Staates.[474]

Der IGH ist der Meinung, dass für die Behauptung Italiens, die mangelhafte Entschädigung durch Deutschland würde die italienischen Gerichte dazu berechtigen, der Bundesrepublik ihre Staatenimmunität zu entziehen, keine Grundlage in der Staatenpraxis gefunden werden kann. Weder in nationalen Gesetzgebungsakten, noch in der nationalen Rechtsprechung finden sich Hinweise darauf, dass das Völkerrecht die Gewährung von Immunität vom Bestehen alternativer effektiver Mechanismen zur Erlangung von Entschädigung abhängig macht. Eine solche Voraussetzung wurde von den Staaten auch nicht im EÜStI oder in der UNCJISP verankert.[475]

Außerdem, so der IGH, wäre die Anwendung einer solchen Bedingung, würde sie tatsächlich bestehen, in der Praxis mit großen Schwierigkeiten verbunden.[476]

Aus all diesen Gründen lehnt der Gerichtshof die Begründung einer Immunitätsausnahme auf der Basis des *last resort-Arguments* ab, gibt aber zu bedenken, dass die Entschädigung der IMI und anderer Opfer, um dieses Problem einer Lösung zuzuführen, Gegenstand weiterer zwischenstaatlicher Verhandlungen sein könnte.[477]

---

472 Vgl. Judgment 2012, S. 40, Abs. 99.

473 Ibid., S. 40, Abs. 99.

474 Ibid., S. 40, Abs. 100.

475 Vgl. Judgment 2012, S. 41f, Abs. 101; M. Kloth/M. Brunner AVR, 2012, S. 232 und S. Shah HRLR, 2012, S. 568.

476 Vgl. Judgment 2012, S. 102 und M. Kloth/M. Brunner AVR, 2012, S. 232.

477 Vgl. Judgment 2012, S. 41, Abs. 103f.

Richter *Yusuf* vertritt in seiner *dissenting opinion* in diesem Zusammenhang die Meinung, dass für jene begrenzten Fälle, in denen Opfern keine andere Möglichkeit zur Erlangung von Entschädigung mehr offen stünde, keine Staatenimmunität mehr gewährt werden sollte:[478]

> „I believe that, in such a case, by lifting the bar of immunity in the very limited way (...), humanitarian law would be better enforced and the human rights-based values of the international community as a whole would be better protected."[479]

4.5 Zwischenergebnis

Der IGH sieht also keines der vier von Italien vorgebrachten Argumente als geeignet an, um im Erkenntnisverfahren eine Immunitätsausnahme zu begründen. Außerdem stellt der IGH noch fest, dass die letzten drei Argumente, nämlich die Schwere der Verletzungen des humanitären Völkerrechts, der *ius cogens-Charakter* dieser verletzten Normen und die Tatsache, dass den Opfern keine andere Möglichkeit zur Erlangung von Entschädigung offen steht, auch bei einer kumulativen Heranziehung keine völkergewohnheitsrechtliche Immunitätsausnahme begründen können.[480]

In den anschließenden Kapiteln findet zunächst eine Auseinandersetzung mit den unterschiedlichen Ansichten der Parteien des IGH-Verfahrens sowie der Literatur zur Frage des Bestehens eines individuellen Entschädigungsanspruches der italienischen Opfer statt. Dabei wird das Spannungsverhältnis zwischen dem daraus resultierenden Recht auf Zugang zu den Gerichten und der Staatenimmunität genauer beleuchtet. Danach werden weitere in Literatur und Rechtsprechung zur Begründung einer Immunitätsausnahme bei schweren Menschenrechtsverletzungen herangezogene Argumente einer genaueren Betrachtung unterzogen und deren Relevanz im IGH Verfahren erläutert. Die Entscheidung des IGH über Deutschlands Anträge auf Feststellung einer Immunitätsverletzung durch die Vollstreckbarerklärung des *Distomo*-Urteils und die Zwangsvollstreckung in die in Italien befindliche *Villa Vigoni* wird in Kapitel 4.12 dargestellt. Das Kapitel 4.13 beschäftigt sich mit der Frage, welches Recht zur Beurteilung des Sachverhaltes im Verfahren *Deutschland gegen Italien* heranzuziehen ist (Problematik der intertemporalen Rechtsanwendung).

---

478 Vgl. Dissenting Opinion of Judge Yusuf 2012, S. 13, Abs. 56f.

479 Ibid., S. 13, Abs. 57.

480 Vgl. Judgment 2012, S. 42, Abs. 106; L. McGregor, State Immunity and Human Rights. Is There a Future after Germany v. Italy?, in: 11 JICJ, 2013, S. 126, S. 131 und S. Shah HRLR, 2012, S. 556.

4.6 Das Spannungsverhältnis zwischen der Staatenimmunität und dem Recht auf Zugang zum Recht

Italien argumentiert in seinen Schriftsätzen an mehreren Stellen, dass die Nichtgewährung von Immunität durch italienische Gerichte in Verfahren über Schadenersatzklagen wegen Kriegsverbrechen im Zweiten Weltkrieg untrennbar mit der Tatsache verbunden ist, dass[481]

> „(...) these victims have suffered, and continue to suffer, a flagrant denial of justice, since every attempt over a span of over 60 years to secure compliance by Germany with the peremptory principle of international law imposing an absolute obligation of reparation in such cases has failed."[482]

Dieses Argument hängt dabei eng mit dem sog. *„last resort"-Argument* zusammen. Italien betont mehrmals, hätten italienische Gerichte Staatenimmunität gewährt, wäre den Opfern ihre letzte Möglichkeit zur Erlangung von Entschädigung genommen worden. Aufgrund der Rechtsverweigerung Deutschlands sei den Opfern nämlich kein anderer Weg mehr offen gestanden, als einer Klage vor Gerichten des Forumstaates einzubringen.[483]

Aus demselben Grund stelle auch die Vollstreckbarerklärung des *Distomo-Urteils* keine Völkerrechtsverletzung dar: Die Opfer hatten bereits wiederholt versucht Entschädigungszahlungen von Deutschland zu erhalten, waren jedoch mit einer Rechtsverweigerung seitens Deutschland konfrontiert gewesen.[484]

Auch im Zusammenhang mit der Gleichstellung der funktionalen Verantwortlichkeit und der Staatenverantwortlichkeit führt Italien aus, eine solche sei notwendigerweise vom Kassationsgerichtshof angenommen worden, um Opfern

481 Vgl. Counter-Memorial of Italy 2009, S. 6, Abs. 1.3. Ähnlich auch auf S. 28, Abs. 2.43, S. 29f, Abs. 2.45, S. 36, Abs. 3.12, S. 43, Abs. 4.7, S. 82f, Abs. 4.110, S. 85, Abs. 4.117, S. 117, Abs. 6.8., S. 120, Abs. 6.16, S. 121, Abs. 6.23 und Rejoinder of Italy 2011, S. 10f, Abs. 2.12, S. 25, Abs. 3.26, S. 26f, Abs. 3.28.

482 Counter-Memorial of Italy 2009, S. 6, Abs. 1.3., S. 122, Abs. 6.25, S. 126, Abs. 6.37.

483 Vgl. Rejoinder of Italy 2011, S. 10f, Abs. 2.12, S. 25, Abs. 3.26, S. 26f, Abs. 3.28 und Counter Memorial of Italy, 2009, S. 28, Abs. 2.43, S. 29f, Abs. 2.45, S. 36, Abs. 3.12, S. 120, Abs. 6.16, S. 122, Abs. 6.25.

484 Vgl. Counter-Memorial of Italy 2009, S. 127, Abs. 6.40.

Zugang zu Gerichten zu verschaffen, denen keine andere Möglichkeit zur Erlangung von Schadenersatz offen stünde.[485]

Daneben wird von einer Pflichtkollision zwischen dem Recht auf individuellen Zugang zu den Gerichten bzw. der Pflicht Entschädigung zu leisten und der Pflicht zur Gewährung von Staatenimmunität ausgegangen.[486]

Die Theorie von einer konkreten Pflichtkollision wird zum Teil auch in der Literatur vertreten.[487]

Deutschland ist demgegenüber der Ansicht einiges in die Wege geleitet zu haben, um die Opfer von Wehrmachtsverbrechen zu entschädigen (siehe unter 2.2.5) und somit seine Entschädigungsverpflichtung erfüllt zu haben. Italienischen Opfern sei nie der Zugang zu den Gerichten verwehrt worden, da Art. 19 (4) *Grundgesetz* unabhängig von der Staatsbürgerschaft ein Recht auf Zugang zu den Gerichten garantiere. Eine andere Frage sei jedoch, ob der Rechtsanspruch dieser Kläger durchsetzbar ist. Einerseits habe zur Zeit des Zweiten Weltkrieges aus Verstößen gegen humanitäres Völkerrecht noch kein individueller Entschädigungsanspruch resultiert. Dem gesamten Nachkriegs-Reparationsregime, liegt die Auffassung zugrunde, dass Reparationen auf einer zwischenstaatlichen Ebene durch traditionelle Mechanismen zu gewähren seien. Andererseits wurden im Rahmen der deutschen Entschädigungsgesetzgebung zahlreiche Opfergruppen miteinbezogen und entschädigt.[488] Die Bundesrepublik ist also der Meinung, dass aufgrund des zum Zeitpunkt der Kriegsverbrechen geltenden Rechts den individuellen Opfern kein direktes Klagerecht zusteht, Entschädigungsklagen also nur von einem Staat gegen einen andern erhoben werden können.[489]

Darüber hinaus sei durch die Verzichtsklausel des Friedensvertrages von 1947 seitens Italien auf alle Klagen des Staates Italiens oder italienischer Staatsbürger gegenüber Deutschland verzichtet worden,[490] weshalb „(...) the Italian contention that there has been a continuous denial of justice is devoid of any substance“[491] (siehe hierzu auch unter 2.2.1).

Auch im völkerrechtlichen Schrifttum wird die Meinung vertreten, dass die zu Schadenersatz verpflichtenden Normen des humanitären Völkerrechts (zu-

---

485 Vgl. Counter-Memorial of Italy 2009, S. 72f, Abs. 4.85 - 4.87.

486 Vgl. Counter-Memorial of Italy 2009, S. 120, Abs. 6.19.

487 Vgl. T. Salomon BLJ, 2009, S. 64 und J. Bosch, Immunität und internationale Verbrechen, 2004, S. 111f.

488 Vgl. Reply of Germany 2010, S. 10, Abs. 13, S. 19f, Abs. 33f.

489 Vgl. ibid., S. 23f, Abs. 39, S. 26, Abs. 45.

490 Vgl. ibid., S. 17, Abs. 29.

491 Reply of Germany 2010, S. 17, Abs. 29.

mindest zum Zeitpunkt des Zweiten Weltkrieges) keine Wirkung zugunsten Einzelner entfalten.[492]

Saha vertritt die Ansicht, aufgrund der bloßen Tatsache, dass italienischen Opfern andernorts keine Entschädigung zugesprochen worden war, dürften italienische Gerichte ihre Gerichtsbarkeit nicht ausüben. Das Recht auf Zugang zu den Gerichten kann gegenüber dem verantwortlichen Staat eingefordert werden. Der Forumstaat hat hingegen nach dem Völkergewohnheitsrecht die Pflicht dem fremden Staat Immunität zu gewähren.[493]

EuGH und EGMR räumen in ihren Entscheidungen der Staatenimmunität gegenüber dem individuellem Klagerecht den Vorrang ein (siehe unter Pkt. 4.1.2.3 und 4.1.2.2).[494] Das BVerfG stellte in seiner Entscheidung über die Zulässigkeit des Ausschlusses der IMI vom Anwendungsbereich des Stiftungsgesetzes fest, dass sich aus dem Völkerrecht kein individueller Entschädigungsanspruch ergibt (näheres hierzu unter 2.2.4).495

Ebenso ist Richter Koroma der Meinung, dass das Völkerrecht dem Einzelnen kein Klagerecht gegen den Staat einräumt und ein Staat die Opfer von Kriegsverbrechen nicht direkt entschädigen muss. Richter Keith argumentiert in eine ähnliche Richtung, wenn er feststellt, dass es unmöglich wäre sämtliche Opfer des Zweiten Weltkrieges einzeln zu entschädigen.496 Aus diesem Grund

> „[a]t the international level, claims in respect of war damages and losses against former belligerents are in practice dealt with by inter-State negotiations and agreements (…); such agreements deal with the claims of loss on a general footing, often on a reciprocal basis and not by way of individual claims, whether based on fault or not. That international practice recognizes consequences of the widespread devastation and destruction that follow major armed conflicts."[497]

---

492 Vgl. Saha HRLR, 2012, S. 569; Ph. Stammler, Der Anspruch von Kriegsopfern auf Schadenersatz, 2009, S. 331 und R. Van Alebeek, The Immunity of States, 2008, S. 302.

493 Vgl. Saha HRLR, 2012, S. 570.

494 Vgl. Ph. Stammler, Der Anspruch von Kriegsopfern auf Schadenersatz, 2009, S. 266f; EuGH, Lechouritou u.a. v. Deutschland, Urteil vom 15.Februar 2007, Rechtssache C-292/05, RZ 12, RZ 15f und H. Fox, The law of state Immunity, 2002, S. 533; EGMR, Kalogeropoulou and others v. Greece and Germany, Entscheidung vom 12. Dezember 2002, Nr. 59021/00, S. 8f und EGMR, McElhinney v. Ireland, Entscheidung vom 21. November 2001, Nr. 31253/96.

495 Vgl. BVerfG, 2 BvR 1379/01 vom 28.Juni 2004 und A. Gattini JICJ, 2005, S. 232f.

496 Vgl. Seperate Opinion of Judge Keith 2012, S. 7, Abs. 18; Seperate Opinion of Judge Koroma 2012, S. 2f, Abs. 9 und S. Shah HRLR, 2012, S. 570.

497 Seperate Opinion of Judge Keith 2012, S. 7 Abs. 18.

Italien ist der Ansicht, dass die in der *Genfer Konvention* 1949 enthaltene Verpflichtung zur Entschädigung im *ius cogens-Rang* stünde, weshalb weder der betroffene Staat, noch das betroffene Individuum irgendeiner Schmälerung dieses Rechts zustimmen dürfe und könne. Geschützten Personen, insbesondere Kriegsgefangenen, zukommende Rechte gehörten auch schon während des Zweiten Weltkrieges, einer Art zwingendem Recht an, welches nicht zur Disposition der Staaten gestellt war.[498] Aus diesem Grund würde man die *ius cogens-Normen* ihrer Wirksamkeit berauben, wenn man zuließe, dass Staaten auf den Reparationsanspruch ihrer Staatsbürger verzichten könnten (siehe hierzu auch unter 2.2.1).[499]

Diese Ansicht wird von Richter *Cançado Trindade* in seiner *dissenting opinion* geteilt, in welcher er ausführt, dass

> „[s]tates may, if they so wish, waive claims as to their own rights. But they cannot waive claims for reparation of serious breaches of rights that are not theirs, rights that are inherent to the human person. Any purported waiver to this effect runs against the international *ordre public*, is in breach of *jus cogens*."[500]

Außerdem vertritt Richter *Cançado Trindade* die Meinung, dass

> „(…) the right of access to justice *lato sensu* comprises not only the formal access to justice (the right to institute legal proceedings), by means of an effective remedy, but also the guarantees of the due process of law (…), up to the judgment (…), with its faithful execution, with the provision of the reparation due. The realization of justice is in itself a form of reparation, granting *satisfaction* to the victim. In this way those victimized by oppression have their right to the Law (*droit au Droit*) duly vindicated."[501]

Die Anerkennung des Rechts auf Entschädigung als Bestandteil dieses Rechts auf Zugang zum Recht im weiteren Sinne erscheint Richter *Cançado Trindade* in Bezug auf schwere Verletzungen der Menschenrechte und des humanitären Völkerrechts umso wichtiger.[502]

---

498 Vgl. Counter-Memorial of Italy 2009, S. 94f, Abs. 5.16 - 5.18.
499 Vgl. ibid., S. 97, Abs. 5.21.
500 Dissenting Opinion of Judge Cançado Trindade 2012, S. 23, Abs. 72.
501 Ibid., S. 63, Abs. 221.
502 Vgl. Dissenting Opinion of Judge Cançado Trindade 2012, S. 72, Abs. 255.

Im völkerrechtlichen Schrifttum wird von *Talmon*[503] die Ansicht vertreten, dass nach einer *ius cogens-Verletzungen* zwar kein Verzicht auf den Verstoß selbst möglich ist, der Verzicht auf die Konsequenzen desselben, d.h. auf das Recht die Beendigung der Verletzung zu fordern, auf Reparationen oder darauf die Zusicherung und Garantie der Nichtwiederholung zu verlangen, nicht generell ausgeschlossen sei. Nach dem Völkerrecht seien Staaten berechtigt, jedoch nicht verpflichtet, sich auf die Staatenverantwortlichkeit zu berufen. Beispielsweise kann in einem Friedensvertrag auf die vollständige Reparation aller Kriegsschäden verzichtet werden.[504]

Der IGH vertritt bin diesem Zusammenhang die Auffassung, dass

> „(…) the Court need not rule on whether (…) international law confers upon the individual victim of a violation of the law of armed conflict a directly enforceable right to claim compensation. Nor need it rule on whether (…) Article 77, paragraph 4, of the Treaty of Peace or the provisions of the 1961 Agreements amounted to a binding waiver of the claims which are the subject of the Italian proceedings. That is not to say, of course, that these are unimportant questions, only that they are not ones which fall for decision within the limits of the present case. The question whether Germany still has a responsibility towards Italy, or individual Italians, in respect of war crimes and crimes against humanity committed by it during the Second World War does not affect Germany's entitlement to immunity. Similarly, the Court's ruling on the issue of immunity can have no effect on whatever responsibility Germany may have."[505]

4.7 Verzicht auf bzw. Verwirkung des Immunitätsrechts durch schwere Menschenrechtsverletzungen

Sowohl in Teilen der Literatur als auch in einzelnen Entscheidungen nationaler Gerichte[506] wird die Verletzung von *ius cogens-Normen* als impliziter

503 Vgl. S. Talmon Bonn Research Papers on Public International Law, 2012, S. 22f.

504 Vgl. ibid., S. 22 - 24.

505 Judgment 2012, S. 42, Abs. 108.

506 Vgl. Areopag, Prefecture of Voiotia v. Federal Republic of Germany, Entscheidung vom 4. Mai 2000, Nr. 11/2000, in: 129 ILR 2007, S. 521, Landesgericht Livadia, Prefecture of Voiotia v. Federal Republic of Germany, Entscheidung vom 25. September 1997 (Verlesung am 30. Oktober 1997), Nr. 137/1997 und Dissenting Opinion of Patricia Wald, in: Hugo Princz v. Federal Republic of Germany, Entscheidung vom 01. Juli 1994, 26 F.3d 1166.

Immunitätsverzicht angesehen. Daneben wird die Auffassung vertreten die Verletzungshandlung habe eine Verwirkung der Immunität zur Folge.[507]

4.7.1 Impliziter Immunitätsverzicht durch die Menschenrechtsverletzung

4.7.1.1 Lehre und Gesetzgebung

Die Möglichkeit des Staates ausdrücklich auf seine Immunität zu verzichten, ist von der heutigen Lehre und Gesetzgebung allgemein anerkannt.[508] Dieser Verzicht hat grundsätzlich ausdrücklich und eindeutig zu erfolgen. Ein konkludenter Verzicht wird ebenfalls als zulässig angesehen, jedoch nur in wenigen Fallgruppen. Im Erkenntnisverfahren gelten eine diesen Verzicht enthaltende Erklärung bzw. Vertragsklausel, das rügelose Einlassen und die Erhebung einer eigenen Klage als Verzicht. Kodifiziert wurde diese Regelungen u.a. in den Art. 1ff EÜStI und Art 7ff UNCJISP (siehe dazu unter 3.3.1 und 3.3.2). Diese Regelungen sind auch völkergewohnheitsrechtlich anerkannt.[509] Auch nationale Gesetze kennen den Verzicht als Ausnahmetatbestand der Grundregel des Bestehens von Immunität. So ist z.B. im FSIA in § 1605 (a) (1)[510] sowohl ein aus-

---

507 Vgl. R. Lengelsen, Aktuelle Probleme der Staatenimmunität, 2011, S. 53f, S. 160f; J. Schaarschmidt, Die Reichweite des völkerrechtlichen Immunitätsschutzes, in: Ch. Tietje, 2010, S. 29f; N. Paech AVR, 2009, S. 53f, S. 59 - 66; Ph. Stammler, Der Anspruch von Kriegsopfern auf Schadenersatz, 2009, S. 123; Ch. Appelbaum, Einschränkungen der Staatenimmunität, 2007, S. 273, S. 277 und J. Bosch, Immunität und internationale Verbrechen, 2004, S. 91.

508 Vgl. M. Herdegen, Völkerrecht, 2012, § 37, RZ 4; R. Lengelsen, Aktuelle Probleme der Staatenimmunität, 2011, S. 53; J. Schaarschmidt, Die Reichweite des völkerrechtlichen Immunitätsschutzes, in: Ch. Tietje, 2010, S. 28; N. Paech AVR, 2009, S. 53; J. Bosch, Immunität und internationale Verbrechen, 2004, S. 90f; K. Doehring, Völkerrecht, 2004, S. 289, RZ 668; H. Neuhold u.a., Österreichisches Handbuch des Völkerrechts, Textteil, 2004, S. 167, RZ 864; W. Cremer AVR, 2003, S. 143; K. Ipsen, Völkerrecht, 1999, § 26, RZ 25; J. Bröhmer, State Immunity and the Violation of Human Rights, 1997, S. 190 und A. Verdross/B. Simma, Universelles Völkerrecht, 1984, § 1174.

509 Vgl. R. Lengelsen, Aktuelle Probleme der Staatenimmunität, 2011, S. 53; J. Schaarschmidt, Die Reichweite des völkerrechtlichen Immunitätsschutzes, in: Ch. Tietje, 2010, S. 28f; Ch. Appelbaum, Einschränkungen der Staatenimmunität, 2007, S. 75 - 77 und K. Doehring, Völkerrecht, 2004, S. 289f, RZ 668f.

510 Vgl. § 1605 (a) (1) United States: Foreign Sovereign Immunities Act of 1976, in: 15 ILM, 06/1976, S. 1389.

drücklicher Immunitätsverzicht („*waiver*"), als auch ein Verzicht durch konkludentes Handeln („*implicit waiver*") vorgesehen.[511]

Von einem Teil der Literatur[512], v.a. im US-amerikanischen Raum, wird nun die Ansicht vertreten, dass Staaten bei *ius cogens-Verletzungen* keinen Immunitätsschutz genießen, da sie durch die Begehung solcher Verletzungen implizit auf ihre Immunität verzichten. Die Immunitätsausnahme wird dabei u.a. unter Heranziehung der *Amerada-Rechtsprechung* aus dem FSIA abgeleitet. Es wird also versucht die Immunitätsausnahme für *ius cogens-Verletzungen* unter einen der bestehenden Tatbestände des FSIA, namentlich unter § 1605 (a) (1) FSIA, zu subsumieren. Der FSIA müsse völkerrechtliche Regelungen inkorporieren, da das Völkerrecht Teil des in den USA geltenden Rechts sei.[513]

Daneben wird die Auffassung vertreten, Staaten hätten durch den Abschluss menschenrechtlicher Verträge auf ihre Immunität verzichtet. Insbesondere wird dies hinsichtlich der UN-Folterkonvention[514], Art. 3 EMRK und der Völkermordkonvention[515] argumentiert.[516]

Vom überwiegenden Teil der Literatur[517] wird die Begründung einer Immunitätsausnahme durch die Theorie des impliziten Verzichts jedoch

---

511 Vgl. Ch. Appelbaum, Einschränkungen der Staatenimmunität, 2007, S. 73 und M. Karagiannakis LJIL, 1998, S. 36.

512 Vgl. T. Johnson MJIL, 1995, S. 259ff; M. Karagiannakis LJIL, 1998, S. 20, S. 23; S. Richman Brook. J. Int'l L., 1993, S. 994 und A. Belsky u.a. CLR, 1989, S. 365ff.

513 Vgl. Ch. Appelbaum, Einschränkungen der Staatenimmunität, 2007, S. 275; J. Bröhmer, State Immunity and the Violation of Human Rights, 1997, S. 190f und A. Belsky u.a. CLR, 1989, S. 367, S. 376f, S. 394, S. 398.

514 Convention against torture and other cruel, inhuman or degrading treatment or unishment vom 10. Dezember 1984, in: United Nations Treaty Series, vol. 1465, S. 85ff.

515 Convention on the Prevention and Punishment of the Crime of Genocide, United Nations Treaty Series, vol. 78, p. 277ff.

516 Vgl. R. Lengelsen, Aktuelle Probleme der Staatenimmunität, 2011, S. 54f ; Ch. Appelbaum, Einschränkungen der Staatenimmunität, 2007, S. 137, S. 145 - 155; Ch. Hall, The Duty of States Parties to the Convention against Torture to Provide Procedures Permitting Victims to Recover Reparations for Torture Committed Abroad, in: 18 EJIL, 05/2007, S. 921ff; J. Bosch, Immunität und internationale Verbrechen, 2004, S. 91 und M. Karagiannakis LJIL, 1998, S. 20f.

517 Vgl. X. Yang, State Immunity, 2012, S. 340f; R. Lengelsen, Aktuelle Probleme der Staatenimmunität, 2011, S. 54; J. Schaarschmidt, Die Reichweite des völkerrechtlichen Immunitätsschutzes, in: Ch. Tietje, 2010, S. 29; N. Paech AVR, 2009, S. 54; R. Van Alebeek, The Immunity of States, 2008, S. 330, S. 355; Ch. Appelbaum, Einschränkungen der Staatenimmunität, 2007, S. 276f; J. Bosch, Immunität und internationale Verbrechen, 2004, S. 94f; K. Bartsch/B. Elberling GLJ, 2003, S. 480, FN 21; L. Caplan AJIL, 2003, S. 775; W. Cremer AVR, 2003, S. 143; M. Karagiannakis LJIL,

abgelehnt. Als Gegenargument wird dabei angeführt, der beklagte Staat müsste sein Einverständnis erklärt bzw. der Ausübung der Gerichtsbarkeit zumindest nicht widersprochen haben, damit vom Vorliegen eines Immunitätsverzichts ausgegangen werden kann. D.h. ein entsprechender Wille des Staates zur Aufgabe seiner rechtlichen Position muss erkennbar sein. Es erscheint daher äußerst zweifelhaft eine solche Zustimmung in der Verletzung von *ius cogens-Normen* zu sehen. Der Immunitätsverlust bringt für den betroffenen Staat einzig und allein Nachteile mit sich. Ein Staat, dem Menschenrechtsverletzungen zur Last gelegt werden, wird somit gerade nicht durch einen anderen Staat zur Verantwortung gezogen werden wollen, sondern darauf vertrauen, dass ihm dieser Immunität zu gewähren hat.[518]

In Anbetracht der bereits dargestellten strengen Anforderungen an einen Immunitätsverzicht mutet es ebenso fragwürdig an anzunehmen, dass ein Staat allein durch die Ratifikation einer menschenrechtlichen Konvention auf seine Immunität verzichtet hat. Gegen diese Theorie spricht des Weiteren, dass keine dieser Konventionen eine ausdrückliche Verzichtsklausel enthält. Es fehlt also auch hier eine ausdrückliche und eindeutige Verzichtserklärung. Auch aus verfahrensrechtlichen Garantien, wie etwa Art. 14 *UN-Folterkonvention*[519], kann kein Immunitätsverzicht abgeleitet werden. Diese verpflichten nur zur Schaffung innerstaatlicher Rechtsbehelfe, enthalten jedoch keine Hinweise auf eine Verpflichtung zur Unterwerfung unter fremde Rechtssysteme.[520]

1998, S. 20f und J. Bröhmer, State Immunity and the Violation of Human Rights, 1997, S. 191.

518 Vgl. X. Yang, State Immunity, 2012, S. 340f; J. Schaarschmidt, Die Reichweite des völkerrechtlichen Immunitätsschutzes, in: Ch. Tietje, 2010, S. 29; T. Salomon BLJ, 2009, S. 64; Ch. Appelbaum, Einschränkungen der Staatenimmunität, 2007, S. 276f; Ch. Appelbaum HuV-I, 2004, S. 195; J. Bosch, Immunität und internationale Verbrechen, 2004, S. 94f; K. Bartsch/B. Elberling GLJ, 2003, S. 480, FN 2; W. Cremer AVR, 2003, S 143; H. Fox, The law of state Immunity, 2002, S. 196 und J. Bröhmer, State Immunity and the Violation of Human Rights, 1997, S. 191.

519 Vgl. Art 14 Convention against torture and other cruel, inhuman or degrading treatment or punishment vom 10. Dezember 1984, in: United Nations Treaty Series, vol. 1465, S. 116.

520 Vgl. R. Lengelsen, Aktuelle Probleme der Staatenimmunität, 2011, S. 55f; Ch. Appelbaum, Einschränkungen der Staatenimmunität, 2007, S. 151; J. Bosch, Immunität und internationale Verbrechen, 2004, S. 95; C. Bradley/J. Goldsmith MLR, 1999, S. 2140; und M. Karagiannakis LJIL, 1998, S. 20f.

4.7.1.2 Rechtsprechung

Das LG Livadia stützt seine Entscheidung im *Distomo-Fall* u.a. auf die Theorie des *impliziten Immunitätsverzichts*.[521] Es führt dazu aus:

> „Wenn ein Staat völkerrechtliche Zwangsnormen verletzt, so kann er nicht berechtigterweise annehmen, dass ihm Exterritorialitätsrecht zuerkannt wird. Es wird folglich angenommen, dass er stillschweigend auf dieses Recht verzichtet hat."[522]

Der *Areopag* bestätigte dieses erstinstanzliche Urteil, stütze sich dabei aber im Wesentlichen auf die gebietsbezogene Deliktsausnahme.[523] Die *Corte di Cassazione* steht der Argumentationslinie des impliziten Immunitätsverzichts ablehnend gegenüber[524] (siehe dazu unter 2.3.1 und 2.3.3).[525]

Mit der Frage, ob in Menschenrechtsverletzungen ein impliziter Verzicht auf die Staatenimmunität gesehen werden kann, beschäftigt sich auch der *Court of Appeals* des *District of Columbia* im Fall *Hugo Princz v. Federal Republic of Germany*. Der ehemalige KZ-Häftling Princz klagte Deutschland auf Schadenersatz wegen seiner Inhaftierung und der von ihm erbrachten Zwangsarbeit. Die Mehrheit der Richter verneinte das Bestehen einer Immunitätsausnahme auf der Grundlage des § 1605 (a) (1) FSIA. Sie argumentierten, dass die „(…) theory of implied waiver is incompatible with the intentionality requirement implicit in

521 Vgl. R. Lengelsen, Aktuelle Probleme der Staatenimmunität, 2011, S. 53f; J. Schaarschmidt, Die Reichweite des völkerrechtlichen Immunitätsschutzes, in: Ch. Tietje, 2010, S. 29, FN 168; N. Paech AVR, 2009, S. 53f; T. Salomon BLJ, 2009, S. 64; R. Van Alebeek, The Immunity of States, 2008, S. 329f; Ch. Appelbaum, Einschränkungen der Staatenimmunität, 2007, S. 273f; Ch. Appelbaum HuV-I, 2004, S. 194f; K. Bartsch/B. Elberling GLJ, 2003, S. 480 und I. Bantekas AJIL, 1998, S. 766.

522 LG Livadia, Urteilsausfertigung in offizieller Übersetzung zitiert nach N. Paech AVR, 2009, S. 53.

523 Vgl. Areopag, Prefecture of Voiotia v. Federal Republic of Germany, Entscheidung vom 4. Mai 2000, Nr. 11/2000, in: 129 ILR 2007, S. 515, S. 519 bzw. 33 KJ 2000, S. 472 - 474

524 Vgl. Corte di Cassazione (sez. un. civ.), Ferrini c. Repubblica federale di Germania, Enscheidung vom 11. März 2004, Nr. 5044, in: 87 Rivista di diritto internazionale 2004, S. 545f bzw. 128 ILR 2006, S. 667f.

525 Vgl. R. Lengelsen, Aktuelle Probleme der Staatenimmunität, 2011, S. 170; Memorial of Germany 2009, S. 15f, Abs. 20; N. Paech AVR, 2009, S. 54; Ph. Stammler, Der Anspruch von Kriegsopfern auf Schadenersatz, 2009, S. 224; L. McGregor ICLQ, 2006, S. 440 und L. Caplan AJIL, 2003, S. 769f.

Sec. 1605 (a) (1)."[526] *Von* der Richtermehrheit wird die Auffassung vertreten, dass "(...) an implied waiver depends upon the foreign government's having at some point indicated its amenability to suit."[527] In der bloßen Verletzung von *ius cogens* kann noch nicht der Ausdruck des Willens auf die Immunität zu verzichten gesehen werden.[528]

In ihrem Minderheitsvotum vertrat Richterin *Wald*[529] hingegen die Ansicht, dass nach den Regeln des Völkerrechts die Verletzung von *ius cogens-Normen* als impliziter Immunitätsverzicht anzusehen ist. Da der Kongress mit der Absicht gehandelt hatte mit dem FSIA eine Regelung zu schaffen, die mit dem Völkerrecht in Einklang steht, kommt sie zum Schluss, dass[530]

> „[t]he only way to reconcile the FSIA's presumption of foreign sovereign immunity with international law is to interpret Sec. 1605(a)(1) of the Act as encompassing the principle that a foreign state implicitly waives its right to sovereign immunity in United States courts by violating *jus cogens* norms."[531]

Auch in anderen Entscheidungen US-amerikanischer Gerichte[532] wird das Bestehen einer Immunitätsausnahme aufgrund eines impliziten Verzichts nach dem FSIA abgelehnt.[533]

---

526 US Court of Appeal, District of Columbia, Hugo Princz v. Federal Republic of Germany, Entscheidung vom 01. Juli 1994, 26 F.3d 1166.

527 US Court of Appeal, District of Columbia, Hugo Princz v. Federal Republic of Germany, Entscheidung vom 01. Juli 1994, 26 F.3d 1166.

528 Vgl. R. Lengelsen, Aktuelle Probleme der Staatenimmunität, 2011, S. 53f; N. Paech AVR, 2009, S. 54f; Ph. Stammler, Der Anspruch von Kriegsopfern auf Schadenersatz, 2009, S. 186f; R. Van Alebeek, The Immunity of States, 2008, S. 328f; Ch. Appelbaum, Einschränkungen der Staatenimmunität, 2007, S. 273f und M. Karagiannakis LJIL, 1998, S. 9, S. 37.

529 Vgl. Dissenting Opinion of Patricia Wald, in: Hugo Princz v. Federal Republic of Germany, Entscheidung vom 01. Juli 1994, 26 F.3d 1166.

530 Vgl. N. Paech AVR, 2009, S. 55f; R. Van Alebeek, The Immunity of States, 2008, S. 328; Ch. Appelbaum, Einschränkungen der Staatenimmunität, 2007, S. 274; M. Karagiannakis LJIL, 1998, S. 37 und A. Scheffler, Die Bewältigung hoheitlich begangenen Unrechts, 1997, S. 86f.

531 Dissenting Opinion of Patricia Wald, in: Hugo Princz v. Federal Republic of Germany, Entscheidung vom 01. Juli 1994, 26 F.3d 1166.

532 US Court of Appeal, 2nd Circuit, Smith v. Socialist People's Libyan Arab Jamahiriya, Entscheidung vom 26. November 1996, 101 F.3d 239; US District Court, District of California, Denegri et al v. The Republic of Chile and the Armed Forces of Chile, Entscheidung vom 06. April 1992 und US District Court, District of Columbia, Hwang Geum Joo et al v. Japan, Entscheidung vom 4. Oktober 2001, 2d 52.

Im Verfahren *Siderman de Blake and others v. The Republic of Argentina* findet ebenfalls eine Auseinandersetzung mit der impliziten Immunitätsausnahme des FSIA statt. Diese Entscheidung wird in der Literatur zum Teil herangezogen, um zu belegen, dass die implizite Immunitätsausnahme eine weite Auslegung zulasse. In diesem Verfahren erhoben Siderman und seine Familie Klage gegen Argentinien. Siderman forderte Schadenersatz, weil er von argentinischen Militärbediensteten aufgrund antisemitischer Motive grausam gefoltert und unrechtmäßig enteignet worden war. Umgekehrt wurde durch argentinische Behörden ein Betrugsverfahren gegen Siderman eingeleitet, da dieser Land, das ihm nicht gehörte, verkauft haben soll. 1990 wurde das Gericht in Los Angeles vom argentinischen Staatsanwalt ersucht Siderman die Anklageschrift zuzustellen. In diesem Rechtshilfeersuchen erblickte der *Court of Appeals* einen konkludenten Immunitätsverzicht seitens Argentiniens.[534]

4.7.1.3 Relevanz für das IGH-Verfahren

Die Bundesrepublik Deutschland hat in sämtlichen Verfahren vor italienischen und griechischen Gerichten die Einrede der Immunität erhoben (siehe dazu unter 2.3), woraus deutlich wird, dass sie auf die Gewährung von Immunität vertraut hat. Dies zeigt sich auch an der Erhebung der Klage vor dem IGH. Der für einen Immunitätsverzicht notwendige Rechtswille liegt bei der Bundesrepublik also keinesfalls vor.[535]

Die Bundesrepublik hat sich außerdem den Menschenrechten verschrieben, um eine Wiederholung von Verbrechen, wie jene, die im Dritten Reich begangen wurden, zu verhindern. Würde man in einem solchen Verhalten einen impliziten Immunitätsverzicht erblicken, würde dies einer Bestrafung der Staaten, welche die Entscheidung treffen sich Menschenrechten zu verschreiben, gleichkommen.[536]

Die Argumentationsfigur des impliziten Verzichts wurde von keiner der Streitparteien vorgebracht und auch der IGH setzte sich folglich nicht mit dieser auseinander. Sie spielt insofern eine Rolle, als sie im *Distomo-Verfahren*,

533 Vgl. R. Van Alebeek, The Immunity of States, 2008, S. 329 und Ch. Appelbaum, Einschränkungen der Staatenimmunität, 2007, S. 274.

534 Vgl. Ch. Appelbaum, Einschränkungen der Staatenimmunität, 2007, S. 76; M. Karagiannakis LJIL, 1998, S. 39 und US Court of Appeal, 9th Circuit, Siderman de Blake and others v. The Republic of Argentina, Entscheidung vom 22. Mai 1992, F.2d 699, RZ 703, RZ 722.

535 Vgl. J. Schaarschmidt, Die Reichweite des völkerrechtlichen Immunitätsschutzes, in: Ch. Tietje, 2010, S. 29.

536 Vgl. Ch. Appelbaum, Einschränkungen der Staatenimmunität, 2007, S. 276f.

welches u.a. Auslöser der Klage vor dem IGH war, als Argument bemüht wird. Außerdem steht die Argumentationslinie des impliziten Verzichts in einem engen Zusammenhang zur Immunitätsausnahme aufgrund des Vorrangs von *ius cogens*, da beide auf den speziellen Charakter des *ius cogens* abstellen.

Die von den Gegnern dieser Theorie betonte Notwendigkeit eines Verzichtswillens und das Nichtvorliegen eines solchen Willens seitens Deutschland lässt vermuten, dass der IGH auch unter Heranziehung der Theorie des impliziten Immunitätsverzichts die Nichtgewährung von Immunität durch italienischen Gerichte nicht als gerechtfertigt angesehen hätte.

4.7.2 Immunitätsausschluss aufgrund Verwirkung

4.7.2.1 Meinungen in der Literatur

Im Zusammenhang mit der Theorie des impliziten Immunitätsverzichts wird teilweise die Ansicht vertreten, in der Verletzung von Menschenrechten sei weniger ein Immunitätsverzicht, sondern eine Verwirkung der Immunität zu sehen.[537] Dieser Gedanke wurde allen voran von *Juliane Kokott*[538] entwickelt und fand in der Literatur[539] teilweise Zuspruch.[540]

Nationale Rechtsordnungen kennen die Verwirkung als Verlust vertraglicher Ansprüche infolge grober Vertragsverletzungen. Da die Verwirkung laut *Kokott* jedoch weder im Völkervertragsrecht, noch im Völkergewohnheitsrecht anerkannt ist, knüpft *Kokott* daran an, dass die Verwirkung als allgemeiner Rechtsgrundsatz iSd Art. 28 IGH-Statuts anzusehen ist.[541] Allgemeine Rechts-

---

537 Vgl. N. Paech AVR, 2009, S. 54, S. 59; Ch. Appelbaum, Einschränkungen der Staatenimmunität, 2007, S. 277 und J. Kokott, Mißbrauch und Verwirkung von Souveränitätsrechten bei gravierenden Völkerrechtsverstößen, in: U. Beyerlin u.a. (Hrsg.), Recht zwischen Umbruch und Bewahrung: Völkerrecht, Europarecht, Staatsrecht; Festschrift für Rudolf Bernhardt, Berlin u.a.: Springer 1995, S. 148.

538 Vgl. J. Kokott, Mißbrauch und Verwirkung von Souveränitätsrechten, in: U. Beyerlin u.a., 1995, S. 135ff.

539 Vgl. K. Doehring/G. Ress, Diplomatische Immunität und Drittstaaten. Überlegungen zur erga omnes-Wirkung der diplomatischen Immunität und deren Beachtung im Falle der Staatensukzession, in: 37 AVR 1999, S. 85 - 87; M. Reimann, A Human Right Exeption to Sovereign Immunity: Some Thoughts on Princz v. Federal Republic of Germany, in: 16 Mich. J. Int'l L., 1995, S. 423 und A. Belsky u.a. CLR, 1989, S. 377.

540 Vgl. T. Salomon BLJ, 2009, S. 64; J. Bosch, Immunität und internationale Verbrechen, 2004, S. 108 und W. Cremer AVR, 2003, S. 155.

541 Vgl. J. Schaarschmidt, Die Reichweite des völkerrechtlichen Immunitätsschutzes, in: Ch. Tietje, 2010, S. 29f; N. Paech AVR, 2009, S. 59; J. Bröhmer, State Immunity and

grundsätze sind durch wertende Rechtsvergleichung zu ermittelnde Prinzipien, die den Rechtsordnungen der meisten „Kulturvölker" bekannt sind und die geeignet sind auf das Völkerrecht übertragen zu werden.[542]

Im Rahmen dieser Arbeit soll auf die durchaus umstrittenen Frage, ob neben den anerkannten Rechtsinstituten des *estoppels* und des Rechtsmissbrauchen („*abuse of rights*") auch noch ein eigenständiger Rechtsgrundsatz der Verwirkung besteht und wie eine Abgrenzung zwischen diesen Instituten zu erfolgen hat, nur hingewiesen werden.[543] Es kann somit durchaus schon bezweifelt werden, dass ein allgemeiner Rechtsgrundsatz besteht, der an verbotenes Verhalten, beispielsweise also an Menschenrechtsverletzungen, einen Rechtsverlust, in diesem Fall den Verlust der Immunität anknüpft.[544]

Aber selbst unter der Annahme die Verwirkung sei als eigenständiges Rechtsinstitut anerkannt, vermag diese keine Immunitätsausnahme in Fällen schwerer Menschenrechtsverletzungen zu begründen. Allgemeine Rechtsgrundsätze kommen nämlich, wie *Kokott*[545] selbst betont, nur zur Lückenschließung nach vorherigem Rückgriff auf Völkervertragsrecht und Völkergewohnheitsrecht zur Anwendung.[546] Eine solche Regelungslücke liegt aber gerade nicht vor, da fremden Staaten nach Völkergewohnheitsrecht bei *acta iure imperii* Immunität zu gewähren ist.[547]

---

the Violation of Human Rights, 1997, S. 194 und J. Kokott, Mißbrauch und Verwirkung von Souveränitätsrechten, in: U. Beyerlin u.a., 1995, S. 140.

542 Vgl. M. Herdegen, Völkerrecht, 2012, § 17, RZ 1; W. Vitzthum, Völkerrecht, 2010, S. 65, RZ 143; Ch. Appelbaum, Einschränkungen der Staatenimmunität, 2007, S. 279; S. Hobe/O. Kimminich, Einführung in das Völkerrecht, 2004, S. 191; K. Ipsen, Völkerrecht, 1999, § 16, RZ1f und A. Verdross/B. Simma, Universelles Völkerrecht, 1984, § 602.

543 Vgl. Ch. Appelbaum, Einschränkungen der Staatenimmunität, 2007, S. 279 und W. Cremer AVR, 2003, S. 155.

544 Vgl. Ch. Appelbaum, Einschränkungen der Staatenimmunität, 2007, S. 280.

545 Vgl. J. Kokott, Mißbrauch und Verwirkung von Souveränitätsrechten, in: U. Beyerlin u.a., 1995, S. 140f.

546 Vgl. M. Herdegen, Völkerrecht, 2012, S. 154, RZ 5; J. Schaarschmidt, Die Reichweite des völkerrechtlichen Immunitätsschutzes, in: Ch. Tietje, 2010, S. 30; W. Vitzthum, Völkerrecht, 2010, S. 64, RZ 142; Ch. Appelbaum, Einschränkungen der Staatenimmunität, 2007, S. 280; W. Cremer AVR, 2003, S. 155; K. Ipsen, Völkerrecht, 1999, § 16, RZ 6 und A. Verdross/B. Simma, Universelles Völkerrecht, 1984, § 607f.

547 Vgl. R. Lengelsen, Aktuelle Probleme der Staatenimmunität, 2011, S. 161; J. Schaarschmidt, Die Reichweite des völkerrechtlichen Immunitätsschutzes, in: Ch. Tietje, 2010, S. 30; T. Salomon BLJ, 2009, S. 64 und Ch. Appelbaum, Einschränkungen der Staatenimmunität, 2007, S. 280.

Als weiteres Gegenargument zu *Kokotts* Theorie wird das Nicht-Vorliegen einer verwirkbaren Rechtsposition angeführt. Die Verwirkung setzt nämlich das Vorhandensein einer verwirkbaren Rechtsposition voraus. Verwirkbar sind dabei grundsätzlich nur Rechte, über welche der jeweilige Staat verfügen kann. Vorwiegend handelt es sich dabei um überwiegend den Interessen des Staates dienende Rechtspositionen. Nicht verwirkbar sind somit *erga omnes*- und *ius cogens*-Normen. *Kokott* argumentiert in diesem Zusammenhang die Immunität als Ausdruck der Souveränität und Gleichheit der Staaten, diene nur dem Schutz des betroffenen Staates, welcher außerdem auf seine Immunität verzichten könne. Aus diesem Grund stellt die Staatenimmunität ein verwirkbares Recht dar.[548] Dem wird entgegengehalten, die Immunität sei kein Recht über das ausschließlich durch den Staat verfügt werden könne, da diese auch wichtigen Gemeinschaftsinteressen, nämlich dem Schutz zwischenstaatlicher Beziehungen, diene.[549]

4.7.2.2 Rechtsprechung

In der Rechtsprechung klang ebenfalls die Begründung einer Immunitätsausnahme durch die Verwirkung an, wenngleich die Richter sich in ihrer Begründung nicht ausdrücklich auf die Verwirkung stützen. Beispielsweise streicht *Lord Nicholls* in der ersten *Pinochet-Entscheidung* hervor, dass alle Staaten die Folter als verachtenswert ansehen, selbst wenn manche Staaten diese noch anwenden. Um zu verhindern, dass das Völkerrecht zum Gespött wird, dürften bestimmte Verhaltensweisen nicht mehr akzeptiert und somit nicht mehr dem Schutz der Immunität unterstellt werden.[550] In der erstinstanzlichen Entscheidung im Fall *Princz*[551] vertrat Richter *Sporkin* die Ansicht, dass der deutschen Regierung die Berufung auf ihre Immunität aus Billigkeitsgründen verwehrt sei, da diese die Nachfolgerin eines Verbrechensregimes ist. Im

---

548 Vgl. T. Salomon BLJ, 2009, S. 64 und J. Kokott, Mißbrauch und Verwirkung von Souveränitätsrechten, in: U. Beyerlin u.a., 1995, S. 142, S. 148.

549 Vgl. N. Paech AVR, 2009, S. 60 und Ch. Appelbaum, Einschränkungen der Staatenimmunität, 2007, S. 281f.

550 Vgl. Lord Nicholls, in United Kingdom House of Lords: Regina v. Bartle and the Commissioner of Police for the Metropolis - Ex Parte Pinochet (No. 1), Entscheidung vom 25. November 1998, in 19 HRLR, S. 438.

551 Vgl. United States District Court for the District of Columbia, Princz v. Federal Republic of Germany, Entscheidung vom 23. Dezember 1992, 813 F.Supp. 22.

Berufungsurteil in derselben Sache argumentierte Richterin *Wald*[552], dass ein Staat sein Recht sich auf die Immunität zu berufen durch die schwere Verletzung von Menschenrechten verliere.[553]

4.7.2.3 Relevanz für das Verfahren vor dem IGH

In seiner Klageschrift zeigt Deutschland durch eine ausführliche Analyse der Rechtsprechung und Literatur auf, warum nach Ansicht der Bundesrepublik die von der *Corte di Cassazione* in ihrer *Ferrini-Entscheidung* vertretene Auffassung, dass die Begehung schwerer Menschenrechtsverletzungen zur Verwirkung der Staatenimmunität führe, keine Akzeptanz gefunden hat.[554]

Italien bedient sich in seinen Schriftsätzen nicht des Arguments der Verwikung und auch der IGH setzt sich in seinem Urteil mit dieser Argumentationsfigur nicht auseinander. Auch hier besteht allerdings wieder der enge Zusammenhang zwischen diesem Argumentationsansatz und jenem des Vorrangs von *ius cogens*.

Die überzeugenden Gegenargumente, welche von einigen Autoren im Rahmen ihrer kritischen Auseinandersetzung mit der Verwirkungs-These geäußert wurden, lassen jedenfalls vermuten, dass der IGH das Bestehen einer Immunitätsausnahme auch unter Berücksichtigung dieser Theorie verneint hätte.

4.8 Völkerrechtswidriges Handel als nicht-hocheitliches Handeln

In nationalen Gerichtsentscheidungen[555] sowie im völkerrechtlichen Schrifttum[556] wird teilweise die Auffassung vertreten völkerrechtswidriges Handeln könne nicht als hoheitliches Handeln angesehen werden, weshalb sich der

552 Vgl. Dissenting Opinion of Judge Wald, in: US Court of Appeal, District of Columbia, Hugo Princz v. Federal Republic of Germany, Entscheidung vom 01.Juli 1994, 26 F.3d.

553 Vgl. Ch. Appelbaum, Einschränkungen der Staatenimmunität, 2007, S. 280.

554 Vgl. Memorial of Germany 2009, S. 70 - 82, Abs. 115 - 130.

555 Vgl. beispielsweise Dissenting Opinion of Judge Wald, in: US Court of Appeal, District of Columbia, Hugo Princz v. Federal Republic of Germany, Entscheidung vom 01.Juli 1994, 26 F.3d und US Court of Appeal, 9th Circuit, Siderman de Blake and others v. The Republic of Argentina, Entscheidung vom 22. Mai 1992, F.2d, RZ 718.

556 Vgl. A. Orakhelashvili EJIL, 2008, S. 955ff; Ph. Lieberman IALR, 1993, S. 503ff und A. Belsky u.a. CLR, 1989, S. 365ff.

völkerrechtswidrig handelnde Staat auch nicht auf seine Immunität berufen könne.[557]

4.8.1 Rechtsprechung

Das LG Livadia vertritt in seiner Entscheidung im *Distomo-Fall* die Ansicht, dass

> „Staatshandlungen, die zwingendes Völkerrecht verletzen, (haben) nicht die Qualität hoheitlicher Handlungen [haben]. In diesen Fällen wird angenommen, dass der beklagte Staat nicht im Rahmen seiner Hoheitsgewalt gehandelt hat."[558]

Das LG ist dabei der Meinung, seine Argumentation lasse sich aus der Rechtsprechung des Nürnberger Militärgerichtes ableiten.[559]

Diese Argumentationslinie wurde auch vom in zweiter Instanz angerufenen *Areopag* aufgegriffen.[560]

Auch in Entscheidungen US-amerikanischer Gerichte wird Bezug auf diese Argumentationsfigur genommen. In *Siderman de Blake and others v. The Republic of Argentina* (näheres zum Sachverhalt unter 4.7.1.2) hält das Gericht etwa fest, dass

> „[i]nternational law does not recognize an act that violates *jus cogens* as a sovereign act. A state's violation of the *jus cogens* norm (...) therefore would not be entitled to the immunity afforded by international law."[561]

557 Vgl. T. Salomon BLJ, 2009, S. 66; R. Van Alebeek, The Immunity of States, 2008, S. 326 und Ch. Appelbaum, Einschränkungen der Staatenimmunität, 2007, S. 89.

558 LG Livadia, Urteilsausfertigung in offizieller Übersetzung zitiert nach N. Paech AVR, 2009, S. 42.

559 Vgl. N. Paech AVR, 2009, S. 42; R. Van Alebeek, The Immunity of States, 2008, S. 330; Ch. Appelbaum, Einschränkungen der Staatenimmunität, 2007, S. 90 und Ch. Appelbaum HuV-I, 2004, S. 191.

560 Vgl. N. Paech AVR, 2009, S. 43; Ch. Appelbaum, Einschränkungen der Staatenimmunität, 2007, S. 90; L. McGregor ICLQ, 2006, S. 440; Ch. Appelbaum HuV-I, 2004, S. 192 und K. Bartsch/B. Elberling GLJ, 2003, S. 480.

561 US Court of Appeal, 9th Circuit, Siderman de Blake and others v. The Republic of Argentina, Entscheidung vom 22. Mai 1992, F.2d 699, RZ 718.

Im Fall *Hugo Princz v. Federal Republic of Germany* verneint die Richtermehrheit das Vorliegen einer Immunitätsausnahme (siehe dazu 4.7.1.2).[562] In ihrer *dissenting opinion* stellt Richterin *Wald* ihre Gegenargumente dar und führt dabei u.a. aus:

> „(...) when a state thumbs its nose at [a *jus cogens* norm] (...) the state cannot be performing a sovereign act entitled to immunity."[563]

In der ersten *Pinochet-Entscheidung* des *House of Lords* wird argumentiert, schwere Menschenrechtsverletzungen seien *per se* als *acta iure gestionis* zu qualifizieren. Menschenrechtsverletzungen seien nämlich nicht Teil der völkerrechtlich anerkannten Funktionen des Staates und seiner Organe, weshalb dem Staat für derartige Handlungen keine Immunität zu gewähren sei.[564]

4.8.2 Meinungen in der Literatur

Das Argument, dass völkerrechtswidriges Handeln nicht als hoheitliches Handeln zu qualifizieren sei, wurde von *Paust*[565] entwickelt. Seiner Ansicht nach endet der Schutzmantel der Souveränität dort, wo das Völkerrecht anfängt. Dies sei in der UN-Charter implizit anerkannt. Bedingung für die Souveränität sei die

562 US Court of Appeal, District of Columbia, Hugo Princz v. Federal Republic of Germany, Entscheidung vom 01.Juli 1994, 26 F.3d.

563 Dissenting Opinion of Judge Wald, in: US Court of Appeal, District of Columbia, Hugo Princz v. Federal Republic of Germany, Entscheidung vom 01.Juli 1994, 26 F.3d.

564 Vgl. R. Lengelsen, Aktuelle Probleme der Staatenimmunität, 2011, S. 161; J. Schaarschmidt, Die Reichweite des völkerrechtlichen Immunitätsschutzes, in: Ch. Tietje, 2010, S. 25; W. Cremer AVR, 2003, S. 157; Lord Nicholls, in United Kingdom House of Lords: Regina v. Bartle and the Commissioner of Police for the Metropolis - Ex Parte Pinochet (No. 1), Entscheidung vom 25. November 1998, in 19 HRLR, S. 438f und Lord Steyn, in United Kingdom House of Lords: Regina v. Bartle and the Commissioner of Police for the Metropolis - Ex Parte Pinochet (No. 1), Entscheidung vom 25. November 1998, in 19 HRLR, S. 440f..

565 J. Paust, Draft Brief Concerning Claims to Sovereign Immunity and Human Rights: Nonimmunity for violations of International Law under the FSIA, in 49 Houston J. Int'l L., 1985 S. 49ff zitiert nach Ch. Appelbaum, Einschränkungen der Staatenimmunität, 2007, S. 91.

Einhaltung des Völkerrechts, somit könne unrechtmäßiges Verhalten keinen Immunitäts-schutz genießen.[566]

Da im Völkerrecht Verletzungen zwingender Normen nicht als souveräne Akte anerkannt werden, sollen nach der von *Belsky u.a.* vertretenen Auffassung US-amerikanische Gerichte die Verletzungen von *ius cogens-Normen* als impliziten Immunitätsverzicht iSd FSIA interpretieren und somit in solchen Fällen keinen Immunitätsschutz gewähren.[567]

Ähnlich argumentiert *Lieberman*, der ebenfalls annimmt, ein Staat würde durch die Verletzung von *ius cogens- Normen* implizit auf seine Immunität verzichten,[568] weil

> „[p]recluding suits rooted in states' sovereign acts is the purpose of the FSIA. Logically, a state loses its immunity for non-sovereign actions (...). In essence, because the FSIA predicates immunity on sovereign acts, and then provides exceptions, a country implicitly waives such immunity precisely by acting in ways fundamentally inconsistent with sovereignty."[569]

Vergleichbare Ansichten werden auch von anderen Autoren vertreten.[570]

Dieser Argumentationsfigur wird entgegengehalten, die Abgrenzung zwischen Handlungen, die von der Immunität geschützt sind und solchen, die keinen Immunitätsschutz genießen, erfolgt nach dem aktuellen Stand des Völkerrechts mit Hilfe der Kategorien *acta iure imperii* und *acta iure gestionis* und nicht aufgrund der Unterscheidung zwischen völkerrechtsmäßigem und völkerrechtswidrigem Verhalten. Wenn völkerrechtswidriges staatliches Handeln nicht der Kategorie *acta iure gestionis* zugeordnet werden kann, taucht die Frage auf, welche Qualifikation dann zu treffen ist. *Bianchi*[571] löst diese Fragestellung, indem sie vom Bestehen einer weiteren Kategorie, nämlich jener der Handlungen *contram legem* ausgeht. Des Weiteren wird die Ansicht vertreten, Menschenrechtsverletzungen seien *per se* als *acta iure gestionis* anzusehen. Diese Auffassung überzeugt nach Meinung der Kritiker nicht, da von

---

566 Vgl. R. Van Alebeek, The Immunity of States, 2008, S. 326, FN 107 und Ch. Appelbaum, Einschränkungen der Staatenimmunität, 2007, S. 91; J. Paust Houston J. Int'l L., 1985, S. 59 zitiert nach Ch. Appelbaum, Einschränkungen der Staatenimmunität, 2007, S. 91.

567 Vgl. R. Van Alebeek, The Immunity of States, 2008, S. 328 und A. Belsky u.a. CLR, 1989, S. 415.

568 Vgl. Ph. Lieberman IALR, 1993, S. 535.

569 Ph. Lieberman IALR, 1993, S. 535

570 Vgl. R. Van Alebeek, The Immunity of States, 2008, S. 326, FN 107.

571 Vgl. A. Bianchi Austrian J. of Publ. Intl. Law, 1994, S. 227.

Funktionsträgern des Staates in Ausübung dieser Funktion angeordnete und durchgeführte Menschenrechtsverletzungen, insbesondere Kriegsverbrechen, jedenfalls als hoheitliche Akte anzusehen sind.[572]

Darüber hinaus wird vorgebracht, die Überprüfung der Völkerrechtsgemäßheit des staatlichen Handelns durch einen fremden Staat würde bereits dem Immunitätsprinzip widersprechen. Das BVerfG entschied im *Botschaftskonto-Fall*, dass allein Beweiserhebungen über die auf den Botschaftskonten fremder Staaten laufenden Transaktionen eine „ (...) völkerrechtswidrige Einmischung in die inneren Angelegenheiten des fremden Staates und eine Verletzung der Regeln des völkerrechtlichen Gesandtschaftsrechts darstellen“[573] könnte. In Anlehnung an diese Argumentationslinie müsste man auch Ermittlungen über die Völkerrechtsgemäßheit des staatlichen Handelns als unzulässig ansehen.[574]

Van Alebeek stellt in diesem Zusammenhang fest, dass die Unterscheidung zwischen *acta iure gestionis* und *acta iure imperii* die unabhängige Ausübung der dem Staat auf seinem Staatsgebiet zustehenden Kompetenzen ermöglicht.[575] Daraus schlussfolgert sie:

> „If a state could extend its adjudicative jurisdiction over another state's exercise of police powers (...) declaring the foreign state's activity legal or illegal or ordering the foreign state to do or refrain from doing something in its regard, this would infringe the independence of a foreign state."[576]

Außerdem wird kritisiert, dass die Immunitätsregeln weitgehend leer laufen würden, wenn rechtswidriges Handeln *per se* als nicht hoheitlich angesehen werden würde, weil Personen wegen rechtmäßigem Handeln wohl keine Klagen erheben.[577]

Ferner wird in Bezug auf die Entscheidung des LG Livadia als Gegenargument vorgebracht, dass sich aus den Entscheidungen des *Nürnberger*

---

572 Vgl. X. Yang, State Immunity, 2012, S. 438; R. Lengelsen, Aktuelle Probleme der Staatenimmunität, 2011, S. 161; J. Schaarschmidt, Die Reichweite des völkerrechtlichen Immunitätsschutzes, in: Ch. Tietje, 2010, S. 25f; Ch. Appelbaum, Einschränkungen der Staatenimmunität, 2007, S. 92 und W. Cremer AVR, 2003, S. 157.

573 K. Hailbronner, Der Beschluß des Bundesverfassungsgerichts vom 13. Dezember 1977 zu Fragen der Staatenimmunität, in: 38 ZaöRV, 1978, S. 257.

574 Vgl. Ch. Appelbaum, Einschränkungen der Staatenimmunität, 2007, S. 92f und K. Hailbronner ZaöRV, 1978, S. 257.

575 Vgl. R. Van Alebeek, The Immunity of States, 2008, S. 331.

576 R. Van Alebeek, The Immunity of States, 2008, S. 331.

577 Vgl. Ch. Appelbaum, Einschränkungen der Staatenimmunität, 2007, S. 93.

Militärgerichtshof über von hohen staatlichen Funktionsträgern begangene Verbrechen keine Aussagen für den Bereich der Staatenimmunität ableiten lassen. Das Völkerrecht unterscheidet nämlich sowohl zwischen persönlicher und staatlicher als auch zwischen strafrechtlicher und zivilrechtlicher Verantwortlichkeit (siehe auch unter 4.9).[578]

4.8.3 Relevanz im Verfahren vor dem IGH

In seiner Klagebeantwortung stützt sich Italien auf zwei Theorien, die aufzeigen sollen, warum das *ius cogens* Staaten daran hindert sich auf ihre Immunität zu berufen. Die erste Theorie, die besagt „(...) that peremtory norms of international law cannot be considered to be a sovereign act"[579], entspricht im Wesentlichen den in diesem Kapitel dargestellten Ansätzen. Im Zusammenhang mit dieser ersten Theorie nimmt Italien sowohl auf die Ausführungen von *Belsky u.a.*, als auch auf die Entscheidung im *Princz-* und *Distomo-Verfahren* Bezug.[580]

Als zweite Theorie wird die bereits dargestellt Normenhierarchie-Theorie (siehe unter 4.3) angeführt.[581]

Der IGH ist jedoch der Meinung, dass

> „ [t]he acts of the German armed forces and other State organs which were the subject of the proceedings in the Italian courts clearly constituted *acta jure imperii*. The Court notes that Italy, in response to a question posed by a member of the Court, recognized that those acts had to be characterized as *acta jure imperii*, notwithstanding that they were unlawful. The Court considers that the terms "*jure imperii*" and "*jure gestionis*" do not imply that the acts in question are lawful but refer rather to whether the acts in question fall to be assessed by reference to the law governing the exercise of sovereign power (*jus imperii*) or the law concerning non-sovereign activities of a State, especially private and commercial activities (*jus gestionis*). To the extent that this distinction is significant for determining whether or not a State is entitled to immunity from the jurisdiction of another State's courts in respect of a particular act, it has to be applied before that jurisdiction can be exercised, whereas the legality or illegality of the act is something which can be determined only in the exercise of that jurisdiction. Although the present case is unusual in that the illegality of the acts at issue has been admitted by Germany at all

578 Vgl. Ch. Appelbaum, Einschränkungen der Staatenimmunität, 2007, S. 93f.
579 Counter-Memorial of Italy 2009, S. 65, Abs. 4.69.
580 Vgl. ibid., S. 65 - 67, Abs. 4.68 - 4.71.
581 Vgl. Counter-Memorial of Italy 2009, S. 67, Abs. 4.72.

stages of the proceedings, the Court considers that this fact does not alter the characterization of those acts as *acta jure imperii*."[582]

Auch im Zusammenhang mit der Frage nach dem Bestehen einer völkergewohnheitsrechtlichen Immunitätsausnahme bei schweren Menschenrechtsverletzungen, stellt der IGH fest, dass die Annahme Italiens, die Immunitätsgewährung sei von der Schwere der (behaupteten) Menschenrechtsverletzungen abhängig, zu einem logischen Problem führe (näheres dazu unter 4.2).[583]

Ähnlich wie die Kritiker der Theorie, wonach völkerrechtswidriges Handeln nichthoheitliches Handeln sei, stellt auch der IGH fest, dass schon die bloße Überprüfung, ob ein völkerrechtswidriges Verhalten vorliegt, mit dem Immunitätsprinzip unvereinbar wäre. Ebenso stimmen Kritiker und der IGH darin überein, dass die Aussagen aus Verfahren über die funktionale Immunität nicht auf die Staatenimmunität übertragen werden können (siehe dazu auch sogleich unter 4.9).

Richter *Cançado Trindade* vertritt in seiner *dissenting opinion* hingegen ähnlich wie *Bianchi* die Auffassung, dass

„[i]nternational crimes perpetrated by States are not acts *jure gestionis*, nor *acts jure imperii*; they are crimes, *delicta imperii*, for which there is no immunity. That traditional and eroded distinction is immaterial here." [584]

4.9 Die analoge Anwendung der Regeln zur funktionalen Immunität

In seiner Entscheidung im Fall *Ferrini* argumentiert der italienische Kassationsgerichtshof u.a. damit, dass die Staatenimmunität in Fällen von Kriegsverbrechen nicht zu gewähren sei, da auch die funktionale Immunität hier nicht greife (siehe dazu unter 2.3.1). Nach Ansicht des Gerichtes besteht kein Grund dafür die Staatenimmunität aufrecht zu erhalten, während Organen, denen die Begehung derselben internationalen Verbrechen zur Last gelegt wird, die

582 Judgment 2012, S. 25, Abs. 60.

583 Vgl. Judgment 2012, S. 34, Abs. 82 und S. Shah HRLR, 2012, S. 559.

584 Dissenting Opinion of Judge Cançado Trindade 2012, S. 86, Abs. 306.

Berufung auf die funktionale Immunität versagt wird.[585] In diesem Zusammenhang bezieht sich die *Corte di Cassazione* auf die Entscheidung des *ICTY* im Fall *Furundzija*[586] und stellt klar, dass die darin getroffenen Aussagen zur individuellen Verantwortlichkeit zweifelsfrei auch für Zivilverfahren gelten.[587]

Das LG Livadia leitet die Immunitätsausnahme bei *ius cogens-Verletzungen* aus der Rechtsprechung des *Nürnberger Militärtribunals* und somit ebenfalls aus Rechtsprechung zur individuellen Verantwortlichkeit ab (siehe auch unter 4.5.1).[588]

Im Zusammenhang mit der *Pinochet-Entscheidung* wird von *Bianchi* gefordert, in Fällen, in denen strafrechtliche Verantwortlichkeit gegeben ist, in Zivilverfahren staatlichen Organen und dem Staat ebenfalls keine Immunität zu gewähren.589

Nach Ansicht von *Trapp* und *Mills* stellen die strafrechtliche und die zivilrechtliche Immunität Formen der Staatenimmunität dar. Man könne zwar diskutieren, ob die Entwicklungen im Bereich der strafrechtlichen Verantwortlichkeit jene im zivilrechtlichen Bereich beeinflussen sollten, jedenfalls kann aber nicht behauptet werden, dass diese beiden Immunitäten konzeptuell voneinander unabhängig wären.[590] Weitere Autoren[591] vertreten ähnliche Ansichten.

---

585 Vgl. Corte di Cassazione (sez. un. civ.), Ferrini c. Repubblica federale di Germania, Enscheidung vom 11. März 2004, Nr. 5044, in: 87 Rivista di diritto internazionale 2004, S. 550f bzw. 128 ILR 2006, S. 674.

586 International Criminal Tribunal for the former Yugoslavia, Prosecutor v. Anton Furundzija, Urteil vom 10.Dezember 1998, Case-No.: IT-95-17/1-T.

587 Vgl. R. Lengelsen, Aktuelle Probleme der Staatenimmunität, 2011, S. 169; J. Schaarschmidt, Die Reichweite des völkerrechtlichen Immunitätsschutzes, in: Ch. Tietje, 2010, S. 32; Memorial of Germany 2009, S. 15, Abs. 20; F. Moneta, State Immunity, 2009, S. 2f; Ph. Stammler, Der Anspruch von Kriegsopfern auf Schadenersatz, 2009, S. 232; P. De Sana/F. De Vittor EJIL, 2005, S. 104; A. Gattini JICJ, 2005, S. 229f und Corte di Cassazione (sez. un. civ.), Ferrini c. Repubblica federale di Germania, Entscheidung vom 11. März 2004, Nr. 5044, in: 87 Rivista di diritto internazionale 2004, S. S. 546f, S. 550f bzw. 128 ILR 2006, S. 669, S. 674.

588 Vgl. Ch. Appelbaum HuV-I, 2004, S. 192.

589 Vgl. A. Bianchi EJIL, 1999, S. 264.

590 Vgl. K. Trapp/A. Mills CJICL, 2012, S. 161.

591 Vgl. N. Paech AVR, 2009, S. 56. *McGregor* argumentiert in ähnlicher Weise, dass die Unterschiede in der Gewährung von Immunität in Zivil- und Strafverfahren als im Widerspruch mit den aktuellen Entwicklungen im Bereich der Reparationen und dem Recht der Staatenverantwortlichkeit stehend anzusehen sind. Eine solche unterschiedliche Behandlung wäre auch mit den historisch gewachsenen Grundsätzen der Staatenimmunität und der Praxis der Staaten nicht vereinbar, da die Anwendbarkeit von Immunität sich seit jeher nach Natur oder Zweck der Sache und nicht nach der Art des Verfahrens richtet (Vgl. L. McGregor ICLQ, 2006, S. 444).

Vom Großteil der Literatur[592] wird jedoch die Auffassung vertreten, dass „ (…) zwischen der individuellen strafrechtlichen Verantwortlichkeit von Menschen und der Haftung von Staaten wesentliche Unterschiede“[593] bestehen.

Auch in gerichtlichen Entscheidungen, so beispielsweise im Urteil des EGMR im Fall *Al-Adsani*[594], wird die Meinung vertreten, Entscheidungen über die Immunität von Staatsvertretern in Strafverfahren könnten nicht auf Verfahren über die Staatenimmunität in Zivilverfahren übertragen werden (siehe dazu auch unter 4.3.2.2).[595]

Italien versucht in seiner Klagebeantwortung den Einfluss des internationalen Strafrechts, u.a. der Rechtsprechung des *Nürnberger Tribunals* oder der *Pinochet-Entscheidung*, auf das Recht der Staatenimmunität aufzuzeigen. Dabei argumentiert Italien wie der Kassationsgerichtshof im *Ferrini-Urteil*[596], dass[597]

> „ (…) functional immunity and State immunity express the same international obligation to refrain from the exercise of jurisdiction over foreign States for their sovereign acts. (…) In the light of [this] close relation (…) it seems legitimate also to refer to the practice relating to the punishment of State officials responsible for international crimes, and to infer from this the possibility of also subjecting foreign States to jurisdiction."[598]

---

592 Vgl. R. Lengelsen, Aktuelle Probleme der Staatenimmunität, 2011, S. 176; B. Stephens VJTL, 2011, S. 1174f, S. 1182f; P. Stoll MPEPIL, 2011, RZ 79; Tomuschat, Staatliche Gerichtsimmunität, 2011, S. 9f; J. Schaarschmidt, Die Reichweite des völkerrechtlichen Immunitätsschutzes, in: Ch. Tietje, 2010, S. 32; R. Van Alebeek, The Immunity of States, 2008, S. 325; Ch. Appelbaum, Einschränkungen der Staatenimmunität, 2007, S. 204; P. De Sana/F. De Vittor EJIL, 2005, S. 109; A. Gattini JICJ, 2005, S. 238 - 241 und Ch. Appelbaum HuV-I, 2004, S. 193.

593 Ch. Appelbaum HuV-I, 2004, S. 193.

594 EGMR, Al-Adsani v. United Kingdom, Entscheidung vom 21. November 2001, Nr. 35763/97.

595 Vgl. Ch. Appelbaum, Einschränkungen der Staatenimmunität, 2007, S. 205.

596 Vgl. Corte di Cassazione (sez. un. civ.), Ferrini c. Repubblica federale di Germania, Enscheidung vom 11. März 2004, Nr. 5044, in: 87 Rivista di diritto internazionale 2004, S. S. 546f, S. 550f bzw. 128 ILR 2006, S. 669, S. 674.

597 Vgl. Counter-Memorial of Italy 2009, S. 70 - 73, Abs. 4.78 - 4. 87.

598 Counter-Memorial of Italy 2009, S. 71, Abs. 4.81.

Deutschland kritisiert in seiner Klage die Entscheidung der *Corte di Cassazione* im Fall *Ferrini*[599] und führt aus:

> „Yet it is a fundamental mistake to treat the personal immunity of perpetrators of an international crime and the sovereign immunity of a State in the same manner. Every person is accountable for war crimes, and there cannot even be any kind of personal immunity before criminal courts established by the international community. No valid reasons militate for sparing authors of grave crimes the just retribution which they deserve. Civil responsibility of a State for war damages belongs to a different conceptual framework, however."[600]

Im Zusammenhang mit der Frage nach dem Bestehen einer völkergewohnheitsrechtlichen Immunitätsausnahme bei schweren Menschenrechtsverletzungen (näheres dazu unter 4.2) setzt sich der IGH mit der für diese Fragestellung relevanten Staatenpraxis auseinander. Dabei sieht er die Entscheidung im Fall *Pinochet* als nicht relevant an, weil sich diese mit der Immunität eines ehemaligen Staatsoberhaupt in einem strafrechtlichen Verfahren beschäftigt und nicht mit der Frage der Staatenimmunität.[601]

Die Frage, ob und inwieweit Immunität in einem Strafverfahren zu gewähren wäre, sieht der IGH nicht als Gegenstand des Verfahrens an.[602]

4.10 Immunitätsverweigerung als Repressalie

Des Weiteren wird in der Literatur[603] argumentiert, dass die Verweigerung der Immunitätsgewährung eine zulässige Repressalie darstellt, mit der ein Staat auf die seinen Staatsbürgern zugefügte Verletzung von Menschenrechten reagiert.[604]

---

599 Vgl. Corte di Cassazione (sez. un. civ.), Ferrini c. Repubblica federale di Germania, Enscheidung vom 11. März 2004, Nr. 5044, in: 87 Rivista di diritto internazionale 2004, S. 540 - 551.

600 Memorial of Germany 2009, S. 36, Abs. 59.

601 Vgl. Judgment 2012, S. 36, Abs. 87; M. Kloth/M. Brunner AVR, 2012, S. 228f und K. Trapp/A. Mills CJICL, 2012, S. 161.

602 Vgl. Judgment 2012, S. 37, Abs. 91.

603 Vgl. J. Frowein, Ius Cogens, in MPEPIL, last updated 2009, abrufbar unter: www.mpepil.com, RZ 10; T. Salomon BLJ, 2009, S. 64 und J. Kokott, Mißbrauch und Verwirkung von Souveränitätsrechten, in: U. Beyerlin u.a., 1995, S. 148f.

604 Vgl. J. Schaarschmidt, Die Reichweite des völkerrechtlichen Immunitätsschutzes, in: Ch. Tietje, 2010, S. 32f; T. Salomon BLJ, 2009, S. 64; R. Van Alebeek, The Immunity

Der Ansatz Immunitätsverweigerung könne eine zulässige Gegenmaßnahme sein findet sich auch in der US-amerikanischen Rechtsprechung und im FSIA. Im Verfahren *Princz v. Federal Republic of Germany*[605] (näheres zum Sachverhalt unter 4.7.1.2) entschied Richter *Sporkin* in erster Instanz, dass Deutschland sich nicht auf seine Immunität berufen könne, da jeder US-Bürger das Recht habe vor einem US-Gericht gegen Nationen zu prozessieren, die fundamentale Menschenrechtsverletzungen begangen haben. Die Aussagen des Richters können dahingehend gedeutet werden, dass es als Gegenmaßnahme anzusehen ist, wenn die Gerichtsbarkeit zum Schutz der eigenen Staatsangehörigen ausgeübt wird.[606]

§ 1605 (a) (7) FSIA sieht eine Immunitätsausnahme für von fremden Staaten oder deren Organe gegen US-Bürger gesetzte Folter-, Sabotage- und Tötungshandlungen bzw. Geiselnahmen vor. Diese Ausnahmeregelung könnte laut *Ziman* als Modell für eine Immunitätsausnahme bei schweren Menschenrechtsverletzungen dienen.[607]

Die Ausführungen des *District Court of Columbia* im Fall *Flatow*, wonach

> „ [f]oreign state sponsors of terrorism could not reasonably have expected that the United States would not respond to attack on its citizens, and not undertake measures to prevent similar attacks in the future"[608]

scheinen die Annahme einer völkerrechtlichen Rechtfertigung dieser Ausnahmeregelung als Gegenmaßnahme zu bestärken.[609]

Unter Repressalie bzw. Gegenmaßnahme versteht man ein an sich völkerrechtswidriges Verhalten, das von einem Staat als Reaktion auf eine Völkerrechtsverletzung eines anderen Staates gesetzt wird und daher zulässig ist.[610]

---

of States, 2008, S. 343 und Ch. Appelbaum, Einschränkungen der Staatenimmunität, 2007, S. 283.

605 United States District Court for the District of Columbia, Princz v. Federal Republic of Germany, Entscheidung vom 23. Dezember 1992, 813 F.Supp. 22.

606 Vgl. Ch. Appelbaum, Einschränkungen der Staatenimmunität, 2007, S. 284 und A. Scheffler, Die Bewältigung hoheitlich begangenen Unrechts, 1997, S. 91.

607 Vgl. M. Ziman, Holding Foreign Governments Accountable for Their Human Rights Abuses: A Proposed Amendment to the Foreign Sovereign Immunities Act of 1976, in: 21 Loy. L.A. Int'l & Comp. L. Rev. 185/1999, S. 212f.

608 US District Court, District of Columbia, Flatow v. Islamic Republic of Iran, Entscheidung vom 11. März 1998, 99 F.Supp 1.

609 Vgl. Ch. Appelbaum, Einschränkungen der Staatenimmunität, 2007, S. 285.

610 Vgl. M. Herdegen, Völkerrecht, 2012, § 59, RZ 6; J. Schaarschmidt, Die Reichweite des völkerrechtlichen Immunitätsschutzes, in: Ch. Tietje, 2010, S. 32; R. Van Alebeek,

Voraussetzungen für die Rechtmäßigkeit einer solchen Repressalie sind eine vorausgegangene, dem Staat zurechenbare Völkerrechtsverletzung, die Aufforderung zur Beendigung und Wiedergutmachung der Verletzungshandlung, die Ausschöpfung des innerstaatlichen Instanzenzuges und die Verhältnismäßigkeit der Gegenmaßnahme. Darüber hinaus darf durch eine Repressalie nicht jedwedes Recht verletzt werden (siehe zu den Voraussetzungen auch die Art. 49ff des *ILC*-Entwurfs[611]). Unter das sog. Repressalienverbot fallen insbesondere das Gewaltverbot, andere zwingende Normen, Menschenrechte und sog. *self-contained regimes*. Letztere liegen vor, wenn ein multilateraler Vertrag die Setzung von Gegenmaßnahmen wegen der Zweckbestimmung oder dem in ihr enthaltenen speziellen Sanktionssystem ausschließt. Hierzu zählen laut Entscheidung des IGH im *Teheraner Geiselfall* insbesondere die vertraglichen Regeln des Diplomatenrechts.[612] Eine Überschreitung des Repressalienrechts stellt eine Völkerrechtsverletzung dar.[613]

Im Zusammenhang mit der hier behandelten Theorie muss also zuallererst geprüft werden, ob eine Repressalie im Bereich des Immunitätsrechts möglich wäre. Im Unterschied zum Diplomatenrecht, für welches ein umfangreiches Vertragswerk besteht, welches überwiegend auch völkergewohnheitsrechtliche Geltung besitzt, beruht die Staatenimmunität auf anderen Grundlagen. Das Immunitätsrecht ist somit nicht als *self-contained regime* anzusehen.[614]

Es muss nun geprüft werden, ob auch die weiteren Voraussetzungen einer rechtmäßigen Repressalie erfüllt sind. In Bezug auf die Voraussetzung einer vorangegangenen Völkerrechtsverletzung erweist es sich als problematisch, dass die Gerichte in einem Verfahren gegen den fremden Staat zunächst feststellen müssten, ob eine solche Verletzung vorliegt. Stellt sich heraus, dass eine solche Verletzung nicht besteht, hat der Forumstaat durch das Zulassen eines solchen

---

The Immunity of States, 2008, S. 343; Ch. Appelbaum, Einschränkungen der Staatenimmunität, 2007, S. 283 und K. Ipsen, Völkerrecht, 1999, § 59, RZ 45.

611 Vgl. Art. 49 - 54 Draft articles on Responsibility of States for Internationally Wrongful Acts with commentaries 2001, in: II Yearbook of the International Law Commission 2001, Part Two, S. 129 - 139.

612 Vgl. IGH, Case Concerning United States Diplomate and Consular Staff in Teheran, Entscheidung vom 24. Mai 1980, S. 40, Abs. 86.

613 Vgl. M. Herdegen, Völkerrecht, 2012, § 58, RZ 6; W. Vitzthum, Völkerrecht, 2010, S. 634 - 636, RZ 113, RZ 115; R. Van Alebeek, The Immunity of States, 2008, S. 344; Ch. Appelbaum, Einschränkungen der Staatenimmunität, 2007, S. 283, S. 285 - 288; K. Ipsen, Völkerrecht, 1999, § 59, RZ 45, RZ 47 und A. Verdross/B. Simma, Universelles Völkerrecht, 1984, § 1343.

614 Vgl. J. Schaarschmidt, Die Reichweite des völkerrechtlichen Immunitätsschutzes, in: Ch. Tietje, 2010, S. 33 und Ch. Appelbaum, Einschränkungen der Staatenimmunität, 2007, S. 284.

Verfahrens bereits gegen das Völkerrecht, nämlich gegen das Immunitätsrecht, verstoßen.[615]

Auch die Zurechnung von Menschenrechtsverletzungen kann für das nationale Gericht Probleme aufwerfen.[616]

Des Weiteren werden Bedenken bezüglich der Verhältnismäßigkeit der Maßnahme geäußert. Das Recht der Staatenimmunität dient dazu die Zusammenarbeit zwischen den Staaten zu gewährleisten, der Einsatz der Immunitätsverweigerung als Repressalie kann somit erhebliche Störungen der zwischenstaatlichen Beziehungen mit sich bringen. Dies insbesondere deshalb, weil ein Staat, der die Immunitätsverweigerung durch einen anderen Staat als nicht gerechtfertigt ansieht, bei nächster Gelegenheit gegen diesen oder gegen seine Organe ein Gerichtsverfahren einleiten wird.[617]

Aus all diesen Gründen gelangen die meisten Autoren zu dem Schluss, dass die Verweigerung der Immunitätsgewährung durch nationale Gerichte im Völkerrecht nicht als Gegenmaßnahme wegen Menschenrechtsverletzungen eigener Staatsbürger gerechtfertigt werden kann.[618]

Im Verfahren vor dem IGH wird dieses Argument nicht vorgebracht, weshalb sich der IGH in seinem Urteil mit dieser Argumentationslinie auch nicht auseinandersetzt. Der IGH hat jedoch in anderem Zusammenhang (siehe dazu unter 4.2 und 4.8.3) die Ansicht vertreten, dass die Staatenimmunität als Vorfrage, also bevor das Gericht in der Sache selbst ermittelt, zu behandeln ist.[619] Daher hätte er in Bezug auf die Rechtfertigbarkeit einer Immunitätsausnahme als Repressalie wohl auch entschieden, dass ein Staat bereits durch die Überprüfung des Vorliegens einer Menschenrechtsverletzung, welche die Ausübung der Gerichtsbarkeit als Gegenmaßnahme rechtfertigen würde, gegen das Immunitätsrecht verstoßen hätte, da hierfür Erhebungen in der Sache selbst gemacht werden müssten.

---

615 J. Schaarschmidt, Die Reichweite des völkerrechtlichen Immunitätsschutzes, in: Ch. Tietje, 2010, S. 33, Ch. Appelbaum, Einschränkungen der Staatenimmunität, 2007, S. 286 und J. Bröhmer, State Immunity and the Violation of Human Rights, 1997, S. 193.

616 Vgl. Ch. Appelbaum, Einschränkungen der Staatenimmunität, 2007, S. 286.

617 Vgl. ibid., S. 288f.

618 Vgl. J. Schaarschmidt, Die Reichweite des völkerrechtlichen Immunitätsschutzes, in: Ch. Tietje, 2010, S. 33; T. Salomon BLJ, 2009, S. 64; Ch. Appelbaum, Einschränkungen der Staatenimmunität, 2007, S. 289; A. Gattini JICJ, 2005, S. 238 und J. Bröhmer, State Immunity and the Violation of Human Rights, 1997, S. 193. *Salomon* sieht bei andauernden Menschenrechtsverletzungen die Ausübung der Gerichtsbarkeit als gerechtfertigte Gegenmaßnahme an und lehnt diese nur in Beug auf die Klagen IMI ab, da hier die Völkerrechtsverletzung durch Deutschland nicht mehr andauert.

619 Vgl. Judgment 2012, S. 25, Abs. 60, S. 34, Abs. 82.

4.11 Collective Benefit Theory

Caplan kritisiert in seinem Artikel *State Immunity, Human Rights, and Jus Cogens* die Normenhierarchie-Theorie, weil diese seiner Meinung nach auf falschen Annahmen über das Konzept der Staatenimmunität beruht.[620] Die Gewährung von Immunität stellt nämlich nicht, wie von den Verfechtern dieser Theorie angenommen, ein aus dem Völkerrecht abgeleitetes „fundamental state right"[621], sondern „an exception to the principle of adjudicatory jurisdiction"[622] dar. Immunität wird somit nur in dem Ausmaß gewährt, in welchem der Staat sein Recht auf Ausübung der Gerichtsbarkeit aufgrund einer „practical courtesy"[623] zur Förderung der zwischenstaatlichen Beziehungen suspendiert.[624] Die Annahmen der Befürworter der Normenhierarchie-Theorie führen zu erheblichen Erschwernissen menschenrechtlicher Verfahren, weil der Kläger das Hindernis der Staatenimmunität überwinden muss.[625] Der Ansatz, nach welchem die Staatenimmunität als Privileg und nicht als Recht angesehen wird, löst laut *Caplan* das der Entstehung der Doktrin von der Staatenimmunität zugrundeliegende Spannungsverhältnis zwischen den beiden Grundsätzen des Völkerrechts, nämlich jenem der souveränen Gleichheit und jenem der ausschließlichen territorialen Zuständigkeit, in überzeugender Weise zugunsten letzterem.[626] Der souveränen Gleichheit kommt jedoch insoweit ebenfalls eine wichtige Bedeutung zu, als sie den Hauptgrund für die Gewährung von Immunitäts-Privilegien darstellt.[627] Diese Konzeption hat zur Folge, dass Staaten bezüglich der Interessen anderer Staaten ein vorsichtigeres Vorgehen an den Tag legen, da sie bei einer Überprüfung des unerwünschten Verhalten durch inländische Gerichte mit dem Entzug der Immunität rechnen müssen.[628]

Aufgrund der Gewährung von Immunitätsprivilegien in der Staatenpraxis, durch den Verzicht auf die den Staaten sonst zukommenden Gerichtsbarkeit, sind lediglich für den Kernbereich des staatlichen Handelns verbindliche Normen des Völkergewohnheitsrechts entstanden. Diese Normen sehen keine Immunität für Verhaltensweisen vor, die dem Ziel und Zweck der inter-

---

620 Vgl. L. Caplan AJIL, 2003, S. 743.
621 L. Caplan AJIL, 2003, S. 744.
622 Ibid., S. 749.
623 Ibid., S. 748.
624 Vgl. R. Van Alebeek, The Immunity of States, 2008, S. 323f und L. Caplan AJIL, 2003, S. 744, S. 748f, S. 751.
625 Vgl. L. Caplan AJIL, 2003, S. 749.
626 Vgl. ibid., S. 745, S. 751, S. 753.
627 Vgl. ibid., S. 755.
628 Vgl. ibid., S. 755.

nationalen Rechtsordnung entgegenlaufen, wie dies beispielsweise bei Menschenrechtsverletzungen der Fall ist.[629] Folglich kann es zu keinem Normenkonflikt zwischen *ius cogens Normen* und den Regel der Staatenimmunität kommen. Wenn überhaupt, so liegt der Problematik der Menschenrechtsverfahren eine Kollision zwischen *ius cogens-Normen* und dem Prinzip der Ausübung der Gerichtsbarkeit zugrunde. D.h. die Ursache dieser Problematik ist in der Nichtwahrnehmung der Gerichtsbarkeit durch nationale Gerichte in solchen Verfahren zu suchen.[630]

Da die Normenhierarchie-Theorie nach Ansicht *Caplans* also zu keiner überzeugenden Lösung der Problematik der schweren Menschenrechtsverletzungen führt, entwickelte er als Alternative die *collective state benefit theory*. Diese Theorie sieht die Gewährung von Immunität nur als gerechtfertigt an, wenn sie der Förderung guter Beziehungen zwischen Staaten dient.[631]

Die Theorie *Caplans* hat jedoch „kaum Widerhall in der Wissenschaft und noch weniger in der Staatenpraxis gefunden"[632].

Im Verfahren vor dem IGH sind die Parteien sich einig, dass nach dem Völkerrecht eine Verpflichtung zur Gewährung von Immunität besteht und diese ein „fundamental right" darstellt.[633] Ebenso zieht der IGH aus einer Analyse der Staatenpraxis den Schluss, dass die Staaten von einem Recht auf Gewährung von Staatenimmunität sowie einer entsprechenden Pflicht zur Gewährung derselben ausgehen, wenn sie sich auf ihre Immunität berufen oder diese anderen Staaten gewähren. Außerdem leitet der Gerichtshof die Staatenimmunität aus dem Prinzip der souveränen Gleichheit ab.[634] Somit kann festgehalten werden, dass sowohl, Seitens der Prozessparteien als auch des IGHs eindeutig von einer der *Collective Benefit Theory* gegensätzlichen Auffassung ausgegangen wird.

629 Vgl L. Caplan AJIL, 2003, S. 771, S. 780f.

630 Vgl.ibid., S. 771, S. 781.

631 Vgl. ibid., S. 776.

632 Ph. Stammler, Der Anspruch von Kriegsopfern auf Schadenersatz, 2009, S. 125. Kritik kommt beispielsweise von Van Alebeek, The Immunity of States, 2008, S. 325.

633 Judgment 2012, S. 23, Abs. 53; C. Keitner ASIL Insights, 2012, S. 2; Counter-Memorial of Italy 2009, S. 42, Abs. 4.2 und Memorial of Germany 2009, S. 30, Abs. 48.

634 Vgl. Judgment 2012, S. 23f, Abs. 55 - 57 und C. Keitner ASIL Insights, 2012, S. 2.

4.12 Einschränkungen der Vollstreckungsimmunität

Durch die Vollstreckung eines Urteils wird die staatliche Immunität des betroffenen Staates noch stärker beeinträchtigt, als durch die Durchführung eines Erkenntnisverfahrens, weshalb die Gerichte im Vollstreckungsverfahren zusätzlichen Beschränkungen unterworfen sind.[635]

Der Forumstaat kann grundsätzlich nur in Güter vollstrecken, die einem nicht-hoheitlichen (kommerziellen) Zweck dienen.[636] Wie im Erkenntnisverfahren kann auch im Vollstreckungsverfahren auf die Immunität verzichtet werden.[637]

Im Verfahren vor dem IGH spielt dies in zweierlei Hinsicht eine Rolle. Einerseits vollstreckte Italien Urteile italienischer Gerichte in das Kulturinstitut *Villa Vigoni*, andererseits erklärte das Oberlandesgericht Florenz das griechische Urteil im *Distomo-Fall* für vollstreckbar (siehe dazu unter 2.3.2.3 und 2.3.4).[638] Deutschland wirft Italien vor durch diese Maßnahmen die der Bundesrepublik nach dem Völkerrecht zustehende Immunität verletzt zu haben.[639]

Der IGH stellt unter Würdigung der Staatenpraxis im Zusammenhang mit der Vollstreckung italienischer Urteile fest, dass

> „(…) there is at least one condition that has to be satisfied before any measure of constraint may be taken against property belonging to a foreign State: that the property in question must be in use for an activity not pursuing government non-commercial purposes, or that the State which owns the property has expressly consented to the taking of a measure of constraint, or that that State has allocated the property in question for the satisfaction of a judicial claim (...).[640]

635 Vgl. T. Salomon BLJ, 2009, S. 67 und H. Neuhold u.a., Österreichisches Handbuch des Völkerrechts, Textteil, 2004, S. 170, RZ 874.

636 Vgl. M. Herdegen, Völkerrecht, 2012, § 37, RZ 8; J. Schaarschmidt, Die Reichweite des völkerrechtlichen Immunitätsschutzes, in: Ch. Tietje, 2010, S. 37f; W. Vitzthum, Völkerrecht, 2010, S. 182f, RZ 93; K. Doehring, Völkerrecht, 2004, S. 289; RZ 667; H. Neuhold u.a., Österreichisches Handbuch des Völkerrechts, Textteil, 2004, S. 170, RZ 875; K. Ipsen, Völkerrecht, 1999, § 26, RZ 26 und A. Verdross/B. Simma, Universelles Völkerrecht, 1984, § 1175.

637 Vgl. X. Yang, State Immunity, 2012, S. 390; P. Stoll MPEPIL, 2011, RZ 54 und K. Doehring, Völkerrecht, 2004, S. 289, RZ 668.

638 Vgl. P. Bornkamm GLJ, 2012, S. 777 und F. Moneta, State Immunity, 2009, S. 4.

639 Vgl. Memorial of Germany 2009, S. 83, Abs. 132.

640 Judgment 2012, S. 45, Abs. 118.

Im vorliegenden Fall sei in ein, eindeutig hoheitlichen Zwecken dienendes, Vermögen Deutschlands, nämlich in die *Villa Vigoni* vollstreckt worden. Außerdem habe Deutschland den Vollstreckungsmaßnahmen keinesfalls zugestimmt. Daher stellt die von italienischen Gerichten vorgenommene Eintragung einer Hypothek in den Augen des IGHs eine Verletzung der Italien zukommenden Verpflichtung zur Achtung der deutschen Immunität dar.[641]

Auch durch die Vollstreckbarerklärung der *Distomo-Entscheidung* durch das Oberlandesgericht Florenz hat Italien nach Ansicht des IGH Deutschlands Immunität verletzt,[642] da

> „(…) the court seised of an application for exequatur of a foreign judgment rendered against a third State has to ask itself whether the respondent State enjoys immunity from jurisdiction — having regard to the nature of the case in which that judgment was given — before the courts of the State in which exequatur proceedings have been instituted. In other words, it has to ask itself whether, in the event that it had itself been seised of the merits of a dispute identical to that which was the subject of the foreign judgment, it would have been obliged under international law to accord immunity to the respondent State (…).
>
> In light of this reasoning, it follows that the Italian courts which declared enforceable in Italy the decisions of Greek courts rendered against Germany have violated the latter's immunity. For the reasons set out (…) [before in] the present Judgment, the Italian courts would have been obliged to grant immunity to Germany if they had been seised of the merits of a case identical to that which was the subject of the decisions of the Greek courts which it was sought to declare enforceable (namely, the case of the Distomo massacre). Accordingly, they could not grant exequatur without thereby violating Germany's jurisdictional immunity."[643]

4.13 Das Problem der intertemporalen Rechtsanwendung

Unter dem Begriff intertemporales Recht wird jener Rechtsbereich verstanden, der sich mit der Frage beschäftigt, welche Normen auf einen Sachverhalt anzuwenden sind, wenn diese Normen im Laufe der Zeit einer Änderung unterworfen waren.[644]

---

641 Vgl. P. Bornkamm GLJ, 2012, S. 777; Judgment 2012, S. 45, Abs. 119f und M. Kloth/M. Brunner AVR, 2012, S. 236.

642 Vgl. P. Bornkamm GLJ, 2012, S. 777 und Judgment 2012, S. 48, Abs. 131, S. 49, Abs. 133.

643 Judgment 2012, S. 48, Abs. 130f.

644 Vgl. A. Verdross/B. Simma, Universelles Völkerrecht, 1984, § 649.

Allgemein anerkannt ist dabei, dass ein subjektives Rechtsverhältnis nach den im Zeitpunkt seiner Begründung geltenden Normen zu beurteilen ist. Dieser allgemeine Rechtsgrundsatz findet auch im Völkerrecht Anwendung, sofern die Parteien nichts Gegenteiliges verfügen. Auch durch die Staatenpraxis und die ständige Judikatur wird dieser Grundsatz anerkannt. Nach der Staatenpraxis findet er idR auch bei der Bewertung von Unrechtstatbeständen Anwendung.[645]

Im Schiedsspruch im Fall *Island of Palmas*[646] hat Richter *Huber* diesen Grundsatz bekräftigt und klargestellt, dass er im Völkergewohnheitsrecht allgemein anwendbar ist.[647]

Nach der Doktrin des intertemporalen Rechts hat die Würdigung eines Sachverhaltes somit grundsätzlich im Lichte der maßgeblichen Normen im Ereigniszeitpunkt und nicht anhand des im Zeitpunkt der Klageerhebungen geltenden Rechts zu erfolgen.[648]

Vom Großteil der Autoren[649] wird in diesem Zusammenhang die Meinung vertreten, dass aufgrund des Prinzips der intertemporalen Rechtsanwendungen die in Zusammenhang mit Wehrmachtsverbrechen erhobenen Schadenersatzklagen anhand des Völkerrechts zu bewerten sind, welches zum Zeitpunkt des Zweiten Weltkrieges in Geltung stand.

Zu diesem Zeitpunkt habe aber weder ein Individualrecht auf Schadenersatz, noch das Konzept des *ius cogens* bestanden (siehe dazu unter 4.3.2.4 und 4.6).[650] Außerdem galt während des Zweiten Weltkrieges noch die absolute Immunitätstheorie.[651]

Auch in der Staatenpraxis wird eine rückwirkende Anwendbarkeit des Immunitätsrechts überwiegend verneint. Eine rückwirkende Anwendung der

---

645 Vgl. A. Verdross/B. Simma, Universelles Völkerrecht, 1984, § 650.

646 Island of Palmas case (Netherlands, USA), 4. April 1928, in: Reports of International Arbitral Awards, Vol. II, S. 829 - 871.

647 Vgl. T. Elias, The Doctrine of Intertemporal Law, in: 74 AJIL, 02/1980, S. 285 und A. Verdross/B. Simma, Universelles Völkerrecht, 1984, § 651.

648 Vgl. J. Schaarschmidt, Die Reichweite des völkerrechtlichen Immunitätsschutzes, in: Ch. Tietje, 2010, S. 34, T. Salomon BLJ, 2009, S. 63; A. Verdross/B. Simma, Universelles Völkerrecht, 1984, § 651 und T. Elias AJIL, 1980, S. 285f.

649 Vgl. R. Lengelsen, Aktuelle Probleme der Staatenimmunität, 2011, S. 105; Ch. Tomuschat, Staatliche Gerichtsimmunität, 2011, S. 19; J. Schaarschmidt, Die Reichweite des völkerrechtlichen Immunitätsschutzes, in: Ch. Tietje, 2010, S. 34; N. Paech AVR, 2009, S. 78; T. Salomon BLJ, 2009, S. 63; Ph. Stammler, Der Anspruch von Kriegsopfern auf Schadenersatz, 2009, S. 337; Ch. Appelbaum, Einschränkungen der Staatenimmunität, 2007, S. 204, S. 211 und P. De Sana/F. De Vittor EJIL, 2005, S. 99.

650 Vgl. T. Salomon BLJ, 2009, S. 63, S. 66 und Ph. Stammler, Der Anspruch von Kriegsopfern auf Schadenersatz, 2009, S. 337.

651 Vgl. T. Salomon BLJ, 2009, S. 66.

heutigen Immunitätsregelungen auf Ereignisse während des Zweiten Weltkrieges wurde ohne nähere Begründung hingegen vom LG Livadia und dem *Areopag*[652] im Fall *Distomo* sowie im Fall *Ferrini*[653] vorgenommen.[654] Ausdrücklich ausgeschlossen wird die rückwirkende Anwendbarkeit durch Art. 35 Abs. 3 EÜStI[655] und Art. 4 UNCJISP[656] sowie durch Bestimmungen in den Immunitätsgesetzen Großbritanniens (§ 23 Abs. 3 UK SIA[657]), Singapurs (§ 1 Abs. 2 *Singapore State Immunity Act*) und Australiens (§ 7 Abs. 1 australischer SIA).[658] Auch der BGH stellt in seinem Urteil im *Distomo-Fall* klar, dass die gebietsbezogene Deliktsausnahme, sofern sie überhaupt anerkannt sei, jedenfalls nicht rückwirkend auf Ereignisse während des Zweiten Weltkrieges angewendet werden könne.[659]

Fischer-Lescano und Gericke vertreten hingegen die Ansicht, dass

> „(…) in intertemporaler Hinsicht [gilt]: Für die Beurteilung der Rechtmäßigkeit einer Handlung ist der Zeitpunkt der Handlung maßgeblich. (…) Die Frage der Durchsetzung (…) bemisst sich aber nach dem Stand des Völkerrechts zu dem Zeitpunkt, zu dem die vermeintlichen Eingriffe in die Staatenimmunität stattfinden.“[660]

Die Frage, ob Individuen Klagen vor nationalen Gerichten erheben und sich darin auf Immunitätsausnahmen berufen können, richte sich somit nach dem aktuellen Stand des Völkerrechts.[661]

652 Vgl. Areopag, Prefecture of Voiotia v. Federal Republic of Germany, Entscheidung vom 4. Mai 2000, Nr. 11/2000, in: 129 ILR 2007, S. 514 - 524; Auszüge in deutscher Übersetzung in: 33 KJ 2000, S. 472 - 476.

653 Vgl. Corte di Cassazione (sez. un. civ.), Ferrini c. Repubblica federale di Germania, Enscheidung vom 11. März 2004, Nr. 5044, in: 87 Rivista di diritto internazionale 2004, S. 540 - 551.

654 Vgl. R. Lengelsen, Aktuelle Probleme der Staatenimmunität, 2011, S. 105 und Ch. Appelbaum, Einschränkungen der Staatenimmunität, 2007, S. 210.

655 Vgl. Art. 34 European Convention on State Immunity, in: A. Dickson, Andrew u.a., State Immunity, 2004, S. 21f, RZ 1.059.

656 Vgl. United Nations Convention on Jurisdictional Immunities of States and Their Property vom 02.Dezember 2004, UN Doc. A/59/49.

657

658 Vgl. N. Paech AVR, 2009, S. 78 und Ch. Appelbaum, Einschränkungen der Staatenimmunität, 2007, S. 210.

659 Vgl. R. Lengelsen, Aktuelle Probleme der Staatenimmunität, 2011, S. 108; Ch. Appelbaum, Einschränkungen der Staatenimmunität, 2007, S. 210 und BGH, Urteil vom 26. Juni 2003, III ZR 245/98, S. 10.

660 A. Fischer-Lescano/C. Gericke KJ, 2010, S. 86.

661 Vgl. A. Fischer-Lescano/C. Gericke KJ, 2010, S. 86.

Auch *Salomon* sieht als maßgeblichen Anknüpfungspunkt für die Durchsetzbarkeit eines Anspruches nicht dessen Entstehungszeitpunkt, sondern den Zeitpunkt der gerichtlichen Geltendmachung desselben an, da die Staatenimmunität Fragen des Prozessrechts betrifft und somit losgelöst vom materiellen Anspruch zu betrachten ist.[662]

Dieser Ansicht, das Immunitätsrecht richte sich nach dem Zeitpunkt der Klageerhebung, wird entgegengehalten, dass die Immunität zu stark mit den streitgegenständlichen Handlungen verbunden sei, um diese unabhängig vom materiellen Anspruch zu beurteilen. Außerdem würde eine solche Vorgehensweise dem Staat verunmöglichen seine Handlungen an der Kenntnis des Immunitätsrechts zu orientieren. Somit könnten Handlungen Klagen zur Folge haben, von denen der Staat zum Zeitpunkt ihrer Setzung nicht wissen konnte, dass sie später eine Immunitätsausnahme begründen würden. Solche Rechtsfolgen sind mit dem Recht der Staatenimmunität unvereinbar und würden zu sehr in die Souveränität eingreifen.[663]

Paech sieht eine Berufung Deutschlands auf das Rückwirkungsverbot als rechtsmissbräuchlich an, da das Einklagen von Entschädigungszahlungen aufgrund der Sperrwirkung des *Londoner Schuldenabkommens* erst seit Abschluss des *Zwei-Plus-Vier-Vertrages* 1990 möglich ist (siehe dazu unter 2.2.4).[664]

Deutschland vertritt vor dem IGH die Ansicht, dass auf völkerrechtlich relevante Geschehnisse das Recht zum Zeitpunkt der Entstehung dieser Fakten und nicht jenes zum Zeitpunkt der Beilegung der Streitigkeit Anwendung zu finden hat. Zur Untermauerung dieser Aussage stützt sich die Bundesrepublik auf den Schiedsspruch im Fall *Island of Palmas* und auf Art. 24 WVK[665], welcher für internationale Verträge eindeutig festlegt, dass diese nicht rückwirkend anzuwenden sind. Das träfe ebenfalls für die allgemeinen Regeln des Völkergewohnheitsrechts zu. Internationale Verbrechen seien bezüglich der entstehenden Rechte und Pflichten ein bereits abgeschlossener Teil der Vergangenheit. Sie müssten im Unterscheid zu internationalen Verträgen nicht stetig an sich verändernde Umstände angepasst werden. Selbstverständlich könnten sich die prozessualen Erfordernisse für die Durchsetzung solcher Recht und Pflichten ändern. Die Staatenimmunität könnte aber nicht als simple prozessrechtliche Regelung angesehen werden, da diese wesentlich zu einer guten Beziehung zwischen den Staaten beiträgt. Die *Corte di Cassazione* habe

---

662 Vgl. T. Salomon BLJ, 2009, S. 66.

663 Vgl. R. Lengelsen, Aktuelle Probleme der Staatenimmunität, 2011, S. 105.

664 Vgl. N. Paech AVR, 2009, S. 83.

665 Vgl. Art. 24 Vienna Convention on the Law of Treaties 1969, United Nations, Treaty Series, vol. 1155, S. 341.

somit in ihren Urteilen irrtümlicherweise die relative Immunitätstheorie auf Begebenheiten während des Zweiten Weltkrieges angewandt. Zu diesem Zeitpunkt hat noch der Grundsatz der absoluten Immunität gegolten. Der entscheidende Wendepunkt in der Entwicklung hin zur restriktiven Immunitätstheorie ist nämlich nach deutscher Ansicht erst im *Tate Letter* zu sehen (siehe dazu auch unter 3.2). Vor dem Jahr 1945 gäbe es darüber hinaus keine Hinweise darauf, dass Individuen das Recht zukäme fremde Staaten wegen hoheitlicher Akte vor den Gerichten ihres Staates zu verklagen. Außerdem habe das Konzept des *ius cogens* vor seiner Verankerung in der WVK im Jahr 1969 und somit zum Zeitpunkt der Wehrmachtsverbrechen noch nicht existiert. Die Behauptung der Anwendbarkeit der in Art. 12 UNCJISP geregelten gebietsbezogenen Deliktsausnahme durch Italien stelle ein weiteres Beispiel für Italiens wiederholte Versuche dar, erst nach Gründung der UNO entstandene Rechtsvorschriften auf Ereignisse während des Zweiten Weltkrieges anzuwenden.[666]

Nach italienischer Ansicht sind die Regelungen der Staatenimmunität Teil des Prozessrechts, daher habe jenes Recht zur Anwendung zu kommen, das zum Zeitpunkt der Anrufung des Gerichtes in Geltung steht. Italien führt in diesem Zusammenhang die Entscheidungen im Fall *Princz* und *Distomo* sowie die Urteile des EGMR in den Fällen *Al-Adsani*, *Kalogeropoulou and others v. Greece and Germany* und *Grosz v. France* an, in welchen die Gerichte ebenfalls die heutigen Regeln des Völkerrecht rückwirkend angewandt hätten.[667]

Außerdem stellt die Verletzung der Pflicht zur Entschädigung seitens Deutschlands einen Verstoß mit andauerndem Charakter dar. Folglich sei nicht nur das Recht, das zum Zeitpunkt der ersten Rechtsverletzung galt, heranzuziehen. Es müssten auch alle Entwicklungen des relevanten Rechts Beachtung finden, insbesondere wenn auch prozessuale Aspekte betroffen sind.[668]

Der IGH vertritt in seiner Entscheidung die Ansicht, dass es wichtig ist zwischen den Handlungen Deutschlands und jenen Italiens zu unterscheiden. Während die Handlungen Deutschlands (Wehrmachtsverbrechen) 1943 bis 1945 auftraten und folglich nach dem damals geltenden Recht zu beurteilen sind, wurden die italienischen Handlungen (die Nichtgewährung von Immunität) erst durch die Verfahren vor italienischen Gerichten gesetzt. Da Gegenstand des vorliegenden Falls die Entscheidungen eben dieser italienischen Gerichte ist, kommt das zum Zeitpunkt dieser Verfahren in Geltung stehende Völkerrecht zur Anwendung. Das Recht der Staatenimmunität ist in erster Linie von prozessua-

666 Vgl. Reply of Germany 2010, S 21, Abs. 36, S. 30, Abs.51 und Memorial of Germany 2009, S. 52, Abs. 85, S. 56 - 58, Abs. 91, Abs. 93, S. 60, Abs. 95.

667 Vgl. Counter-Memorial of Italy 2009, S. 56 - 58, Abs. 4.44, Abs. 4.47, Abs. 4.49.

668 Vgl. Counter-Memorial of Italy 2009, S. 112f, Abs. 5.69.

ler Natur, da es die Ausübung der Gerichtsbarkeit regelt und im Gegensatz zum materiellen Recht nicht festlegt, ob ein Verhalten rechtmäßig ist oder nicht (siehe dazu auch unter 4.3.2.5).[669]

669 Vgl. Judgment 2012, S. 24f, Abs. 58.

5 Resümee und Ausblick

Der IGH hat im Verfahren *Deutschland gegen Italien* mit einer klaren Mehrheit von zwölf zu drei Stimmen die vier von Italien als Begründung für das Bestehen einer Immunitätsausnahme im Erkenntnisverfahren, bei Klagen wegen schwerer Menschenrechtsverletzungen bzw. Verstößen gegen das humanitäre Völkerrecht, angeführten Argumente abgewiesen. Mit einer Mehrheit von vierzehn zu einer Stimme entschied der Gerichtshof darüber hinaus, dass die Vollstreckbarerklärung von Drittstaaten-Entscheidungen und die Zwangsvollstreckung von Urteilen in Verfahren wegen solcher Verletzungen Völkerrechtsverstöße darstellen.[670]

Der IGH hat im Rahmen dieses Verfahren mehrfach festgehalten, dass die Frage nach der Gewährung von Immunität eine der Prüfung des Sachverhaltes und somit des Entschädigungsanspruches vorgelagerte Frage ist. Die Rechtmäßigkeit bzw. Unrechtmäßigkeit einer Handlung sowie die Schwere des Völkerrechtsverstoßes bzw. die Qualität der verletzten Norm (beispielsweise ihr *ius cogens-Charakter*) könne sich aufgrund ihrer materiell-rechtlichen Natur daher nicht darauf auswirken, ob sich ein Staat auf seine Immunität berufen kann. Umgekehrt wird durch die Gewährung von Immunität keine Aussage über den materiell-rechtlichen Entschädigungsanspruch oder die Verantwortlichkeit eines Staates getroffen. Die Völkerrechtsgemäßheit bzw. die Völkerrechtswidrigkeit einer Handlung kann nur dann festgestellt werden, wenn ein Gericht Gerichtsbarkeit ausübt und somit in der Sache selbst ermittelt, genau dies wird aber durch die Staatenimmunität verhindert.[671]

Andere in der Literatur und in der Rechtsprechung diskutierte Argumente, wie etwa die Theorie vom impliziten Verzicht auf bzw. der Verwirkung des Immunitätsanspruches durch *ius cogens-Verletzungen* oder die Ansicht die Immunitätsverweigerung sei als Repressalie anzusehen, haben keinen Eingang in das Urteil des IGH gefunden. Die Heranziehung dieser Argumente hätte jedoch, wie diese Arbeit zeigt, mit hoher Wahrscheinlichkeit zu keinem anderen Ergebnis geführt.[672] Diese Argumente können nämlich aufgrund des derzeitigen Stands des Völker(gewohnheits)rechts nicht überzeugen.[673]

---

670 Vgl. Judgment 2012, S. 51, Abs. 139; M. Kloth/M. Brunner AVR, 2012, S. 219; Shah HRLR, 2012, S. 555f und K. Trapp/A. Mills CJICL, 2012, S. 153.

671 Vgl. Judgment 2012, S. 25, Abs. 60, S. 34, Abs. 81f, S. 38, Abs. 93, S. 40, Abs. 100, S. 42, Abs. 108.

672 Vgl. M. Kloth/M. Brunner AVR, 2012, S. 231f.

673 Vgl. J. Schaarschmidt, Die Reichweite des völkerrechtlichen Immunitätsschutzes, in: Ch. Tietje, 2010, S. 40.

Dass Staaten in Zivilverfahren auch bei schweren Menschenrechtsverstößen Immunitätsschutz genießen, kann somit zusammenfassend als Grundaussage des IGH-Urteils im Fall *Jurisdictional Immunities of the State* angesehen werden.[674]

Bei den meisten Staaten dürfte diese weitgehend erwartete Entscheidung auf Erleichterung und Zustimmung gestoßen sein. Wie bereits 10 Jahre zuvor im Fall *Arrest Warrent*[675] hat der IGH in seinem Urteil erneut eine sehr staatenfreundliche Sichtweise des Völkerrechts eingenommen.[676]

Für die Opfer, welche aus unterschiedlichsten rechtlichen wie auch politischen Gründen bisher keine Entschädigung erhalten haben, stellt das IGH-Urteil hingegen eine Enttäuschung dar.[677] Es bleibt jedoch abzuwarten, ob das vom IGH in seinem Urteil ausgedrückte Erstaunen und Bedauern über die Nicht-Entschädigung der IMI und seine Anregung die Entschädigungsansprüche zum Gegenstand weiterer zwischenstaatlicher Verhandlungen zu machen die Bundesrepublik Deutschland dazu bewegen wird, diesen Opfern auf irgendeine Weise Reparationszahlungen zukommen zu lassen.[678]

Währenddessen sah sich Italien mit der Frage konfrontiert, wie die vom IGH geforderte Umsetzung des Urteils[679] erfolgen soll. Die nach dem Völkerrecht in Bezug auf IGH-Entscheidungen bestehende Durchsetzungsverpflichtung richtet sich dabei an sämtliche Organe eines Staates. Seit dem IGH-Urteil wurden von italienischen Gerichten, auf der Grundlage unterschiedlicher Lösungsansätze, bereits drei gegen Deutschland gerichtete Klagen abgewiesen.[680] Daneben erließ das italienische Parlament am 21. Dezember 2012 ein Gesetz, welches das Wiederaufrollen von bereits rechtskräftigen Entscheidungen ermöglicht. Ziel war dabei die italienischen Gerichtsurteile, die im Widerspruch zum IGH-Urteil stehen, neuerlich prüfen zu können.[681]

---

674 Vgl. M. Kloth/M. Brunner AVR, 2012, S. 238 und S. Shah HRLR, 2012, S. 571.

675 Arrest Warrant (Democratic Republic of the Congo v. Belgium), Entscheidung vom 1. April 2000, I.C.J. Reports 2002.

676 Vgl. A. Bianchi, On certainty, Diskussionsbeitrag abrufbar unter www.ejiltalk.org/on-certainty/ ; A. Fischer-Lescano, Opfer ohne Schutz, Gastbeitrag in: Frankfurter Rundschau vom 15.Februar 2012 und M. Kloth/M. Brunner AVR, 2012, S. 241.

677 Vgl. M. Kloth/M. Brunner AVR, 2012, S. 243.

678 Vgl. Judgment 2012, S. 40, Abs. 99, S. 41, Abs. 104 und Keitner AJIL 2012, S. 3.

679 Vgl. Judgment 2012, S. 49f, Abs. 137, S. 51, Abs. 139.

680 Vgl. Tribunale di Firenze, Entscheidung vom 28. März 2012, Appello Torino, Repubblica federale di Germania c. De Guglielmo e Presidenza del Consiglio dei ministri, Entscheidung vom 03. Mai 2012, Nr. 941/2012, in: Rivista di diritto internazionale, 03/2012, S. 917 - 922 und Corte di Cassazione (Sezione Prima Penale), Entscheidung vom 30. Mai 2012 (registriert am 09. August 2012), Nr. 32139/2012.

681 Vgl. G. Cataldi, The Implementation of the ICJ's Decision in the Jurisdictional Immunities of the State case in the Italien Domestic Order: What Balance should be

Im völkerrechtlichen Schrifttum wurde die IGH-Entscheidung bisher unterschiedlich aufgenommen. Für *Fischer-Lescano* hat das Urteil negative Folgen über den aktuellen Fall hinaus, denn „[e]s wirft den transnationalen Menschenrechtsschutz um Jahre zurück.“[682] *Trapp* und *Mills* zeigen sich von der Entscheidung nicht überrascht und nicht unbedingt enttäuscht, bedauern jedoch, dass der Gerichtshof seine Chance ungenutzt gelassen hat zu Klärung von Fragen in Bezug auf neuere Entwicklungen im Bereich der Staatenimmunität beizutragen.[683] Stattdessen „(…) the Court's judgment sails over the smooth surface of the issue, leaving the depths unexplored."[684]

Bornkamm sieht das Urteil als zu formalistisch an, da es einer dynamischeren Sichtweise der Staatenimmunität bedürfte, um den Anforderungen gerecht zu werden, welche die heutige Realität an das Völkerrecht stellt.[685]

> „From the perspective of human rights law, an understanding of immunity quite different from that of the Court is needed. Immunity from jurisdiction is an exception to the fundamental right of access to justice."[686]

Darüber hinaus schaffe das Urteil zwar Rechtssicherheit, könnte aber Entwicklungen in Richtung einer Änderung des Völkergewohnheitsrechts in diesem Bereich, zumindest in absehbarer Zeit, entgegenstehen.[687]

Der deutsche Völkerrechtler *Michael Bothe* meint etwa gegenüber dem Tagesspiegel, dass es im heutigen Völkerrecht bereits Ansätze zu Gewährung individueller Klagemöglichkeiten gäbe, welche der IGH jedoch nicht

made between Fundamental Human Rights and International Obligations?, in: ESIL Reflections 02/2013 und G. Nesi, The Quest for a 'Full' Execution of the ICJ Judgment in Germany v. Italy, in: 11 JICJ, 2013, S. 188 - 193, S. 194f.

682 A. Fischer-Lescano Frankfurter Rundschau, 2012.

683 Vgl. K. Trapp/A. Mills CJICL, 2012, S. 168. Ähnlich auch A. Dickinson, Germany v. Italy and the Territorial Tort Exception Walking the Tightrope, in: 11 JICJ, 2013, S. 151.

684 K. Trapp/A. Mills CJICL, 2012, S. 168.

685 Vgl. P. Bornkamm GLJ, 2012, S. 781.

686 P. Bornkamm GLJ, 2012, S. 781.

687 Vgl. M. Kloth/M. Brunner AVR, 2012, S. 239 und S. Shah HRLR, 2012, S. 571. *McGregor* sieht Entwicklungen in Bezug auf eine Immunitätsausnahme aufgrund der Schwere der behaupteten Verletzung bzw. des *ius cogens-Charakters* der verletzten Norm durch die Entscheidung des IGH gehemmt, während sie ausführt, dass in Bezug auf das sog. „last resort“-Argument noch Weiterentwicklungen denkbar sind (Vgl. JICJ, 2013, S. 128f, S. 145).

berücksichtigt habe. „Diese zarte Pflanze hat der IGH ziemlich brutal tot-getrampelt.“, so *Bothe*.[688]

Auf der anderen Seite haben sowohl der EGMR als auch der IGH in ihren Entscheidungen die Ansicht vertreten, dass es noch Raum für weitere Entwicklungen in diesem Bereich gäbe.[689] Auch einige Völkerrechtler sind der Meinung, dass eine solche Weiterentwicklung zwar nicht durch den IGH, sehr wohl aber durch andere internationale Instanzen sowie nationale Gerichte erfolgen wird.[690]

Als Modelle für ein brauchbares künftiges Wiedergutmachungsrecht wird von *Bornkamm* ähnlich wie von Richter *Bennouna*[691] sowie *Yusuf*[692] angeregt

> „(…) to permit the state where the *jus cogens* violation occurred to claim jurisdiction as a last resort (…). The territorial state's jurisdiction over the state responsible for the violation would thus motivate that state to ensure that the victims' needs are addressed – either by allowing them to bring their claims before the courts of that state, or by providing them with some form of lump-sum or administrative compensation.“[693]

Dem wird entgegengehalten, dass es nicht unbedingt rechtspolitisch sinnvoll erscheint das derzeitige Wiedergutmachungsrecht zu ändern. Es ist zweifelhaft, ob nationale Gerichte, aufgrund deren mangelnden Objektivität, Sachkunde und der Schwierigkeit der Beweiserhebungen über Geschehnisse im Ausland, die richtige Instanz zur Entscheidung von Entschädigungsansprüchen im Einzelfall darstellen. Eine Regelung dieser eigentlich auf zwischenstaatlicher Ebene zur bereinigenden Kriegsfolgenfragen durch nationale Gerichte würde kaum zur Aufrechterhaltung diplomatischer Beziehung bzw. des Friedens oder zur Konfliktbeilegung beitragen. Außerdem dürfe nicht vergessen werden, dass die Staatenimmunität keinesfalls die Rechtschutzlosigkeit des Einzelnen zu Folge hat. Dieser könne jedenfalls vor den Gerichten des Verletzerstaates klagen.[694]

---

688 Vgl. A. Dembach, Deutschland muss nicht jedes NS-Opfer entschädigen, in: Der Tagesspiegel vom 4. Februar 2012 und M. Kloth/M. Brunner AVR, 2012, S. 239.

689 Vgl. S. Shah HRLR, 2012, S. 571.

690 Vgl. L. McGregor, JICJ, 2013, S. 145; A. Fischer-Lescano Frankfurter Rundschau, 2012 und M. Kloth/M. Brunner AVR, 2012, S. 239.

691 Vgl. Separate Opinion of Judge Bennouna, S. 3, Abs. 15.

692 Vgl. Dissenting Opinion of Judge Yusuf 2012, S. 14, Abs. 58.

693 P. Bornkamm GLJ, 2012, S. 782.

694 Vgl. M. Kloth/M. Brunner AVR, 2012, S. 242; R. Lengelsen, Aktuelle Probleme der Staatenimmunität, 2011, S. 185; J. Schaarschmidt, Die Reichweite des völkerrechtlichen Immunitätsschutzes, in: Ch. Tietje, 2010, S. 39; Ch. Appelbaum, Ein-

Stammler ist der Ansicht ein künftiges Wiedergutmachungsrecht müsste dem Spannungsfeld zwischen dem grundsätzlich jedem Opfer zustehendem Recht Wiedergutmachung zu verlangen und der faktischen Unmöglichkeiten der Gewährung eines solchen individuellen Rechts, wenn dieses wie nach kriegerischen Auseinandersetzungen tausende von Opfern betrifft, Rechnung tragen. Er plädiert daher für ein Modell, in dem zwischenstaatliche und individuelle Ansprüche in abgestufter Form nebeneinander existieren. Grundlage würde das (jedoch subsidiäre) Individualrecht auf Wiedergutmachung bilden. Die Geltendmachung dieses Rechts stünde im Sinne der Mediation des Einzelnen in erster Linie den Staaten zu. IdR würden die Staaten am Ende ihrer Verhandlungen ein Globalentschädigungsabkommen schließen. Wenn der Staat jedoch auf die Ausübung dieses Rechts verzichtet, könnte das Individualrecht vom Opfer selbst geltend gemacht werden. Dieses könnte dann vor den Gerichten des verpflichtenden Staates auf Erfüllung des Wiedergutmachungsanspruches klagen. Eine solche Klage könnte nur abgewiesen werden, wenn der Staat glaubhaft darlegt, dass er derzeit ernsthaft über eine zwischenstaatliche Reparationslösung verhandelt. Vorteil dieser Lösung sei, dass, wenn nötig, eine globale zwischenstaatliche Kriegsfolgenregelung getroffen werden kann, jedoch gleichzeitig das „Vergessen" von Opfern verhindert wird, da über Individualansprüche, welche nicht Teil dieser Regelung sind, auch nicht abschließend verfügt werden kann. Außerdem könnte durch dieses Modell auf Umwegen eine internationale Kontrolle der Entschädigungsabkommen eingeführt werden. Den regionalen Menschengerichtshöfen könnte die Aufgabe übertragen werden zu überprüfen, ob den Opfern ein Rechtsweg eröffnet wird, der es ihnen ermöglicht ihr Wiedergutmachungsrecht geltend zu machen.[695]

Stammlers Konzept eines künftigen Wiedergutmachungsrechts entspricht somit einerseits den, beispielsweise von *Bornkamm* oder Richter *Bennouna* und *Yusuf,* vorgebrachten Forderungen nach Einräumung eines Klagerechts vor nationalen Gerichten als *ultima ratio*. Andererseits berücksichtigt es auch die kritischen Gegenstimmen, indem es das Klagerecht des Einzelnen als subsidiär ansieht und es somit den Staaten ermöglicht wie bisher Kriegsfolgenregelungen auf rein zwischenstaatlicher Ebene zu treffen, sofern alle Opfer berücksichtigt werden.

---

schränkungen der Staatenimmunität, 2007, S. 290 - 293; J. Bosch, Immunität und internationale Verbrechen, 2004, S. 238 und A. Scheffler, Die Bewältigung hoheitlich begangenen Unrechts, 1997, S. 96.

695 Vgl. Ph. Stammler, Der Anspruch von Kriegsopfern auf Schadenersatz, 2009, S. 339 - 342.

Nationale Gerichte, regionale Menschenrechtsgerichtshöfe sowie andere internationale Gerichte werden bei zukünftigen Entscheidungen höchstwahrscheinlich den sicheren Weg wählen und in ihren Urteilen der Ansicht des IGH folgen. Somit wird sich in absehbarer Zeit mit hoher Wahrscheinlichkeit keine völkergewohnheitsrechtliche Immunitätsausnahme bei schweren Menschenrechtsverletzungen entwickeln. Es erscheint daher, um dem im Völkerrecht immer wichtiger werdenden Schutz der Menschenrechte Rechnung zu tragen, sinnvoll, eine vertragliche Regelung für diese Fragen anzustreben.[696] Eine solche vertragliche Regelung würde Rechtssicherheit für künftige Fälle schaffen, während die Aufarbeitung von in der Vergangenheit begangenem Unrecht weiterhin auf politischer Ebene erfolgen könnte.[697]

Bei der Schaffung einer solchen vertraglichen Regelung könnte sich die internationale Gemeinschaft meiner Meinung nach an *Stammlers* Konzept eines Wiedergutmachungsrechts orientieren, wodurch sie sowohl das Individualinteresse auf Entschädigung als auch das Staatsinteresse auf Aufrechterhaltung guter internationaler Beziehungen und des Friedens mitberücksichtigt würde.

Bis dorthin bleibt den Opfern von Wehrmachtsverbrechen wohl nur darauf zu hoffen, dass die IGH-Entscheidung ähnlich wie das Gerichtsverfahren im Fall *Princz* den Anstoß zu weiteren zwischenstaatlichen Entschädigungsverhandlungen gibt, während zukünftigen Opfer einzig die Möglichkeit offen steht, ihre Ansprüche vor den nationalen Gerichten des für die Menschenrechtsverletzungen und Kriegsverbrechen verantwortlichen Staates geltend zu machen.[698]

---

696 Vgl. S. Shah HRLR, 2012, S. 571 - 573.

697 R. Lengelsen, Aktuelle Probleme der Staatenimmunität, 2011, S. 186.

698 Vgl. M. Kloth/M. Brunner AVR, 2012, S. 243; S. Shah HRLR, 2012, S. 571 - 573 und Ch. Appelbaum, Einschränkungen der Staatenimmunität, 2007, S. 291f.

6 Literaturverzeichnis

Appelbaum, Christian, Einschränkungen der Staatenimmunität in Fällen schwerer Menschenrechtsverletzungen. Klagen von Bürgern gegen einen fremden Staat oder ausländische staatliche Funktionsträger vor nationalen Gerichten, Schriften zum Völkerrecht, Bd. 171, Berlin: Duncker & Humbolt 2007

Appelbaum, Christian, Der Fall Distomo - Die Staatenimmunität Deutschlands gegenüber Klagen wegen Wehrmachtsverbrechen in Griechenland, in: 17 Humanitäres Völkerrecht - Informationsschriften (HuV-I), 03/2004, S. 190 - 198

Bantekas, Ilias, Prefecture of Voiotia v. Federal Republic of Germany. Case No. 137/1997, in: 92 The American Journal of International Law (AJIL), 04/1998, S. 765 - 768

Bartsch, Kerstin und Elberling, Björn, Jus Cogens vs. State Immunity, Round Two: The Decision of the European Court of Human Rights in the Kalogeropoulou et al. v. Greece and Germany Decision, in: 04 German Law Journal (GLJ), 05/2003, S. 477 - 491

Belsky, Adam C.; Merva, Mark und Roht-Arriaza, Naomi, Implied Waiver under the FSIA: A Proposed Exception to Immunity for Violations of Peremptory Norms of International Law, in: 77 California Law Review (CLR), 02/1989, S. 365 - 415

Bianchi, Andrea, Immunity versus Human Rights: The Pinochet Case, in: 10 The European Journal of International Law (EJIL), 02/1999, S. 237 - 277

Bianchi, Andrea, Denying State Immunity to Violators of Human Rights, in: 46 Austrian Journal of Public International Law (Austrian J. Publ. Intl. Law), 1994, S. 195 - 229

Blome, Kerstin, Die Auswahl des Gerichtsstands im Kriegsvölkerrecht. Zur Legitimität von Forum Shopping, in: 45 Kritische Justiz (KJ), 03/2012, S. 286 - 297

Bornkamm, Paul Christoph, State Immunity Against Claims Arising from War Crimes: The Judgment of the International Court of Justice in *Jurisdictional Immunities of the State,* in: 13 German Law Journal (GLJ), 06/2012, S. 773 - 782

Bosch, Julia, Immunität und Internationale Verbrechen, Baden-Baden: Nomos-Verlag 2004

Bradley, Curtis A. und Goldsmith, Jack L., Pinochet and International Human Rights Litigation, in: 97 Michigan Law Review (MLR), 07/1999, S. 2129 - 2184

Bröhmer, Jürgen, State Immunity and the Violation of Human Rights, The Hague u.a.: Martinus Nijhoff Publishers 1997

Bundestminister des Inneren (Hrsg.): Dokumente zur Deutschlandpolitik (DzD), II Reihe, Band 1, 3. Drittelband, Kriftel: Alfred Metzner Verlag 1992

Caplan, Lee M., State Immunity, Human Rights, and *Jus Cogens*: A Critique of the Normative Hierarchy Theory, in: 97 The American Journal of International Law (AJIL), 2003, S. 741 - 781

Ciampi, Annalisa, The Italian Court of Cassation Asserts Civil Jurisdiction over Germany in a Criminal Case Relating to the Second World War. The Civitella Case, in: 07 Journal of International Criminal Justice (JICJ), 2009, S. 597 - 615

Cremer, Wolfram Entschädigungsklagen wegen schwerer Menschenrechtsverletzungen und Staatenimmunität vor nationaler Zivilgerichtsbarkeit, in: 41 Archiv des Völkerrechts (AVR), 2003, S. 137 - 168

Dembach, Andrea, Deutschland muss nicht jedes NS-Opfer entschädigen, in: Der Tagesspiegel vom 4. Februar 2012.

De Sana, Pasquale und De Vittor, Francesca, State Immunity and Human Rights: The Italian Supreme Court Decision on the Ferrini Case, in: 16 The European Journal of International Law (EJIL), 01/2005, S. 89 – 112

Dickinson, Andrew, Germany v. Italy and the Territorial Tort Exception Walking the Tightrope, in: 11 Journal of International Criminal Justice (JICJ), 2013, S. 147 - 166

Dickson, Andrew; Lindsay, Rae und Loonam, James P., State Immunity. Selected Materials and Commentary, Oxford: Clifford Chance LLP 2004

Doehring, Karl, Völkerrecht, 2. Auflage, Heidelberg: C.F. Müller, 2004

Doehring, Karl und Ress, Georg, Diplomatische Immunität und Drittstaaten. Überlegungen zur erga omnes-Wirkung der diplomatischen Immunität und deren Beachtung im Falle der Staatensukzession, in: 37 Archiv des Völkerrechts (AVR), 1999, S. 68 - 98

Draft articles on Responsibility of States for Internationally Wrongful Acts with commentaries, in: II Yearbook of the International Law Commission 2001, Part Two, 2001, S. 31 - 143

Elias, T. O., The Doctrine of Intertemporal Law, in: 74 The American Journal of International Law (AJIL), 02/1980, S. 285 - 307

Emberland, Marius, McElhinney v. Ireland App. No. 31253/96; Al-Adsani v. United Kingdom App. No. 35763/97; Fogarty v. United Kingdom App. No. 37112/97, in: 96 The American Journal of International Law (AJIL), 03/2002, S. 699 - 705

Fischer-Lescano, Andreas, Opfer ohne Schutz, Gastbeitrag, in: Frankfurter Rundschau vom 15.Februar 2012

Fischer-Lescano, Andreas und Gericke, Carsten, Der IGH und das transnationale Recht. Das Verfahren BRD ./. Italien als Wegweiser der zukünftigen Völkerrechtsordnung, in: Kritische Justiz (KJ), 2010, S. 78 - 88

Focardi, Filippo und Klinkhammer, Lutz, Wiedergutmachung für Patisanen? Das deutsch-italienische Globalabkommen von 1961, in: Hockerts, Hans Günter; Moisl, Claudia und Winstel und Tobias, Göttingen (Hrsg.), Grenzen der Wiedergutmachung. Die Entschädigung für NS-Verfolgte in West- und Osteuropa 1945-2000, Wallstein Verlag 2006, S. 458 – 512

Focarelli, Carlo, Federal Republic of Germany v. Giovanni Mantelli and Others, in: 103 The American Journal of international law (AJIL), 2009, S. 122 - 131

Fox, Hazel, State Immunity, in: Evans, Malcom D. (Hrsg.): International Law, New York: Oxford University Press 2010

Fox, Hazel, The law of state Immunity, New York: Oxford University Press 2002

Gattini, Andrea, War Crime and State Immunity in the *Ferrini* Decision, in: 3 Journal of International Criminal Justice (JICJ), 2005, S. 224 - 242

Goschler, Constantin, Die Bundesrepublik und die Entschädigung von Ausländern seit 1966, in: Hockerts, Hans Günter u.a. (Hrsg.), Grenzen der Wiedergutmachung. Die Entschädigung für NS-Verfolgte in West- und Osteuropa 1945-2000, Göttingen: Wallstein Verlag 2006, S. 94 - 146

Hailbronner, Kai, Der Beschluß des Bundesverfassungsgerichts vom 13. Dezember 1977 zu Fragen der Staatenimmunität, in: 38 Zeitschrift für ausländisches öffentliches Recht und Völkerrecht (ZaöRV), 1978, S. 242 - 285

Hall, Christopher Keith, The Duty of States Parties to the Convention against Torture to Provide Procedures Permitting Victims to Recover Reparations for Torture Committed Abroad, in: 18 The European Journal of International Law (EJIL), 05/2007, S. 921–937

Herbert, Ulrich, Nicht entschädigungsfähig? Die Wiedergutmachungsansprüche der Ausländer, in: Herbst, Ludolf und Goschler, Constantin (Hrsg.), Wiedergutmachung in der Bundesrepublik Deutschland. München: R. Oldenbourg Verlag 1989, S. 273 - 302

Herdegen, Matthias, Völkerrecht, 11.Auflage, München: C.H. Beck 2012

Heß, Burkhard, The International Law Commission's Draft Convention on the Jurisdictional Immunities of States and Their Property, in: 4 The European Journal of International Law (EJIL), 02/1993, S. 269 – 282, abrufbar unter: 207.57.19.226/journal/Vol4/No2/art8.pdf

Hobe, Stephan und Kimminich, Otto, Einführung in das Völkerrecht, 8. Auflage, Tübingen/Basel: A. Francke 2004

Hockerts, Hans Günter, Die Entschädigung von NS-Verfolgten in West- und Osteuropa. Eine einführende Skizze, in: Hockerts, Hans Günter u.a. (Hrsg.), Grenzen der Wiedergutmachung. Die Entschädigung für NS-Verfolgte in West- und Osteuropa 1945-2000, Göttingen: Wallstein Verlag 2006, S. 7 - 58

Hockerts, Hans Günter, Wiedergutmachung in Deutschland. Eine historische Bilanz 1945-2000, in: 49 Vierteljahrheft für Zeitgeschichte (VfZ), 02/2001, S. 168 - 214

Ipsen, Knut, Völkerrecht, 4. Auflage, München: C.H. Beck 1999

Johnson, Thora A., A Violation of Jus Cogens Norms as an implicit Waiver of Immunity under The Federal Sovereign Immunities Act, in: 19 Maryland Journal of International Law and Trade (MJIL), 1995, S. 259 - 291

Kadelbach, Stefan, Zwingendes Völkerrecht, Berlin: Duncker & Humblot 1992

Karagiannakis, Magdalini, State Immunity and Fundamental Human Rights, in: 11 Leiden Journal of International Law (LJIL), 01/1998, S. 9 - 43

Kloth, Matthias und Brunner, Manuel, Staatenimmunität im Zivilprozess bei gravierenden Menschenrechtsverletzungen. Eine Anmerkung zu dem Urteil des Internationalen Gerichtshofs „Jurisdictional Immunities of the State (Germany v. Italy: Greece intervining)“ vom 3. Februar 2012, 50 Archiv des Völkerrechts (AVR), 02/2012, S. 218 - 244

Kokott, Juliane, Mißbrauch und Verwirkung von Souveränitätsrechten bei gravierenden Völkerrechtsverstößen, in: Beyerlin, Ulrich u.a. (Hrsg.), Recht zwischen Umbruch und Bewahrung: Völkerrecht, Europarecht, Staatsrecht; Festschrift für Rudolf Bernhardt, Berlin u.a.: Springer 1995

Lengelsen, Robin Falk, Aktuelle Probleme der Staatenimmunität im Verfahren vor den Zivilgerichten und Verwaltungsgerichten, Frankfurt am Main u.a.: Peter Lang 2011

Lieberman, Philippe, Expropriation, Torture, and Jus Cogens under the Foreign Sovereign Immunities Act: Siderman De Blake v. Republic of Argentina, in: 24 The University of Miami Inter-American Law Review (IALR), 03/1993, S. 503 - 540

Massimo, Iovane, Corte di Cassazione (Sez. I penale), 13 January 2009, No. 1072. Criminal proceedings against Josef Milde, in: XVIII The Italian Yearbook of International Law (IYBIL), Leiden/Boston: Martinus Nijhoff Publishers 2009, S. 325 - 336

Matthiesen, Nora, Wiedergutmachung für Opfer internationaler bewaffneter Konflikte. Die Rechtsposition des Individuums bei Verletzungen des humanitären Völkerrechts, Völkerrecht und internationale Beziehungen, Bd. 5, Berlin: Lit Verlag 2012

McCormarck, Tim, A Guide to State Practice in the Field of International Humanitarian Law, in: Yearbook of International Humanitarian Law (YIHL), 2010, Den Haag: Springer 2011, S. 449 - 663

McGregor, Lorna, State Immunity and Human Rights. Is There a Future after Germany v. Italy?, in 11 Journal of International Criminal Justice (JICJ), 2013, S. 125 - 145

McGregor, Lorna, State Immunity Jus Cogens, in: 55 International and Comparative Law Quarterly (ICLQ), 02/2006, S.437 - 446

McGregor, Lorna, Torture and State Immunity: Deflecting Impunity, Distorting Sovereignty, in: 18 The European Journal of International Law (EJIL), 05/2007, S. 903 - 919

Nesi, Giuseppe The Quest for a 'Full' Execution of the ICJ Judgment in Germany v. Italy, in: 11 Journal of International Criminal Justice (JICJ), 2013, S. 185 - 198

Neuhold, Hanspeter u.a. (Hrsg.), Österreichisches Handbuch des Völkerrechts. Band 1 – Textteil, 4. Auflage, Wien: Manz 2004

Neuhold, Hanspeter u.a. (Hrsg.), Österreichisches Handbuch des Völkerrechts. Band 2 – Materialienteil, 4. Auflage, Wien: Manz 2004

Nieto-Navia, Rafael, International Peremptory Norms (Jus Cogens) and international Humanitarian Law, in: Vohrah, Lal Chand u.a., Man's Inhumanity to Man - Essays on International Law in Honour of Antonio Cassese. Den Haag: Kluwer Law International 2003, S. 595 - 640

Orakhelashvili, Alexander, State Immunity and Hierarchy of Norms: Why the House of Lords Got It Wrong, in: 18 The European Journal of International Law (EJIL), 05/2008, S. 955 - 970

Paech, Norman Staatenimmunität und Kriegsverbrechen, in: 47 Archiv des Völkerrechts (AVR), 2009, S. 36 - 92

Reimann, Matthias, A Human Right Exeption to Sovereign Immunity: Some Thoughts on *Princz v. Federal Republic of Germany*, in: 16 Michigan Journal of International Law (Mich. J. Int'l L.), 1995, S. 403 - 432

Richman, Scott A., Siderman De Blake v. Argentina: Can the FSIA grant Immunity for Violations of Jus Cogens Norms? 19 Brooklyn Journal of International Law (Brook. J. Int'l L.), 1993, S. 967 - 1008

Salomon, Tim René, Die Staatenimmunität als Schild zur Abwehr gerechter Ansprüche? Zwangsarbeiterklagen vor italienischen Zivilgerichten gegen Deutschland, in: Bucerius Law Journal (BLJ), 02/2009, S. 62 - 68

Sarzo, Matteo, The Dark Side of Immunity: Is There Any Individual Right for Activities *Jure Imperii*?, in 26 Leiden Journal of International Law (LJIL) 2013, S. 105 - 125.

Schaarschmidt, Julia, Die Reichweite des völkerrechtlichen Immunitätsschutzes – Deutschland v. Italien vor dem IGH, in: Tietje, Christian (Hrsg.), Beiträge zum Europa- und Völkerrecht, 05/2010, abrufbar unter: http://telc.jura.uni-halle.de/de/forschungen-und-publikationen/beitr%C3%A4ge-europa-und-v%C3%B6lkerrecht

Scheffler, Arndt, Die Bewältigung hoheitlich begangenen Unrechts durch fremde Zivilgerichte, Berlin: Duncker & Humblot 1997

Schlickewei, Stephanie, Denial of Individual Rights to Compensation to Victims of World War II Massacre in Light of the ECHR: *Sfountouris and Others v. Germany*, in: 54 German Yearbook of International Law, 2011, S. 742 - 763

Schramm, Percy Ernst, Kriegstagebuch des Oberkommandos der Wehrmacht, 1940 - 1945, Band III, 2. Hb, Frankfurt am Main: Bernard & Graefe Verlag für Wehrwesen 1963

Schreiber, Gerhard, Die italienischen Militärinternierten im deutschen Machtbereich: 1943 bis 1945; veraten – verachtet – vergessen, München: Oldenbourg 1990

Shah, Sangeeta, Jurisdictional Immunities of the State: Germany v Italy, in: Human Rights Law Review (HRLR), 12/2012, S. 555 - 573

Spiliotis, Susanne-Sophia, Verantwortung und Rechtsfrieden. Die Stiftungsinitiative der deutschen Wirtschaft. Frankfurt am Main: Fischer Taschenbuch Verlag 2003

Spoerer, Mark, Zwangsarbeit unter dem Hakenkreuz. Ausländische Zivilarbeiter, Kriegsgefangene und Häftlinge im Deutschen Reich und im besetzten Europa 1939 – 1945, Stuttgart und München: Deutsche Verlags-Anstalt 2001

Spoerer, Mark, NS-Zwangsarbeit im Deutschen Reich. Eine Statistik vom 30. September 1955 nach Arbeitsamtsbezirken, in: 49 Vierteljahrheft für Zeitgeschichte (VfZ), 04/2001, S. 665 - 684

Stammler, Philipp, Der Anspruch von Kriegsopfern auf Schadenersatz. Eine Darstellung der völkerrechtlichen Grundlage sowie Praxis internationaler Organisationen und verschiedener Staaten zur Anerkennung individueller Wiedergutmachungsansprüche bei Verstößen gegen humanitäres Völkerrecht, Berlin: Duncker & Humblot 2009

Stephens, Beth, Abusing the Authority of the State: Denying Foreign Official Immunity for Egregious Human Right Abuses, in: 44 Vanderbilt Journal of Transnational Law (VJTL), 2011, S. 1163 - 1183

Stewart, David P., The UN Convention on Jurisdictional Immunities of States and Their Property, in: 99 The American Journal of International Law (AJIL), 01/2005, S. 194 -211

Talmon, Stefan, Jus cogens after Germany v. Italy: Substantive and Procedural Rules Distinguished, in: Bonn Research Papers on Public International Law, 04/2012, S. 2 - 30

Tomuschat, Christian, Leistungsberechtigung der Italienischen Militärinternierten nach dem Gesetz zur Errichtung einer Stiftung "Erinnerung, Verantwortung und Zukunft"? Rechtsgutachten, Berlin 31. Juli 2001

Trapp, Kimberly N. und Mills, Alex, Smooth Runs the Water where the Brook is Deep: The Obscured Complexities of Germany v Italy, in: Cambridge Journal of International and Comparative Law (CJICL), 01/2012, S. 153 - 168

United States: Bill to define the Jurisdiction of U.S. Courts in Suits against Foreign States, the Circumstances in which Foreign States are immune from Suit and in which Execution may not be levied in their Property, in: 15 International Legal Materials (ILM), 01/1976, S. 88 - 118

United States: District Court for the District of Columbia Circuit Opinion in Letelier v. Chile, in: 19 International Legal Materials (ILM), 02/1980, S. 409 - 428

United States: Foreign Sovereign Immunities Act of 1976, in: 15 International Legal Materials (ILM), 06/1976, S. 1388 - 1392

Van Alebeek, Rosanne, The Immunity of States and Their Officials in International Criminal Law and International Human Rights Law, New York: Oxford University Press 2008

Verdross, Alfred und Simma, Bruno, Universelles Völkerrecht, 3. Auflage, Berlin: Duncker & Humbolt 1984

Vitzthum, Wolfgang Graf (Hrsg.), Völkerrecht, 5.Auflage, Berlin u.a.: Walter de Gruyter 2010

Yang, Xiaodong, State Immunity in Interantional Law, Cambridge u.a.: Cambridge University Press 2012

Ziman, Michael G., Holding Foreign Governments Accountable for Their Human Rights Abuses: A Proposed Amendment to the Foreign Sovereign Immunities Act of 1976, in: 21 Loyola of Los Angeles International and Comparative Law Review (21 Loy. L.A. Int'l & Comp. L. Rev.), 185/1999, S. 185 - 213

Internetquellen

Australian Treaty Series 1948 No. 2, Australian Government Publishing Service, abrufbar unter: http://www.austlii.edu.au/au/other/dfat/treaties/1948/2.html

Bianchi, Andrea, On certainty, Diskussionsbeitrag, abrufbar unter www.ejiltalk.org/on-certainty/ (abgerufen am 04.11.2012)

EVZ-Tätigkeitsbericht 2011, abrufbar unter: http://www.stiftungevz.de/publikationen/taetigkeitsberichte/ (abgerufen am 11.11.2012)

Frowein, Jochen, A., Ius Cogens, in: Max Planck Encyclopedia of Public International Law, in MPEPIL, last updated 2009, abrufbar unter: www.mpepil.com (abgerufen am 10.11.2012)

Herzog, Heike: Deportation und Zwangsarbeit, www.resistenza.de (abgerufen am 06.07.2012)

Keitner, Chimène I., Germany v. Italy: The International Court of Justice Affirms Principles of State Immunity, in: 16 ASIL Insights, 05/2012, PDF-Print-Version, abrufbar unter: http://www.asil.org/insights120214.cfm (abgerufen am: 01.09.2012)

Moneta, Francesco, State Immunity for International Crimes: The Case of Germany versus Italy before the ICJ, 2009, abrufbar unter: www.haguejusticeportal.net (abgerufen am 06.07.2012)

Stiftung EVZ, Informationen zu den Zahlungen an ehemalige Zwangsarbeiter – Länderübersicht, abrufbar unter: http://www.stiftung-evz.de/w/files/presse-downloads/auszahlungen-nach-laendern_de.pdf (abgerufen am 11.11.2012)

Stoll, Peter-Tobias, State Immunity, in Max Planck Encyclopedia of Public International Law, last updated April 2011, abrufbar unter: www.mpepil.com (abgerufen am 10.11.2012)

Tomuschat, Christian, Staatliche Gerichtsimmunität – Die Fälle Distomo und Ferrini, Vortrag vom 13. Dezember 2011, abrufbar unter http://tomuschat.rewi.hu-berlin.de/not (abgerufen am 10.11.2012)

Entscheidungen

IGH

Arrest Warrant (Democratic Republic of the Congo v. Belgium), Entscheidung vom 1. April 2000

EGMR

Al-Adsani v. The United Kingdom, Entscheidung vom 21. November 2001, Nr. 35763/97

Grosz c. France, Entscheidung vom 16. Juni 2009, Nr. 14717/06

Kalogeropoulou and others v. Greece and Germany, Entscheidung vom 12. Dezember 2002, Nr. 59021/00

McElhinney v. Ireland, Entscheidung vom 21. November 2001, Nr. 31253/96

EuGH

Lechouritou u.a. v. Deutschland, Urteil vom 15. Februar 2007, Rechtssache C-292/05

Italienische Gerichte

Corte di Cassazione (*Sezioni Unite civili*), *Ferrini v. Republica Federale di Germania*, Entscheidung vom 11. März 2004, Nr. 5044 (*Ferrini-Fall*)

Corte di Cassazione (*Sez. I penale*), Entscheidung vom 13. Jänner 2009, Nr. 1072. (*Milde-Fall*)

Deutsche Gerichte:
BGH, Urteil vom 26. Juni 2003, III ZR 245/98 (*Distomo-Fall*)

BVerfG, 2 BvR 1379/01 vom 28. Juni 2004 (Verfassungsbeschwerde *Ferrini u.a.*)

Beschluss vom 13. Dezember 1977, BVerfG 2 BvM 1/76 (*Botschaftskonto*-Fall)

Beschluss vom 30.April 1963, BVerfGE 2 BvM 1/62 (*Heizungsreparatur-Fall*)

Griechische Gerichte
Landesgericht Livadia, *Prefecture of Voiotia v. Federal Republic of Germany*, Entscheidung vom 25. September 1997 (Verlesung am 30. Oktober 1997), Nr. 137/1997 (*Distomo-Fall*)

Areopag, *Prefecture of Voiotia v. Federal Republic of Germany*, Entscheidung vom 4. Mai 2000, Nr. 11/2000 (*Distomo-Fall*)

US-amerikanische Gerichte
District Court, District of Columbia, *Letelier v. Chile*, Entscheidung aus 1984, 748 F.2d 790

US District Court, District of Columbia, Flatow v. Islamic Republic of Iran, Entscheidung vom 11. März 1998, 99 F.Supp 1

US Court of Appeal, District of Columbia, *Hugo Princz v. Federal Republic of Germany*, Entscheidung vom 01.Juli 1994, 26 F.3d 1166

US Court of Appeal, 9th Circuit, *Liu v. Republic of China*, Entscheidung vom 29. Dezember 1989, 892 F. 2d 1419

US Court of Appeal, 9th Circuit, *Siderman de Blake and others v. The Republic of Argentina*, Entscheidung vom 22. Mai 1992, F.2d 699

Anhang

1. ICJ, Jurisdictional Immunities of the State (Germany v Italy, Greece intervening), Judgment 3. February 2012

2. Separate Opinion of Judge Koroma

3. Separate Opinion of Judge Keith

4. Separate Opinion of Judge Bennouna

5. Dissenting opinion of Judge Cançado Trindade

6. Dissenting opinion of Judge Yusuf

7. Dissenting opinion of Judge ad hoc Gaja

3 FÉVRIER 2012

ARRÊT

IMMUNITÉS JURIDICTIONNELLES DE L'ÉTAT (ALLEMAGNE c. ITALIE ; GRÈCE (INTERVENANT))

JURISDICTIONAL IMMUNITIES OF THE STATE (GERMANY *v.* ITALY: GREECE INTERVENING)

3 FEBRUARY 2012

JUDGMENT

TABLE OF CONTENTS

INTERNATIONAL COURT OF JUSTICE

YEAR 2012

2012
3 February
General List
No. 143

3 February 2012

JURISDICTIONAL IMMUNITIES OF THE STATE

(GERMANY *v.* ITALY: GREECE INTERVENING)

Historical and factual background.

Peace Treaty of 1947 — Federal Compensation Law of 1953 — 1961 Agreements — 2000 Federal Law establishing the "Remembrance, Responsibility and Future" Foundation — Proceedings before Italian courts — Cases involving Italian nationals — Cases involving Greek nationals.

*

Subject-matter of dispute and jurisdiction of the Court.

Subject-matter of dispute delimited by claims of Germany and Italy — No objection to jurisdiction of the Court or admissibility of Application raised by Italy — Article 1 of the European Convention for the Peaceful Settlement of Disputes as basis of jurisdiction — Limitation ratione temporis *not applicable — The Court has jurisdiction — The Court is not called upon to rule on questions of reparation — Relationship between duty of reparation and State immunity — No other question with regard to the Court's jurisdiction.*

*

Alleged violation of Germany's jurisdictional immunity in proceedings brought by Italian claimants.

Issues before the Court — Origins of proceedings in Italian courts — Existence of customary rule of international law conferring immunity on States — Sources of State practice and opinio juris *— State practice and* opinio juris *generally recognize State immunity — Rule of State immunity derives from principle of sovereign equality of States — Need to distinguish between relevant acts of Germany and those of Italy — Procedural nature of law of immunity — The Court must examine and apply the law on State immunity as it existed at time of Italian proceedings —* Acta jure gestionis *and* acta jure imperii *— Acts of armed forces of German Reich were* acta jure imperii *— State immunity in respect of* acta jure imperii *— Contention by Italy that Germany not entitled to immunity in respect of cases before Italian courts.*

Italy's first argument: territorial tort principle — Acts committed on territory of forum State by armed forces of a foreign State in conduct of armed conflict — Article 11 of European Convention on State Immunity — Article 12 of United Nations Convention on the Jurisdictional Immunities of States and their Property — State practice: national legislation and judgments of national courts — State immunity for acta jure imperii *extends to civil proceedings for acts occasioning death, personal injury or damage to property, committed by armed forces in conduct of armed conflict —* Opinio juris *— Absence of contrary jurisprudence or contrary statements by States — Decisions of Italian courts cannot be justified on basis of territorial tort principle.*

Italy's second argument: subject-matter and circumstances of claims in Italian courts — Gravity of violations — Contention that international law does not accord immunity to a State for serious violations of law of armed conflict — National court is required to determine entitlement to immunity before it can hear merits of case — No State practice to support proposition that a State is deprived of immunity in cases of serious violations of international humanitarian law — Neither has proposition been accepted by European Court of Human Rights — State not deprived of immunity because it is accused of serious violations of international humanitarian law.

Relationship between jus cogens *and rule of State immunity — Alleged conflict between* jus cogens *rules and immunity of Germany — No conflict exists between* jus cogens *and immunity of a State — Argument about* jus cogens *displacing State immunity has been rejected by national courts — State immunity not affected by violation of* jus cogens.

The "last resort" argument — Contention that Italian courts were justified in denying Germany immunity because of failure of all other attempts to secure compensation — State immunity not dependent upon existence of effective alternative means of redress — Italy's argument rejected — Further negotiation between Germany and Italy.

Combined effect of circumstances relied upon by Italy — None of three strands justify action of Italian courts — No effect if taken together — State practice — Balancing different factors would disregard nature of State immunity — Immunity cannot be dependent upon outcome of balancing exercise by national court.

Action of Italian courts in denying Germany immunity constitutes a breach of obligations owed by Italy to Germany — No need to consider other questions raised by the Parties.

*

Measures of constraint taken against property belonging to Germany located on Italian territory.

Legal charge against Villa Vigoni — Charge in question suspended by Italy to take account of proceedings before the Court — Distinction between rules of customary international law governing immunity from enforcement and those governing jurisdictional immunity — No need to determine whether decisions of Greek courts awarding pecuniary damages against Germany were in breach of that State's jurisdictional immunity — Article 19 of United Nations Convention on the Jurisdictional Immunities of States and their Property — Property which was subject of measure of constraint being used for non-commercial governmental purposes — Germany not having expressly consented to taking of legal charge in question or allocated Villa Vigoni for satisfaction of judicial claims against it — Registration of legal charge on Villa Vigoni constitutes a violation by Italy of its obligation to respect immunity owed to Germany.

*

Decisions of Italian courts declaring enforceable in Italy decisions of Greek courts upholding civil claims against Germany.

Germany's contention that its jurisdictional immunity was violated by these decisions — Request for exequatur *— Whether Italian courts respected Germany's immunity from jurisdiction in upholding request for* exequatur *— Purpose of* exequatur *proceedings —* Exequatur *proceedings must be regarded as being directed against State which was subject of foreign judgment — Question of immunity precedes consideration of request for* exequatur *— No need to rule on question whether Greek courts violated Germany's immunity — Decisions of Florence Court of Appeal constitute violation by Italy of its obligation to respect jurisdictional immunity of Germany.*

*

Germany's final submissions and the remedies sought.

Germany's six requests presented to the Court — First three submissions upheld — Violation by Italy of Germany's jurisdictional immunity — Fourth submission — Request for declaration that Italy's international responsibility is engaged — No need for express declaration — Responsibility automatically inferred from finding that certain obligations have been violated — Fourth submission not upheld — Fifth submission — Request that Italy be ordered to take, by means of its own choosing, any and all steps to ensure that all decisions of its courts and other judicial authorities infringing Germany's sovereign immunity cease to have effect — Fifth submission upheld — Result to be achieved by enacting appropriate legislation or by other methods having the same effect — Sixth submission — Request that Italy be ordered to provide assurances of non-repetition — No reason to suppose that a State whose conduct has been declared wrongful by the Court will repeat that conduct in future — No circumstances justifying assurances of non-repetition — Sixth submission not upheld.

JUDGMENT

Present: *President* OWADA; *Vice-President* TOMKA; *Judges* KOROMA, SIMMA, ABRAHAM, KEITH, SEPÚLVEDA-AMOR, BENNOUNA, SKOTNIKOV, CANÇADO TRINDADE, YUSUF, GREENWOOD, XUE, DONOGHUE; *Judge* ad hoc GAJA; *Registrar* COUVREUR.

In the case concerning jurisdictional immunities of the State,

between

the Federal Republic of Germany,

represented by

H.E. Ms Susanne Wasum-Rainer, Ambassador, Director-General for Legal Affairs and Legal Adviser, Federal Foreign Office,

H.E. Mr. Heinz-Peter Behr, Ambassador of the Federal Republic of Germany to the Kingdom of the Netherlands,

Mr. Christian Tomuschat, former Member and Chairman of the International Law Commission, Professor emeritus of Public International Law at the Humboldt University of Berlin,

as Agents;

Mr. Andrea Gattini, Professor of Public International Law at the University of Padua,

Mr. Robert Kolb, Professor of Public International Law at the University of Geneva,

as Counsel and Advocates;

Mr. Guido Hildner, Head of the Public International Law Division, Federal Foreign Office,

Mr. Götz Schmidt-Bremme, Head of the International Civil, Trade and Tax Law Division, Federal Foreign Office,

Mr. Felix Neumann, Embassy of the Federal Republic of Germany in the Kingdom of the Netherlands,

Mr. Gregor Schotten, Federal Foreign Office,

Mr. Klaus Keller, Embassy of the Federal Republic of Germany in the Kingdom of the Netherlands,

Ms Susanne Achilles, Embassy of the Federal Republic of Germany in the Kingdom of the Netherlands,

Ms Donate Arz von Straussenburg, Embassy of the Federal Republic of Germany in the Kingdom of the Netherlands,

as Advisers;

Ms Fiona Kaltenborn,

as Assistant,

and

the Italian Republic,

represented by

H.E. Mr. Paolo Pucci di Benisichi, Ambassador and State Counsellor,

as Agent;

Mr. Giacomo Aiello, State Advocate,

H.E. Mr. Franco Giordano, Ambassador of the Italian Republic to the Kingdom of the Netherlands,

as Co-Agents;

Mr. Luigi Condorelli, Professor of International Law, University of Florence,

Mr. Pierre-Marie Dupuy, Professor of International Law, Graduate Institute of International and Development Studies, Geneva, and University of Paris II (Panthéon-Assas),

Mr. Paolo Palchetti, Associate Professor of International Law, University of Macerata,

Mr. Salvatore Zappalà, Professor of International Law, University of Catania, Legal Adviser, Permanent Mission of Italy to the United Nations,

as Counsel and Advocates;

Mr. Giorgio Marrapodi, Minister Plenipotentiary, Head of the Service for Legal Affairs, Ministry of Foreign Affairs,

Mr. Guido Cerboni, Minister Plenipotentiary, Co-ordinator for the countries of Central and Western Europe, Directorate-General for the European Union, Ministry of Foreign Affairs,

Mr. Roberto Bellelli, Legal Adviser, Embassy of Italy in the Kingdom of the Netherlands,

Ms Sarah Negro, First Secretary, Embassy of Italy in the Kingdom of the Netherlands,

Mr. Mel Marquis, Professor of Law, European University Institute, Florence,

Ms Francesca De Vittor, International Law Researcher, University of Macerata,

as Advisers,

with, as State permitted to intervene in the case,

the Hellenic Republic,

represented by

Mr. Stelios Perrakis, Professor of International and European Institutions, Panteion University of Athens,

as Agent;

H.E. Mr. Ioannis Economides, Ambassador of the Hellenic Republic to the Kingdom of the Netherlands,

as Deputy-Agent;

Mr. Antonis Bredimas, Professor of International Law, National and Kapodistrian University of Athens,

as Counsel and Advocate;

Ms Maria-Daniella Marouda, Lecturer in International Law, Panteion University of Athens,

as Counsel,

THE COURT,

composed as above,

after deliberation,

delivers the following Judgment:

1. On 23 December 2008, the Federal Republic of Germany (hereinafter "Germany") filed in the Registry of the Court an Application instituting proceedings against the Italian Republic (hereinafter "Italy") in respect of a dispute originating in "violations of obligations under international law" allegedly committed by Italy through its judicial practice "in that it has failed to respect the jurisdictional immunity which . . . Germany enjoys under international law".

As a basis for the jurisdiction of the Court, Germany, in its Application, invoked Article 1 of the European Convention for the Peaceful Settlement of Disputes of 29 April 1957.

2. Under Article 40, paragraph 2, of the Statute, the Registrar immediately communicated the Application to the Government of Italy; and, pursuant to paragraph 3 of that Article, all other States entitled to appear before the Court were notified of the Application.

3. Since the Court included upon the Bench no judge of Italian nationality, Italy exercised its right under Article 31, paragraph 2, of the Statute to choose a judge *ad hoc* to sit in the case: it chose Mr. Giorgio Gaja.

4. By an Order of 29 April 2009, the Court fixed 23 June 2009 as the time-limit for the filing of the Memorial of Germany and 23 December 2009 as the time-limit for the filing of the Counter-Memorial of Italy; those pleadings were duly filed within the time-limits so prescribed. The Counter-Memorial of Italy included a counter-claim "with respect to the question of the reparation owed to Italian victims of grave violations of international humanitarian law committed by forces of the German Reich".

5. By an Order of 6 July 2010, the Court decided that the counter-claim presented by Italy was inadmissible as such under Article 80, paragraph 1, of the Rules of Court. By the same Order, the Court authorized Germany to submit a Reply and Italy to submit a Rejoinder, and fixed 14 October 2010 and 14 January 2011 respectively as the time-limits for the filing of those pleadings; those pleadings were duly filed within the time-limits so prescribed.

6. On 13 January 2011, the Hellenic Republic (hereinafter "Greece") filed in the Registry an Application for permission to intervene in the case pursuant to Article 62 of the Statute. In its Application, Greece indicated that it "[did] not seek to become a party to the case".

7. In accordance with Article 83, paragraph 1, of the Rules of Court, the Registrar, by letters dated 13 January 2011, transmitted certified copies of the Application for permission to intervene to the Government of Germany and the Government of Italy, which were informed that the Court had fixed 1 April 2011 as the time-limit for the submission of their written observations on that Application. The Registrar also transmitted, under paragraph 2 of the same Article, a copy of the Application to the Secretary-General of the United Nations.

8. Germany and Italy each submitted written observations on Greece's Application for permission to intervene within the time-limit thus fixed. The Registry transmitted to each Party a copy of the other's observations, and copies of the observations of both Parties to Greece.

9. In light of Article 84, paragraph 2, of the Rules of Court, and taking into account the fact that neither Party filed an objection, the Court decided that it was not necessary to hold hearings on the question whether Greece's Application for permission to intervene should be granted. The Court nevertheless decided that Greece should be given an opportunity to comment on the observations of the Parties and that the latter should be allowed to submit additional written observations on the question. The Court fixed 6 May 2011 as the time-limit for the submission by Greece of its own written observations on those of the Parties, and 6 June 2011 as the time-limit for the submission by the Parties of additional observations on Greece's written observations. The observations of Greece and the additional observations of the Parties were submitted within the time-limits thus fixed. The Registry duly transmitted to the Parties a copy of the observations of Greece; it transmitted to each of the Parties a copy of the other's additional observations and to Greece copies of the additional observations of both Parties.

10. By an Order of 4 July 2011, the Court authorized Greece to intervene in the case as a non-party, in so far as this intervention was limited to the decisions of Greek courts which were declared by Italian courts as enforceable in Italy. The Court further fixed the following time-limits for the filing of the written statement and the written observations referred to in Article 85, paragraph 1, of the Rules of Court: 5 August 2011 for the written statement of Greece and 5 September 2011 for the written observations of Germany and Italy on that statement.

11. The written statement of Greece and the written observations of Germany were duly filed within the time-limits so fixed. By a letter dated 1 September 2011, the Agent of Italy indicated that the Italian Republic would not be presenting observations on the written statement of Greece at that stage of the proceedings, but reserved "its position and right to address certain points raised in the written statement, as necessary, in the course of the oral proceedings". The Registry duly transmitted to the Parties a copy of the written statement of Greece; it transmitted to Italy and Greece a copy of the written observations of Germany.

12. Under Article 53, paragraph 2, of its Rules, the Court, after ascertaining the views of the Parties, decided that copies of the pleadings and documents annexed would be made available to the public at the opening of the oral proceedings. After consulting the Parties and Greece, the Court decided that the same should apply to the written statement of the intervening State and the written observations of Germany on that statement.

13. Public hearings were held from 12 to 16 September 2011, at which the Court heard the oral arguments and replies of:

For Germany:	Ms Susanne Wasum-Rainer, Mr. Christian Tomuschat, Mr. Andrea Gattini, Mr. Robert Kolb.
For Italy:	Mr. Giacomo Aiello, Mr. Luigi Condorelli, Mr. Salvatore Zappalà, Mr. Paolo Palchetti, Mr. Pierre-Marie Dupuy.
For Greece:	Mr. Stelios Perrakis, Mr. Antonis Bredimas.

14. At the hearings questions were put by Members of the Court to the Parties and to Greece, as intervening State, to which replies were given in writing. The Parties submitted written comments on those written replies.

*

15. In its Application, Germany made the following requests:

"Germany prays the Court to adjudge and declare that the Italian Republic:

(1) by allowing civil claims based on violations of international humanitarian law by the German Reich during World War II from September 1943 to May 1945, to be brought against the Federal Republic of Germany, committed violations of obligations under international law in that it has failed to respect the jurisdictional immunity which the Federal Republic of Germany enjoys under international law;

(2) by taking measures of constraint against 'Villa Vigoni', German State property used for government non-commercial purposes, also committed violations of Germany's jurisdictional immunity;

(3) by declaring Greek judgments based on occurrences similar to those defined above in request No. 1 enforceable in Italy, committed a further breach of Germany's jurisdictional immunity.

Accordingly, the Federal Republic of Germany prays the Court to adjudge and declare that

(4) the Italian Republic's international responsibility is engaged;

(5) the Italian Republic must, by means of its own choosing, take any and all steps to ensure that all the decisions of its courts and other judicial authorities infringing Germany's sovereign immunity become unenforceable;

(6) the Italian Republic must take any and all steps to ensure that in the future Italian courts do not entertain legal actions against Germany founded on the occurrences described in request No. 1 above."

16. In the course of the written proceedings the following submissions were presented by the Parties:

On behalf of the Government of Germany,

in the Memorial and in the Reply:

"Germany prays the Court to adjudge and declare that the Italian Republic:

(1) by allowing civil claims based on violations of international humanitarian law by the German Reich during World War II from September 1943 to May 1945, to be brought against the Federal Republic of Germany, committed violations of obligations under international law in that it has failed to respect the jurisdictional immunity which the Federal Republic of Germany enjoys under international law;

(2) by taking measures of constraint against 'Villa Vigoni', German State property used for government non-commercial purposes, also committed violations of Germany's jurisdictional immunity;

(3) by declaring Greek judgments based on occurrences similar to those defined above in request No. 1 enforceable in Italy, committed a further breach of Germany's jurisdictional immunity.

Accordingly, the Federal Republic of Germany prays the Court to adjudge and declare that

(4) the Italian Republic's international responsibility is engaged;

(5) the Italian Republic must, by means of its own choosing, take any and all steps to ensure that all the decisions of its courts and other judicial authorities infringing Germany's sovereign immunity become unenforceable;

(6) the Italian Republic must take any and all steps to ensure that in the future Italian courts do not entertain legal actions against Germany founded on the occurrences described in request No. 1 above";

On behalf of the Government of Italy,

in the Counter-Memorial and in the Rejoinder:

"On the basis of the facts and arguments set out [in Italy's Counter-Memorial and Rejoinder], and reserving its right to supplement or amend these Submissions, Italy respectfully requests that the Court adjudge and declare that all the claims of Germany are rejected."

17. At the oral proceedings, the following submissions were presented by the Parties:

On behalf of the Government of Germany,

"Germany respectfully requests the Court to adjudge and declare that the Italian Republic:

(1) by allowing civil claims based on violations of international humanitarian law by the German Reich during World War II between September 1943 and May 1945 to be brought against the Federal Republic of Germany, committed violations of obligations under international law in that it has failed to respect the jurisdictional immunity which the Federal Republic of Germany enjoys under international law;

(2) by taking measures of constraint against 'Villa Vigoni', German State property used for government non-commercial purposes, also committed violations of Germany's jurisdictional immunity;

(3) by declaring Greek judgments based on occurrences similar to those defined above in request No. 1 enforceable in Italy, committed a further breach of Germany's jurisdictional immunity.

Accordingly, the Federal Republic of Germany respectfully requests the Court to adjudge and declare that:

(4) the Italian Republic's international responsibility is engaged;

(5) the Italian Republic must, by means of its own choosing, take any and all steps to ensure that all the decisions of its courts and other judicial authorities infringing Germany's sovereign immunity become unenforceable; and

(6) the Italian Republic must take any and all steps to ensure that in the future Italian courts do not entertain legal actions against Germany founded on the occurrences described in request No. 1 above."

On behalf of the Government of Italy,

> "[F]or the reasons given in [its] written and oral pleadings, [Italy requests] that the Court adjudge and hold the claims of the Applicant to be unfounded. This request is subject to the qualification that . . . Italy has no objection to any decision by the Court obliging Italy to ensure that the mortgage on Villa Vigoni inscribed at the land registry is cancelled."

*

18. At the end of the written statement submitted by it in accordance with Article 85, paragraph 1, of the Rules of Court, Greece stated *inter alia*:

> "that the effect of the judgment that the ICJ will hand down in this case concerning the jurisdictional immunity of the State will be of major importance to the Italian legal order and certainly to the Greek legal order.
>
> . . . .
>
> Further, an ICJ decision on the effects of the principle of jurisdictional immunity of States when faced with a *jus cogens* rule of international law — such as the prohibition on violation of fundamental rules of humanitarian law — will guide the Greek courts in this regard. It will thus have a significant effect on pending and potential lawsuits brought by individuals before those courts."

19. At the end of the oral observations submitted by it with respect to the subject-matter of the intervention in accordance with Article 85, paragraph 3, of the Rules of Court, Greece stated *inter alia*:

> "A decision of the International Court of Justice on the effects of the principle of jurisdictional immunity of States when faced with a *jus cogens* rule of international law — such as the prohibition on violation of fundamental rules of humanitarian law — will guide the Greek courts . . . It will thus have a significant effect on pending and potential lawsuits brought by individuals before those courts.
>
> . . . .
>
> The Greek Government considers that the effect of the judgment that [the] Court will hand down in this case concerning jurisdictional immunity will be of major importance, primarily to the Italian legal order and certainly to the Greek legal order."

*

*   *

I. HISTORICAL AND FACTUAL BACKGROUND

20. The Court finds it useful at the outset to describe briefly the historical and factual background of the case which is largely uncontested between the Parties.

21. In June 1940, Italy entered the Second World War as an ally of the German Reich. In September 1943, following the removal of Mussolini from power, Italy surrendered to the Allies and, the following month, declared war on Germany. German forces, however, occupied much of Italian territory and, between October 1943 and the end of the War, perpetrated many atrocities against the population of that territory, including massacres of civilians and the deportation of large numbers of civilians for use as forced labour. In addition, German forces took prisoner, both inside Italy and elsewhere in Europe, several hundred thousand members of the Italian armed forces. Most of these prisoners (hereinafter the "Italian military internees") were denied the status of prisoner of war and deported to Germany and German-occupied territories for use as forced labour.

1. The Peace Treaty of 1947

22. On 10 February 1947, in the aftermath of the Second World War, the Allied Powers concluded a Peace Treaty with Italy, regulating, in particular, the legal and economic consequences of the war with Italy. Article 77 of the Peace Treaty reads as follows:

> "1. From the coming into force of the present Treaty property in Germany of Italy and of Italian nationals shall no longer be treated as enemy property and all restrictions based on such treatment shall be removed.
>
> 2. Identifiable property of Italy and of Italian nationals removed by force or duress from Italian territory to Germany by German forces or authorities after September 3, 1943, shall be eligible for restitution.
>
> 3. The restoration and restitution of Italian property in Germany shall be effected in accordance with measures which will be determined by the Powers in occupation of Germany.
>
> 4. Without prejudice to these and to any other dispositions in favour of Italy and Italian nationals by the Powers occupying Germany, Italy waives on its own behalf and on behalf of Italian nationals all claims against Germany and German nationals outstanding on May 8, 1945, except those arising out of contracts and other obligations entered into, and rights acquired, before September 1, 1939. This waiver shall be deemed to include debts, all inter-governmental claims in respect of arrangements entered into in the course of the war, and all claims for loss or damage arising during the war."

2. The Federal Compensation Law of 1953

23. In 1953, the Federal Republic of Germany adopted the Federal Compensation Law Concerning Victims of National Socialist Persecution (*Bundesentschädigungsgesetz* (BEG)) in order to compensate certain categories of victims of Nazi persecution. Many claims by Italian nationals under the Federal Compensation Law were unsuccessful, either because the claimants were not considered victims of national Socialist persecution within the definition of the Federal Compensation Law, or because they had no domicile or permanent residence in Germany, as required by that Law. The Federal Compensation Law was amended in 1965 to cover claims by persons persecuted because of their nationality or their membership in a non-German ethnic group, while requiring that the persons in question had refugee status on 1 October 1953. Even after the Law was amended in 1965, many Italian claimants still did not qualify for compensation because they did not have refugee status on 1 October 1953. Because of the specific terms of the Federal Compensation Law as originally adopted and as amended in 1965, claims brought by victims having foreign nationality were generally dismissed by the German courts.

3. The 1961 Agreements

24. On 2 June 1961, two Agreements were concluded between the Federal Republic of Germany and Italy. The first Agreement, which entered into force on 16 September 1963, concerned the "Settlement of certain property-related, economic and financial questions". Under Article 1 of that Agreement, Germany paid compensation to Italy for "outstanding questions of an economic nature". Article 2 of the Agreement provided as follows:

> "(1) The Italian Government declares all outstanding claims on the part of the Italian Republic or Italian natural or legal persons against the Federal Republic of Germany or German natural or legal persons to be settled to the extent that they are based on rights and circumstances which arose during the period from 1 September 1939 to 8 May 1945.
>
> (2) The Italian Government shall indemnify the Federal Republic of Germany and German natural or legal persons for any possible judicial proceedings or other legal action by Italian natural or legal persons in relation to the abovementioned claims."

25. The second Agreement, which entered into force on 31 July 1963, concerned "Compensation for Italian nationals subjected to National-Socialist measures of persecution". By virtue of this Agreement, the Federal Republic of Germany undertook to pay compensation to Italian nationals affected by those measures. Under Article 1 of that Agreement, Germany agreed to pay Italy forty million Deutsche marks

> "for the benefit of Italian nationals who, on grounds of their race, faith or ideology were subjected to National-Socialist measures of persecution and who, as a result of those persecution measures, suffered loss of liberty or damage to their health, and for the benefit of the dependents of those who died in consequence of such measures".

Article 3 of that Agreement provided as follows:

> "Without prejudice to any rights of Italian nationals based on German compensation legislation, the payment provided for in Article 1 shall constitute final settlement between the Federal Republic of Germany and the Italian Republic of all questions governed by the present Treaty."

4. Law establishing the "Remembrance, Responsibility and Future" Foundation

26. On 2 August 2000, a Federal Law was adopted in Germany, establishing a "Remembrance, Responsibility and Future" Foundation (hereinafter the "2000 Federal Law") to make funds available to individuals who had been subjected to forced labour and "other injustices from the National Socialist period" (Sec. 2, para. 1). The Foundation did not provide money directly to eligible individuals under the 2000 Federal Law but instead to "partner organizations", including the International Organization for Migration in Geneva. Article 11 of the 2000 Federal Law placed certain limits on entitlement to compensation. One effect of this provision was to exclude from the right to compensation those who had had the status of prisoner of war, unless they had been detained in concentration camps or came within other specified categories. The reason given in the official commentary to this provision, which accompanied the draft Law, was that prisoners of war "may, according to the rules of international law, be put to work by the detaining power" *[translation by the Registry]* (*Bundestagsdrucksache* 14/3206, 13 April 2000).

Thousands of former Italian military internees, who, as noted above, had been denied the status of prisoner of war by the German Reich (see paragraph 21), applied for compensation under the 2000 Federal Law. In 2001, the German authorities took the view that, under the rules of international law, the German Reich had not been able unilaterally to change the status of the Italian military internees from prisoners of war to that of civilian workers. Therefore, according to the German authorities, the Italian military internees had never lost their prisoner-of-war status, with the result that they were excluded from the benefits provided under the 2000 Federal Law. On this basis, an overwhelming majority of requests for compensation lodged by Italian military internees was rejected. Attempts by former Italian military internees to challenge that decision and seek redress in the German courts were unsuccessful. In a number of decisions, German courts ruled that the individuals in question were not entitled to compensation under the 2000 Federal Law because they had been prisoners of war. On 28 June 2004, a Chamber of the German Constitutional Court *(Bundesverfassungsgericht)* held that Article 11, paragraph 3, of the 2000 Federal Law, which excluded reparation for prisoners of war, did not violate the right to equality before the law guaranteed by the German Constitution, and that public international law did not establish an individual right to compensation for forced labour.

A group of former Italian military internees filed an application against Germany before the European Court of Human Rights on 20 December 2004. On 4 September 2007, a Chamber of that Court declared that the application was "incompatible *ratione materiae*" with the provisions of the Convention on the Protection of Human Rights and Fundamental Freedoms and its protocols and therefore was declared inadmissible (*Associazione Nazionale Reduci and 275 others* v. *Germany*, decision of 4 September 2007, Application No. 45563/04).

5. Proceedings before Italian courts

A. Cases involving Italian nationals

27. On 23 September 1998, Mr. Luigi Ferrini, an Italian national who had been arrested in August 1944 and deported to Germany, where he was detained and forced to work in a munitions factory until the end of the war, instituted proceedings against the Federal Republic of Germany in the Court of Arezzo *(Tribunale di Arezzo)* in Italy. On 3 November 2000, the Court of Arezzo decided that Mr. Luigi Ferrini's claim was inadmissible because Germany, as a sovereign State, was protected by jurisdictional immunity. By a judgment of 16 November 2001, registered on 14 January 2002, the Court of Appeal of Florence *(Corte di Appello di Firenze)* dismissed the appeal of the claimant on the same grounds. On 11 March 2004, the Italian Court of Cassation *(Corte di Cassazione)* held that Italian courts had jurisdiction over the claims for compensation brought against Germany by Mr. Luigi Ferrini on the ground that immunity does not apply in circumstances in which the act complained of constitutes an international crime (*Ferrini* v. *Federal Republic of Germany*, Decision No. 5044/2004 (*Rivista di diritto internazionale*, Vol. 87, 2004, p. 539; *International Law Reports (ILR)*, Vol. 128, p. 658)). The case was then referred back to the Court of Arezzo, which held in a judgment dated 12 April 2007 that, although it had jurisdiction to entertain the case, the claim to reparation was time-barred. The judgment of the Court of Arezzo was reversed on appeal by the Court of Appeal of Florence, which held in a judgment dated 17 February 2011 that Germany should pay damages to Mr. Luigi Ferrini as well as his case-related legal costs incurred in the course of the judicial proceedings in Italy. In particular, the Court of Appeal of Florence held that jurisdictional immunity is not absolute and cannot be invoked by a State in the face of acts by that State which constitute crimes under international law.

28. Following the *Ferrini* Judgment of the Italian Court of Cassation dated 11 March 2004, twelve claimants brought proceedings against Germany in the Court of Turin *(Tribunale di Torino)* on 13 April 2004 in the case concerning *Giovanni Mantelli and others*. On 28 April 2004, Liberato Maietta filed a case against Germany before the Court of Sciacca *(Tribunale di Sciacca)*. In both cases, which relate to acts of deportation to, and forced labour in, Germany which took place between 1943 and 1945, an interlocutory appeal requesting a declaration of lack of jurisdiction ("regolamento preventivo di giurisdizione") was filed by Germany before the Italian Court of Cassation. By two Orders of 29 May 2008 issued in the *Giovanni Mantelli and others* and the *Liberato Maietta* cases (Italian Court of Cassation, Order No. 14201 (Mantelli) *Foro italiano*, Vol. 134, 2009, I, p. 1568); Order No. 14209 (Maietta) *Rivista di diritto internazionale*, Vol. 91, 2008, p. 896), the Italian Court of Cassation confirmed that the Italian courts had jurisdiction over the claims against Germany. A number of similar claims against Germany are currently pending before Italian courts.

29. The Italian Court of Cassation also confirmed the reasoning of the *Ferrini* Judgment in a different context in proceedings brought against Mr. Max Josef Milde, a member of the "Hermann Göring" division of the German armed forces, who was charged with participation in massacres committed on 29 June 1944 in Civitella in Val di Chiana, Cornia and San Pancrazio in Italy. The Military Court of La Spezia *(Tribunale Militare di La Spezia)* sentenced Mr. Milde *in absentia* to life imprisonment and ordered Mr. Milde and Germany, jointly and severally, to pay reparation to the successors in title of the victims of the massacre who appeared as civil parties in the proceedings (judgment of 10 October 2006 (registered on 2 February 2007)). Germany appealed to

the Military Court of Appeals in Rome *(Corte Militare di Appello di Roma)* against that part of the decision, which condemned it. On 18 December 2007 the Military Court of Appeals dismissed the appeal. In a judgment of 21 October 2008 (registered on 13 January 2009), the Italian Court of Cassation rejected Germany's argument of lack of jurisdiction and confirmed its reasoning in the *Ferrini* Judgment that in cases of crimes under international law, the jurisdictional immunity of States should be set aside (*Rivista di diritto internazionale*, Vol. 92, 2009, p. 618).

B. Cases involving Greek nationals

30. On 10 June 1944, during the German occupation of Greece, German armed forces committed a massacre in the Greek village of Distomo, involving many civilians. In 1995, relatives of the victims of the massacre who claimed compensation for loss of life and property commenced proceedings against Germany. The Greek Court of First Instance *(Protodikeio)* of Livadia rendered a judgment in default on 25 September 1997 (and read out in court on 30 October 1997) against Germany and awarded damages to the successors in title of the victims of the massacre. Germany's appeal of that judgment was dismissed by the Hellenic Supreme Court (*Areios Pagos*) on 4 May 2000 (*Prefecture of Voiotia* v. *Federal Republic of Germany*, case No. 11/2000 (*ILR*, Vol. 129, p. 513) (the *Distomo* case)). Article 923 of the Greek Code of Civil Procedure requires authorization from the Minister for Justice to enforce a judgment against a foreign State in Greece. That authorization was requested by the claimants in the *Distomo* case but was not granted. As a result, the judgments against Germany have remained unexecuted in Greece.

31. The claimants in the *Distomo* case brought proceedings against Greece and Germany before the European Court of Human Rights alleging that Germany and Greece had violated Article 6, paragraph 1, of the Convention for the Protection of Human Rights and Fundamental Freedoms and Article 1 of Protocol No. 1 to that Convention by refusing to comply with the decision of the Court of First Instance of Livadia dated 25 September 1997 (as to Germany) and failing to permit execution of that decision (as to Greece). In its decision of 12 December 2002, the European Court of Human Rights, referring to the rule of State immunity, held that the claimants' application was inadmissible (*Kalogeropoulou and others* v. *Greece and Germany*, Application No. 59021/00, Decision of 12 December 2002, *ECHR Reports* 2002-X, p. 417; *ILR*, Vol. 129, p. 537).

32. The Greek claimants brought proceedings before the German courts in order to enforce in Germany the judgment rendered on 25 September 1997 by the Greek Court of First Instance of Livadia, as confirmed on 4 May 2000 by the Hellenic Supreme Court. In its judgment of 26 June 2003, the German Federal Supreme Court *(Bundesgerichtshof)* held that those Greek judicial decisions could not be recognized within the German legal order because they had been given in breach of Germany's entitlement to State immunity (*Greek citizens* v. *Federal Republic of Germany*, case No. III ZR 245/98, *Neue Juristische Wochenschrift (NJW)*, 2003, p. 3488; *ILR*, Vol. 129, p. 556).

33. The Greek claimants then sought to enforce the judgments of the Greek courts in the *Distomo* case in Italy. The Court of Appeal of Florence held in a decision dated 2 May 2005 (registered on 5 May 2005) that the order contained in the judgment of the Hellenic Supreme

Court, imposing an obligation on Germany to reimburse the legal expenses for the judicial proceedings before that Court, was enforceable in Italy. In a decision dated 6 February 2007 (registered on 22 March 2007), the Court of Appeal of Florence rejected the objection raised by Germany against the decision of 2 May 2005 (*Foro italiano*, Vol. 133, 2008, I, p. 1308). The Italian Court of Cassation, in a judgment dated 6 May 2008 (registered on 29 May 2008), confirmed the ruling of the Court of Appeal of Florence (*Rivista di diritto internazionale*, Vol. 92, 2009, p. 594).

34. Concerning the question of reparations to be paid to Greek claimants by Germany, the Court of Appeal of Florence declared, by a decision dated 13 June 2006 (registered on 16 June 2006), that the judgment of the Court of First Instance of Livadia dated 25 September 1997 was enforceable in Italy. In a judgment dated 21 October 2008 (registered on 25 November 2008), the Court of Appeal of Florence rejected the objection by the German Government against the decision of 13 June 2006. The Italian Court of Cassation, in a judgment dated 12 January 2011 (registered on 20 May 2011), confirmed the ruling of the Court of Appeal of Florence.

35. On 7 June 2007, the Greek claimants, pursuant to the decision by the Court of Appeal of Florence of 13 June 2006, registered with the Como provincial office of the Italian Land Registry *(Agenzia del Territorio)* a legal charge *(ipoteca giudiziale)* over Villa Vigoni, a property of the German State near Lake Como. The State Legal Service for the District of Milan *(Avvocatura Distrettuale dello Stato di Milano)*, in a submission dated 6 June 2008 and made before the Court of Como *(Tribunale di Como)*, maintained that the charge should be cancelled. Under Decree-Law No. 63 of 28 April 2010, Law No. 98 of 23 June 2010 and Decree-Law No. 216 of 29 December 2011, the legal charge was suspended pending the decision of the International Court of Justice in the present case.

36. Following the institution of proceedings in the *Distomo* case in 1995, another case was brought against Germany by Greek nationals before Greek courts — referred to as the *Margellos* case — involving claims for compensation for acts committed by German forces in the Greek village of Lidoriki in 1944. In 2001, the Hellenic Supreme Court referred that case to the Special Supreme Court *(Anotato Eidiko Dikastirio)*, which, in accordance with Article 100 of the Constitution of Greece, has jurisdiction in relation to "the settlement of controversies regarding the determination of generally recognized rules of international law" *[translation by the Registry]*, requesting it to decide whether the rules on State immunity covered acts referred to in the *Margellos* case. By a decision of 17 September 2002, the Special Supreme Court found that, in the present state of development of international law, Germany was entitled to State immunity (*Margellos* v. *Federal Republic of Germany*, case No. 6/2002, *ILR*, Vol. 129, p. 525).

II. The subject-matter of the dispute and the jurisdiction of the Court

37. The submissions presented to the Court by Germany have remained unchanged throughout the proceedings (see paragraphs 15, 16 and 17 above).

Germany requests the Court, in substance, to find that Italy has failed to respect the jurisdictional immunity which Germany enjoys under international law by allowing civil claims to be brought against it in the Italian courts, seeking reparation for injuries caused by violations of international humanitarian law committed by the German Reich during the Second World War;

that Italy has also violated Germany's immunity by taking measures of constraint against Villa Vigoni, German State property situated in Italian territory; and that it has further breached Germany's jurisdictional immunity by declaring enforceable in Italy decisions of Greek civil courts rendered against Germany on the basis of acts similar to those which gave rise to the claims brought before Italian courts. Consequently, the Applicant requests the Court to declare that Italy's international responsibility is engaged and to order the Respondent to take various steps by way of reparation.

38. Italy, for its part, requests the Court to adjudge Germany's claims to be unfounded and therefore to reject them, apart from the submission regarding the measures of constraint taken against Villa Vigoni, on which point the Respondent indicates to the Court that it would have no objection to the latter ordering it to bring the said measures to an end.

In its Counter-Memorial, Italy submitted a counter-claim "with respect to the question of the reparation owed to Italian victims of grave violations of international humanitarian law committed by forces of the German Reich"; this claim was dismissed by the Court's Order of 6 July 2010, on the grounds that it did not fall within the jurisdiction of the Court and was consequently inadmissible under Article 80, paragraph 1, of the Rules of Court (see paragraph 5 above).

*

39. The subject-matter of a dispute brought before the Court is delimited by the claims submitted to it by the parties. In the present case, since there is no longer any counter-claim before the Court and Italy has requested the Court to "adjudge Germany's claims to be unfounded", it is those claims that delimit the subject-matter of the dispute which the Court is called upon to settle. It is in respect of those claims that the Court must determine whether it has jurisdiction to entertain the case.

40. Italy has raised no objection of any kind regarding the jurisdiction of the Court or the admissibility of the Application.

Nevertheless, according to well-established jurisprudence, the Court "must . . . always be satisfied that it has jurisdiction, and must if necessary go into the matter *proprio motu*" (*Appeal Relating to the Jurisdiction of the ICAO Council (India* v. *Pakistan), Judgment, I.C.J. Reports 1972*, p. 52, para. 13).

41. Germany's Application was filed on the basis of the jurisdiction conferred on the Court by Article 1 of the European Convention for the Peaceful Settlement of Disputes, under the terms of which:

> "The High Contracting Parties shall submit to the judgement of the International Court of Justice all international legal disputes which may arise between them including, in particular, those concerning:

(a) the interpretation of a treaty;

(b) any question of international law;

(c) the existence of any fact which, if established, would constitute a breach of an international obligation;

(d) the nature or extent of the reparation to be made for the breach of an international obligation."

42. Article 27, subparagraph *(a)*, of the same Convention limits the scope of that instrument *ratione temporis* by stating that it shall not apply to "disputes relating to facts or situations prior to the entry into force of this Convention as between the parties to the dispute". The Convention entered into force as between Germany and Italy on 18 April 1961.

43. The claims submitted to the Court by Germany certainly relate to "international legal disputes" within the meaning of Article 1 as cited above, between two States which, as has just been said, were both parties to the Convention on the date when the Application was filed, and indeed continue to be so.

44. The clause in the above-mentioned Article 27 imposing a limitation *ratione temporis* is not applicable to Germany's claims: the dispute which those claims concern does not "relat[e] to facts or situations prior to the entry into force of th[e] Convention as between the parties to the dispute", i.e., prior to 18 April 1961. The "facts or situations" which have given rise to the dispute before the Court are constituted by Italian judicial decisions that denied Germany the jurisdictional immunity which it claimed, and by measures of constraint applied to property belonging to Germany. Those decisions and measures were adopted between 2004 and 2011, thus well after the European Convention for the Peaceful Settlement of Disputes entered into force as between the Parties. It is true that the subject-matter of the disputes to which the judicial proceedings in question relate is reparation for the injury caused by actions of the German armed forces in 1943-1945. Germany's complaint before the Court, however, is not about the treatment of that subject-matter in the judgments of the Italian courts; its complaint is solely that its immunities from jurisdiction and enforcement have been violated. Defined in such terms, the dispute undoubtedly relates to "facts or situations" occurring entirely after the entry into force of the Convention as between the Parties. Italy has thus rightly not sought to argue that the dispute brought before the Court by Germany falls wholly or partly within the limitation *ratione temporis* under the above-mentioned Article 27. The Court has jurisdiction to deal with the dispute.

45. The Parties, who have not disagreed on the analysis set out above, have on the other hand debated the extent of the Court's jurisdiction in a quite different context, that of some of the arguments put forward by Italy in its defence and relating to the alleged non-performance by Germany of its obligation to make reparation to the Italian and Greek victims of the crimes committed by the German Reich in 1943-1945.

According to Italy, a link exists between the question of Germany's performance of its obligation to make reparation to the victims and that of the jurisdictional immunity which Germany might rely on before the foreign courts to which those victims apply, in the sense that a State which fails to perform its obligation to make reparation to the victims of grave violations of international humanitarian law, and which offers those victims no effective means of claiming the reparation to which they may be entitled, would be deprived of the right to invoke its jurisdictional immunity before the courts of the State of the victims' nationality.

46. Germany has contended that the Court could not rule on such an argument, on the basis that it concerned the question of reparation claims, which relate to facts prior to 18 April 1961. According to Germany, "facts occurring before the date of the entry into force of the European Convention for the Peaceful Settlement of Disputes as between Italy and Germany clearly lie outside the jurisdiction of the Court", and "reparation claims do not fall within the subject-matter of the present dispute and do not form part of the present proceedings". Germany relies in this respect on the Order whereby the Court dismissed Italy's counter-claim, which precisely asked the Court to find that Germany had violated its obligation of reparation owed to Italian victims of war crimes and crimes against humanity committed by the German Reich (see paragraph 38). Germany points out that this dismissal was based on the fact that the said counter-claim fell outside the jurisdiction of the Court, because of the clause imposing a limitation *ratione temporis* in the above-mentioned Article 27 of the European Convention for the Peaceful Settlement of Disputes, the question of reparation claims resulting directly from the acts committed in 1943-1945.

47. Italy has responded to this objection that, while the Order of 6 July 2010 certainly prevents it from pursuing its counter-claim in the present case, it does not on the other hand prevent it from using the arguments on which it based that counter-claim in its defence against Germany's claims; that the question of the lack of appropriate reparation is, in its view, crucial for resolving the dispute over immunity; and that the Court's jurisdiction to take cognizance of it incidentally is thus indisputable.

48. The Court notes that, since the dismissal of Italy's counter-claim, it no longer has before it any submissions asking it to rule on the question of whether Germany has a duty of reparation towards the Italian victims of the crimes committed by the German Reich and whether it has complied with that obligation in respect of all those victims, or only some of them. The Court is therefore not called upon to rule on those questions.

49. However, in support of its submission that it has not violated Germany's jurisdictional immunity, Italy contends that Germany stands deprived of the right to invoke that immunity in Italian courts before which civil actions have been brought by some of the victims, because of the fact that it has not fully complied with its duty of reparation.

50. The Court must determine whether, as Italy maintains, the failure of a State to perform completely a duty of reparation which it allegedly bears is capable of having an effect, in law, on the existence and scope of that State's jurisdictional immunity before foreign courts. This question is one of law on which the Court must rule in order to determine the customary international law applicable in respect of State immunity for the purposes of the present case.

Should the preceding question be answered in the affirmative, the second question would be whether, in the specific circumstances of the case, taking account in particular of Germany's conduct on the issue of reparation, the Italian courts had sufficient grounds for setting aside Germany's immunity. It is not necessary for the Court to satisfy itself that it has jurisdiction to respond to this second question until it has responded to the first.

The Court considers that, at this stage, no other question arises with regard to the existence or scope of its jurisdiction.

*

51. The Court will first address the issues raised by Germany's first submission, namely whether, by exercising jurisdiction over Germany with regard to the claims brought before them by the various Italian claimants, the Italian courts acted in breach of Italy's obligation to accord jurisdictional immunity to Germany. It will then turn, in Section IV, to the measures of constraint adopted in respect of Villa Vigoni and, in Section V, to the decisions of the Italian courts declaring enforceable in Italy the judgments of the Greek courts.

III. ALLEGED VIOLATION OF GERMANY'S JURISDICTIONAL IMMUNITY IN THE PROCEEDINGS BROUGHT BY THE ITALIAN CLAIMANTS

1. The issues before the Court

52. The Court begins by observing that the proceedings in the Italian courts have their origins in acts perpetrated by German armed forces and other organs of the German Reich. Germany has fully acknowledged the "untold suffering inflicted on Italian men and women in particular during massacres, and on former Italian military internees" (Joint Declaration of Germany and Italy, Trieste, 18 November 2008), accepts that these acts were unlawful and stated before this Court that it "is fully aware of [its] responsibility in this regard". The Court considers that the acts in question can only be described as displaying a complete disregard for the "elementary considerations of humanity" (*Corfu Channel (United Kingdom* v. *Albania), I.C.J. Reports 1949*, p. 22; *Military and Paramilitary Activities in and against Nicaragua (Nicaragua* v. *United States of America), Merits, Judgment, I.C.J. Reports 1986*, p. 112). One category of cases involved the large-scale killing of civilians in occupied territory as part of a policy of reprisals, exemplified by the massacres committed on 29 June 1944 in Civitella in Val di Chiana, Cornia and San Pancrazio by members of the "Hermann Göring" division of the German armed forces involving the killing of 203 civilians taken as hostages after resistance fighters had killed four German soldiers a few days earlier (*Max Josef Milde* case, Military Court of La Spezia, judgment of 10 October 2006 (registered on 2 February 2007)). Another category involved members of the civilian population who, like Mr. Luigi Ferrini, were deported from Italy to what was in substance slave labour in Germany. The third concerned members of the Italian armed forces who were denied the status of prisoner of war, together with the protections which that status entailed, to which they were entitled and who were similarly used as forced labourers. The Court considers that there can be no doubt that this conduct was a serious violation of the international law of armed conflict applicable in 1943-1945. Article 6 *(b)* of the Charter of the International Military Tribunal, 8 August 1945 (United Nations, *Treaty Series (UNTS)*, Vol. 82, p. 279), convened at Nuremberg included as war crimes "murder, ill-treatment, or deportation to slave labour or for any other purpose of civilian population of or in occupied territory", as well as "murder or ill-treatment of prisoners of war". The list of crimes against humanity in Article 6 *(c)* of the Charter included

"murder, extermination, enslavement, deportation, and other inhumane acts committed against any civilian population, before or during the war". The murder of civilian hostages in Italy was one of the counts on which a number of war crimes defendants were condemned in trials immediately after the Second World War (e.g., *Von Mackensen and Maelzer* (1946) *Annual Digest*, Vol. 13, p. 258; *Kesselring* (1947) *Annual Digest*, Vol. 13, p. 260; and *Kappler* (1948) *Annual Digest*, Vol. 15, p. 471). The principles of the Nuremberg Charter were confirmed by the General Assembly of the United Nations in resolution 95 (I) of 11 December 1946.

53. However, the Court is not called upon to decide whether these acts were illegal, a point which is not contested. The question for the Court is whether or not, in proceedings regarding claims for compensation arising out of those acts, the Italian courts were obliged to accord Germany immunity. In that context, the Court notes that there is a considerable measure of agreement between the Parties regarding the applicable law. In particular, both Parties agree that immunity is governed by international law and is not a mere matter of comity.

54. As between Germany and Italy, any entitlement to immunity can be derived only from customary international law, rather than treaty. Although Germany is one of the eight States parties to the European Convention on State Immunity of 16 May 1972 (*European Treaty Series (ETS)*, No. 74; *UNTS*, Vol. 1495, p. 182) (hereinafter the "European Convention"), Italy is not a party and the Convention is accordingly not binding upon it. Neither State is party to the United Nations Convention on the Jurisdictional Immunities of States and their Property, adopted on 2 December 2004 (hereinafter the "United Nations Convention"), which is not yet in force in any event. As of 1 February 2012, the United Nations Convention had been signed by 28 States and obtained thirteen instruments of ratification, acceptance, approval or accession. Article 30 of the Convention provides that it will enter into force on the thirtieth day after deposit of the thirtieth such instrument. Neither Germany nor Italy has signed the Convention.

55. It follows that the Court must determine, in accordance with Article 38 (1) *(b)* of its Statute, the existence of "international custom, as evidence of a general practice accepted as law" conferring immunity on States and, if so, what is the scope and extent of that immunity. To do so, it must apply the criteria which it has repeatedly laid down for identifying a rule of customary international law. In particular, as the Court made clear in the *North Sea Continental Shelf* cases, the existence of a rule of customary international law requires that there be "a settled practice" together with *opinio juris* (*North Sea Continental Shelf (Federal Republic of Germany/Denmark; Federal Republic of Germany/Netherlands), Judgment, I.C.J. Reports, 1969*, p. 44, para. 77). Moreover, as the Court has also observed,

> "It is of course axiomatic that the material of customary international law is to be looked for primarily in the actual practice and *opinio juris* of States, even though multilateral conventions may have an important role to play in recording and defining rules deriving from custom, or indeed in developing them." (*Continental Shelf (Libyan Arab Jamahiriya/Malta), Judgment, I.C.J. Reports 1985*, pp. 29-30, para. 27.)

In the present context, State practice of particular significance is to be found in the judgments of national courts faced with the question whether a foreign State is immune, the legislation of those States which have enacted statutes dealing with immunity, the claims to immunity advanced by States before foreign courts and the statements made by States, first in the course of the extensive study of the subject by the International Law Commission and then in the context of the adoption of the United Nations Convention. *Opinio juris* in this context is reflected in particular in the assertion by States claiming immunity that international law accords them a right to such immunity from the jurisdiction of other States; in the acknowledgment, by States granting immunity, that international law imposes upon them an obligation to do so; and, conversely, in the assertion by States in other cases of a right to exercise jurisdiction over foreign States. While it may be true that States sometimes decide to accord an immunity more extensive than that required by international law, for present purposes, the point is that the grant of immunity in such a case is not accompanied by the requisite *opinio juris* and therefore sheds no light upon the issue currently under consideration by the Court.

56. Although there has been much debate regarding the origins of State immunity and the identification of the principles underlying that immunity in the past, the International Law Commission concluded in 1980 that the rule of State immunity had been "adopted as a general rule of customary international law solidly rooted in the current practice of States" (*Yearbook of the International Law Commission*, 1980, Vol. II (2), p. 147, para. 26). That conclusion was based upon an extensive survey of State practice and, in the opinion of the Court, is confirmed by the record of national legislation, judicial decisions, assertions of a right to immunity and the comments of States on what became the United Nations Convention. That practice shows that, whether in claiming immunity for themselves or according it to others, States generally proceed on the basis that there is a right to immunity under international law, together with a corresponding obligation on the part of other States to respect and give effect to that immunity.

57. The Court considers that the rule of State immunity occupies an important place in international law and international relations. It derives from the principle of sovereign equality of States, which, as Article 2, paragraph 1, of the Charter of the United Nations makes clear, is one of the fundamental principles of the international legal order. This principle has to be viewed together with the principle that each State possesses sovereignty over its own territory and that there flows from that sovereignty the jurisdiction of the State over events and persons within that territory. Exceptions to the immunity of the State represent a departure from the principle of sovereign equality. Immunity may represent a departure from the principle of territorial sovereignty and the jurisdiction which flows from it.

58. The Parties are thus in broad agreement regarding the validity and importance of State immunity as a part of customary international law. They differ, however, as to whether (as Germany contends) the law to be applied is that which determined the scope and extent of State immunity in 1943-1945, i.e., at the time that the events giving rise to the proceedings in the Italian courts took place, or (as Italy maintains) that which applied at the time the proceedings themselves occurred. The Court observes that, in accordance with the principle stated in Article 13 of the

International Law Commission Articles on Responsibility of States for Internationally Wrongful Acts, the compatibility of an act with international law can be determined only by reference to the law in force at the time when the act occurred. In that context, it is important to distinguish between the relevant acts of Germany and those of Italy. The relevant German acts — which are described in paragraph 52 — occurred in 1943-1945, and it is, therefore, the international law of that time which is applicable to them. The relevant Italian acts — the denial of immunity and exercise of jurisdiction by the Italian courts — did not occur until the proceedings in the Italian courts took place. Since the claim before the Court concerns the actions of the Italian courts, it is the international law in force at the time of those proceedings which the Court has to apply. Moreover, as the Court has stated (in the context of the personal immunities accorded by international law to foreign ministers), the law of immunity is essentially procedural in nature (*Arrest Warrant (Democratic Republic of Congo* v. *Belgium), I.C.J. Reports 2002*, p. 25, para. 60). It regulates the exercise of jurisdiction in respect of particular conduct and is thus entirely distinct from the substantive law which determines whether that conduct is lawful or unlawful. For these reasons, the Court considers that it must examine and apply the law on State immunity as it existed at the time of the Italian proceedings, rather than that which existed in 1943-1945.

59. The Parties also differ as to the scope and extent of the rule of State immunity. In that context, the Court notes that many States (including both Germany and Italy) now distinguish between *acta jure gestionis*, in respect of which they have limited the immunity which they claim for themselves and which they accord to others, and *acta jure imperii*. That approach has also been followed in the United Nations Convention and the European Convention (see also the draft Inter-American Convention on Jurisdictional Immunity of States drawn up by the Inter-American Juridical Committee of the Organization of American States in 1983 (*ILM*, Vol. 22, p. 292)).

60. The Court is not called upon to address the question of how international law treats the issue of State immunity in respect of *acta jure gestionis*. The acts of the German armed forces and other State organs which were the subject of the proceedings in the Italian courts clearly constituted *acta jure imperii*. The Court notes that Italy, in response to a question posed by a member of the Court, recognized that those acts had to be characterized as *acta jure imperii*, notwithstanding that they were unlawful. The Court considers that the terms *"jure imperii"* and *"jure gestionis"* do not imply that the acts in question are lawful but refer rather to whether the acts in question fall to be assessed by reference to the law governing the exercise of sovereign power *(jus imperii)* or the law concerning non-sovereign activities of a State, especially private and commercial activities *(jus gestionis)*. To the extent that this distinction is significant for determining whether or not a State is entitled to immunity from the jurisdiction of another State's courts in respect of a particular act, it has to be applied before that jurisdiction can be exercised, whereas the legality or illegality of the act is something which can be determined only in the exercise of that jurisdiction. Although the present case is unusual in that the illegality of the acts at issue has been admitted by Germany at all stages of the proceedings, the Court considers that this fact does not alter the characterization of those acts as *acta jure imperii*.

61. Both Parties agree that States are generally entitled to immunity in respect of *acta jure imperii*. That is the approach taken in the United Nations, European and draft Inter-American Conventions, the national legislation in those States which have adopted statutes on the subject and the jurisprudence of national courts. It is against that background that the Court must approach the question raised by the present proceedings, namely whether that immunity is applicable to acts committed by the armed forces of a State (and other organs of that State acting in co-operation with the armed forces) in the course of conducting an armed conflict. Germany maintains that immunity is applicable and that there is no relevant limitation on the immunity to which a State is entitled in respect of *acta jure imperii*. Italy, in its pleadings before the Court, maintains that Germany is not entitled to immunity in respect of the cases before the Italian courts for two reasons: first, that immunity as to *acta jure imperii* does not extend to torts or delicts occasioning death, personal injury or damage to property committed on the territory of the forum State, and, secondly, that, irrespective of where the relevant acts took place, Germany was not entitled to immunity because those acts involved the most serious violations of rules of international law of a peremptory character for which no alternative means of redress was available. The Court will consider each of Italy's arguments in turn.

2. Italy's first argument: the territorial tort principle

62. The essence of the first Italian argument is that customary international law has developed to the point where a State is no longer entitled to immunity in respect of acts occasioning death, personal injury or damage to property on the territory of the forum State, even if the act in question was performed *jure imperii*. Italy recognizes that this argument is applicable only to those of the claims brought before the Italian courts which concern acts that occurred in Italy and not to the cases of Italian military internees taken prisoner outside Italy and transferred to Germany or other territories outside Italy as forced labour. In support of its argument Italy points to the adoption of Article 11 of the European Convention and Article 12 of the United Nations Convention and to the fact that nine of the ten States it identified which have adopted legislation specifically dealing with State immunity (the exception being Pakistan) have enacted provisions similar to those in the two Conventions. Italy acknowledges that the European Convention contains a provision to the effect that the Convention is not applicable to the acts of foreign armed forces (Article 31) but maintains that this provision is merely a saving clause aimed primarily at avoiding conflicts between the Convention and instruments regulating the status of visiting forces present with the consent of the territorial sovereign and that it does not show that States are entitled to immunity in respect of the acts of their armed forces in another State. Italy dismisses the significance of certain statements (discussed in paragraph 69 below) made during the process of adoption of the United Nations Convention suggesting that that Convention did not apply to the acts of armed forces. Italy also notes that two of the national statutes (those of the United Kingdom and Singapore) are not applicable to the acts of foreign armed forces but argues that the other seven (those of Argentina, Australia, Canada, Israel, Japan, South Africa and the United States of America) amount to significant State practice asserting jurisdiction over torts occasioned by foreign armed forces.

63. Germany maintains that, in so far as they deny a State immunity in respect of *acta jure imperii*, neither Article 11 of the European Convention, nor Article 12 of the United Nations Convention reflects customary international law. It contends that, in any event, they are irrelevant to the present proceedings, because neither provision was intended to apply to the acts of armed forces. Germany also points to the fact that, with the exception of the Italian cases and the *Distomo* case in Greece, no national court has ever held that a State was not entitled to immunity in respect of acts of its armed forces, in the context of an armed conflict and that, by contrast, the courts in several States have expressly declined jurisdiction in such cases on the ground that the respondent State was entitled to immunity.

*

64. The Court begins by observing that the notion that State immunity does not extend to civil proceedings in respect of acts committed on the territory of the forum State causing death, personal injury or damage to property originated in cases concerning road traffic accidents and other "insurable risks". The limitation of immunity recognized by some national courts in such cases was treated as confined to *acta jure gestionis* (see, e.g., the judgment of the Supreme Court of Austria in *Holubek* v. *Government of the United States of America* (*Juristische Blätter* (Wien), Vol. 84, 1962, p. 43; *ILR*, Vol. 40, p. 73)). The Court notes, however, that none of the national legislation which provides for a "territorial tort exception" to immunity expressly distinguishes between *acta jure gestionis* and *acta jure imperii*. The Supreme Court of Canada expressly rejected the suggestion that the exception in the Canadian legislation was subject to such a distinction (*Schreiber* v. *Federal Republic of Germany*, [2002] *Supreme Court Reports (SCR)*, Vol. 3, p. 269, paras. 33-36). Nor is such a distinction featured in either Article 11 of the European Convention or Article 12 of the United Nations Convention. The International Law Commission's commentary on the text of what became Article 12 of the United Nations Convention makes clear that this was a deliberate choice and that the provision was not intended to be restricted to *acta jure gestionis* (*Yearbook of the International Law Commission*, 1991, Vol. II (2), p. 45, para. 8). Germany has not, however, been alone in suggesting that, in so far as it was intended to apply to *acta jure imperii*, Article 12 was not representative of customary international law. In criticizing the International Law Commission's draft of what became Article 12, China commented in 1990 that "the article had gone even further than the restrictive doctrine, for it made no distinction between sovereign acts and private law acts" (United Nations doc. A/C.6/45/SR.25, p. 2) and the United States, commenting in 2004 on the draft United Nations Convention, stated that Article 12 "must be interpreted and applied consistently with the time-honoured distinction between acts *jure imperii* and acts *jure gestionis*" since to extend jurisdiction without regard to that distinction "would be contrary to the existing principles of international law" (United Nations doc. A/C.6/59/SR.13, p. 10, para. 63).

65. The Court considers that it is not called upon in the present proceedings to resolve the question whether there is in customary international law a "tort exception" to State immunity applicable to *acta jure imperii* in general. The issue before the Court is confined to acts committed on the territory of the forum State by the armed forces of a foreign State, and other organs of State working in co-operation with those armed forces, in the course of conducting an armed conflict.

66. The Court will first consider whether the adoption of Article 11 of the European Convention or Article 12 of the United Nations Convention affords any support to Italy's contention that States are no longer entitled to immunity in respect of the type of acts specified in the preceding paragraph. As the Court has already explained (see paragraph 54 above), neither Convention is in force between the Parties to the present case. The provisions of these Conventions are, therefore, relevant only in so far as their provisions and the process of their adoption and implementation shed light on the content of customary international law.

67. Article 11 of the European Convention states the territorial tort principle in broad terms,

> "A Contracting State cannot claim immunity from the jurisdiction of a court of another Contracting State in proceedings which relate to redress for injury to the person or damage to tangible property, if the facts which occasioned the injury or damage occurred in the territory of the State of the forum, and if the author of the injury or damage was present in that territory at the time when those facts occurred."

That provision must, however, be read in the light of Article 31, which provides,

> "Nothing in this Convention shall affect any immunities or privileges enjoyed by a Contracting State in respect of anything done or omitted to be done by, or in relation to, its armed forces when on the territory of another Contracting State."

Although one of the concerns which Article 31 was intended to address was the relationship between the Convention and the various agreements on the status of visiting forces, the language of Article 31 makes clear that it is not confined to that matter and excludes from the scope of the Convention all proceedings relating to acts of foreign armed forces, irrespective of whether those forces are present in the territory of the forum with the consent of the forum State and whether their acts take place in peacetime or in conditions of armed conflict. The Explanatory Report on the Convention, which contains a detailed commentary prepared as part of the negotiating process, states in respect of Article 31,

> "The Convention is not intended to govern situations which may arise in the event of armed conflict; *nor* can it be invoked to resolve problems which may arise between allied States as a result of the stationing of forces. These problems are generally dealt with by special agreements (cf. Article 33).
>
> . . . .
>
> [Article 31] prevents the Convention being interpreted as having any influence upon these matters." (Paragraph 116; emphasis added.)

68. The Court agrees with Italy that Article 31 takes effect as a "saving clause", with the result that the immunity of a State for the acts of its armed forces falls entirely outside the Convention and has to be determined by reference to customary international law. The consequence, however, is that the inclusion of the "territorial tort principle" in Article 11 of the Convention cannot be treated as support for the argument that a State is not entitled to immunity

for torts committed by its armed forces. As the Explanatory Report states, the effect of Article 31 is that the Convention has no influence upon that question. Courts in Belgium (judgment of the Court of First Instance of Ghent in *Botelberghe* v. *German State*, 18 February 2000), Ireland (judgment of the Supreme Court in *McElhinney* v. *Williams*, 15 December 1995, [1995] 3 *Irish Reports* 382; *ILR*, Vol. 104, p. 691), Slovenia (*case No. Up-13/99*, Constitutional Court, para. 13), Greece (*Margellos* v. *Federal Republic of Germany*, *case No. 6/2002*; *ILR*, Vol. 129, p. 529) and Poland (Judgment of the Supreme Court of Poland, *Natoniewski* v. *Federal Republic of Germany, Polish Yearbook of International Law*, Vol. XXX, 2010, p. 299) have concluded that Article 31 means that the immunity of a State for torts committed by its armed forces is unaffected by Article 11 of the Convention.

69. Article 12 of the United Nations Convention provides,

> "Unless otherwise agreed between the States concerned, a State cannot invoke immunity from jurisdiction before a court of another State which is otherwise competent in a proceeding which relates to pecuniary compensation for death or injury to the person, or damage to or loss of tangible property, caused by an act or omission which is alleged to be attributable to the State, if the act or omission occurred in whole or in part in the territory of that other State and if the author of the act or omission was present in that territory at the time of the act or omission."

Unlike the European Convention, the United Nations Convention contains no express provision excluding the acts of armed forces from its scope. However, the International Law Commission's commentary on the text of Article 12 states that that provision does not apply to "situations involving armed conflicts" (*Yearbook of the International Law Commission*, 1991, Vol. II (2), p. 46, para. 10). Moreover, in presenting to the Sixth Committee of the General Assembly the Report of the *Ad Hoc* Committee on Jurisdictional Immunities of States and Their Property (United Nations doc. A/59/22), the Chairman of the *Ad Hoc* Committee stated that the draft Convention had been prepared on the basis of a general understanding that military activities were not covered (United Nations doc. A/C.6/59/SR.13, p. 6, para. 36).

No State questioned this interpretation. Moreover, the Court notes that two of the States which have so far ratified the Convention, Norway and Sweden, made declarations in identical terms stating their understanding that "the Convention does not apply to military activities, including the activities of armed forces during an armed conflict, as those terms are understood under international humanitarian law, and activities undertaken by military forces of a State in the exercise of their official duties" (United Nations doc. C.N.280.2006.TREATIES-2 and United Nations doc. C.N.912.2009.TREATIES-1). In the light of these various statements, the Court concludes that the inclusion in the Convention of Article 12 cannot be taken as affording any support to the contention that customary international law denies State immunity in tort proceedings relating to acts occasioning death, personal injury or damage to property committed in the territory of the forum State by the armed forces and associated organs of another State in the context of an armed conflict.

70. Turning to State practice in the form of national legislation, the Court notes that nine of the ten States referred to by the Parties which have legislated specifically for the subject of State immunity have adopted provisions to the effect that a State is not entitled to immunity in respect of torts occasioning death, personal injury or damage to property occurring on the territory of the forum State (United States of America Foreign Sovereign Immunities Act 1976, 28 USC, Section 1605 *(a)* (5); United Kingdom State Immunity Act 1978, Section 5; South Africa Foreign States Immunities Act 1981, Section 6; Canada State Immunity Act 1985, Section 6; Australia Foreign States Immunities Act 1985, Section 13; Singapore State Immunity Act 1985, Section 7; Argentina Law No. 24.488 (Statute on the Immunity of Foreign States before Argentine Tribunals) 1995, Article 2 *(e)*; Israel Foreign State Immunity Law 2008, Section 5; and Japan, Act on the Civil Jurisdiction of Japan with respect to a Foreign State, 2009, Article 10). Only Pakistan's State Immunity Ordinance 1981 contains no comparable provision.

71. Two of these statutes (the United Kingdom State Immunity Act 1978, Section 16 (2) and the Singapore State Immunity Act 1985, Section 19 (2) *(a)*) contain provisions that exclude proceedings relating to the acts of foreign armed forces from their application. The corresponding provisions in the Canadian, Australian and Israeli statutes exclude only the acts of visiting forces present with the consent of the host State or matters covered by legislation regarding such visiting forces (Canada State Immunity Act 1985, Section 16; Australia Foreign States Immunities Act 1985, Section 6; Israel Foreign State Immunity Law 2008, Section 22). The legislation of Argentina, South Africa and Japan contains no exclusion clause. However, the Japanese statute (in Article 3) states that its provisions "shall not affect the privileges or immunities enjoyed by a foreign State . . . based on treaties or the established international law".

The United States Foreign Sovereign Immunities Act 1976 contains no provision specifically addressing claims relating to the acts of foreign armed forces but its provision that there is no immunity in respect of claims "in which money damages are sought against a foreign State for personal injury or death, or damage to or loss of property, occurring in the United States and caused by the tortious act or omission of that foreign State" (Sec. 1605 *(a)* (5)) is subject to an exception for "any claim based upon the exercise or performance or the failure to exercise or perform a discretionary function regardless of whether the discretion be abused" (Sec. 1605 *(a)* (5) (A)). Interpreting this provision, which has no counterpart in the legislation of other States, a court in the United States has held that a foreign State whose agents committed an assassination in the United States was not entitled to immunity (*Letelier* v. *Republic of Chile* (1980) *Federal Supplement (F. Supp.)*, Vol. 488, p. 665; *ILR*, Vol. 63, p. 378 (United States District Court, District of Columbia)). However, the Court is not aware of any case in the United States where the courts have been called upon to apply this provision to acts performed by the armed forces and associated organs of foreign States in the course of an armed conflict.

Indeed, in none of the seven States in which the legislation contains no general exclusion for the acts of armed forces, have the courts been called upon to apply that legislation in a case involving the armed forces of a foreign State, and associated organs of State, acting in the context of an armed conflict.

72. The Court next turns to State practice in the form of the judgments of national courts regarding State immunity in relation to the acts of armed forces. The question whether a State is entitled to immunity in proceedings concerning torts allegedly committed by its armed forces when stationed on or visiting the territory of another State, with the consent of the latter, has been considered by national courts on a number of occasions. Decisions of the courts of Egypt (*Bassionni Amrane* v. *John*, *Gazette des Tribunaux mixtes d'Egypte*, January 1934, p. 108; *Annual Digest*, Vol. 7, p. 187), Belgium (*S.A. Eau, gaz, électricité et applications* v. *Office d'Aide Mutuelle*, *Cour d'Appel,* Brussels, *Pasicrisie belge*, 1957, Vol. 144, 2nd part, p. 88; *ILR*, Vol. 23, p. 205) and Germany (*Immunity of the United Kingdom*, Court of Appeal of Schleswig, *Jahrbuch für Internationales Recht*, Vol. 7, 1957, p. 400; *ILR*, Vol. 24, p. 207) are earlier examples of national courts according immunity where the acts of foreign armed forces were characterized as *acta jure imperii*. Since then, several national courts have held that a State is immune with respect to damage caused by warships (*United States of America* v. *Eemshaven Port Authority*, Supreme Court of the Netherlands, *Nederlandse Jurisprudentie*, 2001, No. 567; *ILR*, Vol. 127, p. 225; *Allianz Via Insurance* v. *United States of America* (1999), *Cour d'Appel*, Aix-en-Provence, 2nd Chamber, judgment of 3 September 1999, *ILR*, Vol. 127, p. 148) or military exercises (*FILT-CGIL Trento* v. *United States of America*, Italian Court of Cassation, *Rivista di diritto internazionale*, Vol. 83, 2000, p. 1155; *ILR*, Vol. 128, p. 644). The United Kingdom courts have held that customary international law required immunity in proceedings for torts committed by foreign armed forces on United Kingdom territory if the acts in question were *acta jure imperii* (*Littrell* v. *United States of America (No. 2)*, Court of Appeal, [1995] 1 *Weekly Law Reports (WLR)* 82; *ILR*, Vol. 100, p. 438; *Holland* v. *Lampen-Wolfe*, House of Lords [2000] 1 *WLR* 1573; *ILR*, Vol. 119, p. 367).

The Supreme Court of Ireland held that international law required that a foreign State be accorded immunity in respect of acts *jure imperii* carried out by members of its armed forces even when on the territory of the forum State without the forum State's permission (*McElhinney* v. *Williams*, [1995] 3 *Irish Reports* 382; *ILR*, Vol. 104, p. 691). The Grand Chamber of the European Court of Human Rights later held that this decision reflected a widely held view of international law so that the grant of immunity could not be regarded as incompatible with the European Convention on Human Rights (*McElhinney* v. *Ireland* [GC], Application No. 31253/96, Judgment of 21 November 2001, *ECHR Reports* 2001-XI, p. 39; *ILR*, Vol. 123, p. 73, para. 38).

While not directly concerned with the specific issue which arises in the present case, these judicial decisions, which do not appear to have been contradicted in any other national court judgments, suggest that a State is entitled to immunity in respect of *acta jure imperii* committed by its armed forces on the territory of another State.

73. The Court considers, however, that for the purposes of the present case the most pertinent State practice is to be found in those national judicial decisions which concerned the question whether a State was entitled to immunity in proceedings concerning acts allegedly committed by its armed forces in the course of an armed conflict. All of those cases, the facts of

which are often very similar to those of the cases before the Italian courts, concern the events of the Second World War. In this context, the *Cour de cassation* in France has consistently held that Germany was entitled to immunity in a series of cases brought by claimants who had been deported from occupied French territory during the Second World War (*No. 02-45961*, 16 December 2003, *Bull. civ.*, 2003, I, No. 258, p. 206 (the *Bucheron* case); *No. 03-41851*, 2 June 2004, *Bull. civ.*, 2004, I, No. 158, p. 132 (the *X* case) and *No. 04-47504*, 3 January 2006 (the *Grosz* case)). The Court also notes that the European Court of Human Rights held in *Grosz* v. *France* (Application No. 14717/06, Decision of 16 June 2009) that France had not contravened the European Convention on Human Rights in the proceedings which were the subject of the 2006 *Cour de cassation* judgment *(Judgment 04-47504)*, because the *Cour de cassation* had given effect to an immunity required by international law.

74. The highest courts in Slovenia and Poland have also held that Germany was entitled to immunity in respect of unlawful acts perpetrated on their territory by its armed forces during the Second World War. In 2001 the Constitutional Court of Slovenia ruled that Germany was entitled to immunity in an action brought by a claimant who had been deported to Germany during the German occupation and that the Supreme Court of Slovenia had not acted arbitrarily in upholding that immunity (*Case No. Up-13/99*, Judgment of 8 March 2001). The Supreme Court of Poland held, in *Natoniewski* v. *Federal Republic of Germany* (Judgment of 29 October 2010, *Polish Yearbook of International Law*, Vol. XXX, 2010, p. 299), that Germany was entitled to immunity in an action brought by a claimant who in 1944 had suffered injuries when German forces burned his village in occupied Poland and murdered several hundred of its inhabitants. The Supreme Court, after an extensive review of the decisions in *Ferrini*, *Distomo* and *Margellos*, as well as the provisions of the European Convention and the United Nations Convention and a range of other materials, concluded that States remained entitled to immunity in respect of torts allegedly committed by their armed forces in the course of an armed conflict. Judgments by lower courts in Belgium (Judgment of the Court of First Instance of Ghent in 2000 in *Botelberghe* v. *German State*), Serbia (Judgment of the Court of First Instance of Leskovac, 1 November 2001) and Brazil (*Barreto* v. *Federal Republic of Germany*, Federal Court, Rio de Janeiro, Judgment of 9 July 2008 holding Germany immune in proceedings regarding the sinking of a Brazilian fishing vessel by a German submarine in Brazilian waters) have also held that Germany was immune in actions for acts of war committed on their territory or in their waters.

75. Finally, the Court notes that the German courts have also concluded that the territorial tort principle did not remove a State's entitlement to immunity under international law in respect of acts committed by its armed forces, even where those acts took place on the territory of the forum State (Judgment of the Federal Supreme Court of 26 June 2003 (*Greek citizens* v. *Federal Republic of Germany*, case No. III ZR 245/98, *NJW*, 2003, p. 3488; *ILR*, Vol. 129, p. 556), declining to give effect in Germany to the Greek judgment in the *Distomo* case on the ground that it had been given in breach of Germany's entitlement to immunity).

76. The only State in which there is any judicial practice which appears to support the Italian argument, apart from the judgments of the Italian courts which are the subject of the present proceedings, is Greece. The judgment of the Hellenic Supreme Court in the *Distomo* case in 2000 contains an extensive discussion of the territorial tort principle without any suggestion that it does not extend to the acts of armed forces during an armed conflict. However, the Greek Special Supreme Court, in its judgment in *Margellos* v. *Federal Republic of Germany* (case No. 6/2002) (*ILR*, Vol. 129, p. 525), repudiated the reasoning of the Supreme Court in *Distomo* and held that Germany was entitled to immunity. In particular, the Special Supreme Court held that the territorial tort principle was not applicable to the acts of the armed forces of a State in the conduct of armed conflict. While that judgment does not alter the outcome in the *Distomo* case, a matter considered below, Greece has informed the Court that courts and other bodies in Greece faced with the same issue of whether immunity is applicable to torts allegedly committed by foreign armed forces in Greece are required to follow the stance taken by the Special Supreme Court in its decision in *Margellos* unless they consider that customary international law has changed since the *Margellos* judgment. Germany has pointed out that, since the judgment in *Margellos* was given, no Greek court has denied immunity in proceedings brought against Germany in respect of torts allegedly committed by German armed forces during the Second World War and in a 2009 decision *(Decision 853/2009)*, the Supreme Court, although deciding the case on a different ground, approved the reasoning in *Margellos*. In view of the judgment in *Margellos* and the dictum in the 2009 case, as well as the decision of the Greek Government not to permit enforcement of the *Distomo* judgment in Greece itself and the Government's defence of that decision before the European Court of Human Rights in *Kalogeropoulou and others* v. *Greece and Germany* (Application No. 59021/00, Decision of 12 December 2002, *ECHR Reports* 2002-X, p. 417; *ILR*, Vol. 129, p. 537), the Court concludes that Greek State practice taken as a whole actually contradicts, rather than supports, Italy's argument.

77. In the Court's opinion, State practice in the form of judicial decisions supports the proposition that State immunity for *acta jure imperii* continues to extend to civil proceedings for acts occasioning death, personal injury or damage to property committed by the armed forces and other organs of a State in the conduct of armed conflict, even if the relevant acts take place on the territory of the forum State. That practice is accompanied by *opinio juris*, as demonstrated by the positions taken by States and the jurisprudence of a number of national courts which have made clear that they considered that customary international law required immunity. The almost complete absence of contrary jurisprudence is also significant, as is the absence of any statements by States in connection with the work of the International Law Commission regarding State immunity and the adoption of the United Nations Convention or, so far as the Court has been able to discover, in any other context asserting that customary international law does not require immunity in such cases.

78. In light of the foregoing, the Court considers that customary international law continues to require that a State be accorded immunity in proceedings for torts allegedly committed on the territory of another State by its armed forces and other organs of State in the course of conducting an armed conflict. That conclusion is confirmed by the judgments of the European Court of Human Rights to which the Court has referred (see paragraphs 72, 73 and 76).

79. The Court therefore concludes that, contrary to what had been argued by Italy in the present proceedings, the decision of the Italian courts to deny immunity to Germany cannot be justified on the basis of the territorial tort principle.

3. Italy's second argument: the subject-matter and circumstances of the claims in the Italian courts

80. Italy's second argument, which, unlike its first argument, applies to all of the claims brought before the Italian courts, is that the denial of immunity was justified on account of the particular nature of the acts forming the subject-matter of the claims before the Italian courts and the circumstances in which those claims were made. There are three strands to this argument. First, Italy contends that the acts which gave rise to the claims constituted serious violations of the principles of international law applicable to the conduct of armed conflict, amounting to war crimes and crimes against humanity. Secondly, Italy maintains that the rules of international law thus contravened were peremptory norms *(jus cogens)*. Thirdly, Italy argues that the claimants having been denied all other forms of redress, the exercise of jurisdiction by the Italian courts was necessary as a matter of last resort. The Court will consider each of these strands in turn, while recognizing that, in the oral proceedings, Italy also contended that its courts had been entitled to deny State immunity because of the combined effect of these three strands.

A. The gravity of the violations

81. The first strand is based upon the proposition that international law does not accord immunity to a State, or at least restricts its right to immunity, when that State has committed serious violations of the law of armed conflict (international humanitarian law as it is more commonly termed today, although the term was not used in 1943-1945). In the present case, the Court has already made clear (see paragraph 52 above) that the actions of the German armed forces and other organs of the German Reich giving rise to the proceedings before the Italian courts were serious violations of the law of armed conflict which amounted to crimes under international law. The question is whether that fact operates to deprive Germany of an entitlement to immunity.

82. At the outset, however, the Court must observe that the proposition that the availability of immunity will be to some extent dependent upon the gravity of the unlawful act presents a logical problem. Immunity from jurisdiction is an immunity not merely from being subjected to an adverse judgment but from being subjected to the trial process. It is, therefore, necessarily preliminary in nature. Consequently, a national court is required to determine whether or not a foreign State is entitled to immunity as a matter of international law before it can hear the merits of the case brought before it and before the facts have been established. If immunity were to be dependent upon the State actually having committed a serious violation of international human rights law or the law of armed conflict, then it would become necessary for the national court to hold an enquiry into the merits in order to determine whether it had jurisdiction. If, on the other hand, the mere allegation that the State had committed such wrongful acts were to be sufficient to deprive the State of its entitlement to immunity, immunity could, in effect be negated simply by skilful construction of the claim.

83. That said, the Court must nevertheless inquire whether customary international law has developed to the point where a State is not entitled to immunity in the case of serious violations of human rights law or the law of armed conflict. Apart from the decisions of the Italian courts which are the subject of the present proceedings, there is almost no State practice which might be considered to support the proposition that a State is deprived of its entitlement to immunity in such a case. Although the Hellenic Supreme Court in the *Distomo* case adopted a form of that proposition, the Special Supreme Court in *Margellos* repudiated that approach two years later. As the Court has noted in paragraph 76 above, under Greek law it is the stance adopted in *Margellos* which must be followed in later cases unless the Greek courts find that there has been a change in customary international law since 2002, which they have not done. As with the territorial tort principle, the Court considers that Greek practice, taken as a whole, tends to deny that the proposition advanced by Italy has become part of customary international law.

84. In addition, there is a substantial body of State practice from other countries which demonstrates that customary international law does not treat a State's entitlement to immunity as dependent upon the gravity of the act of which it is accused or the peremptory nature of the rule which it is alleged to have violated.

85. That practice is particularly evident in the judgments of national courts. Arguments to the effect that international law no longer required State immunity in cases of allegations of serious violations of international human rights law, war crimes or crimes against humanity have been rejected by the courts in Canada (*Bouzari* v. *Islamic Republic of Iran*, Court of Appeal of Ontario, (2004) *Dominion Law Reports (DLR)* 4th Series, Vol. 243, p. 406; *ILR*, Vol. 128, p. 586; allegations of torture), France (Judgment of the Court of Appeal of Paris, 9 September 2002, and *Cour de cassation, No. 02-45961*, 16 December 2003, *Bull. civ.*, 2003, I, No. 258, p. 206 (the *Bucheron* case); *Cour de cassation, No. 03-41851*, 2 June 2004, *Bull. civ.*, 2004, I, No. 158, p. 132 (the *X* case) and *Cour de cassation, No. 04-47504*, 3 January 2006 (the *Grosz* case); allegations of crimes against humanity), Slovenia (*case No. Up-13/99*, Constitutional Court of Slovenia; allegations of war crimes and crimes against humanity), New Zealand (*Fang* v. *Jiang*, High Court, [2007] *New Zealand Administrative Reports (NZAR)*, p. 420; *ILR* Vol. 141, p. 702; allegations of torture), Poland (*Natoniewski*, Supreme Court, 2010, *Polish Yearbook of International Law*, Vol. XXX, 2010, p. 299; allegations of war crimes and crimes against humanity) and the United Kingdom (*Jones* v. *Saudi Arabia*, House of Lords [2007] 1 *Appeal Cases (AC)* 270; *ILR*, Vol. 129, p. 629; allegations of torture).

86. The Court notes that, in its response to a question posed by a Member of the Court, Italy itself appeared to demonstrate uncertainty about this aspect of its case. Italy commented,

> "Italy is aware of the view according to which war crimes and crimes against humanity could not be considered to be sovereign acts for which the State is entitled to invoke the defence of sovereign immunity . . . While Italy acknowledges that in this area the law of State immunity is undergoing a process of change, it also recognizes that it is not clear at this stage whether this process will result in a new general exception to immunity — namely a rule denying immunity with respect to every claim for compensation arising out [of] international crimes."

A similar uncertainty is evident in the orders of the Italian Court of Cassation in *Mantelli* and *Maietta* (Orders of 29 May 2008).

87. The Court does not consider that the United Kingdom judgment in *Pinochet (No. 3)* ([2000] 1 *AC* 147; *ILR*, Vol. 119, p. 136) is relevant, notwithstanding the reliance placed on that judgment by the Italian Court of Cassation in *Ferrini*. *Pinochet* concerned the immunity of a former Head of State from the criminal jurisdiction of another State, not the immunity of the State itself in proceedings designed to establish its liability to damages. The distinction between the immunity of the official in the former type of case and that of the State in the latter case was emphasized by several of the judges in *Pinochet* (Lord Hutton at pp. 254 and 264, Lord Millett at p. 278 and Lord Phillips at pp. 280-281). In its later judgment in *Jones* v. *Saudi Arabia* ([2007] 1 *AC* 270; *ILR*, Vol. 129, p. 629), the House of Lords further clarified this distinction, Lord Bingham describing the distinction between criminal and civil proceedings as "fundamental to the decision" in *Pinochet* (para. 32). Moreover, the rationale for the judgment in *Pinochet* was based upon the specific language of the 1984 United Nations Convention against Torture, which has no bearing on the present case.

88. With reference to national legislation, Italy referred to an amendment to the United States Foreign Sovereign Immunities Act, first adopted in 1996. That amendment withdraws immunity for certain specified acts (for example, torture and extra-judicial killings) if allegedly performed by a State which the United States Government has "designated as a State sponsor of terrorism" (28 *USC* 1605A). The Court notes that this amendment has no counterpart in the legislation of other States. None of the States which has enacted legislation on the subject of State immunity has made provision for the limitation of immunity on the grounds of the gravity of the acts alleged.

89. It is also noticeable that there is no limitation of State immunity by reference to the gravity of the violation or the peremptory character of the rule breached in the European Convention, the United Nations Convention or the draft Inter-American Convention. The absence of any such provision from the United Nations Convention is particularly significant, because the question whether such a provision was necessary was raised at the time that the text of what became the Convention was under consideration. In 1999 the International Law Commission established a Working Group which considered certain developments in practice regarding some issues of State immunity which had been identified by the Sixth Committee of the General Assembly. In an appendix to its report, the Working Group referred, as an additional matter, to developments regarding claims "in the case of death or personal injury resulting from acts of a State in violation of human rights norms having the character of *jus cogens*" and stated that this issue was one which should not be ignored, although it did not recommend any amendment to the text of the International Law Commission Articles (*Yearbook of the International Law Commission*, 1999, Vol. II (2), pp. 171-172). The matter was then considered by the Working Group established by the Sixth Committee of the General Assembly, which reported later in 1999 that it had decided not to take up the matter as "it did not seem to be ripe enough for the Working Group to engage in a codification exercise over it" and commented that it was for the Sixth

Committee to decide what course of action, if any, should be taken (United Nations doc. A/C.6/54/L.12, p. 7, para. 47). During the subsequent debates in the Sixth Committee no State suggested that a *jus cogens* limitation to immunity should be included in the Convention. The Court considers that this history indicates that, at the time of adoption of the United Nations Convention in 2004, States did not consider that customary international law limited immunity in the manner now suggested by Italy.

90. The European Court of Human Rights has not accepted the proposition that States are no longer entitled to immunity in cases regarding serious violations of international humanitarian law or human rights law. In 2001, the Grand Chamber of that Court, by the admittedly narrow majority of nine to eight, concluded that,

> "Notwithstanding the special character of the prohibition of torture in international law, the Court is unable to discern in the international instruments, judicial authorities or other materials before it any firm basis for concluding that, as a matter of international law, a State no longer enjoys immunity from civil suit in the courts of another State where acts of torture are alleged." (*Al-Adsani* v. *United Kingdom* [GC], Application No. 35763/97, Judgment of 21 November 2001, *ECHR Reports* 2001-XI, p. 101, para. 61; *ILR*, Vol. 123, p. 24.)

The following year, in *Kalogeropoulou and others* v. *Greece and Germany*, the European Court of Human Rights rejected an application relating to the refusal of the Greek Government to permit enforcement of the *Distomo* judgment and said that,

> "The Court does not find it established, however, that there is yet acceptance in international law of the proposition that States are not entitled to immunity in respect of civil claims for damages brought against them in another State for crimes against humanity." (Application No. 59021/00, Decision of 12 December 2002, *ECHR Reports* 2002-X, p. 417; *ILR*, Vol. 129, p. 537.)

91. The Court concludes that, under customary international law as it presently stands, a State is not deprived of immunity by reason of the fact that it is accused of serious violations of international human rights law or the international law of armed conflict. In reaching that conclusion, the Court must emphasize that it is addressing only the immunity of the State itself from the jurisdiction of the courts of other States; the question of whether, and if so to what extent, immunity might apply in criminal proceedings against an official of the State is not in issue in the present case.

B. The relationship between *jus cogens* and the rule of State immunity

92. The Court now turns to the second strand in Italy's argument, which emphasizes the *jus cogens* status of the rules which were violated by Germany during the period 1943-1945. This strand of the argument rests on the premise that there is a conflict between *jus cogens* rules forming part of the law of armed conflict and according immunity to Germany. Since *jus cogens* rules

always prevail over any inconsistent rule of international law, whether contained in a treaty or in customary international law, so the argument runs, and since the rule which accords one State immunity before the courts of another does not have the status of *jus cogens*, the rule of immunity must give way.

93. This argument therefore depends upon the existence of a conflict between a rule, or rules, of *jus cogens*, and the rule of customary law which requires one State to accord immunity to another. In the opinion of the Court, however, no such conflict exists. Assuming for this purpose that the rules of the law of armed conflict which prohibit the murder of civilians in occupied territory, the deportation of civilian inhabitants to slave labour and the deportation of prisoners of war to slave labour are rules of *jus cogens*, there is no conflict between those rules and the rules on State immunity. The two sets of rules address different matters. The rules of State immunity are procedural in character and are confined to determining whether or not the courts of one State may exercise jurisdiction in respect of another State. They do not bear upon the question whether or not the conduct in respect of which the proceedings are brought was lawful or unlawful. That is why the application of the contemporary law of State immunity to proceedings concerning events which occurred in 1943-1945 does not infringe the principle that law should not be applied retrospectively to determine matters of legality and responsibility (as the Court has explained in paragraph 58 above). For the same reason, recognizing the immunity of a foreign State in accordance with customary international law does not amount to recognizing as lawful a situation created by the breach of a *jus cogens* rule, or rendering aid and assistance in maintaining that situation, and so cannot contravene the principle in Article 41 of the International Law Commission's Articles on State Responsibility.

94. In the present case, the violation of the rules prohibiting murder, deportation and slave labour took place in the period 1943-1945. The illegality of these acts is openly acknowledged by all concerned. The application of rules of State immunity to determine whether or not the Italian courts have jurisdiction to hear claims arising out of those violations cannot involve any conflict with the rules which were violated. Nor is the argument strengthened by focusing upon the duty of the wrongdoing State to make reparation, rather than upon the original wrongful act. The duty to make reparation is a rule which exists independently of those rules which concern the means by which it is to be effected. The law of State immunity concerns only the latter; a decision that a foreign State is immune no more conflicts with the duty to make reparation than it does with the rule prohibiting the original wrongful act. Moreover, against the background of a century of practice in which almost every peace treaty or post-war settlement has involved either a decision not to require the payment of reparations or the use of lump sum settlements and set-offs, it is difficult to see that international law contains a rule requiring the payment of full compensation to each and every individual victim as a rule accepted by the international community of States as a whole as one from which no derogation is permitted.

95. To the extent that it is argued that no rule which is not of the status of *jus cogens* may be applied if to do so would hinder the enforcement of a *jus cogens* rule, even in the absence of a direct conflict, the Court sees no basis for such a proposition. A *jus cogens* rule is one from which

no derogation is permitted but the rules which determine the scope and extent of jurisdiction and when that jurisdiction may be exercised do not derogate from those substantive rules which possess *jus cogens* status, nor is there anything inherent in the concept of *jus cogens* which would require their modification or would displace their application. The Court has taken that approach in two cases, notwithstanding that the effect was that a means by which a *jus cogens* rule might be enforced was rendered unavailable. In *Armed Activities*, it held that the fact that a rule has the status of *jus cogens* does not confer upon the Court a jurisdiction which it would not otherwise possess (*Armed Activities on the Territory of the Congo (New Application: 2002), Judgment, I.C.J. Reports 2006*, p. 6, paras. 64 and 125). In *Arrest Warrant*, the Court held, albeit without express reference to the concept of *jus cogens*, that the fact that a Minister for Foreign Affairs was accused of criminal violations of rules which undoubtedly possess the character of *jus cogens* did not deprive the Democratic Republic of the Congo of the entitlement which it possessed as a matter of customary international law to demand immunity on his behalf (*Arrest Warrant of 11 April 2000 (Democratic Republic of Congo* v. *Belgium), Judgment, I.C.J. Reports 2002*, p. 3, paras. 58 and 78). The Court considers that the same reasoning is applicable to the application of the customary international law regarding the immunity of one State from proceedings in the courts of another.

96. In addition, this argument about the effect of *jus cogens* displacing the law of State immunity has been rejected by the national courts of the United Kingdom (*Jones* v. *Saudi Arabia*, House of Lords, [2007] 1 *AC* 270; *ILR*, Vol. 129, p. 629), Canada (*Bouzari* v. *Islamic Republic of Iran*, Court of Appeal of Ontario, *DLR*, 4th Series, Vol. 243, p. 406; *ILR*, Vol. 128, p. 586), Poland (*Natoniewski*, Supreme Court, *Polish Yearbook of International Law*, Vol. XXX, 2010, p. 299), Slovenia (*case No. Up-13/99*, Constitutional Court of Slovenia), New Zealand (*Fang* v. *Jiang*, High Court, [2007] *NZAR* p. 420; *ILR*, Vol. 141, p. 702), and Greece (*Margellos*, Special Supreme Court, *ILR*, Vol. 129, p. 525), as well as by the European Court of Human Rights in *Al-Adsani* v. *United Kingdom* and *Kalogeropoulou and others* v. *Greece and Germany* (which are discussed in paragraph 90 above), in each case after careful consideration. The Court does not consider the judgment of the French *Cour de cassation* of 9 March 2011 in *La Réunion aérienne* v. *Libyan Arab Jamahiriya* (No. 09-14743, 9 March 2011, *Bull. civ.*, March 2011, No. 49, p. 49) as supporting a different conclusion. The *Cour de cassation* in that case stated only that, even if a *jus cogens* norm could constitute a legitimate restriction on State immunity, such a restriction could not be justified on the facts of that case. It follows, therefore, that the judgments of the Italian courts which are the subject of the present proceedings are the only decisions of national courts to have accepted the reasoning on which this part of Italy's second argument is based. Moreover, none of the national legislation on State immunity considered in paragraphs 70-71 above, has limited immunity in cases where violations of *jus cogens* are alleged.

97. Accordingly, the Court concludes that even on the assumption that the proceedings in the Italian courts involved violations of *jus cogens* rules, the applicability of the customary international law on State immunity was not affected.

C. The "last resort" argument

98. The third and final strand of the Italian argument is that the Italian courts were justified in denying Germany the immunity to which it would otherwise have been entitled, because all other attempts to secure compensation for the various groups of victims involved in the Italian proceedings had failed. Germany's response is that in the aftermath of the Second World War it made considerable financial and other sacrifices by way of reparation in the context of a complex series of inter-State arrangements under which, reflecting the economic realities of the time, no Allied State received compensation for the full extent of the losses which its people had suffered. It also points to the payments which it made to Italy under the terms of the two 1961 Agreements and to the payments made more recently under the 2000 Federal Law to various Italians who had been unlawfully deported to forced labour in Germany. Italy maintains, however, that large numbers of Italian victims were nevertheless left without any compensation.

*

99. The Court notes that Germany has taken significant steps to ensure that a measure of reparation was made to Italian victims of war crimes and crimes against humanity. Nevertheless, Germany decided to exclude from the scope of its national compensation scheme most of the claims by Italian military internees on the ground that prisoners of war were not entitled to compensation for forced labour (see paragraph 26 above). The overwhelming majority of Italian military internees were, in fact, denied treatment as prisoners of war by the Nazi authorities. Notwithstanding that history, in 2001 the German Government determined that those internees were ineligible for compensation because they had had a legal entitlement to prisoner-of-war status. The Court considers that it is a matter of surprise — and regret — that Germany decided to deny compensation to a group of victims on the ground that they had been entitled to a status which, at the relevant time, Germany had refused to recognize, particularly since those victims had thereby been denied the legal protection to which that status entitled them.

100. Moreover, as the Court has said, albeit in the different context of the immunity of State officials from criminal proceedings, the fact that immunity may bar the exercise of jurisdiction in a particular case does not alter the applicability of the substantive rules of international law (*Arrest Warrant of 11 April 2000 (Democratic Republic of the Congo* v. *Belgium), Judgment, I.C.J. Reports 2002,* p. 25, para. 60; see also *Certain Questions of Mutual Assistance in Criminal Matters (Djibouti* v. *France), Judgment, I.C.J. Reports 2008,* p. 244, para. 196). In that context, the Court would point out that whether a State is entitled to immunity before the courts of another State is a question entirely separate from whether the international responsibility of that State is engaged and whether it has an obligation to make reparation.

101. That notwithstanding, the Court cannot accept Italy's contention that the alleged shortcomings in Germany's provisions for reparation to Italian victims, entitled the Italian courts to deprive Germany of jurisdictional immunity. The Court can find no basis in the State practice from which customary international law is derived that international law makes the entitlement of a State to immunity dependent upon the existence of effective alternative means of securing redress. Neither in the national legislation on the subject, nor in the jurisprudence of the national courts which have been faced with objections based on immunity is there any evidence that entitlement to immunity is subjected to such a precondition. States also did not include any such condition in either the European Convention or the United Nations Convention.

102. Moreover, the Court cannot fail to observe that the application of any such condition, if it indeed existed, would be exceptionally difficult in practice, particularly in a context such as that of the present case, when claims have been the subject of extensive intergovernmental discussion. If one follows the Italian argument, while such discussions were still ongoing and had a prospect of achieving a successful outcome, then it seems that immunity would still prevail, whereas, again according to this argument, immunity would presumably cease to apply at some point when prospects for an inter-State settlement were considered to have disappeared. Yet national courts in one of the countries concerned are unlikely to be well placed to determine when that point has been reached. Moreover, if a lump sum settlement has been made — which has been the normal practice in the aftermath of war, as Italy recognizes — then the determination of whether a particular claimant continued to have an entitlement to compensation would entail an investigation by the court of the details of that settlement and the manner in which the State which had received funds (in this case the State in which the court in question is located) has distributed those funds. Where the State receiving funds as part of what was intended as a comprehensive settlement in the aftermath of an armed conflict has elected to use those funds to rebuild its national economy and infrastructure, rather than distributing them to individual victims amongst its nationals, it is difficult to see why the fact that those individuals had not received a share in the money should be a reason for entitling them to claim against the State that had transferred money to their State of nationality.

103. The Court therefore rejects Italy's argument that Germany could be refused immunity on this basis.

104. In coming to this conclusion, the Court is not unaware that the immunity from jurisdiction of Germany in accordance with international law may preclude judicial redress for the Italian nationals concerned.

It considers however that the claims arising from the treatment of the Italian military internees referred to in paragraph 99, together with other claims of Italian nationals which have allegedly not been settled — and which formed the basis for the Italian proceedings — could be the subject of further negotiation involving the two States concerned, with a view to resolving the issue.

D. The combined effect of the circumstances relied upon by Italy

105. In the course of the oral proceedings, counsel for Italy maintained that the three strands of Italy's second argument had to be viewed together; it was because of the cumulative effect of the gravity of the violations, the status of the rules violated and the absence of alternative means of redress that the Italian courts had been justified in refusing to accord immunity to Germany.

106. The Court has already held that none of the three strands of the second Italian argument would, of itself, justify the action of the Italian courts. It is not persuaded that they would have that effect if taken together. Nothing in the examination of State practice lends support to the proposition that the concurrent presence of two, or even all three, of these elements would justify the refusal by a national court to accord to a respondent State the immunity to which it would otherwise be entitled.

In so far as the argument based on the combined effect of the circumstances is to be understood as meaning that the national court should balance the different factors, assessing the respective weight, on the one hand, of the various circumstances that might justify the exercise of its jurisdiction, and, on the other hand, of the interests attaching to the protection of immunity, such an approach would disregard the very nature of State immunity. As explained in paragraph 56 above, according to international law, State immunity, where it exists, is a right of the foreign State. In addition, as explained in paragraph 82 of this Judgment, national courts have to determine questions of immunity at the outset of the proceedings, before consideration of the merits. Immunity cannot, therefore, be made dependent upon the outcome of a balancing exercise of the specific circumstances of each case to be conducted by the national court before which immunity is claimed.

4. Conclusions

107. The Court therefore holds that the action of the Italian courts in denying Germany the immunity to which the Court has held it was entitled under customary international law constitutes a breach of the obligations owed by the Italian State to Germany.

108. It is, therefore, unnecessary for the Court to consider a number of questions which were discussed at some length by the Parties. In particular, the Court need not rule on whether, as Italy contends, international law confers upon the individual victim of a violation of the law of armed conflict a directly enforceable right to claim compensation. Nor need it rule on whether, as Germany maintains, Article 77, paragraph 4, of the Treaty of Peace or the provisions of the 1961 Agreements amounted to a binding waiver of the claims which are the subject of the Italian proceedings. That is not to say, of course, that these are unimportant questions, only that they are not ones which fall for decision within the limits of the present case. The question whether Germany still has a responsibility towards Italy, or individual Italians, in respect of war crimes and crimes against humanity committed by it during the Second World War does not affect Germany's entitlement to immunity. Similarly, the Court's ruling on the issue of immunity can have no effect on whatever responsibility Germany may have.

IV. The measures of constraint taken against property belonging to Germany located on Italian territory

109. On 7 June 2007, certain Greek claimants, in reliance on a decision of the Florence Court of Appeal of 13 June 2006, declaring enforceable in Italy the judgment rendered by the Court of First Instance of Livadia, in Greece, which had ordered Germany to pay them compensation, entered in the Land Registry of the Province of Como a legal charge against Villa Vigoni, a property of the German State located near Lake Como (see above, paragraph 35).

110. Germany argued before the Court that such a measure of constraint violates the immunity from enforcement to which it is entitled under international law. Italy has not sought to justify that measure; on the contrary, it indicated to the Court that it "has no objection to any decision by the Court obliging Italy to ensure that the mortgage on Villa Vigoni inscribed at the land registry is cancelled".

111. As a result of Decree-Law No. 63 of 28 April 2010, Law No. 98 of 23 June 2010 and Decree-Law No. 216 of 29 December 2011, the charge in question was suspended in order to take account of the pending proceedings before the Court in the present case. It has not, however, been cancelled.

112. The Court considers that, notwithstanding the above-mentioned suspension, and the absence of any argument by Italy seeking to establish the international legality of the measures of constraint in question, a dispute still exists between the Parties on this issue the subject of which has not disappeared. Italy has not formally admitted that the legal charge on Villa Vigoni constituted a measure contrary to its international obligations. Nor, as just stated, has it put an end to the effects of that measure, but has merely suspended them. It has told the Court, through its Agent, that the decisions of the Italian courts rendered against Germany have been suspended by legislation pending the decision of this Court, and that execution of those decisions "will only occur should the Court decide that Italy has not committed the wrongful acts complained of by Germany". That implies that the charge on Villa Vigoni might be reactivated, should the Court conclude that it is not contrary to international law. Without asking the Court to reach such a conclusion, Italy does not exclude it, and awaits the Court's ruling before taking the appropriate action thereon.

It follows that the Court should rule, as both Parties wish it to do, on the second of Germany's Submissions, which concerns the dispute over the measure of constraint taken against Villa Vigoni.

113. Before considering whether the claims of the Applicant on this point are well-founded, the Court observes that the immunity from enforcement enjoyed by States in regard to their property situated on foreign territory goes further than the jurisdictional immunity enjoyed by those same States before foreign courts. Even if a judgment has been lawfully rendered against a foreign State, in circumstances such that the latter could not claim immunity from jurisdiction, it does not follow *ipso facto* that the State against which judgment has been given can be the subject of measures of constraint on the territory of the forum State or on that of a third State, with a view to enforcing the judgment in question. Similarly, any waiver by a State of its jurisdictional immunity before a foreign court does not in itself mean that that State has waived its immunity from enforcement as regards property belonging to it situated in foreign territory.

The rules of customary international law governing immunity from enforcement and those governing jurisdictional immunity (understood *stricto sensu* as the right of a State not to be the subject of judicial proceedings in the courts of another State) are distinct, and must be applied separately.

114. In the present case, this means that the Court may rule on the issue of whether the charge on Villa Vigoni constitutes a measure of constraint in violation of Germany's immunity from enforcement, without needing to determine whether the decisions of the Greek courts awarding pecuniary damages against Germany, for purposes of whose enforcement that measure was taken, were themselves in breach of that State's jurisdictional immunity.

Likewise, the issue of the international legality of the measure of constraint in question, in light of the rules applicable to immunity from enforcement, is separate — and may therefore be considered separately — from that of the international legality, under the rules applicable to jurisdictional immunity, of the decisions of the Italian courts which declared enforceable on Italian territory the Greek judgments against Germany. This latter question, which is the subject of the third of the submissions presented to the Court by Germany (see above paragraph 17), will be addressed in the following section of this Judgment.

115. In support of its claim on the point under discussion here, Germany cited the rules set out in Article 19 of the United Nations Convention. That Convention has not entered into force, but in Germany's view it codified, in relation to the issue of immunity from enforcement, the existing rules under general international law. Its terms are therefore said to be binding, inasmuch as they reflect customary law on the matter.

116. Article 19, entitled "State immunity from post-judgment measures of constraint", reads as follows:

> "No post-judgment measures of constraint, such as attachment, arrest or execution, against property of a State may be taken in connection with a proceeding before a court of another State unless and except to the extent that:
>
> *(a)* the State has expressly consented to the taking of such measures as indicated:
>
> (i) by international agreement;
>
> (ii) by an arbitration agreement or in a written contract; or
>
> (iii) by a declaration before the court or by a written communication after a dispute between the parties has arisen; or
>
> *(b)* the State has allocated or earmarked property for the satisfaction of the claim which is the object of that proceeding; or
>
> *(c)* it has been established that the property is specifically in use or intended for use by the State for other than government non-commercial purposes and is in the territory of the State of the forum, provided that post-judgment measures of constraint may only be taken against property that has a connection with the entity against which the proceeding was directed."

117. When the United Nations Convention was being drafted, these provisions gave rise to long and difficult discussions. The Court considers that it is unnecessary for purposes of the present case for it to decide whether all aspects of Article 19 reflect current customary international law.

118. Indeed, it suffices for the Court to find that there is at least one condition that has to be satisfied before any measure of constraint may be taken against property belonging to a foreign State: that the property in question must be in use for an activity not pursuing government non-commercial purposes, or that the State which owns the property has expressly consented to the taking of a measure of constraint, or that that State has allocated the property in question for the satisfaction of a judicial claim (an illustration of this well-established practice is provided by the decision of the German Constitutional Court *(Bundesverfassungsgericht)* of 14 December 1977 (*BVerfGE*, Vol. 46, p. 342; *ILR*, Vol. 65, p. 146), by the judgment of the Swiss Federal Tribunal of 30 April 1986 in *Kingdom of Spain* v. *Société X* (*Annuaire suisse de droit international*, Vol. 43, 1987, p. 158; *ILR*, Vol. 82, p. 44), as well as the judgment of the House of Lords of 12 April 1984 in *Alcom Ltd* v. *Republic of Colombia* ([1984] 1 *AC* 580; *ILR*, Vol. 74, p. 170) and the judgment of the Spanish Constitutional Court of 1 July 1992 in *Abbott* v. *Republic of South Africa* (*Revista española de derecho internacional*, Vol. 44, 1992, p. 565; *ILR*, Vol. 113, p. 414)).

119. It is clear in the present case that the property which was the subject of the measure of constraint at issue is being used for governmental purposes that are entirely non-commercial, and hence for purposes falling within Germany's sovereign functions. Villa Vigoni is in fact the seat of a cultural centre intended to promote cultural exchanges between Germany and Italy. This cultural centre is organized and administered on the basis of an agreement between the two Governments concluded in the form of an exchange of notes dated 21 April 1986. Before the Court, Italy described the activities in question as a "centre of excellence for the Italian-German co-operation in the fields of research, culture and education", and recognized that Italy was directly involved in "its peculiar bi-national . . . managing structure". Nor has Germany in any way expressly consented to the taking of a measure such as the legal charge in question, or allocated Villa Vigoni for the satisfaction of the judicial claims against it.

120. In these circumstances, the Court finds that the registration of a legal charge on Villa Vigoni constitutes a violation by Italy of its obligation to respect the immunity owed to Germany.

V. The decisions of the Italian courts declaring enforceable in Italy decisions of Greek courts upholding civil claims against Germany

121. In its third submission, Germany complains that its jurisdictional immunity was also violated by decisions of the Italian courts declaring enforceable in Italy judgments rendered by Greek courts against Germany in proceedings arising out of the Distomo massacre. In 1995, successors in title of the victims of that massacre, committed by the German armed forces in a Greek village in June 1944, brought proceedings for compensation against Germany before the

Greek courts. By a judgment of 25 September 1997, the Court of First Instance of Livadia, which had territorial jurisdiction, ordered Germany to pay compensation to the claimants. The appeal by Germany against that judgment was dismissed by a decision of the Hellenic Supreme Court of 4 May 2000, which rendered final the judgment of the Court of First Instance, and at the same time ordered Germany to pay the costs of the appeal proceedings. The successful Greek claimants under the first-instance and Supreme Court judgments applied to the Italian courts for *exequatur* of those judgments, so as to be able to have them enforced in Italy, since it was impossible to enforce them in Greece or in Germany (see above, paragraphs 30 and 32). It was on those applications that the Florence Court of Appeal ruled, allowing them by a decision of 13 June 2006, which was confirmed, following an objection by Germany, on 21 October 2008 as regards the pecuniary damages awarded by the Court of First Instance of Livadia, and by a decision of 2 May 2005, confirmed, following an objection by Germany, on 6 February 2007 as regards the award of costs made by the Hellenic Supreme Court. This latter decision was confirmed by the Italian Court of Cassation on 6 May 2008. As regards the decision confirming the *exequatur* granted in respect of the judgment of the Court of First Instance of Livadia, it has also been appealed to the Italian Court of Cassation, which dismissed that appeal on 12 January 2011.

122. According to Germany, the decisions of the Florence Court of Appeal declaring enforceable the judgments of the Livadia court and the Hellenic Supreme Court constitute violations of its jurisdictional immunity, since, for the same reasons as those invoked by Germany in relation to the Italian proceedings concerning war crimes committed in Italy between 1943 and 1945, the decisions of the Greek courts were themselves rendered in violation of that jurisdictional immunity.

123. According to Italy, on the contrary, and for the same reasons as those set out and discussed in Section III of the present Judgment, there was no violation of Germany's jurisdictional immunity, either by the decisions of the Greek courts or by those of the Italian courts which declared them enforceable in Italy.

124. It should first be noted that the claim in Germany's third submission is entirely separate and distinct from that set out in the preceding one, which has been discussed in Section IV above (paragraphs 109 to 120). The Court is no longer concerned here to determine whether a measure of constraint — such as the legal charge on Villa Vigoni — violated Germany's immunity from enforcement, but to decide whether the Italian judgments declaring enforceable in Italy the pecuniary awards pronounced in Greece did themselves — independently of any subsequent measure of enforcement — constitute a violation of the Applicant's immunity from jurisdiction. While there is a link between these two aspects — since the measure of constraint against Villa Vigoni could only have been imposed on the basis of the judgment of the Florence Court of Appeal according *exequatur* in respect of the judgment of the Greek court in Livadia — the two issues nonetheless remain clearly distinct. That discussed in the preceding section related to immunity from enforcement; that which the Court will now consider addresses immunity from jurisdiction. As recalled above, these two forms of immunity are governed by different sets of rules.

125. The Court will then explain how it views the issue of jurisdictional immunity in relation to a judgment which rules not on the merits of a claim brought against a foreign State, but on an application to have a judgment rendered by a foreign court against a third State declared enforceable on the territory of the State of the court where that application is brought (a request for *exequatur*). The difficulty arises from the fact that, in such cases, the court is not being asked to give judgment directly against a foreign State invoking jurisdictional immunity, but to enforce a decision already rendered by a court of another State, which is deemed to have itself examined and applied the rules governing the jurisdictional immunity of the respondent State.

126. In the present case, the two Parties appear to have argued on the basis that, in such a situation, the question whether the court seised of the application for *exequatur* had respected the jurisdictional immunity of the third State depended simply on whether that immunity had been respected by the foreign court having rendered the judgment on the merits against the third State. In other words, both Parties appeared to make the question whether or not the Florence Court of Appeal had violated Germany's jurisdictional immunity in declaring enforceable the Livadia and Hellenic Supreme Court decisions dependent on whether those decisions had themselves violated the jurisdictional immunity on which Germany had relied in its defence against the proceedings brought against it in Greece.

127. There is nothing to prevent national courts from ascertaining, before granting *exequatur*, that the foreign judgment was not rendered in breach of the immunity of the respondent State. However, for the purposes of the present case, the Court considers that it must address the issue from a significantly different viewpoint. In its view, it is unnecessary, in order to determine whether the Florence Court of Appeal violated Germany's jurisdictional immunity, to rule on the question of whether the decisions of the Greek courts did themselves violate that immunity — something, moreover, which it could not do, since that would be to rule on the rights and obligations of a State, Greece, which does not have the status of party to the present proceedings (see *Monetary Gold Removed from Rome in 1943 (Italy* v. *France; United Kingdom and United States of America), Preliminary Question, Judgment, I.C.J. Reports 1954*, p. 32; *East Timor (Portugal* v. *Australia), Judgment, I.C.J. Reports 1995*, p. 105, para. 34).

The relevant question, from the Court's point of view and for the purposes of the present case, is whether the Italian courts did themselves respect Germany's immunity from jurisdiction in allowing the application for *exequatur*, and not whether the Greek court having rendered the judgment of which *exequatur* is sought had respected Germany's jurisdictional immunity. In a situation of this kind, the replies to these two questions may not necessarily be the same; it is only the first question which the Court needs to address here.

128. Where a court is seised, as in the present case, of an application for *exequatur* of a foreign judgment against a third State, it is itself being called upon to exercise its jurisdiction in respect of the third State in question. It is true that the purpose of *exequatur* proceedings is not to decide on the merits of a dispute, but simply to render an existing judgment enforceable on the territory of a State other than that of the court which ruled on the merits. It is thus not the role of the *exequatur* court to re-examine in all its aspects the substance of the case which has been decided. The fact nonetheless remains that, in granting or refusing *exequatur*, the court exercises a jurisdictional power which results in the foreign judgment being given effects corresponding to those of a judgment rendered on the merits in the requested State. The proceedings brought before that court must therefore be regarded as being conducted against the third State which was the subject of the foreign judgment.

129. In this regard, the Court notes that, under the terms of Article 6, paragraph 2, of the United Nations Convention:

> "A proceeding before a court of a State shall be considered to have been instituted against another State if that other State:
>
> *(a)* is named as a party to that proceeding; or
>
> *(b)* is not named as a party to the proceeding but the proceeding in effect seeks to affect the property, rights, interests or activities of that other State."

When applied to *exequatur* proceedings, that definition means that such proceedings must be regarded as being directed against the State which was the subject of the foreign judgment. That is indeed why Germany was entitled to object to the decisions of the Florence Court of Appeal granting *exequatur* — although it did so without success — and to appeal to the Italian Court of Cassation against the judgments confirming those decisions.

130. It follows from the foregoing that the court seised of an application for *exequatur* of a foreign judgment rendered against a third State has to ask itself whether the respondent State enjoys immunity from jurisdiction — having regard to the nature of the case in which that judgment was given — before the courts of the State in which *exequatur* proceedings have been instituted. In other words, it has to ask itself whether, in the event that it had itself been seised of the merits of a dispute identical to that which was the subject of the foreign judgment, it would have been obliged under international law to accord immunity to the respondent State (see to this effect the judgment of the Supreme Court of Canada in *Kuwait Airways Corp.* v. *Iraq* [2010] *SCR*, Vol. 2, p. 571, and the judgment of the United Kingdom Supreme Court in *NML Capital Limited* v. *Republic of Argentina* [2011] *UKSC* 31).

131. In light of this reasoning, it follows that the Italian courts which declared enforceable in Italy the decisions of Greek courts rendered against Germany have violated the latter's immunity. For the reasons set out in Section III above of the present Judgment, the Italian courts would have been obliged to grant immunity to Germany if they had been seised of the merits of a case identical to that which was the subject of the decisions of the Greek courts which it was sought to declare enforceable (namely, the case of the Distomo massacre). Accordingly, they could not grant *exequatur* without thereby violating Germany's jurisdictional immunity.

132. In order to reach such a decision, it is unnecessary to rule on the question whether the Greek courts did themselves violate Germany's immunity, a question which is not before the Court, and on which, moreover, it cannot rule, for the reasons recalled earlier. The Court will confine itself to noting, in general terms, that it may perfectly well happen, in certain circumstances, that the judgment rendered on the merits did not violate the jurisdictional immunity of the respondent State, for example because the latter had waived its immunity before the courts hearing the case on the merits, but that the *exequatur* proceedings instituted in another State are barred by the respondent's immunity. That is why the two issues are distinct, and why it is not for this Judgment to rule on the legality of the decisions of the Greek courts.

133. The Court accordingly concludes that the above-mentioned decisions of the Florence Court of Appeal constitute a violation by Italy of its obligation to respect the jurisdictional immunity of Germany.

VI. Germany's final submissions and the remedies sought

134. In its final submissions at the close of the oral proceedings, Germany presented six requests to the Court, of which the first three were declaratory and the final three sought to draw the consequences, in terms of reparation, of the established violations (see paragraph 17 above). It is on those requests that the Court is required to rule in the operative part of this Judgment.

135. For the reasons set out in Sections III, IV and V above, the Court will uphold Germany's first three requests, which ask it to declare, in turn, that Italy has violated the jurisdictional immunity which Germany enjoys under international law by allowing civil claims based on violations of international humanitarian law by the German Reich between 1943 and 1945; that Italy has also committed violations of the immunity owed to Germany by taking enforcement measures against Villa Vigoni; and, lastly, that Italy has violated Germany's immunity by declaring enforceable in Italy Greek judgments based on occurrences similar to those referred to above.

136. In its fourth submission, Germany asks the Court to adjudge and declare that, in view of the above, Italy's international responsibility is engaged.

There is no doubt that the violation by Italy of certain of its international legal obligations entails its international responsibility and places upon it, by virtue of general international law, an obligation to make full reparation for the injury caused by the wrongful acts committed. The substance, in the present case, of that obligation to make reparation will be considered below, in connection with Germany's fifth and sixth submissions. The Court's ruling thereon will be set out in the operative clause. On the other hand, the Court does not consider it necessary to include an express declaration in the operative clause that Italy's international responsibility is engaged; to do so would be entirely redundant, since that responsibility is automatically inferred from the finding that certain obligations have been violated.

137. In its fifth submission, Germany asks the Court to order Italy to take, by means of its own choosing, any and all steps to ensure that all the decisions of its courts and other judicial authorities infringing Germany's sovereign immunity become unenforceable. This is to be understood as implying that the relevant decisions should cease to have effect.

According to general international law on the responsibility of States for internationally wrongful acts, as expressed in this respect by Article 30 *(a)* of the International Law Commission's Articles on the subject, the State responsible for an internationally wrongful act is under an obligation to cease that act, if it is continuing. Furthermore, even if the act in question has ended, the State responsible is under an obligation to re-establish, by way of reparation, the situation which existed before the wrongful act was committed, provided that re-establishment is not materially impossible and that it does not involve a burden for that State out of all proportion to the benefit deriving from restitution instead of compensation. This rule is reflected in Article 35 of the International Law Commission's Articles.

It follows accordingly that the Court must uphold Germany's fifth submission. The decisions and measures infringing Germany's jurisdictional immunities which are still in force must cease to have effect, and the effects which have already been produced by those decisions and measures must be reversed, in such a way that the situation which existed before the wrongful acts were committed is re-established. It has not been alleged or demonstrated that restitution would be materially impossible in this case, or that it would involve a burden for Italy out of all proportion to the benefit deriving from it. In particular, the fact that some of the violations may have been committed by judicial organs, and some of the legal decisions in question have become final in Italian domestic law, does not lift the obligation incumbent upon Italy to make restitution. On the other hand, the Respondent has the right to choose the means it considers best suited to achieve the required result. Thus, the Respondent is under an obligation to achieve this result by enacting appropriate legislation or by resorting to other methods of its choosing having the same effect.

138. Finally, in its sixth submission, Germany asks the Court to order Italy to take any and all steps to ensure that in the future Italian courts do not entertain legal actions against Germany founded on the occurrences described in its first submission (namely violations of international humanitarian law committed by the German Reich between 1943 and 1945).

As the Court has stated in previous cases (see, in particular, *Dispute regarding Navigational and Related Rights (Costa Rica* v. *Nicaragua), Judgment, I.C.J. Reports 2009*, p. 267, para. 150), as a general rule, there is no reason to suppose that a State whose act or conduct has been declared wrongful by the Court will repeat that act or conduct in the future, since its good faith must be presumed. Accordingly, while the Court may order the State responsible for an internationally wrongful act to offer assurances of non-repetition to the injured State, or to take specific measures to ensure that the wrongful act is not repeated, it may only do so when there are special circumstances which justify this, which the Court must assess on a case-by-case basis.

In the present case, the Court has no reason to believe that such circumstances exist. Therefore, it will not uphold the last of Germany's final submissions.

*

*   *

139. For these reasons,

THE COURT,

(1) By twelve votes to three,

Finds that the Italian Republic has violated its obligation to respect the immunity which the Federal Republic of Germany enjoys under international law by allowing civil claims to be brought against it based on violations of international humanitarian law committed by the German Reich between 1943 and 1945;

IN FAVOUR: *President* Owada; *Vice-President* Tomka; *Judges* Koroma, Simma, Abraham, Keith, Sepúlveda-Amor, Bennouna, Skotnikov, Greenwood, Xue, Donoghue;

AGAINST: *Judges* Cançado Trindade, Yusuf; *Judge* ad hoc Gaja;

(2) By fourteen votes to one,

Finds that the Italian Republic has violated its obligation to respect the immunity which the Federal Republic of Germany enjoys under international law by taking measures of constraint against Villa Vigoni;

IN FAVOUR: *President* Owada; *Vice-President* Tomka; *Judges* Koroma, Simma, Abraham, Keith, Sepúlveda-Amor, Bennouna, Skotnikov, Yusuf, Greenwood, Xue, Donoghue; *Judge* ad hoc Gaja;

AGAINST: *Judge* Cançado Trindade;

(3) By fourteen votes to one,

Finds that the Italian Republic has violated its obligation to respect the immunity which the Federal Republic of Germany enjoys under international law by declaring enforceable in Italy decisions of Greek courts based on violations of international humanitarian law committed in Greece by the German Reich;

IN FAVOUR: *President* Owada; *Vice-President* Tomka; *Judges* Koroma, Simma, Abraham, Keith, Sepúlveda-Amor, Bennouna, Skotnikov, Yusuf, Greenwood, Xue, Donoghue; *Judge* ad hoc Gaja;

AGAINST: *Judge* Cançado Trindade;

(4) By fourteen votes to one,

Finds that the Italian Republic must, by enacting appropriate legislation, or by resorting to other methods of its choosing, ensure that the decisions of its courts and those of other judicial authorities infringing the immunity which the Federal Republic of Germany enjoys under international law cease to have effect;

IN FAVOUR: *President* Owada; *Vice-President* Tomka; *Judges* Koroma, Simma, Abraham, Keith, Sepúlveda-Amor, Bennouna, Skotnikov, Yusuf, Greenwood, Xue, Donoghue; *Judge* ad hoc Gaja;

AGAINST: *Judge* Cançado Trindade;

(5) Unanimously,

Rejects all other submissions made by the Federal Republic of Germany.

Done in French and in English, the French text being authoritative, at the Peace Palace, The Hague, this third day of February, two thousand and twelve, in four copies, one of which will be placed in the archives of the Court and the others transmitted to the Government of the Federal Republic of Germany, the Government of the Italian Republic and the Government of the Hellenic Republic, respectively.

(Signed) Hisashi OWADA,
President.

(Signed) Philippe COUVREUR,
Registrar.

Judges KOROMA, KEITH and BENNOUNA append separate opinions to the Judgment of the Court; Judges CANÇADO TRINDADE and YUSUF append dissenting opinions to the Judgment of the Court; Judge *ad hoc* GAJA appends a dissenting opinion to the Judgment of the Court.

(Initialled) H. O.

(Initialled) Ph. C.

____

Separate opinion of Judge Koroma

1. I have voted in favour of the Court's Judgment, which in my view accurately reflects the current state of international law with respect to the jurisdictional immunity of a State.

2. The Court has made a finding that Italy has violated the immunity which Germany enjoys under international law by allowing civil claims to be brought against it relating to violations of international humanitarian law by Germany. It is worth emphasizing, however, that the Court's Judgment should not be read as a licence for States to commit acts of torture, crimes against humanity or violations of international humanitarian law in situations of armed conflict. Rather, the Court examined the facts of this case and concluded that the acts committed by Germany were *acta jure imperii* and that no exception to immunity was applicable. Therefore the Court found that Germany was entitled to immunity from suit in Italian courts.

3. Germany has acknowledged the serious nature of the acts committed by its armed forces in Italy during the Second World War. The Court took cognizance of this in paragraph 52 of its Judgment. The case before the Court, however, is not about the legality of the conduct of Germany's armed forces during the Second World War or Germany's international responsibility for such conduct. The question in this case is limited to whether Germany is legally entitled to immunity before the Italian domestic courts with respect to the conduct of its armed forces in the course of the armed conflict. The Court did not need to address the substantive matter of the legality of Germany's conduct to resolve the issue of sovereign immunity. Indeed, the Court's jurisdiction in this case is limited to addressing *only* the issue of jurisdictional immunity; to examine other matters related to Germany's conduct would be *ultra petita*. The fact that the Parties do not dispute that Germany committed illegal acts, as well as the fact that the acts involved serious and grave violations of international humanitarian law, does not alter the nature of the Court's jurisdiction. Unless Germany consents to jurisdiction, or is found to not have sovereign immunity with respect to certain conduct committed by it, neither this Court nor a foreign domestic court has the jurisdiction to examine the legality of Germany's conduct or issues of reparation arising from such actions.

4. It is clear that the acts of the German armed forces in Italy during the Second World War constitute *acta jure imperii* as a decision to deploy a nation's armed forces in an armed conflict is quintessentially a sovereign act. Acts committed by a State's armed forces in furtherance of an international armed conflict are, by definition, acts taken in exercise of sovereign power. To hold that such acts were not subject to jurisdictional immunity would be to deprive the concept of sovereign immunity of its meaning and significance. The doctrine of sovereign immunity developed to protect the sovereignty and sovereign equality of States. Sovereign immunity accomplishes these aims by preventing one State from exercising jurisdiction over another without the latter's consent. To preserve sovereign equality among States, the doctrine holds that States are generally immune from suit for acts taken in exercise of their sovereign power.

5. It is well established that States are generally entitled to immunity for *acta jure imperii*. The question is whether any exception to this general rule exists that would deny States sovereign immunity for unlawful actions committed by their armed forces on the territory of another State during armed conflict or in the course of an occupation. It was argued that an exception exists that permits States to deny sovereign immunity in cases involving torts committed on the territory of the forum State. It was also contended that this exception enables Italy to deny immunity to Germany for those acts committed by its armed forces which could be characterized as intentional torts.

6. There is no dispute that the law on sovereign immunity has evolved to provide a limited exception to immunity for certain types of tortious acts. This exception is codified in Article 12 of the United Nations Convention on Jurisdictional Immunities of States and Their Property. Although the Convention has not yet entered into force, Article 12 can be considered to reflect the current state of customary international law. That Article provides that a State cannot invoke immunity

> "in a proceeding which relates to pecuniary compensation for death or injury to the person, or damage to or loss of tangible property, caused by an act or omission which is alleged to be attributable to the State",

and occurred on the forum State's territory. The International Law Commission's Commentary on the text of the Convention, however, makes it clear that the drafters of the Convention intended Article 12 to apply mainly to situations such as traffic accidents, to prevent insurance companies from evading liability to injured individuals under the cloak of State immunity. The Commentary states further that Article 12 does not apply to situations involving armed conflicts. The distinction drawn by the International Law Commission between isolated and insurable torts such as traffic accidents, and acts committed by armed forces during armed conflict, is understandable. Cases involving the former would entail limited liability for the tortfeasor State, whereas cases involving the latter could expose a State to nearly limitless liability. The former can thus be appropriately dealt with by the forum State's judiciary, while the inevitably political nature of the latter suggests strongly that resolution should be pursued via inter-State processes.

7. Under current international law, therefore, States continue to be entitled to sovereign immunity for *acta jure imperii* committed by their armed forces during armed conflict. Given that the Court's task is to apply the existing law, nothing in the Court's Judgment today prevents the continued evolution of the law on State immunity. In the past century, the law on State immunity has evolved considerably in a manner that has significantly circumscribed the circumstances in which a State is entitled to immunity. It is possible that further exceptions to State immunity will continue to develop in the future. The Court's Judgment applies the law as it exists today.

*

8. I also consider it important to acknowledge and address the arguments made by Greece. As a non-party intervenor in this case, Greece submitted a written statement in which it emphasized, *inter alia*, the "individual right to reparation in the event of grave violations of humanitarian law" (para. 34). Greece maintains that international humanitarian law confers "direct rights on individuals which are opposable to States" (para. 35). In support of its argument Greece cites, among other provisions, Article 3 of the Fourth Hague Convention of 1907 and Article 91 of the 1977 Protocol Additional to the Geneva Conventions of 12 August 1949 (Protocol I).

9. Greece is correct in stating that international humanitarian law now regards individuals as the ultimate beneficiaries of reparations for human rights violations (see International Law Commission, Draft Articles on Responsibility of States for Internationally Wrongful Acts (A/56/10), Art. 33, comment 3). This is a positive development that should certainly be welcomed, as it reflects the increasing importance of individual human rights in international law. It does not follow, however, that international law provides individuals with a legal right to make claims for reparation *directly* against a foreign State. Nothing in the Fourth Hague Convention or the 1977 Protocol I supports such a proposition. The relevant Articles of these two Conventions provide only that States must "pay compensation" if they violate the provisions of the Conventions. They do not purport to require that States pay compensation *directly to aggrieved individuals*. Further,

the two Conventions as a whole, read in context, do not provide for compensation to be made in such a manner. Indeed, a provision requiring State payments to individuals would have been inconceivable in 1907, when the Fourth Hague Convention was concluded, as international law at that time did not recognize the rights of individuals to the extent that it does today.

*

10. In conclusion, the Court correctly found that Germany is entitled to sovereign immunity for the acts committed by its armed forces in Italy during the Second World War, since the acts committed by the German armed forces constituted *acta jure imperii*, and no exception to this general rule of immunity applies. This finding, however, does not preclude the Parties from entering into negotiations to resolve issues which came to the fore in the course of the present proceedings. Nor does the attainment of justice in the factual and historical context of this case necessitate the overthrow of the existing law on jurisdictional immunity, which justly protects and preserves the sovereignty and sovereign equality of States.

(Signed) Abdul G. KOROMA.

SEPARATE OPINION OF JUDGE KEITH

1. I agree with the conclusions the Court has reached and largely with its reasons. My purpose in preparing this opinion is to emphasize how the rules of international law recognizing or not the immunity of a foreign State from the jurisdiction of the courts of another State are firmly based on principles of international law and on policies of the international legal order. That emphasis is designed to supplement the exhaustive and persuasive discussion of State practice included in the Judgment.

2. A basic principle of international law at play in this area of law is the principle of sovereign equality of States, the first principle declared in Article 2 of the Charter of the United Nations. In terms of the elaboration of that principle in the 1970 Declaration on Principles of International Law concerning Friendly Relations and Cooperation among States in accordance with the Charter of the United Nations, all States have equal rights and duties and are juridically equal (General Assembly resolution 2625 (XXV)). By definition, in cases raising issues of State immunity, that principle and the rights and obligations arising from it apply to two States — the State of the forum where the case is being brought and the foreign State which is the defendant or intended defendant. The jurisdiction of the courts of the former State arises from the sovereignty of that State. If the particular court has jurisdiction over the matter brought before it when the defendant is an individual or a legal person, why should the fact that the defendant is a foreign State make a difference? But to the contrary are the sovereign equality and the independence of the foreign State, principles supporting immunity: an equal cannot have jurisdiction over an equal.

3. How are those two propositions to be reconciled? Answers are to be found in the decisions given by national courts, the laws passed by national parliaments, treaties and the law reform and diplomatic processes and negotiations leading to them, and other State practice, much of it reviewed in the Judgment in this case, as well as in scholarly writing. The answers have given and continue to give particular attention to the character of the act in issue in the litigation. In broad terms, is the act an act of a public character or, in other words, to be seen as the exercise of the sovereign authority of the State, or is the act one of a private character, indistinguishable from the act of any other person acting under the local law? In the former case, the need for respect for another sovereignty, ideas of reciprocity and possible risks to international relations may have major significance and indicate that immunity is available. In the latter, the similarities of the foreign State's acts to the acts of other persons under local law and the correlative rights and obligations of the other (non-State) party in the litigation may indicate that immunity should not be available. That may be so if, for instance, the act is of a commercial or trading character; or the act is an alleged delict or tort under local law committed on the territory of the forum State; or the action relates to locally situated property. The answers, based on those matters, have changed over time and no doubt will continue to change, in the direction of a narrowing of immunity. In this case, Italy contends that the position taken by its courts conforms with that narrowing. Germany argues to the contrary.

4. Those matters began to appear 200 years ago. To demonstrate that, I take from the nineteenth century two judgments and a resolution adopted by the Institut de Droit International. I make those choices from the many available because they highlight the principles and the other factors I have mentioned; they show that the common law and lawyers from that tradition — often represented as adhering to a rule of absolute immunity well into the twentieth century — had, along with those in other jurisdictions, early recognized the balance of the factors mentioned; and they usefully present the law in two parts: those areas where the local courts have jurisdiction over foreign States and those where they do not because of the immunity of the foreign State. I do of course appreciate that it is unusual in the practice of this Court and its predecessor to draw on the

decisions of national courts. But, as appears from the Judgment in this case, the Court, for good reason, does give such decisions a major role. In this area of law it is such decisions, along with the reaction, or not, of the foreign State involved, which provide many instances of State practice. Further, the reasoning of the judges by reference to principle is of real value.

5. I begin with Chief Justice Marshall, speaking 200 years ago for the United States Supreme Court. In *Schooner Exchange* v. *McFaddon* (11 US 116 (1812)), he began with these propositions:

> "The jurisdiction of courts is a branch of that which is possessed by the nation as an independent sovereign power.
>
> The jurisdiction of the nation within its own territory is necessarily exclusive and absolute. It is susceptible of no limitation not imposed by itself. Any restriction upon it, deriving validity from an external source, would imply a diminution of its sovereignty to the extent of the restriction, and an investment of that sovereignty to the same extent in that power which could impose such restriction." (11 US 116, 136.)

He then examined what he referred to as several instances of consent of the territorial State tested by common usage, and by common opinion, growing out of that usage. Sixty years later, an English judge, Sir Robert Phillimore, rejected a plea of immunity made by the Khedive of Egypt. He began his examination of the immunity of the sovereign prince from the court's jurisdiction, by

> "stat[ing] with precision the foundation upon which this privilege rests. Upon principles of general jurisprudence the presence of a person or of property within the limits of a State founds the jurisdiction of the tribunals of that State . . . The sovereign prince or his representative is exempted from the operation of this principle, absolutely, so far as his person is concerned, and with respect to his property, at least so far as that property is connected with the dignity of his position and the exercise of his public functions.
>
> Upon what grounds is this exemption allowed? Not upon the possession on behalf of the sovereign of any absolute right in virtue of his sovereignty to this exemption; such a right on his part would be incompatible with the right of the territorial sovereign . . . The true foundation is the consent and usage of independent states, which have universally granted this exemption from local jurisdiction in order that the functions of the representative of the sovereignty of a foreign State may be discharged with dignity and freedom, unembarrassed by any of the circumstances to which litigation might give rise." (*The Charkieh* (1873) LR 4 A & E 59, 88.)

The references by the judges to common usage and common opinion arising out of that usage tend to suggest that the consent of the territorial State was coming to be seen as a fiction. The reconciliation between the competing sovereignties, on my understanding of the development of the law, ceased to rely on ideas of consent, but weighed the other matters mentioned above and, in particular, the character of the act in issue. The combination of that matter, (implied) consent, and principle may be seen in a second feature of the two judgments in which the judges indicated situations in which territorial sovereignty may prevail over the sovereignty of the foreign State.

6. Chief Justice Marshall looked at what he saw as a manifestly distinct situation. That situation concerned the private property of the prince. A prince, by acquiring private property in a foreign country, may possibly be considered, he said, "as subjecting that property to the territorial jurisdiction; he may be considered as so far laying down the prince, and assuming the character of a private individual" (11 US 116, 145); or, it may be added, the elements of sovereignty, equality, independence and dignity are absent and the consent, this time of the foreign State and generally

implicit, may, with that absence, be seen as denying immunity. Similarly, Sir Robert Phillimore focused on the fact that the vessel which was the subject of the proceeding before him was "employed for the ordinary purposes of trading. She belongs to what may be called a commercial fleet." (LR 4 A & E 59, 99.) He had earlier said this:

> "The object of international law, in this as in other matters, is not to work injustice, not to prevent the enforcement of a just demand, but to substitute negotiations between governments, though they may be dilatory and the issue distant and uncertain, for the ordinary use of courts of justice in cases where such use would lessen the dignity or embarrass the functions of the representatives of a foreign State; and if the suit takes a shape which avoids this inconvenience, the object both of international and of ordinary law is attained — of the former, by respecting the personal dignity and convenience of the sovereign; of the latter, by the administration of justice to the subject.
>
> The universally acknowledged exceptions to the general rule of the sovereign's immunity when examined prove the truth of this proposition. For instance, the exemption from suit is admitted not to apply to immoveable property. One reason may be that the owner of such property has so incorporated himself into the jural system of the state in which he holds such property, that the argument of general inconvenience to states from allowing the exemption outweighs the argument from convenience on which the exemption in other matters is bottomed. But another reason surely is . . . that such a suit can be carried on without the necessity of serving process upon the sovereign, or of interfering in any way with such personal property as may be requisite for the due discharge of his functions. The exemption must be taken away for one of three reasons, either those which I have suggested, or a third, that the acquisition of immoveable property amounts to a waiver of privilege." (LR 4 A & E 59, 97-98.)

7. The first of those two paragraphs valuably highlights the distinction between the substantive obligation of the foreign State and the procedural or institutional means by which it is to be enforced or pursued — in the one case the "just demand" was pursued through a court process and in the other the available means was negotiation between States. That distinction between right and process is critical in the law in general and in the present case in particular (see Part III. 3 of the Judgment). The second paragraph, in addition to recalling other instances where territorial sovereignty prevails, gives reasons for that result.

8. The Institut de Droit International in 1891 in its Draft International Rules on the jurisdiction of courts over proceedings against foreign States, sovereigns and heads of State provided an exhaustive list of six situations in which court actions against foreign States were permitted. Included on that list were actions for damages arising from a delict or quasi delict committed on the territory of the forum State (Art. 4 (6)). That list was immediately followed by a bar, among other things, on actions brought against acts of sovereignty (Art. 5). A similar approach can be seen in the Resolution on State immunity in relation to jurisdiction and enforcement adopted by the Institut a century later with Ian Brownlie as the Rapporteur ("Contemporary Problems Concerning the Immunity of States in Relation to Questions of Jurisdiction and Enforcement" (1991)). Nine criteria are listed as indicating that judicial and other organs of the forum State have jurisdiction and five as giving the opposite indication. Among the first are proceedings "concerning the death of, or personal injury to, a person, or loss of or damage to tangible property, which are attributable to activities of a foreign State and its agents within the national jurisdiction of the forum State" (Art. 2 (2) *(e)*). Among the latter indications, tending to

deny jurisdiction, are (1) "the relation between the subject-matter of the dispute and the validity of the transactions of the defendant State in terms of public international law" (Art. 2 (3) *(b)*), and (2) "the organs of the forum State should not assume the competence to inquire into the content or implementation of the foreign, defence and security policies of the defendant State" (Art. 2 (3) *(d)*).

9. That Resolution was adopted just a few weeks after the International Law Commission had completed its draft articles on jurisdictional immunities of States and their property, the draft which became the basis of the 2004 United Nations Convention. In 1991 the Commission reaffirmed as still generally applicable the commentary it had adopted in 1980, a commentary based on a review of much State practice, including legislation, executive action and court decisions, treaties, and many authorities. The commentary said this, under the heading Rational Basis of State Immunity:

> "The most convincing arguments in support of the principle of State immunity may be found in international law as evidenced in the usage and practice of States and as expressed in terms of the sovereignty, independence, equality and dignity of States. All these notions seem to coalesce, together constituting a firm international legal basis for State immunity. State immunity is derived from sovereignty. Between two co-equals, one cannot exercise sovereign will or authority over the other: *par in parem imperium non habet.*" (*Yearbook of the International Law Commission* (*YILC*), 1980, Vol. II (2), p. 156, para. 55 of commentary to draft Art. 6; *ibid.*, 1991, Vol. II (2), pp. 22-23, para. 5 of commentary to Art. 5.)

10. Throughout its work on the topic, the Commission continued to draw the distinction, which had been appearing since early in the nineteenth century between the public and the private, to use that shorthand. In the former sphere, the principles of sovereign equality, independence, reciprocity and dignity, possible risks to international relations, and, if needed, the (implied) consent of the territorial State to the waiving of its territorial jurisdiction prevailed. In the latter, the foreign State, by operating in effect as a private person within the local legal system, either subjected itself to the local law and judicial system or became subject to that law and system. A choice between those alternatives was made by the International Law Commission in its drafting of the eight provisions which now appear in Part III of the United Nations Convention under the heading Proceedings in which State Immunity Cannot be Invoked. The phrase "the State is considered to have consented to the exercise of" the local jurisdiction which had been included in four of the provisions in that part was replaced by the phrase "the State cannot invoke" immunity from that jurisdiction (*YILC*, 1991, Vol. II (2), p. 34, para. 2 of Commentary to Art. 10). The implied or fictional consent of the foreign State has gone. The propositions supporting territorial sovereignty now appear as statements of general law.

11. With that consideration of principle in mind, I go to the facts which lie at the heart of the claims brought before the Italian courts. German forces inflicted untold suffering on the Italian people during the period from September 1943 until the liberation of Italy in May 1945. Germany acknowledges those facts and their illegality and says that it accepts full responsibility for those terrible events. May the Italian courts exercise jurisdiction over claims, based on those facts, brought against Germany? How is the contest of equal sovereignties to be resolved?

12. One answer proposed by Italy was based on the local tort or delict rule. As indicated, that rule has been long recognized, at least in doctrine; the acts in issue in this case would be plainly unlawful under any conceivable system of national law, as well as under international law. But what is the extent of that rule? The 1891 and 1991 formulations by the Institut de Droit

International require a territorial element: that the wrong was committed in the territory or within the national jurisdiction of the forum State (see para. 8 above). The same element appears in a more detailed form in Article 12 of the 2004 United Nations Convention:

> "Unless otherwise agreed between the States concerned, a State cannot invoke immunity from jurisdiction before a court of another State which is otherwise competent in a proceeding which relates to pecuniary compensation for death or injury to the person, or damage to or loss of tangible property, caused by an act or omission which is alleged to be attributable to the State, if the act or omission occurred in whole or in part in the territory of that other State and if the author of the act or omission was present in that territory at the time of the act or omission."

13. The whole emphasis in the text of Article 12 and the International Law Commission commentary on it is on the local character of that legal proceeding as well as on its private nature. There must be a right under local law to compensation; the actor must have been in the territory when the act occurred; and that act must have occurred there in whole or in part. According to the Commission, the exception to immunity is "applicable only to cases or circumstances in which the State concerned would have been liable under the *lex loci delicti commissi*"; a local court is the most convenient; and the rule of non-immunity would prevent the possibility of the insurance company hiding behind the cloak of State immunity (most of the injury and damages likely to be covered will be insurable) (*YILC*, 1991, Vol. II (2), pp. 44-45, paras. 2-4 of commentary to Art. 12). The proposition stated in Article 12, assuming it to be a statement of customary international law, and its rationale plainly do not address delictual or tortious acts committed elsewhere, in this case outside Italy.

14. The Commission also contemplates that political assassinations (at the direction or with the knowledge of the foreign State, I assume) would be covered. I can see the force of that even though the act might be said in one sense to be of a very public, governmental, character; it is likely also to be a serious breach of the local law giving rise to civil liability and proceedings in the local courts. To return to the beginning point, as stated by Marshall, of the exclusive jurisdiction of the courts of the local sovereign, I can see no justification in terms of equal sovereignty, independence, dignity, reciprocity or possible risks to international relations, or the implied consent of the territorial sovereign for denying jurisdiction in respect of that violation of the law of the land.

15. Acts committed in the course of armed conflict between States, are, in my view, of a markedly different kind. They are acts at the international, inter-State level, of a sovereign nature relating to the implementation of foreign, security and defence policies of the defendant State and are to be assessed according to international law, to return to the terms of the Institut texts (see para. 8 above). Those acts are not acts to be assessed primarily by reference to local law, although they might also involve breaches of local criminal law so far as it incorporates provisions of international law, for instance creating or declaring crimes for which individuals may be individually responsible and in respect of which they are not likely to have immunity.

16. The International Law Commission commentary states flatly that its draft Article 12 does not "apply to situations involving armed conflicts" (*YILC*, 1991, Vol. II (2), p. 46, para. 10 of commentary to Art. 12). While it would have been helpful had the United Nations Convention made it express, as the European Convention does, that the Convention does not apply to claims arising from armed conflicts or from actions of the armed forces (1972 European Convention on State Immunity, Art. 31), the statement of 25 October 2004 by the Chairman of the Ad Hoc Committee when introducing the report of that Committee on the draft Convention follows the Commission's position and is clear: one of the issues that had been raised was whether military

activities were covered by the Convention; the general understanding had always prevailed that they were not (A/C6/59/SR13, para. 36; see also the reference in the last preambular paragraphs of General Assembly resolution 59/38, adopting the Convention, to the "statement of the Chairman of the Ad Hoc Committee"). Norway and Sweden when ratifying the Convention have made explicit their understandings to similar effect. The Chairman's statement indicates to me that the exclusion of war claims went almost without saying.

17. Also supporting that exclusion is the analogy provided by national law which in many countries at first recognized the absolute immunity of States from proceedings in their own courts, and later limited it. The ILC said this about the earlier period:

> "It was in the nineteenth century that the doctrine of State immunity came to be established in the practice of a large number of States. In common law jurisdictions, especially in the United Kingdom and the United States of America, the principle that foreign States are immune from the jurisdiction of the territorial States has to a large extent been influenced by the traditional immunity of the local sovereign, apart altogether from the application of international comity or *comitas gentium*. In the United Kingdom, at any rate, the doctrine of sovereign immunity has been a direct result of the British constitutional usage expressed in the maxim 'The King cannot be sued in his own courts'. To implead the national sovereign was therefore a constitutional impossibility . . . The immunity of the Crown was later extended to cover also the sovereign heads of other nations, or foreign sovereigns with whom at a subsequent stage of legal development foreign States have been identified." (*YILC*, 1980, Vol. II (2), p. 144, para. 9.)

But by 1932 it was possible for those responsible for the extensively researched and carefully prepared Harvard draft convention on the Competence of Courts in regard to foreign States to say that

> "Exceptions [to the rule of absolute immunity] . . . have made their appearance as the necessities of modern life have changed and developed. More and more States have adopted legislation by which they have submitted to suits by private persons in their own courts. The old English principle that the King can do no wrong has lost much of its force as an operative legal doctrine." ((1932) 26 *AJIL* Supp 527-528; the text was prepared by a group with Professor Philip C Jessup as reporter.)

The draft accordingly included a number of exceptions to immunity. Twenty years later, Professor Hersch Lauterpacht pressed the national law analogy with reference to recent legislative changes in common law countries limiting the immunity of the local state from court proceedings ("The Problem of the Jurisdictional Immunities of Foreign States" (1951) 28 *BYIL* 220, 220-221, 233-235). Many of those changes in national law had as their purpose, with reference to the principles of the rule of law and the equality of the State and its citizens under the law, the placing of the State as litigant in the same position as the individual as litigant. To recall the distinction made earlier in this opinion, the new legislation was concerned with the State being made subject to jurisdiction in respect of private law claims. That legislation did not, by contrast, allow claims arising from actions of the armed forces of the State in defence of the State or even more broadly. Such matters were dealt with at the national level by general policies such as war pensions and other measures for the rehabilitation of returned members of the armed forces. (See e.g., P. W. Hogg and P. J. Monahan *Liability of the Crown*, 3rd ed., 2000, 7 (6) *(b)*.) While that parallelism with private acts is not to be pressed beyond its limits, it is of interest, as Sompong Sucharitkul, the ILC's first special Rapporteur wrote in 1959, that in Italy

> "[t]he doctrine of State immunity was also generally applied by Italian courts in the nineteenth century. But at the very beginning, Italian courts adopted a restrictive view of immunity based upon the double personality of the State. This was principally because in Italy the local sovereign himself was subject to the jurisdiction of an Italian judge in respect of acts performed in his private capacity." (*State Immunities and Trading Activities in International Law*, 1959, p. 11.)

18. At the international level, claims in respect of war damages and losses against former belligerents are in practice dealt with by inter-State negotiations and agreements, as shown in the present case by the treaties of 1947 and 1961 (see paras. 22, 24-25 of the Judgment); such agreements deal with the claims of loss on a general footing, often on a reciprocal basis and not by way of individual claims, whether based on fault or not. That international practice recognizes consequences of the widespread devastation and destruction that follow major armed conflicts. That destruction, along with the overwhelming need for former belligerent States to reconstruct their societies and their economies, as recognized in that practice, makes completely impracticable, as best as I understand the matter, the Italian proposition in these terms:

> "States (both the State of the victims and the State which is responsible for the violations) when negotiating . . . agreements [for war damages] must ensure that *(a)* all categories of (if not all individual) victims of war crimes are covered; *(b)* there be sufficient financial means to make the reparation more than symbolic; *(c)* there be appropriate mechanisms for ensuring that the reparation is made to the victims. Thus, it would not be sufficient for a State just to say that the counterpart agreed to waive all claims in exchange for a sum of money. There must be certainty that the sum of money is sufficient and appropriate; there must be criteria for the identification of victims and for its distribution to victims." (Counter-Memorial of Italy, para. 5.26.)

How could the stated requirements *(a)* and *(b)* possibly be satisfied in Europe following six years of unrelenting warfare? In practice any reparation received has often, and understandably, been used by States for general recovery purposes. And *(c)* is not an obligation recognized in law or always in fact.

19. Professor Louis Henkin, referring primarily to many post-war settlement agreements concluded by the United States throughout its history, has said that:

> "governments have dealt with such private claims as their own, treating them as national assets, and as counters, 'chips', in international bargaining. Settlement agreements have lumped, or linked, claims deriving from private debts with others that were intergovernmental in origin, and concessions in regard to one category of claims might be set off against concessions in the other, or against larger political considerations unrelated to debts. In result, except as an agreement might provide otherwise, international claims settlements generally wipe out the underlying private debt, terminating any recourse under domestic law as well . . .
>
> Often there was no assurance that the lump sum settlement was the best 'deal' that citizens were not sacrificed to some other national interest; often, surely, one could not be certain that the private party recovered the full 'value' of his (her) claim." (*Foreign Affairs and the US Constitution*, 2nd ed., 1996, p. 300.)

The United States Court of Appeals for the District of Columbia recently quoted the first part of that passage and, in terms of "larger political considerations", recalled a position stated in 1952 by the United States in relation to the Peace Treaty with Japan of 1951:

> "Obviously insistence upon payment of reparations in any proportion commensurate with the claims of the injured countries and their nationals would wreck Japan's economy, dissipate any credit that it may possess at present, destroy the initiative of its people, and create misery and chaos in which the seeds of discontent and communism would flourish." (*Joo* v. *Japan* (2005) 413 F 3d 45, 52.)

That very long-established practice, recognizing harsh post-war realities and the need for former enemy States to establish new relationships, strongly supports the conclusion that a former belligerent State may not be subject, without its consent, to the jurisdiction of a foreign court in cases such as those which are the subject of the present proceedings.

20. To conclude, I emphasize again that the Judgment in the present case does not in any way deny the responsibility of Germany for the dreadful violations of international law it committed against Italian citizens between 1943 and 1945. Germany has indeed, in the words of its Agent before the Court, "accepted full responsibility [for] the terrible war time events". But that responsibility, along with the related obligations, is not before the Court. What is before the Court is only Germany's claim to immunity from the jurisdiction of Italian courts over the proceedings based on those events brought against it by individual Italian citizens.

(Signed) Kenneth KEITH.

____

SEPARATE OPINION OF JUDGE BENNOUNA

Evolution of the customary rule of immunity — Change in the concept of sovereignty — Link between the law of international responsibility and jurisdictional immunity — Right to have access to justice — Exceptional circumstances allowing the lifting of immunity — Unity of international law — Mechanical conception of the judicial task.

1. Although I agree with the operative part of the Court's Judgment, which finds that, in the context of its dispute with Germany, Italy violated the latter's jurisdictional immunity (Judgment, paragraph 139 (1)), I cannot, however, endorse the approach adopted by the Court, or support the logic of its reasoning.

2. As we know, the scope of the principle of State jurisdictional immunity has divided, and continues to divide, opinions among States, despite an emerging trend towards rapprochement, in the context of globalization.

3. Thus, starting from an absolute concept of sovereignty, States had inferred an equally absolute concept of immunity, which allowed one State to claim immunity from the jurisdiction of another's courts under all circumstances.

4. However, a noticeable change in the concept of sovereignty, brought about by the diversification of international actors and by advances in international law, led a number of States to adapt and relativize their positions on jurisdictional immunity, essentially restricting it to acts of sovereignty *(jure imperii)*, as opposed to private and commercial acts *(jure gestionis)*. Nevertheless, the line between these two categories is not always easy to draw. Regarding the domestic laws, they are few in number and far from being consistent, as the Court points out (Judgment, paragraph 71); the same can be said of the case law of the various States, which means that the law of jurisdictional immunity still gives the impression of being a flag which covers all kinds of goods.

5. In practice, States have enacted legislation authorizing their courts to rule on certain activities by foreign States without necessarily basing themselves on international law governing immunity. Thus in 1996, the United States amended its legislation to enable its courts to entertain civil liability claims against foreign States designated by the United States government as "sponsor[s] of terrorism" (United States of America: *Foreign Sovereign Immunities Act 1976*, 28 *USC*, Sec. 1605A). As a result, scholars have raised the question of the limits on the power of States to legislate in this area, in light of the customary rule of immunity.

6. The situation is further complicated by the introduction, first in the 1972 European Convention on State Immunity (Art. 11) and then in the 2004 United Nations Convention on Jurisdictional Immunities of States and Their Property (Art. 12), of the so-called "tort exception",

which makes no distinction between acts *jure imperii* and acts *jure gestionis*. Thus that exception is intended to cover injuries to persons and property in the territory of the forum State irrespective of the aim or purpose of the activity in question.

7. Furthermore, the responsibility of the State is now indissociable from the exercise of its sovereign power. The State is responsible, first, for its own population, which it has a duty to protect, but it is also responsible for acts attributable to it, committed outside its territory and injuring the population of another country.

8. The fact that responsibility is thus indissociable from the exercise of sovereignty means that, when assuming responsibility, a State can justify its claim to immunity before foreign courts on the basis of the principle of sovereign equality. In other words, the granting of immunity by those courts can in no sense mean that the State concerned is exonerated from responsibility; it merely defers consideration of that responsibility to other diplomatic or judicial bodies. Sovereign equality is only meaningful if it is accompanied by equality in terms of respect for international legality.

9. It should be emphasized that, when it arises in connection with international crimes, as in the present dispute, the question of jurisdictional immunity raises fundamental ethical and juridical problems for the international community as a whole, which cannot be evaded simply by characterizing immunity as a simple matter of procedure.

10. Furthermore, as the Court notes, Germany acknowledges the "untold suffering inflicted on Italian men and women in particular during massacres, and on former Italian military internees", and that these were unlawful acts, engaging its responsibility (Judgment, paragraph 52). However, the Court is content to take the view that it is "a matter of surprise — and regret — that Germany decided to deny compensation to a group of victims on the ground that they had been entitled to a status which, at the relevant time, Germany had refused to recognize" (Judgment, paragraph 99).

11. In my view, the Court could not simply leave the matter there, whether in terms of principles or of the consequences to be drawn in this case. With respect to the principles, firstly, the Court had already clearly stated that "the State notifying a foreign court that judicial process should not proceed, for reasons of immunity, against its State organs, is assuming responsibility for any internationally wrongful act in issue committed by such organs" (*Certain Questions of Mutual Assistance in Criminal Matters (Djibouti* v. *France)*, *Judgment*, *I.C.J. Reports 2008*, p. 244, para. 196). In this case, Germany invokes its immunity as a State on account of criminal acts carried out by its organs and attributable to it; and it must assume responsibility for these acts.

12. The resolution of the Institute of International Law, adopted at the 2009 Naples Session, concerning "the Immunity from Jurisdiction of the State and of Persons Who Act on Behalf of the State in case of International Crimes" contains an Article (Art. II), entitled "Principles" that puts immunities in their context (first paragraph), which is not to evade the rules of international law, but to enable the courts to take account of the sovereign equality of States in the exercise of their respective jurisdictions:

> "1. Immunities are conferred to ensure an orderly allocation and exercise of jurisdiction in accordance with international law in proceedings concerning States, to respect the sovereign equality of States and to permit the effective performance of the functions of persons who act on behalf of States." (*Annuaire de l'Institut de droit international*, Vol. 73, Naples Session (Italy), 2009.)

13. In this case, therefore, the Court should have observed that Germany, which recognizes the unlawfulness of the acts committed against the group of victims in question, in particular the former Italian military internees, including Mr. Luigi Ferrini, is obliged in principle to assume its responsibility for those acts, and that it is subject to that condition that Germany should enjoy immunity before the courts of the forum State.

14. Moreover, with respect to the consequences deriving from the principle of responsibility, the Court considers that "the claims arising from the treatment of the Italian military internees . . ., together with other claims of Italian nationals which have allegedly not been settled — and which formed the basis for the Italian proceedings — could be the subject of further negotiation involving the two States concerned, with a view to resolving the issue" (Judgment, paragraph 104). In my view, rather than regarding this simply as a possible subject of negotiation, Germany should assume its international responsibility and, in consultation with Italy, supplement the measures it has taken since the Second World War, so as to cover the categories of victims excluded therefrom.

15. Thus, it is only in exceptional circumstances — when a State presumed to be the author of unlawful acts rejects any engagement of its responsibility, in whatever form — that a State could lose the benefit of its immunity before the courts of the forum State. The right of the individuals concerned to have access to justice in their own country would then take precedence, where the State in question had refused to submit to the fundamental principles of law — on which, moreover, it was itself relying.

16. In my view, such exceptional circumstances cannot be ignored, either by national or by international courts, and, were this to happen, it would open the door to abuses with the potential to undermine the very foundations of international legality.

17. Judges should always remain vigilant to ensure that ultimate precedence is given to law and justice, as Rosalyn Higgins has recalled:

> "An exception [sovereign immunity] to the normal rules of jurisdiction should only be granted when international law requires — that is to say, when it is consonant with justice and with the equitable protection of the parties. It is not to be granted 'as a right'." ("Certain Unresolved Aspects of the Law of State Immunity", *Netherlands International Law Review*, Vol. 29, 1982, p. 271.)

18. One would have expected the International Court of Justice to follow that approach, which in recent decades has enabled the legal régime governing jurisdictional immunity to evolve in a way which strikes an equal balance between State sovereignties and the considerations of justice and equity operating within such sovereignties. The Westphalian concept of sovereignty is thus gradually receding, as the individual takes centre stage in the international legal system.

19. That evolution is in part reflected in the International Law Commission's work to codify the subject, and in the United Nations Convention on Jurisdictional Immunities of States and Their Property (adopted by the United Nations General Assembly on 2 December 2004, resolution 59/38), but that is not to say that it is now frozen for evermore. That is why it falls to the Court, when considering the cases submitted to it, to revisit the concepts and norms debated before it and to indicate, if appropriate, any emerging new trends in their interpretation and in the determination of their scope.

20. While the Court does indeed recognize that the granting of jurisdictional immunity to a State does not affect its international responsibility (Judgment, paragraph 100), it fails to draw any concrete conclusions from that fact. Thus, it could have added that a State which flatly rejects any engagement of responsibility on its part loses, by that rejection, the right to claim immunity from jurisdiction.

21. Where immunity is claimed, it comes with an obligation: namely that the State must assume its international responsibilities by appropriate means. And I consider that, in respect of armed conflict, such means include inter-State negotiations, but on condition that such negotiations are conducted on terms capable of covering the entirety of the situation at issue.

22. This case is distinguished by certain specific features: Germany admits its responsibility for the unlawful acts at issue before the Italian courts; and those acts took place, partly or entirely, on Italian territory. Germany, however, claims jurisdictional immunity and has instituted proceedings against Italy before this Court on account of the latter's violations of its obligations in that regard. Finally, the individuals concerned have filed various claims, which have failed.

23. However, it is not sufficient to find that those persons have not been able to obtain satisfaction before either the German courts or before the European Court of Human Rights, and then to conclude that Germany has no obligation of reparation towards them. Such an obligation is the consequence of the internationally wrongful acts admitted by Germany and must be capable of being settled in an inter-State context. It is thus an issue which remains outstanding between the two countries.

24. The requirement of exceptional circumstances in order for immunity to be lifted disposes of the argument that to allow any derogation of this kind is completely unrealistic, because it would open a Pandora's Box of individual claims for reparation by all victims of armed conflicts.

25. To my mind, if Germany were to close all doors to such settlement — and there is nothing to suggest that it will — then the question of lifting its immunity before foreign courts in respect of those same wrongful acts could legitimately be raised again. Thus, in finding that Italy has violated its obligation to respect Germany's jurisdictional immunity, the Court did not intend in any way to obstruct the implementation of another fundamental norm of international law, namely the responsibility of States for internationally wrongful acts.

26. Thus, I voted in favour of the operative clause of the Judgment, on the basis of the nature of this case, which dates back to the Second World War, the efforts made by Germany since the end of that conflict, and its willingness to assume its responsibility in that regard, which mean that the exceptional circumstances to which I referred, and which allow for immunity to be lifted, would not appear to me to be present.

27. The Court cannot reject the so-called "last resort" argument, as it does in paragraph 103 of the Judgment, on the pretext of the absence of any supporting State practice or jurisprudence. In fact, the Court, whose function is "to decide in accordance with international law such disputes as are submitted to it" (Article 38 of the Statute), must apply and interpret the norm at issue within its legal context, that is to say, taking account of the other rules of law which bind the Parties. Consequently, it is difficult to see how the law of State immunity can be applied and interpreted without taking account of the impact of the law governing State responsibility. Especially if, before the domestic courts, it appeared, *in limine litis*, that the State responsible for the wrongful act has closed all doors to reparation.

28. It is by taking account of all those elements, and their mutually complementary nature, that the Court can help to ensure the unity of international law in the service of international justice. That primordial function cannot be confined within a narrow, formalistic approach, which considers immunity alone, *stricto sensu*, without concern for the victims of international crimes seeking justice. It could be considered that an "interstitial norm", as expressed by Vaughan Lowe ("The Politics of Law-making: Are the Method and Character of Norm Creation Changing?", in M. Byers, *The Role of Law in International Politics: Essays in International Relations and International Law*, Oxford University Press, 2000, pp. 212-221), would enable the establishment of a link between the law of immunities and the law of State responsibility. This could be done by invoking general principles of law, as the Court did in the *Corfu Channel* case, where it referred to "elementary considerations of humanity" as a link between human rights and international humanitarian law (*Corfu Channel (United Kingdom* v. *Albania), Merits, Judgment, I.C.J. Reports 1949*, p. 22).

29. The Court has relied on a "mechanical" conception of the judicial task, according to which the national court rules on immunity as a preliminary issue, without considering "the specific circumstances of each case" (Judgment, paragraph 106). However, that is an illusion, for, in practice, it often happens that, in order to rule on the issue of immunity, and on the arguments for lifting immunity put forward by the claimant, the court has to examine the merits of the case. Thus, for example, when this Court determines that an objection to jurisdiction does not possess "an exclusively preliminary character", it decides to rule on it only when it has examined the merits of the case of which it is seised.

30. We should, moreover, not lose sight of the fact that Italy may still espouse the cause of its nationals by exercising diplomatic protection on their behalf; this institution represents the last resort or *ultima ratio* for the protection of internationally guaranteed human rights, as the Court recognized in the case concerning *Ahmadou Sadio Diallo ((Republic of Guinea* v. *Democratic Republic of the Congo), Preliminary Objections, Judgment, I.C.J. Reports 2007 (II)*, p. 599, para. 39).

31. Lastly, I regret that the Court's reasoning was not founded on the characteristics of contemporary international law, where immunity, as one element of a mechanism for the allocation of jurisdiction, could not be justified if it would ultimately pose an obstacle to the requirements of the justice owed to victims. Thus immunity is not a subjective right, in the strict sense, at the disposition of the State, but a possibility given to the latter not to be tried by foreign courts, according to whether the particular circumstances of the case so permit.

32. The power of national courts to interpret and apply the law relating to immunities remains complete, contrary to what is suggested by the Court in its Judgment (Judgment, paragraph 106). Where that power is exercised *in limine litis*, that does not preclude a national court from examining all the facts of the case before it, when that is necessary in order to determine whether or not the circumstances of the case permit the State to be accorded immunity.

33. The question remains, of course, whether a systematic State policy founded on the commission of international crimes, such as genocide or crimes against humanity, could be covered by immunity under the banner of sovereign acts *(jure imperii)*. That question gives rise to another, namely, what authority would be in a position to distinguish between normal State functions and functions which should be categorized as international crimes, so as to exclude them from the privilege of immunity. On the other hand, if, as in this case, the criminal activity attributable to the State is well established and admitted, that State is required at some point to open appropriate channels to reparation, in order to avoid ultimately being tried by foreign courts.

34. This case plainly demonstrates the extent to which the immune system of a State is closely linked to the admission by the latter of its own breaches of international law. It was incumbent on the Court, in its analysis of international customary law, to note this trend, and to anticipate its impact on the formation of international law. The fact that few cases before national jurisdictions reflect this trend does not mean that it should be ignored by the Court.

35. The well-established pre-eminence of justice, whether criminal or civil, and the rule of law at the international level, also serves to discourage leaders, acting in the name of their countries, from engaging in violations of peremptory norms of law relating to the prevention and commission of international crimes. Care should be taken to ensure that such dissuasive function is not impaired by a backward-looking approach to the immunity of the State and its representatives.

(Signed) Mohamed BENNOUNA.

____

DISSENTING OPINION OF JUDGE CANÇADO TRINDADE

Table of Contents

I. Prolegomena

1. I regret not to be able to accompany the Court's majority in the decision which the Court has just adopted today, 3 February 2012, in the case concerning the *Jurisdictional Immunities of the State* (Germany *versus* Italy, Greece intervening). My dissenting position pertains to the decision as a whole, encompassing the adopted methodology, the approach pursued, the whole reasoning in its treatment of issues of substance, as well as the conclusions of the Judgment. This being so, I care to leave on the records the foundations of my dissenting position, given the considerable importance that I attach to the issues raised by Germany and Italy, as well as by Greece, in the course of the proceedings in the *cas d'espèce*, and bearing in mind the settlement of the dispute at issue ineluctably linked to the imperative of the *realization of justice*, as I perceive it.

2. I thus present with the utmost care the foundations of my entirely dissenting position on the whole matter dealt with by the Court in the Judgment which it has just adopted, out of respect for, and zeal in, the exercise of the international judicial function, guided above all by the ultimate goal precisely of the *realization of justice*. To this effect, I shall dwell upon all the aspects concerning the dispute brought before the Court which forms the object of its present Judgment, in the hope of thus contributing to the clarification of the issues raised and to the progressive development of international law, in particular in the international adjudication by this Court of cases of the kind on the basis of fundamental considerations of humanity, whenever grave breaches of human rights and of international humanitarian law lie at their factual origins, as in the *cas d'espèce*.

3. Preliminarily, I shall dwell upon the inter-temporal dimension in the consideration of State immunity, moving then onto my initial line of considerations, pertaining, first, to the ineluctable relationship (as I perceive it), in the present case, between State immunities and war reparation claims, and, secondly, to the recognition by Germany of State responsibility in the present case. I shall then seek to rescue some doctrinal developments, forgotten in our days, acknowledging fundamental human values, and to recall the pertinent collegial doctrinal work, on the subject-matter at issue, of learned institutions in international law. I shall, next, turn to the threshold of the gravity of the breaches of human rights and of international humanitarian law.

4. This will lead me into the consideration of the question of waiver of claims in respect of the right of access to justice in the pleadings before the Court, and into the position upholding the inadmissibility of inter-State waiver of the rights of the individuals, victims of grave violations of international law. I shall then review the arguments of the contending parties as to the right of

access to justice. Attention will then be drawn to the clarifications from the contending parties, Germany and Italy, and from the intervening State, Greece, in response to a series of questions I put to them in the oral hearings before the Court, on 16.09.2011.

5. I shall next consider the prohibition of forced labour at the time of the II world war, and the prohibitions of *jus cogens* and the removal of immunity. This will lead me to review the tension, in international case-law, between State immunity and the right of access to justice, as well as to assess the contentions of the parties in the present case as to acts *jure imperii* and acts *jure gestionis*. My next line of considerations will focus on the human person and State immunities, singling out the shortsightedness of the strict inter-State outlook, particularly when facing the imperative of justice, and stressing the need to overcome that distorted inter-State outlook. This will lead me to sustain the position that there are no State immunities for *delicta imperii*, with the prevalence of the individual's right of access to justice, in the domain of *jus cogens*.

6. In sequence, I shall dwell upon the configuration of the individual victim's right to the Law *(droit au Droit)*, bearing witness of the primacy of the never-vanishing *recta ratio*. My following line of reasoning will concentrate on the individuals' right to reparation as victims of grave violations of human rights and of international humanitarian law, and on the imperative of the State's duty to provide reparation to those victims. This will lead me to uphold the primacy of *jus cogens*, with a rebuttal of its deconstruction. The path will then be paved, last but not least, for the presentation of my concluding observations.

II. Preliminary Issue: The Inter-Temporal Dimension in the Consideration of State Immunity

7. The consideration of the issue of the application of State immunity calls for addressing an ineluctable preliminary question, namely, the inter-temporal dimension in that consideration. This raises the preliminary issue as to whether State immunity should be considered in the present case opposing Germany to Italy as it was understood at the time of the commission of acts for which immunity is claimed (in the 1940s), or as it stands when the Court was lately seized of the present dispute.

8. Germany claims, in this respect, that, at the time when German forces were present in Italy in 1943-1945, "the doctrine of absolute immunity was uncontested"[1], and that, even today, "[a]bsolute jurisdictional immunity in respect of sovereign acts of government is still the generally acknowledged customary rule"[2]. Germany further contends that a departure from this doctrine, or the creation of new exceptions to State immunity with retroactive effect, would be in contradiction with general principles of international law[3].

9. Italy, for its part, argues that the acts *sub judice* in the present case, the Italian judgments from 2004 onwards, that have asserted jurisdiction *vis-à-vis* Germany, have applied correctly the modern-day understanding of the principle of State immunity[4]. It further claims that immunity is a procedural rule, and as such it must be assessed on the basis of the law in force at the time that a

---

[1]ICJ, *Memorial of Germany*, para. 91; and ICJ, *Reply of Germany*, para. 37.

[2]ICJ, *Compte rendu* CR 2011/17, para. 29.

[3]ICJ, *Memorial of Germany*, para. 91; and ICJ, *Reply of Germany*, para. 37.

[4]ICJ, *Counter-Memorial of Italy*, paras. 1.14-1.16; ICJ, *Compte rendu* CR 2011/18, pp. 23-24.

Court is seized[5]; it adds that courts have generally applied the law in existence at the "moment of the judicial action and not of the original injurious facts"[6].

10. Inter-temporal considerations for the application or otherwise of State immunity call into question two issues, namely: first, whether State immunity has changed, or evolved, in the past decades; and secondly, whether State immunity should be applied in the present case as it is understood today, the time when the Court is seized of the dispute. As to the first question, the law of State immunity has clearly developed and evolved; it has not remained static. Developments in the domains of international human rights law, of contemporary international criminal law, and of international humanitarian law, cannot be said to have had no influence on the evolving law of State immunity.

11. As to the second question, there is a case for focusing on State immunity as it stands when the Court is seized of the dispute. After all, it would not make sense to consider the matter at issue as it was understood at the time of the II world war, in relation to Italian courts' judgments rendered from 2004 onwards, setting aside State immunity and awarding reparations to the individual victims. The formation and development of international law, as well as its interpretation and application, can hardly be dissociated from the inter-temporal dimension. The "inter-temporal law" issue came to the fore in the arbitral award of 04.04.1928, on the *Island of Palmas* case (Netherlands *versus* United States), wherein arbitrator Max Huber pondered that:

> "As regards the question which of different legal systems prevailing at successive periods is to be applied in a particular case (the so-called intertemporal law), a distinction must be made between the creation of rights and the existence of rights. The same principle which subjects the act creative of a right to the law in force at the time the right arises, *demands that the existence of the right, in other words its continued manifestation, shall follow the conditions required by the evolution of law*"[7].

12. In modern times it has been clearly reckoned that there are no "immutable" rules of international law, as erroneously assumed in times long past. The *Institut de Droit International* covered the topic of "inter-temporal law", in its Sessions of Rome (1973) and Wiesbaden (1975). There was general acknowledgement as to the basic proposition that any given situation is to be appreciated in the light of legal rules contemporary to it[8], and evolving in time; awareness of the underlying tension was reflected in the cautious resolution adopted by the *Institut* in Wiesbaden in 1975[9].

---

[5]ICJ, *Rejoinder of Italy*, para. 4.2.

[6]ICJ, *Counter-Memorial of Italy*, para. 4.47.

[7]*Reports of International Arbitral Awards*, vol. II: *Island of Palmas* case (The Netherlands *versus* United States), 04.04.1928, p. 845 (emphasis added), and cf. pp. 829-871.

[8]Cf. 55 *Annuaire de l'Institut de Droit International [AIDI]* (1973) pp. 33, 27, 37, 48, 50 and 86; 56 *AIDI* (1975) p. 536 (par. 1 of the resolution of the *Institut*). — And cf. M. Sorensen, "Le problème dit du droit intertemporel dans l'ordre international — Rapport provisoire", 55 *AIDI* (1973) pp. 35-36.

[9]Cf. 56 *AIDI* (1975) pp. 536-541 (cf., particularly, the second *considerandum* of the preambular part of the resolution).

13. The impact or influence of the passage of time in the formation and evolution of the rules of international law is not a phenomenon external to law[10]. The surpassed positivist-voluntarist conception of international law nourished the pretension of attempting (in vain) to establish the independence of law in relation to time, while concomitantly privileging the method of observation (e.g., of State practice) in its undue minimization of the principles of international law, which touch on the foundations of our discipline.

14. Within the conceptual universe of this latter, aspects of inter-temporal law came to be studied, e.g., keeping in mind the relationship between the contents and the effectiveness of the norms of international law and the social transformations which took place in the new times. A *locus classsicus* in this respect lies in the well-known *obiter dictum* of this Court, in its Advisory Opinion on Namibia (1971), wherein in affirmed that the system of mandates (territories under mandate)[11] was "not static", but "by definition evolutionary"; and it added that its interpretation of the matter could not fail to take into account the transformation occurred along the following fifty years, and the considerable evolution of the *corpus juris gentium* in time. In the words of the Court, "an international instrument has to be interpreted and applied within the framework of the entire legal system prevailing at the time of the interpretation"[12].

15. In respect of the present case opposing Germany to Italy, the fact remains that, even after Court's Order of 6 July 2010[13], dismissing as "inadmissible" the Italian counter-claim, and thus, much to my regret, trying to dissociate State immunities from war claims for reparations, the contending parties themselves, Germany and Italy, continued to relate their (written and oral) submissions on the issue of State immunities to the factual background of war reparations claims. This appears ineluctable to me, as one cannot consider State immunities in the void, outside the factual context (including the factual origin) wherein they are invoked. The two go together, as the proceedings in the present case clearly demonstrated. I shall come back to this point throughout the present Dissenting Opinion.

16. It is not warranted, in my view, to invoke the factual origin of a dispute simply to try to argue that forced labour in the war industry was not prohibited in the past (the II world war), or that *jus cogens* did not exist then, or that rights inherent to the human person were not yet recognized, and at the same time hide oneself behind the shield of State immunity. That makes no sense to me at all, and leads to impunity and manifest injustice. That goes against international law. That is

[10]In the aforementioned work of the *Institut*, attention was in fact turned to the impact of the passage of time on the development of international law; cf. 55 AIDI (1953) pp. 108 and 114-115 (interventions by M. Lachs, P. Reuter and S. Rosenne).

[11]And in particular the concepts incorporated in Article 22 of the Covenant of the League of Nations.

[12]ICJ, Advisory Opinion on *Namibia, ICJ Reports* (1971) pp. 31-32, para. 53.

[13]The effects of this Order of the Court were interpreted distinctly by the contending parties. Germany claimed that the *cas d'espèce* does not concern the II world war violations of international humanitarian law and the question of reparations, and that this ensues from the Court's Order of 06.07.2010 (ICJ, *Compte rendu* CR 2011/17, p. 18, para. 11); in Germany's view, the Court does not have jurisdiction to adjudicate upon this issue (ICJ, *Compte rendu* CR 2011/20, p. 11, para. 4). Italy, in turn, argued that the aforementioned Order of the Court does not bar it from raising the issue of reparations at this stage of the proceedings, in order to have Germany's immunity lifted (ICJ, *Compte rendu* CR 2011/18, p. 13, para. 10). Turning to the inter-temporal dimension of the present dispute, Germany, however, went back to the times of the II world war, to claim that the question whether it enjoys immunity before Italian courts should be examined according to the standards in force from 1943-1945, since immunity is the procedural counterpart of the substantive rule that provides for war reparations at inter-State level (ICJ, *Compte rendu* CR 2011/17, pp. 35-36, para. 32). Italy, for its part, argued that the rules of State immunity, as procedural rules, must be applied by courts as they exist at the time of the filing of the complaint and not as they existed at the time the alleged violation of international law took place, and claims that such position is supported by Article 4 of the 2004 U.N. Convention on Jurisdictional Immunities of States and their Property (ICJ, *Compte rendu* CR 2011/18, pp. 23-24, paras. 15-18).

inacceptable today, as was inacceptable in the past. It goes against the *recta ratio*, which lies in the foundations of the law of nations, today as in the past.

17. One cannot take account of inter-temporal law only in a way that serves one's interests in litigation, accepting the passing of time and the evolution of law in relation to certain facts but not to others, of the same *continuing* situation. There may be greater awareness of the interrelatedness between State immunities and war reparations claims today, and this is reassuring. One cannot simply discard such interrelatedness without providing any foundation for such dogmatic position. One cannot hide behind static dogmas so as to escape the legal consequences of the perpetration of atrocities in the past. The evolution of law is to be taken into account, in the unending struggle to put an end to atrocities and to see to it that they do not happen again, anywhere in the world.

III. State Immunities and War Reparation Claims: An Ineluctable Relationship in the Present Case

18. It should not pass unnoticed that, *after* the Court's Order of 6 July 2010 summarily dismissing the Italian counter-claim, references to the facts underlying the dispute between the Parties, and conforming its historical background, continued to be made by the contending Parties (Germany and Italy). It is in fact striking to note that, even after the Court's Order of 06.07.2010, both Parties, — and, more significantly, Germany, — have kept on referring to the factual and historical background of the present case. More specifically as to the question of reparations, Germany has dedicated part of its written and oral pleadings to this topic.

19. In fact, *after* the Court's Order of 06.07.2010 concerning Italy's counter-claim, Germany submitted its Reply (of 05.10.2010) where it dedicates its section III, paras. 12-34, to "Reparation Issues Concerning Italy and Italian Citizens"[14]. As to Germany's arguments concerning the question of reparation and the factual context of the present case, in paragraph 13 of its Reply, for example, it claims that Italy was involved in the post-war reparations scheme and that it received appreciable amounts of compensation from Germany. In paragraph 34 of its Reply, Germany further contends that, through the various mechanisms of reparation, in particular through collective reparations, it has fulfilled its duty to provide reparation in a fully satisfactory manner.

20. The same is true concerning the arguments of the Parties during the oral hearings[15]. A statement by the counsel for Italy is illustrative of this:

> "Is it not surprising to hear the Agent of Germany assert again at this stage that the question of reparation 'do[es] not form part of the present proceedings', whereas most of the discussions and the remarks your Court has heard throughout this week of pleadings have been and continue to be focused on this topic, and each of the counsel for the opposing Party has in particular made every effort to demonstrate that no violation of the obligations in question was ever committed?"[16].

21. While Germany states that the case is not about "the [II world war], violations of international humanitarian law committed during the war and the question of reparations"[17], during

---

[14]ICJ, *Reply of Germany*, paras. 12-34.

[15]Cf., e.g., ICJ, *Compte rendu* CR 2011/20, p. 11; ICJ, *Compte rendu* CR 2011/21, p. 14.

[16]ICJ, *Compte rendu* CR 2011/21, p. 14 (official translation).

[17]ICJ, *Compte rendu* CR 2011/17, p. 18.

its second pleadings in the oral proceedings, the agent of Germany stated that she intended "to dispel any erroneous impression that might have been created by our Italian and Greek friends that victims of German war crimes were deliberately left without compensation"[18]. She then went on to describe the mechanism of reparation that was put in place after the II world war, stating that:

> "— At the beginning of the 1960s the Federal Republic of Germany paid DM115 million to Greece for victims of racial and religious persecution. Germany likewise concluded the two treaties with Italy referred to in our Memorials, under which a lump sum of DM80 million was paid to Italy.
>
> — Roughly 3,400 Italian civilians were compensated for their forced labour by the Foundation 'Remembrance, Responsibility, Future'. The total amount of funds awarded to Italian individuals by this Foundation was close to €2 million.
>
> — Furthermore, roughly 1,000 Italian military internees were awarded compensation for forced labour under the Foundation scheme.
>
> — In addition, numerous Italian and Greek individuals received payments under the German post-war compensation legislation"[19].

22. The question is addressed again in the pleadings of counsel for Germany, wherein it is claimed that Italy's stance that Germany has failed to provide reparation collectively "requires an explanation of the entire system of reparations as it was conceived by the community of States"[20]. The argument goes on to explain the foundations of the system of reparations "conceived by the community of States having declared war on Germany . . . [which] were laid down at Potsdam, a few months after Germany's surrender"[21]. Thus, counsel for Germany presented "the political, historical and legal context of the waiver clause which must not be seen as a kind of accident, a derailing provision which does not fit into the system of international responsibility"[22].

23. In conclusion on the point at issue, one cannot make abstraction of the factual context, of the historical background of the facts which gave origin to the present case. State immunities cannot be considered in the void, they constitute a matter which is ineluctably linked to the facts which give origin to a contentious case. This is precisely what I upheld in my Dissenting Opinion in the Court's Order of 06 July 2010, whereby the Court decided, however, to dismiss the Italian counter-claim, much to my regret. Shortly after that Order, the contending parties themselves (Germany and Italy) kept on relating their (written and oral) submissions on the issue of State immunities to the factual background of war reparations claims. It could not have been otherwise, as one and the other are ineluctably interrelated.

IV. Germany's Recognition of State Responsibility in the *Cas d'Espèce*

24. Having established the ineluctable interrelatedness between the claims of State immunities and of war reparations in the *cas d'espèce* (*supra*), I now move on to the next point, namely, Germany's recognition of State responsibility for the wrongful acts which lie in the factual origin of the present case. This comes to reveal the uniqueness of the present case concerning the

---

[18] ICJ, *Compte rendu* CR 2011/20, pp. 11-12.

[19] *Ibid.*, pp. 11-13.

[20] ICJ, *Compte rendu* CR 2011/20, pp. 25-26.

[21] *Ibid.*, pp. 25-26.

[22] *Ibid.*, p. 27.

Jurisdictional Immunities of the State, a very rare one in the inter-State *contentieux* before The Hague Court, and an unprecedented one in that the complainant State recognizes its own responsibility for the harmful acts lying in the origins, and forming the factual background, of the present case.

25. Throughout the proceedings before this Court in the present case concerning *the Jurisdictional Immunities of the State*, in the written and oral phases, Germany took the commendable initiative of repeatedly recognizing State responsibility for the wrongful acts lying in the factual origins of the *cas d'espèce*, i.e., for the crimes committed by the Third *Reich* during the II world war[23]. Thus, in the written proceedings, in its Memorial Germany stated that:

> "(…) the historical context of the dispute cannot be fully understood without at least a summary description of the unlawful conduct of the forces of the German Reich, on the one hand, and the steps undertaken by post-war Germany, at the inter-State level, to give effect to the international responsibility of Germany deriving from that conduct, on the other. (…)
>
> The democratic Germany, which emerged after the end of the Nazi dictatorship, has consistently expressed its deepest regrets over the egregious violations of international humanitarian law perpetrated by German forces during the period from 8/9 September 1943 until the liberation of Italy."[24].

26. Germany then referred to its own previous "symbolic gestures", on many occasions, to remember the Italian citizens who became "victims of barbarous strategies in an aggressive war". It added that it was "prepared to do so in the future" again. Germany recalled, in particular, the 2008 ceremony held in the memorial site *"La Risiera di San Sabba"* close to Trieste (which had been used as a concentration camp during the German occupation in the II world war), where Germany fully acknowledged

> "the untold suffering inflicted on Italian men and women in particular during massacres, and on former Italian military internees"[25].

27. One of the conclusions of the meeting of German and Italian authorities during the ceremony in the memorial site near Trieste (on 18.11.2008) was the decision to create a joint commission of German and Italian historians:

> "with the mandate to look into the common history of both countries during the period when they were both governed by totalitarian regimes, giving special attention to those who suffered from war crimes, including those Italian soldiers whom the authorities of the Third Reich abusively used as forced labourers ('military internees'). In fact, the first conference of that joint commission, which comprises five eminent scholars from each side, was held on 28 March 2009 in Villa Vigoni, the prominent centre for cultural encounters in German-Italian relations"[26].

---

[23]Cf., e.g., ICJ, *Memorial of Germany*, paras. 7, 15, 59, 94; ICJ, *Reply of Germany*, para. 2; CR 2011/17, p. 15, para. 5; pp. 18-19, para. 12; p. 31, para. 20; p. 48, para. 41; CR 2011/20, para. 1.

[24]ICJ, *Memorial of Germany*, paras. 7 and 15.

[25]*Ibid.*, para. 15.

[26]*Ibid.*, para. 15.

28. Germany added that it "does not challenge the assertion that indeed very serious violations, even crimes, were committed by its occupation forces in Italy"[27]. It added that "[t]he unlawful actions of the armed forces of the Third *Reich* took place between 1943 and 1945. Since that time, no injurious new element was added to the damage originally caused"[28]. In its Reply, Germany again referred to "[t]he horrendous events of World War II, when German occupation forces perpetrated indeed serious violations of the laws of war"[29] (which it sought, however, to separate from the issue of State immunity submitted to the jurisdiction of the Court).

29. Likewise, in the course of the oral proceedings, in the public sitting of 12.09.2011 before the Court, counsel for Germany stated that

> "The democratic Germany which emerged after the end of the Nazi dictatorship has consistently expressed its deepest regret over the egregious violations of international humanitarian law perpetrated by German forces and fully acknowledges the suffering inflicted on the Italian people during the period from September 1943 until the liberation of Italy in May 1945. In this context, the German Government has, in co-operation with the Italian Government, made a number of gestures to reach out to the victims and their families. (…).
>
> [...M]ost horrendous crimes were committed by Germans during World War II. Germany is fully aware of her responsibility in this regard. Those crimes were unique, as were the instruments and mechanisms for compensation and reparation — financially, politically and otherwise — set up and implemented by Germany since the end of the war. We cannot undo history. If victims or descendants of victims feel that these mechanisms were not sufficient, we do regret this"[30].

30. Shortly afterwards, in the public sitting of 15.11.2011 before the Court, counsel for Germany reiterated that:

> "we are well aware that the complex legal nature of these proceedings on State immunity cannot do justice at all to the human dimension of the terrible wartime events for which Germany has accepted full responsibility. I would like to take this opportunity to emphasize our deepest respect for the victims, not only here in the courtroom"[31].

Germany further recognized its responsibility specifically for the *massacre of Distomo* in Greece, perpetrated on 10.06.1944 (cf. para. 188, *infra*).

31. The *massacre of Distomo* was by no means an isolated atrocity of the kind; there were other massacres in occupied Greece of that time, in a pattern of systematic oppression and extreme violence[32]. The above statements before this Court, of acknowledgment of State responsibility on

---

[27] *Ibid.*, para. 59.

[28] *Ibid.*, para. 94.

[29] ICJ, *Reply of Germany*, para. 2.

[30] ICJ, *Compte rendu* CR 2011/17, pp. 15 and 18, paras. 5 and 12; and cf. p. 31, para. 20, for yet another reference to the "grave breaches of the law perpetrated by the authorities of the German Third Reich".

[31] ICJ, *Compte rendu* CR 2011/20, p. 10, para. 1.

[32] For one of the few general historical accounts available, cf. M. Mazower, *Inside Hitler's Greece The Experience of Occupation, 1941-44*, New Haven/London, Yale Nota Bene/Yale University Press, 2001, pp. 155-261.

the part of Germany, commendable as they are, show again the impossibility of making abstraction of the factual background of the present case, pertaining to the claim of State immunity as ineluctably related to war reparation claims.

V. Fundamental Human Values: Rescuing Some Forgotten Doctrinal Developments

32. Since legal doctrine (i.e., "the teachings of the most highly qualified publicists of the various nations") is listed among the formal "sources" of international law, together with "judicial decisions", in Article 38(1)(d) of the ICJ Statute, consideration of the basic issue raised in the present case concerning the *Jurisdictional Immunities of the State* (Germany *versus* Italy, Greece intervening) cannot thus prescind from, and be exhausted in, a review only of case-law (both international and domestic) on the procedural issue of State immunity strictly. Attention is to be turned also to the most lucid international legal thinking, drawing on the underlying human values. I thus turn my attention to some writings which I regard as particularly relevant to the consideration of the *cas d'espèce*.

33. I do not purport to be exhaustive, but rather selective, in singling out some ponderations which should not remain seemingly forgotten in our days, particularly by the active (if not hectic) legal profession, which appears today oblivious of the lessons of the past, in its persistent obsession of privileging strategies of litigation over consideration of fundamental human values. I draw attention to the apparently forgotten thoughts of three distinguished jurists, who belonged to the same generation which witnessed and survived two world wars, who were devoted to international law in the epoch of the anguish of the inter-war period and of the horrors of the II world war: Albert de La Pradelle (1871-1955), former member of the Advisory Committee of Jurists which in 1920 drafted the Statute of the old Permanent Court of International Justice (PCIJ), subsequently to become, with minor changes, the Statute of the ICJ; Max Huber (1874-1960), former Judge of the PCIJ[33]; and Alejandro Álvarez (1868-1960), former Judge of the ICJ.

34. At the same time of the rise of Nazism in Germany, humanism was being cultivated elsewhere, and not so far away, within the realm of international legal thinking. In an illuminating series of lectures, delivered in Paris, from November 1932 to May 1933, Albert de La Pradelle pondered that the *droit des gens* transcends inter-State relations, it regulates them so as to protect human beings: it is a true "law of the human community". The *droit des gens* seeks to ensure respect for the rights of the human person, to ensure compliance by States of their duties *vis-à-vis* the human beings under the respective jurisdictions. International law — he added — was constructed as from human beings, it exists *by* and *for* them[34].

35. Under the *droit des gens*, States ought to permit human beings who compose them to become masters of their own destiny. One is here before a true *"droit de l'humanité"*, in the framework of which general principles of law, — which are those of international law, emanating from natural law[35], — play an important and guiding role. The purely inter-State conception is dangerous, he warned; in his own words,

> "Il est extrêmement grave et dangereux que le droit international se forme sur la conception de droits et de devoirs réciproques des différents États. (. . .). [C]ette

[33]And its former President in the period 1925-1927.

[34]A. de La Pradelle, *Droit international public* (cours sténographié), Paris, Institut des Hautes Études Internationales/Centre Européen de la Dotation Carnegie, November 1932/May 1933, pp. 49, 80-81, 244, 251, 263, 265-266 and 356.

[35]*Ibid.*, pp. 230, 257, 264 and 413.

définition, on doit l'écarter. (. . .) [E]lle devient immédiatement périlleuse en menant les États à ne se préoccuper, dans l'organisation et le développement du droit international, que de leurs libertés particulières réunies sous une expression nouvelle qui est celle de *souveraineté*"[36].

Attention is, in his view, to be turned to those general principles, emanating from the *juridical conscience*, and to the "evolution of humankind", respectful of the rights of the human person[37].

36. On his turn, Max Huber, in a book written in his years of maturity and published towards the end of his life, drew attention to the relevance of "superior values", above "State interests", in the whole realm of the *jus gentium* as a law of mankind *(droit de l'humanité)*[38]. Looking back in time (writing in 1954), he pondered that

"Si l'on compare l'époque actuelle avec celle de 1914, on doit bien constater un affaiblissement du sens du droit, une diminution du respect instinctif des limites qu'il impose; conséquence certaine des dégradations subies à l'intérieur des structures juridiques des États (...). Dévalorisation de la personne et de la vie humaines ainsi qu'affaiblissement de la conscience juridique dans de larges milieux. Tout cela explique pourquoi une partie importante de l'humanité accepta, sans grandes réactions apparentes, de sérieuses altérations du droit de la guerre"[39].

37. The *jus gentium* beheld and advocated by M. Huber, in the light of natural law thinking, is meant to protect the human person. Contemporary international humanitarian law (as embodied, e.g., in the four Geneva Conventions), — he added, — purported ultimately to the protection of the human person as such, irrespective of nationality; it was centred on human beings. He further recalled the ultimate ideal cultivated by some international legal philosophers of the *civitas maxima gentium*[40].

38. For his part, Alejandro Álvarez, in a book published (originally in Paris) one year before his death, titled *Le Droit international nouveau dans ses rapports avec la vie actuelle des peuples* (1959), also visualized the foundations of international law — subsequent to the "social cataclysm" of the II world war — as from its general principles[41], emanated from the "international juridical conscience"[42], wherefrom derive also — he added — precepts such as those pertaining to the crime against humanity[43]. To him as well, those general principles of international law emanated from the juridical conscience, and should be restated in the new times[44].

---

[36]*Ibid.*, pp. 33-34.

[37]*Ibid.*, pp. 261 and 412.

[38]M. Huber, *La pensée et l'action de la Croix-Rouge*, Genève, CICR, 1954, pp. 26, 247, 270 and 293.

[39]*Ibid.*, pp. 291-292.

[40]*Ibid.*, pp. 247, 270, 286 and 304.

[41]A. Álvarez, *El Nuevo Derecho Internacional en Sus Relaciones con la Vida Actual de los Pueblos*, Santiago, Editorial Jurídica de Chile, 1962 [reed.], pp. 156, 163 and 292.

[42]*Ibid.*, pp. 49, 57, 77, 155-156 and 292.

[43]*Ibid.*, pp. 156 and 304.

[44]*Ibid.*, pp. 163 and 304.

39. They were endowed with much importance, as historically exemplified by the two Hague Peace Conferences (1899 and 1907)45. A. Álvarez further observed that, as a result of the "dynamism" of the evolving international law,

> "es a menudo difícil hacer en este Derecho la distinción tradicional entre la '*lex lata*' y la '*lex ferenda*'. Al lado de un Derecho Internacional formado, hay siempre un Derecho Internacional en formación" ["it is rather often difficult to make in this Law the traditional distinction between '*lex lata*' and '*lex ferenda*'. Beside a formed International Law, there is always an International Law in the process of formation"][46].

40. This brief survey of doctrinal developments, centred on fundamental human values, discloses that, some of the most distinguished jurists of a generation which witnessed the horrors of two world wars in the XXth century did not at all pursue a State-centric approach to our discipline. On the contrary, they advanced an entirely distinct approach, centred on the human person. They were, in my understanding, faithful to the historical origins of the *droit des gens*, as one ought to be nowadays as well. Even a domain so heavily marked by the State-centric approach — which did not help at all to avoid the horrors of the world wars — such as that of State immunities has nowadays to be reassessed in the light of *fundamental human values*. State immunities are, after all, a prerogative or a privilege, and they cannot keep on making abstraction of the evolution of international law, taking place nowadays, at last, in the light of fundamental human values.

VI. The Collegial Doctrinal Work of Learned Institutions of International Law

41. The work of learned institutions in the domain of international law can be invoked in this connection. The subject of the jurisdictional immunities of the State, central in the *cas d'espèce*, has attracted the attention of succeeding generations of legal scholars, as well as of learned institutions, such as the *Institut de Droit International* (IDI) and the International Law Association (ILA). The *Institut de Droit International*, since its early days in the late XIXth century up to the present time, has occupied itself of the theme. As early as in its Hambourg Session of 1891, its *Projet de règlement international sur la compétence des tribunaux dans les procès contre les Etats, souverains ou chefs d'Etat étrangers* (Drafting Committee and L. von Bar, J. Westlake and A. Hartmann) stated, in Article 4(6), that :

> "Les seules actions recevables contre un Etat étranger sont: (…)
>
> — Les actions en dommages-intérêts nées d'un délit ou d'un quasi-délit, commis sur le territoire".

42. Over half-a-century later, its conclusions on *L'immunité de juridiction et d'exécution forcées des Etats étrangers* (Session of Aix-en-Provence, 1954 — *rapporteur*, E. Lémonon) held, in Article 3, that:

> "Les tribunaux d'un Etat peuvent connaître des actions contre un Etat étranger et les personnes morales visées à l'article 1, toutes les fois que le litige a trait à un acte qui n'est pas de puissance publique.
>
> La question de savoir si un acte n'est pas de puissance publique relève de la *lex fori* ".

---

[45]Cf. *ibid.*, pp. 156 and 357.

[46]*Ibid.*, p. 292 [my translation].

43. In 1991, at its Basel Session, its conclusions on *Contemporary Problems Concerning the Immunity of States in Relation to Questions of Jurisdiction and Enforcement* (*rapporteur*, I. Brownlie) provided (as to the criteria indicating the competence of courts of the forum State in relation to jurisdictional immunity), in Article 2(2)(e), that:

> "In the absence of agreement to the contrary, the following criteria are indicative of the competence of the relevant organs of the forum State to determine the substance of the claim, notwithstanding a claim to jurisdictional immunity by a foreign State which is a party: (…)
>
> — The organs of the forum State are competent in respect of proceedings concerning the death of, or personal injury to, a person, or loss of or damage to tangible property, which are attributable to activities of a foreign State and its agents within the national jurisdiction of the forum State".

44. One decade later, in its Session of Vancouver of 2001, the resolution of the IDI on *Les immunités de juridiction et d'exécution du chef d'Etat et de gouvernement en droit international* (*rapporteur*, J. Verhoeven) stated, in Article 3, that

> "En matière civile ou administrative, le chef d'Etat ne jouit d'aucune immunité de juridiction devant le tribunal d'un Etat étranger, sauf lorsqu'il est assigné en raison d'actes qu'il a accomplis dans l'exercice de ses fonctions officielles; dans ce dernier cas, il ne jouit pas de l'immunité si la demande est reconventionnelle. Toutefois, aucun acte lié à l'exercice de la fonction juridictionnelle ne peut être accompli à son endroit lorsqu'il se trouve sur le territoire de cet Etat dans l'exercice de ses fonctions officielles".

45. Four years later, in the Krakow Session of 2005, the *Institut*, in its conclusions on *Universal Criminal Jurisdiction with Regard to the Crime of Genocide, Crimes against Humanity and War Crimes* (*rapporteur*, C. Tomuschat), was of the view (Article 3(a)) that

> "Unless otherwise lawfully agreed, the exercise of universal jurisdiction shall be subject to the following provisions:
>
> — Universal jurisdiction may be exercised over international crimes identified by international law as falling within that jurisdiction in matters such as genocide, crimes against humanity, grave breaches of the 1949 Geneva Conventions for the protection of war victims or other serious violations of international humanitarian law committed in international or non-international armed conflict".

46. Last but not least, in its resolution on *Immunity from Jurisdiction of the State and of Persons Who Act on Behalf of the State in Case of International Crimes* (*rapporteur*, Lady Fox), adopted at it Naples Session of 2008, the *Institut* was of the view (Articles II(2) and (3)) that

> — "Pursuant to treaties and customary international law, States have an obligation to prevent and suppress international crimes. Immunities should not constitute an obstacle to the appropriate reparation to which victims of crimes addressed by this Resolution are entitled.
>
> — States should consider waiving immunity where international crimes are allegedly committed by their agents".

47. Furthermore, the same Naples resolution of 2009 of the IDI significantly added (Article III(1) and (3)*(a)* and *(b)*) that

— "No immunity from jurisdiction other than personal immunity in accordance with international law applies with regard to international crimes. (. . .)

— The above provisions are without prejudice to:

— the responsibility under international law of a person referred to in the preceding paragraphs;

— the attribution to a State of the act of any such person constituting an international crime"[47].

Article IV of the same resolution adds that the above provisions "are without prejudice to the issue whether and when a State enjoys immunity from jurisdiction before the national courts of another State in civil proceedings relating to an international crime committed by an agent of the former State".

48. It is clear from the above that, from the start, the IDI approached State immunities as evolving in time, certainly not static nor immutable, and having limitations or exceptions (Sessions of Hambourg of 1891, of Aix-en-Provence of 1954, and of Basel of 1991). The same may be said of immunities of Heads of State (Session of Vancouver of 2001). More recently (Session of Krakow of 2005), the IDI upheld universal jurisdiction over international crimes (grave violations of human rights and of international humanitarian law). And, in its most recent work on the subject (Session of Naples of 2009), the IDI held precisely that no State immunity applies with regard to international crimes (Article III(1)); the resolution was adopted by 43 votes to none, with 14 abstentions.

49. In the debates of that *confrèrie* which preceded the adoption of the aforementioned resolution of Naples of 2009, the following views were, *inter alia*, expressed: *(a)* State-planned and State-perpetrated crimes, engaging State responsibility, removed any bar to jurisdiction, at national and international levels, so as to avoid impunity (interventions by A.A. Cançado Trindade); *(b)* State immunity from jurisdiction cannot be understood as immunity from criminalization (interventions by G. Abi-Saab); *(c)* emphasis is to be laid on the need to avoid leaving the victims without any remedy (intervention by G. Burdeau); *(d)* there is need to take such progressive approach (intervention by R. Lee)[48].

50. The other learned institution aforementioned, the International Law Association (ILA), dwelt upon the matter as well. In its final report on *The Exercise of Universal Jurisdiction in Respect of Gross Human Rights Offences* (Conference of London of 2000), the ILA Committee on International Law and Practice employed the term "gross human rights offences" as shorthand for "serious violations of international humanitarian law and international human rights law that qualify as crimes under international law and that are of such gravity as to set them out as deserving special attention, *inter alia*, through their being subjected to universal jurisdiction" (p. 3). One of the "conclusions and recommendations" (n°. 4) reached by that ILA Committee was that:

---

[47]And Article IV further stated that: — "The above provisions are without prejudice to the issue whether and when a State enjoys immunity from jurisdiction before the national courts of another State in civil proceedings relating to an international crime committed by an agent of the former State".

[48]Cf. 73 *Annuaire de l'Institut de Droit International* — Session de Naples (2009) pp. 144, 148, 158, 167, 175, 187, 198, 222 and 225.

"No immunities in respect of gross human rights offences subject to universal jurisdiction shall apply on the grounds that crimes were perpetrated in an official capacity" (p. 21).

51. One decade later, in its report on *Reparation for Victims of Armed Conflict* (ILA Conference of The Hague of 2010), the ILA Committee on Reparation for Victims of Armed Conflict (Substantive Issues) observed, in the commentary on Article 6 of its Draft Declaration of International Law Principles on Reparation for Victims of Armed Conflict (Substantive Issues), that the duty to make reparation has "its roots in general principles of State responsibility" (as expressed by the PCIJ in the *Chorzów Factory* case, 1928), in Article 3 of the IV Hague Convention of 1907 and in Article 91 of the I Additional Protocol of 1977 to the four Geneva Conventions of 1949 (p. 311). And the ILA Committee added that:

"Whilst claims of the individual were traditionally denied, the dominant view in the literature has increasingly come to recognize an individual right to reparation — not only under international human rights law, but also under international humanitarian law. The same shift is discernible in State practice" (p. 312)[49].

52. In sum and conclusion, contemporary international legal doctrine, including the work of learned institutions in international law, gradually resolves the tension between State immunity and the right of access to justice rightly in favour of the latter, particularly in cases of international crimes. It expresses its concern with the need to abide by the imperatives of justice and to avoid impunity in cases of perpetration of international crimes, thus seeking to guarantee their non-repetition in the future. It is nowadays generally acknowledged that criminal State policies and the ensuing perpetration of State atrocities cannot at all be covered up by the shield of State immunity.

VII. The Threshold of the Gravity of the Breaches of Human Rights and of International Humanitarian Law

53. This brings me to the consideration of a related aspect, not sufficiently developed in expert writing to date, namely, the threshold of the *gravity* of the breaches of human rights and of international humanitarian law, removing any bar to jurisdiction, in the quest for reparation to the victimized individuals. In this respect, there have been endeavours, at theoretical level, to demonstrate the feasibility of the determination of the international criminal responsibility not only of individuals but also of States; it has been suggested that the acknowledgement of State responsibility for international crimes is emerging in general international law[50]. It goes without saying that criminal practices of States entail consequences for the determination of reparations to individual victims, each and all of them, — even more cogently from the contemporary outlook — which I advance — of an international law *for* the human person, *for* humankind[51].

---

[49]And cf. pp. 313-320, on the changes that have occurred in recent years, pointing towards the recognition of the individual's right to reparation (cf. *infra*, on this particular point).

[50]N.H.B. Jorgensen, *The Responsibility of States for International Crimes*, Oxford, OUP, 2003, pp. 206-207, 231, 279-280 and 283.

[51]Cf. A.A. Cançado Trindade, "International Law for Humankind: Towards a New *Jus Gentium* — General Course on Public International Law - Part I", 316 *Recueil des Cours de l'Académie de Droit International de la Haye* (2005) pp. 31-439; A.A. Cançado Trindade, "International Law for Humankind: Towards a New *Jus Gentium* — General Course on Public International Law — Part II", 317 *Recueil des Cours de l'Académie de Droit International de la Haye* (2005), pp. 19-312.

54. In this line of reasoning, it is important to dwell upon the needed configuration of the threshold of the *gravity* of the breaches of human rights, with ineluctable legal consequences for the removal of any bar to jurisdiction and for the question of reparations to the victims. It is indeed important to consider nowadays all mass atrocities in the light of the threshold of *gravity*, irrespective of who committed them; this may sound evident, but there subsist in practice regrettable attempts to exempt States from any kind of responsibility. From time to time there have been attempts to construe the threshold of the gravity of breaches of human rights; this concern has been expressed at times, e.g., in the work of the U.N. International Law Commission (ILC), albeit without concrete results to date.

55. In 1976, in its consideration of the Draft Articles on State Responsibility (*rapporteur*, Roberto Ago), the ILC admitted that there were some international wrongs that were "more serious than others", that amounted to "international crimes", as they were in breach of fundamental principles (such as those of the U.N. Charter) "deeply rooted in the conscience of mankind", as well as of the foundations of "the legal order of international society"[52]. In acknowledging the need of recognizing such "exceptionally serious wrongs", the ILC, invoking the "the terrible memory of the unprecedented ravages of the [II world war]", pondered, still in 1976:

> "The feeling of horror left by the systematic massacres of millions of human beings perpetrated by the Nazi régime, and the outrage felt at utterly brutal assaults on human life and dignity, have both pointed to the need to ensure that not only the internal law of States but, above all, the law of the international community itself should lay down peremptory rules guaranteeing that the fundamental rights of peoples and of the human person will be safeguarded and respected; all this has prompted the most vigorous affirmation of the prohibition of crimes such as genocide, *apartheid* and other inhuman practices of that kind"[53].

56. One decade later, in the same line of concern, the ILC *rapporteur* on the Draft Code of Offences against the Peace and Security of Mankind (Doudou Thiam), in his Fifth Report (of 1987) made the point that the offences at issue were "crimes which affect the very foundations of human society"[54]. Shortly later, in 1989, the same *rapporteur* drew attention to the concept of "grave breaches" as incorporated into the four Geneva Conventions on International Humanitarian Law (1949) and Additional Protocol I (1977) thereto[55]. One decade later, in its commentary on Article 7 of the aforementioned Draft Code (1996 *Report*), the ILC pondered that

> "It would be paradoxical to allow the individuals who are, in some respects, the most responsible for the crimes covered by the Code, to invoke the sovereignty of the State and to hide behind the immunity that is conferred on them by virtue of their positions, particularly since these heinous crimes shock the conscience of mankind, violate some of the most fundamental rules of international law and threaten international peace and security"[56].

---

[52]U.N., *Yearbook of the International Law Commission* (1976), vol. II, Part II, pp. 109 and 113-114, and cf. p. 119.

[53]*Ibid.*, p. 101.

[54]U.N. doc. A/CN.4/404/Corr.1, of 17.03.1987, p. 2, and cf. pp. 5-6.

[55]Cf. U.N., *Yearbook of the International Law Commission* (1989), vol. II, Part I, pp. 83-85.

[56]ILC, *Report of the International Law Commission on the Work of its 48th. Session* (6 May-26 July 1996), N.Y., U.N., 1996, p. 39, para. 1 (on Article 7).

57. Grave breaches of international law were to make their appearance again in the 2001 Articles on State Responsibility, then adopted by the ILC. Article 40 defines as "serious breach" of an obligation under "a peremptory norm of general international law" that which involves "a gross or systematic failure by the responsible State" to fulfill the obligation. Article 41 again refers to "serious breach". The commentary to those provisions underlines the "systematic, gross or egregious nature" of the breaches at issue[57]. Those breaches engage *State* responsibility, which is not effaced by the international *individual* criminal responsibility[58]. State responsibility, in case of grave breaches, subsists in general international law. State and individual responsibility complement each other, as developments in International Human Rights Law and in International Criminal Law indicate nowadays.

58. Moreover, in cases of grave breaches of human rights, the States concerned incur into responsibility for grave harm done ultimately to individuals, to human beings, and not to other States. The ILC itself so admitted, in its 2001 final *Report*, containing the commentaries on the Articles it had just adopted. The ILC conceded that:

> "a State's responsibility for the breach of an obligation under a treaty concerning the protection of human rights may exist towards all the other parties to the treaty, but the individuals concerned should be regarded as the ultimate beneficiaries and in that sense as the holders of the relevant rights"[59].

59. In sum, the *titulaires* of the right to reparation are the individuals concerned, the victimized human beings. In the perpetration of grave breaches of human rights and of international humanitarian law, the criminality of individual executioners acting in the name of States is ineluctably linked to the criminality of the responsible States themselves. After all, war crimes, crimes against peace, and crimes against humanity are committed in a planified and organized way, disclosing a collective criminality[60]. They count on resources of the State, they are true crimes of State. There is thus need to take into account, jointly, the international responsibility of the *State* and the international criminal responsibility of the *individual*, complementary to each other as they are[61].

60. At *normative level*, the threshold of gravity of breaches of the fundamental rights of the human person comes to the fore time and time again, even though insufficiently developed to date. There are historical moments when it has attracted particular attention, e.g., shortly after the adoption of Additional Protocol I (of 1977, Article 85) to the four Geneva Conventions on International Humanitarian Law (of 1949)[62]. The regime of grave breaches set forth in the four Geneva Conventions of 1949 (I Convention, Articles 49-50; II Convention, Articles 50-51; III

---

[57]J. Crawford, *The International Law Commission's Articles on State Responsibility — Introduction, Text and Commentaries*, Cambridge, Cambridge University Press, 2002, p. 247.

[58]A.A. Cançado Trindade, "Complementarity between State Responsibility and Individual Responsibility for Grave Violations of Human Rights: The Crime of State Revisited", *in International Responsibility Today — Essays in Memory of O. Schachter* (ed. M. Ragazzi), Leiden, Nijhoff, 2005, pp. 253-269; P.S. Rao, "International Crimes and State Responsibility", *in ibid.*, pp. 76-77.

[59]U.N., *Draft Articles on Responsibility of States for Internationally Wrongful Acts, with Commentaries*, U.N. doc. A/56/10, of 2001, Art. 33, para. 3, p. 95.

[60]R. Maison, *La responsabilité individuelle pour crime d'État en Droit international public*, Bruxelles, Bruylant/Éds. de l'Université de Bruxelles, 2004, pp. 24, 85, 262-264 and 286-287.

[61]*Ibid.*, pp. 294, 298, 409-410, 412, 459 and 511.

[62]Cf. E.J. Roucounas, "Les infractions graves au Droit humanitaire", 31 *Revue hellénique de Droit international* (1978) pp. 60-139.

Convention, Articles 129-130; IV Convention, Articles 146-147) is nowadays regarded as forming part of customary international law[63].

61. At *jurisprudential level*, the threshold of gravity of human rights breaches is nowadays beginning to attract attention, and to be considered, within the framework of the emerging case-law in the domain of International Criminal Law[64]. It has much developed, above all, in the jurisprudential construction in recent years in the domain of the International Law of Human Rights[65]. An example is afforded by the handling of the case of *D.R. Congo versus Burundi, Rwanda and Uganda* (2003) by the African Commission on Human and Peoples' Rights[66]. The most notorious advances in this respect have been achieved by the jurisprudential construction, throughout the last decade, of the IACtHR, in the adjudication of the aforementioned cycle of cases of massacres[67].

62. Reference can here be made, in this connection, to the Judgments of the IACtHR in the cases, *inter alia*, of *the Massacre of Plan de Sánchez versus Guatemala* (of 29.04.2004), of the *Massacre of Mapiripán versus Colombia* (of 15.09.2005), of the *Massacres of Ituango versus Colombia* (of 01.07.2006), of *Goiburu et Alii versus Paraguay* (of 22.09.2006 — cf. *infra*), of *Almonacid Arellano versus Chile* (of 26.09.2006), of the *Prison of Castro-Castro versus Peru* (of 25.11.2006), of *La Cantuta versus Peru* (of 29.11.2006). There is here space for fostering a jurisprudential convergence between the International Law of Human Rights and contemporary International Criminal Law. Another area of convergence lies in the participation of the victims themselves — their *locus standi in judicio* — in the respective procedures between international human rights tribunals and international criminal tribunals.

VIII. The Question of Waiver of Claims in Respect of the Right of Access to Justice in the Pleadings before the Court: Assessment

63. The question of the *waiver of claims* in respect of the *right of access to justice* (in order to seek reparation) was controverted in the arguments of the contending parties (Germany and Italy) as well as of the intervening State (Greece) in the course of the oral pleadings before this Court. Germany contended, challenging the Italian argument of an individual right to reparation[68], that the respect for the immunity of a foreign State is a lawful limitation to the right to access to

[63]Cf. J.-M. Henckaerts, "The Grave Breaches Regime as Customary International Law", 7 *Journal of International Criminal Justice* (2008) pp. 683-701.

[64]Cf., e.g., W.A. Schabas, "Gravity and the International Criminal Court", *in Protecting Humanity — Essays in International Law and Policy in Honour of N. Pillay* (ed. C. Eboe-Osuji), Leiden, Nijhoff, 2010, pp. 689-706.

[65]The particular gravity of certain breaches of fundamental rights (e.g., forced disappearances of persons and summary or extra-legal executions) was, early in its history, acknowledged by the IACtHR; its pioneering case-law in that regard was served of inspiration to, and was followed by, the corresponding case-law of the ECtHR, in particular in the *cycle of Turkish cases*, towards the end of the XXth century. Cf. on this latter, e.g., J. Benzimra-Hazan, "En marge de l'arrêt *Timurtas contre la Turquie*: Vers l'homogénéisation des approches du phénomène des disparitions forcées de personnes", n. 48 *Revue trimestrielle des droits de l'homme* (2001) pp. 983-997; Leo Zwaak, "The European Court of Human Rights Has the Turkish Security Forces Held Responsible for Violations of Human Rights: The Case of *Akdivar and Others*", 10 *Leiden Journal of International Law* (1997) pp. 99-110.

[66]As I recently pointed out, in my Separate Opinion (para. 218, n. 158) in the case of *A.S. Diallo* (*Guinea versus D.R. Congo*, Judgment of 30.11.2010).

[67]For a recent assessment, cf. [Various Authors,] *Réparer les violations graves et massives des droits de l'homme: La Cour interaméricaine, pionnière et modèle?* (Eds. E. Lambert Abdelgawad and K. Martin-Chenut), Paris, Société de Législation Comparée, 2010, pp. 17-334.

[68]ICJ, *Compte rendu* CR 2011/17, pp. 41-42, paras. 14 and 16.

justice[69]. It further argued that there is no rule that prohibits the waiver of pecuniary claims, as the actual violation has already ceased[70]. If the argument of Italy were to be accepted, — Germany went on, — the whole structure of the scheme of reparations built after the II world war would be destroyed, as massive claims could be raised both by and against Germany for violations of the laws of war by Germany and Allied Forces[71]. Germany at last claimed that the system of reparation created was comprehensive and tried to balance the interests of the victim States and those of Germany[72].

64. Italy retorted that the waiver clause of Article 77(4) of the 1947 Peace Treaty does not cover violations of international humanitarian law. Taking issue with the German argument, it reiterated the position that claims of reparation for grave breaches of international humanitarian law have not been waived by Italy, as they were beyond the scope of the provision of Article 77(4) of the 1947 Peace Treaty. Italy thus claimed that the only interpretation of that provision of the 1947 Treaty is that it does not waive reparations for violations of international humanitarian law[73]. And even if the intention were to waive all such claims against Germany, — Italy added, — that would be illegal, as it would absolve Germany from all war crimes committed, which was not allowed under the Geneva Conventions regime[74].

65. Addressing specifically the right to reparation of the Italian Military Internees, Italy referred, in this respect, to the paradoxical treatment dispensed to them, who were excluded from the reparations regime provided by the Foundation on "Remembrance, Responsibility and Future", because they were prisoners of war, whereas Nazi Germany had deprived them of this status and had used them as forced labourers[75]. Italy added that the claims of the victims of massacres cannot be considered as waived, because at the time of the alleged waiver (either in the 1947 Peace Treaty or in the 1961 Agreements) the crimes had not yet been established; moreover, the recognition of such a waiver would lead to the absurd situation of the perpetrators of these crimes being criminally responsible but not civilly liable. Such a solution would also be contrary to all modern developments of international criminal law, which recognizes that criminal responsibility and civil liability are connected[76].

---

[69]ICJ, *Compte rendu* CR 2011/17, pp. 43-44, paras. 23-24. In this respect, Germany added that even if a right to reparation and a cause of action exist under international law, it has abided by it, since it has given full and non-discriminatory access to its Courts to all plaintiffs (Italian and Greek); *ibid.*, p. 46, para. 30.

[70]ICJ, *Compte rendu* CR 2011/20, pp. 15-16, paras. 2-3.

[71]*Ibid.*, pp. 17-18, paras. 4-6.

[72]*Ibid.*, pp. 23-26, paras. 17-24. Moreover, it included a waiver by Italy of all claims against Germany, as a sanction for its participation in the Axis; *ibid.*, pp. 26-27, paras. 23-25. And the two bilateral 1961 Agreements were a gesture towards Italy in order to further improve their relations, while the waiver clause remained in full force; *ibid.*, pp. 29-30, para. 32.

[73]ICJ, *Compte rendu* CR 2011/21, p. 24, para. 29, and cf. ICJ, *Compte rendu* CR 2011/18, pp. 26-27, paras. 4-8.

[74]Cf. ICJ, *Compte rendu* CR 2011/18, pp. 31 32, paras. 18 23; and cf. ICJ, *Compte rendu* CR 2011/18, pp. 20 21, para. 11 13, and cf. *ibid.*, pp. 22 23, para. 14. Italy claims that the cases of reparations that are at issue herein do not concern victims of Nazi persecution, to which reparations have been made; ICJ, *Compte rendu* CR 2011/21, p. 25, para. 33. The present concern is with victims such as the Military Internees, who have not received any reparation.

[75]ICJ, *Compte rendu* CR 2011/18, p. 33, para. 28.

[76]*Ibid.*, p. 34, paras. 29-30. Moreover, Italy notes that, as Germany conceded, even those *ex gratia* reparations were only partial; ICJ, *Compte rendu* CR 2011/21, pp. 25-26, paras. 34-35. Italy claims that there are a significant number of Italian citizens who are entitled to reparation and who have not yet received any. Italy thus claimed that their only avenue for redress is through the Italian courts, which would not have lifted Germany's immunity had the German government agreed to take measures in order to offer them the reparations they are entitled to; ICJ, *Compte rendu* CR 2011/18, pp. 13-14, para. 11.

66. Greece, for its part, contended that Greek courts have accepted the existence of an individual right to reparation for grave violations of international humanitarian law, based on Article 3 of the 1907 IV Hague Convention[77], Article 91 of the 1977 Additional Protocol I[78], Rule 150 of the ICRC International Humanitarian Law Codification[79] (of customary international law, cf. *supra*), Article 33(2) of the ILC Articles on State Responsibility[80], and international practice. This is a point which was particularly stressed by Greece (cf. para. 147, *infra*), and which is deserving of close attention.

67. In effect, at an earlier stage of the proceedings in this case, I deemed it fit to address this point, in my Dissenting Opinion in the Court's Order (which dismissed the Italian counter-claim) of 06.07.2010. Article 3 of the 1907 IV Hague Convention determines that a belligerent State Party that violates the provisions of the Regulations annexed thereto is responsible for all acts committed by members of its armed forces, and "liable to pay compensation". The *travaux préparatoires* of this provision (originated in a proposal by the German Delegate) supported the view that the indemnization was due to the individual persons who were victims of the aforementioned violations[81].

68. Seven decades later, this provision was updated by Article 91 of Protocol I Additional to the 1949 Geneva Conventions on International Humanitarian Law. There was no controversy nor dissent (neither in 1907 nor in 1977) as to the recognition of State responsibility for breaches of the 1907 Regulations and the ensuing duty of the State concerned to provide indemnization to the individual victims[82]. To this effect, in my aforementioned Dissenting Opinion in the Court's Order of 06.07.2010, I pondered that:

> "In the days of the historical II Peace Conference, held here at The Hague, the participating States decided to set forth a general obligation, incumbent on *all* parties to an armed conflict, to make reparations (not only on the part of the defeated States in favour of the victorious powers, as was the case in previous State practice). This was done *on the basis of a German proposal*, which resulted in Article 3 of the IV Hague Convention IV[83], the first provision dealing specifically with a *reparation* regime for violations of international humanitarian law[84]. Thanks to the reassuring

---

[77]ICJ, *Compte rendu* CR 2011/19, p. 17, para. 28.

[78]*Ibid.*, p. 32, para. 77.

[79]*Ibid.*, p. 32, para. 78.

[80]*Ibid.*, p. 34, para. 85.

[81]F. Kalshoven, "Article 3 of the Convention (IV) Respecting the Laws and Customs of War on Land, Signed at The Hague, 18 October 1907", *in War and the Rights of Individuals – Renaissance of Individual Compensation* (eds. H. Fujita, I. Suzuki and K. Nagano), Tokyo, Nippon Hyoron-sha Co. Publs., 1999, pp. 34-36.

[82]This, — it has been argued, — reflected "established customary law"; *ibid.*, pp. 36-37.

[83]Article 3 states: — "A belligerent party which violates the provisions of the said Regulations [Regulations respecting the laws and customs of war on land, annexed to the IV Hague Convention] shall, if the case demands, be liable to pay compensation. It shall be responsible for all acts committed by persons forming part of its armed forces".

[84]This article of the IV Hague Convention of 1907, came to be regarded as being also customary international law, and it was reiterated in Article 91 of the I Additional Protocol (of 1977) to the 1949 Geneva Conventions on International Humanitarian Law. Article 91 (Responsibility) of the I Protocol states: — "A Party to the conflict which violates the provisions of the Conventions or of this Protocol shall, if the case demands, be liable to pay compensation. It shall be responsible for all acts committed by persons forming part of its armed forces".

German proposal, Article 3 of the IV Hague Convention of 1907 clarified that it was intended *to confer rights directly upon individuals*[85], *human beings*, rather than States.

This legacy of the II Hague Peace Conference of 1907 projects itself to our days[86]. The time projection of the suffering of those subjected to deportation and sent to forced labour in the II World War (period 1943-1955) has been pointed out in expert writing, also in relation to the prolonged endeavours of the victims to obtain reparation. (. . .) Not only had those victims to endure inhuman and degrading treatment, but later crossed the final limit of their ungrateful lives living with impunity, without reparation and amidst manifest injustice. The time of human justice is definitively not the time of human beings" (paras. 116-118).

IX. The Inadmissibility of Inter-State Waiver of the Rights of the Individuals, Victims of Grave Violations of International Law

69. The relevance of the individual right of access to justice is thus beyond question. In case of those grave breaches, the individual victims can thus invoke the responsibility of the State concerned on their own initiative, and without the intermediation of any State; they can do so as subjects of the law of nations, and in conformity with the rule of law — as nowadays reckoned by the United Nations — at national and international levels. The traditional theory of the "act of State" cannot at all be relied upon, in face of grave breaches of human rights and of international humanitarian law by the State concerned.

70. In such circumstances, it is the individual victim's right of access to justice, to seek reparation, that prevails. In sum, Article 3 of the IV Hague Convention of 1907 and Article 91 of Additional Protocol I of 1977 confer the right to reparation at international level to victims of those grave breaches. And the responsible States are bound to provide them such reparation. A vast practice to this effect has developed in recent years, in the domain of the *corpus juris* of the International Law of Human Rights, marking — being one of the multiple aspects of — the emancipation of the individuals from their own State, in the vindication of the rights inherent to them[87].

71. Also in my Dissenting Opinion in the Court's Order of 06.07.2010 in the present case of the *Jurisdictional Immunities of the State*, I furthermore set forth the foundations of my position that a State can waive only claims on its own behalf, but not claims on behalf of human beings pertaining to their own rights, as victims of grave violations of international law. The rights of

---

[85]Cf., to this effect, E. David, "The Direct Effect of Article 3 of the Fourth Hague Convention of 18 October 1907 Respecting the Laws and Customs of War on Land", *in War and the Rights of Individuals - Renaissance of Individual Compensation* (eds. H. Fujita, I. Suzuki and K. Nagano), Tokyo, Nippon Hyoron-sha Co. Publs., 1999, pp. 50-53; and cf. also, e.g., F. Kalshoven, "State Responsibility for Warlike Acts of the Armed Forces", 40 *International and Comparative Law Quarterly* (1991) pp. 831-833; D. Shelton, *Remedies in International Human Rights Law*, 2nd. ed., Oxford, University Press, 2006, p. 400.

[86]For a general reassessment of that 1907 Conference, on the occasion of its centennial commemoration in 2007, cf.: [Various Authors,] *Actualité de la Conférence de La Haye de 1907, Deuxième Conférence de la Paix / Topicality of the 1907 Hague Conference, the Second Peace Conference* (ed. Yves Daudet), Leiden, Nijhoff/The Hague Academy of International Law, 2008, pp. 3-302.

[87]Cf. A.A. Cançado Trindade, "The Emancipation of the Individual from His Own State — The Historical Recovery of the Human Person as Subject of the Law of Nations", in *Human Rights, Democracy and the Rule of Law — Liber Amicorum L. Wildhaber* (eds. S. Breitenmoser et alii), Zürich/Baden-Baden, Dike/Nomos, 2007, pp. 151 171; R.P. Mazzeschi, "Reparation Claims by Individuals for State Breaches of Humanitarian Law and Human Rights: An Overview", 1 *Journal of International Criminal Justice* (2003) pp. 343 and 345-347; M. Frulli, "When Are States Liable Towards Individuals for Serious Violations of Humanitarian Law? The *Marković* Case", 1 *Journal of International Criminal Justice* (2003) pp. 424 and 427.

victims of grave violations of human rights and of international humanitarian law subsist, their vindication cannot be waived by their States, or by States *inter se*, on their behalf (paras. 114-115). Any purported waiver to that effect would be deprived of any juridical effects (paras. 151 and 153). And I added, in that same Dissenting Opinion, that:

> "In any case, any purported waiver by a State of the rights inherent to the human person would, in my understanding, be against the international *ordre public*, and would be deprived of any juridical effects. To hold that this was not yet recognized at the time of the II World War and the 1947 Peace Treaty — a view remindful of the old positivist posture, with its ineluctable subservience to the established power, — would be, in my view, without foundation. It would amount to conceding that States could perpetrate crimes against humanity with total impunity, that they could systematically perpetrate manslaughter, humiliate and enslave people, deport them and subject them to forced labour, and then hide themselves behind the shield of a waiver clause negotiated with other State(s), and try to settle all claims by means of peace treaties with their counterpart State(s).
>
> Already in the times of the Third *Reich*, and before them, this impossibility was deeply-engraved in human conscience, in the *universal juridical conscience*, which is, in my understanding, the ultimate *material* source of all Law. To hold that enforced labour was not prohibited at the time of the German Third *Reich* would not stand (. . .), not even on the basis on the old positivist dogmas. It does not stand at all, neither in times of armed conflict, nor in times of peace. The gradual restrictions leading to its prohibition, so as to avoid and condemn abuses of the past against the human person, became manifest not only in the domain of International Humanitarian Law, but also in that of the regulation of labour relations (proper of the international Conventions of the International Labour Organization — ILO). In my own perception, even before all those instruments (. . .), enslavement and forced labour were proscribed by human conscience, as the gross abuses of the past weighed too heavily on this latter" (paras. 124-125).

72. Here, once again, one ought to go beyond the strict inter-State level. Still in my earlier Dissenting Opinion in the Court's Order of 06.07.2010 (counter-claim) in the present case, I further pointed out that my own conception of international law, — quite distinct from that of the Court's majority,

> "goes well beyond the strict inter-State outlook, so as to reach the ultimate bearers *(titulaires)* of rights, the human beings, confronted with waiver of their claims of reparation of serious breaches of their rights by States supposed to protect, rather than to oppress, them.
>
> States may, if they so wish, waive claims as to *their own* rights. But they cannot waive claims for reparation of serious breaches of rights that *are not* theirs, rights that are inherent to the human person. Any purported waiver to this effect runs against the international *ordre public*, is in breach of *jus cogens*. This broader outlook, in a higher scale of *values*, is in line with the vision of the so-called 'founding fathers' of the law of nations (the *droit des gens*, the *jus gentium*), and with what I regard as the most lucid trend of contemporary international legal thinking.
>
> One cannot build (and try to maintain) an international legal order over the suffering of human beings, over the silence of the innocent destined to oblivion. At the time of mass deportation of civilians, sent to forced labour along the *two* World Wars (in 1916-1918 and in 1943-1945) of the XXth century (and not only the II World War), everyone already knew that that was a *wrongful* act, an atrocity, a

serious violation of human rights and of international humanitarian law, which came to be reckoned as amounting also to a war crime and a crime against humanity. Above the will stands conscience, which is, after all, what moves the Law ahead, as its ultimate *material* source, removing manifest injustice" (paras. 177-179).

X. Positions of the Contending Parties as to the Right of Access to Justice

73. Germany and Italy understand the right to access to justice in fundamentally different ways. Both agree that access to justice is a fundamental right with two (complementary) components, namely, the right to an effective remedy and the right to a fair trial[88], but they disagree as to its scope and the consequences of its exercise in the case at issue. Germany argues that the right of access to justice entails an obligation the extent of which is limited to the guarantee of unimpeded and non-discriminatory access to nationals and aliens alike to effective remedies and to a fair trial[89], whereas Italy understands the right as entailing an obligation of satisfaction of the complaining party; it expands the right of access to justice to the outcome of the case and it argues that an aggrieved party[90] that has no other avenue ought to be allowed to seek an effective remedy before its national courts, even against a foreign State, and that in such case immunity has to be lifted in order to avoid a denial of justice[91].

74. Germany construes the right of access to justice very narrowly and argues that it is limited to the access to the judicial system of the *forum* State without discrimination and with full procedural rights. In this sense, Italian citizens have had full access to judicial remedies under German law, up to the Federal Constitutional Court[92]; while Greek citizens had exactly the same opportunity[93]. Furthermore, Germany distinguishes the access to justice and the right to an effective remedy from the question whether a "plaintiff has a genuine legal claim which he/she can assert"[94].

75. According to Germany, there is no individual right to reparation arising out of war crimes and other violations of international humanitarian law and consequently no (corollary) right of action. Similarly, the Peace Treaty of 1947 and the Agreement of 1961 provide for an inter-State reparation regime for injuries to Italian nationals due to the war and that cannot be changed retroactively[95]. In addition, Germany argues that the common interpretation of Article 3 of the 1907 Hague Convention and the 1949 Geneva Conventions is in the sense that they do not create an individual right to compensation[96]. It also notes that more recent developments, such as the U.N. General Assembly resolution 60/147 (2005) or the draft ILA Report (2010) on reparation of victims of armed conflict that refer to such an individual right are not based on an existing customary or conventional rule of international law but rather propose the introduction of new

---

[88]ICJ, *Compte rendu* CR 2011/17, p. 43, para. 24; ICJ, *Counter-Memorial of Italy*, para. 4.88.

[89]ICJ, *Reply of Germany*, p. 19, para. 34; ICJ, *Compte rendu* CR 2011/17, p. 45, paras. 28-29.

[90]ICJ, *Compte rendu* CR 2011/18, p. 62, para. 27.

[91]ICJ, *Counter-Memorial of Italy*, p. 80, para. 4.103.

[92]ICJ, *Reply of Germany*, p. 19, § 34.

[93]ICJ, *Compte rendu* CR 2011/17, p. 45, para. 30.

[94]ICJ, *Reply of Germany*, p. 20, para. 34.

[95]ICJ, *Memorial of Germany*, p. 12, para. 12.

[96]ICJ, *Reply of Germany*, p. 23, para. 39.

rules[97]. Thus, the decisions of German courts in these cases are not a denial of justice but a recognition that the Italian nationals do not have the substantive rights they claim.

76. Even if such a right of action and to reparation were to be recognized, Germany argues that it has not violated it. Full access to all levels of the German judicial system was granted to all claimants and there has been no accusation of a violation of the procedural rights of Italian or Greek citizens; nor was there any discrimination against them due to their nationality[98]. Germany at last argues that if the right of access to justice were to be interpreted as allowing an individual who has not been successful in his/her claims before the Courts of the State (that allegedly violated his/her rights) to sue such State before Courts of a foreign State (and maybe before Courts of more than one State successively or simultaneously), then a serious case of "forum shopping" could emerge[99].

77. For its part, and quite distinctly, Italy argues that an individual right to reparation and a parallel cause of action for war damages exist. In its view, the origin of this right lies in the post II world war arrangements of the Treaty of Versailles (Article 304) and the creation of the Mixed Arbitral Tribunals; it recognizes, however, that this path was not followed after the II world war[100]. Nevertheless, it argues that, with the exception of the existence of an alternative international procedure, access to domestic remedies cannot be barred[101]. In fact, Italian courts have allowed lawsuits against Italy, despite the Peace Treaty and the inter-State mechanism for compensation it provides for[102]. Italy goes further and presents the right to access to justice as understood by the different regional and global systems for the protection of human rights, and, based on a decision of the IACtHR (case *Goiburu et alii*, cf. section XVII, *infra*), it argues that the right to access to justice is a peremptory right if the substantive right violated is of the same status[103].

78. In addition, Italy argues that access to justice entails protection against denial of justice, which can be understood as "refusal to grant someone that which he is owed"[104]. Thus, when Italian citizens, such as Mr. Ferrini and others before and after him, were not successful before German courts and administrative authorities[105] they filed lawsuits against Germany before the Italian Courts, as their only available legal avenue[106]. Furthermore, the lifting of the immunity of the German State before the Italian Courts in such cases, where the victims are deprived of any other means of redress, is necessary for the effective exercise of their right of access to justice[107].

79. These are the basic and opposing positions, sustained by Germany and Italy, on the right of access to justice. Before embarking on an assessment of them by dwelling further upon the

---

[97]*Ibid.*, pp. 24-25, paras. 40-42.

[98]ICJ, *Compte rendu* CR 2011/17, pp. 45-46, paras. 29-30.

[99]ICJ, *Compte rendu* CR 2011/17, pp. 46-48, paras. 33-39.

[100]ICJ, *Counter-Memorial of Italy*, p. 74, paras. 4.90-4.91.

[101]*Ibid.*, p. 75, para. 4.92.

[102]*Ibid.*, pp. 74-75, para. 4.91.

[103]*Ibid.*, p. 76, paras. 4.93-4.94.

[104]ICJ, *Compte rendu* CR 2011/18, p. 62, para. 27.

[105]ICJ, *Compte rendu* CR 2011/21, p. 48, para. 30; ICJ, *Counter-Memorial of Italy*, pp. 19-25, paras. 2.20-2.34.

[106]ICJ, *Counter-Memorial of Italy*, p. 29, para. 2.44.

[107]*Ibid.*, p. 80, para. 4.103.

matter (cf. section XII, *infra*), I deem it appropriate, next, to review their further clarifications of their arguments, in response to questions which I deemed it fit to pose to both of them, as well as to Greece as intervenor, in the course of the oral hearings before the Court. Once such clarifications are reviewed, I shall then proceed to the examination of the remaining aspects of the present case, in logical sequence.

XI. Clarifications from the Contending Parties and from Greece in Response to Questions From the Bench

1. Questions Put to the Contending Parties and to Greece

80. At the end of the oral hearings before the Court, on 16.09.2011, I deemed it fit to put a series of questions to the contending parties, Germany and Italy, as well as to the intervening State, Greece, in order to seek clarification on the respective submissions they had presented to the Court. The questions I asked, on that occasion, were the following:

> "Pour garder l'équilibre linguistique de la Cour, je poserai mes questions en anglais. Trois questions à l'Allemagne et à l'Italie et une question à la Grèce.
>
> My first question to Germany and Italy is the following: In relation to your arguments in these public sittings before the Court and bearing in mind the Settlement Agreements of 1961 between Germany and Italy, what is the precise scope of the waiver clauses contained therein, and of the waiver clause of Article 77(4) of the Peace Treaty of 1947? Can the issue of reparation be considered as entirely closed today? Or has any of its aspects remained open to date?
>
> My second question to both Germany and Italy is the following: Is the delicts *exceptio* (territorial torts) limited to acts *jure gestionis*? Can it be? Are acts *jure imperii* understood to contain also a delicts *exceptio*? How can war crimes be considered as acts *jure* — I repeat, *jure* — *imperii*?
>
> My third question to both Germany and Italy is the following: Have the specific Italian victims to whom the Respondent refers effectively received reparation? If not, are they entitled to it and how can they effectively receive it, if not through national proceedings? Can the regime of reparations for grave breaches of human rights and of international humanitarian law still be regarded as exhausting itself at inter-State level? Is the right to reparation related to the right of access to justice *lato sensu*? And what is the relationship of such right of access to justice with *jus cogens*?
>
> And, finally, my question to Greece is the following: Within the Greek legal system, what are the legal effects of the Greek Special Supreme Court decision in the *Margelos* case upon the Areios Pagos decision in the *Distomo Massacre* case? Is the Areios Pagos decision in the *Distomo Massacre* case still pending of execution within and beyond the Greek legal system?"[108].

2. First Round of Answers

81. For the sake of clarity, I proceed to revise and summarize the answers provided by Germany, Italy and Greece, to the questions I put to them at the close of the oral hearings before

---

[108] ICJ, case concerning *Jurisdictional Immunities of the State* (Germany *versus* Italy, Greece intervening), ICJ, *Compte rendu* CR 2011/21, public sitting of 16.09.2011, pp. 53-54.

the Court, last 16 September 2011. I shall proceed first, to a review of the answers of Germany and Italy as contending parties, and then of Greece as the intervening State.

(a) Germany's and Italy's Answers

82. In the relation to the *first question* I put to the contending parties[109], Germany submitted that the Court's Order of 06.07.2010 (in particular paras. 27-28) determines the relevance of the 1947 Peace Treaty and of the two 1961 Agreements for the current proceedings. Germany reiterated its position that the question whether reparations related to the II world war are still due is not the subject of the present proceedings. Italy retorted that the two 1961 Agreements were the result of a process which demonstrated that there were differences of opinion between the parties as to the scope of the waiver clause of the 1947 Peace Treaty, and that Germany had to take some measures to address them. Italy thus argued that the Agreements were, on the one hand, a measure of reparation for some pending economic questions (the "Settlement Agreement") and, on the other, an indemnification for victims of persecution (the "Indemnity Agreement").

83. Italy contended that the Settlement Agreement represents conclusive evidence that Italy never accepted Germany's interpretation of the waiver clause and the Indemnity Agreement focused on a specific category of victims targeted on the basis of specific discriminatory grounds. In this regard, Italy submits that the 1961 Agreements only cover pending economic questions and reparations to victims of persecutions. While these Agreements contain waiver clauses, — it added, — these "merely referred to the subject-matter of the Agreement and were not (and could not have been) so expansive as to cover, in addition, war crimes reparation claims". As to the waiver clause of Article 77(4) of the 1947 Peace Treaty, Italy reiterated its position that this clause does not cover claims of compensation arising out of grave breaches of international humanitarian law.

84. With regard to the *second question* I posed to the contending parties[110], Germany submitted that the delicts *exceptio* does not apply to military activities and that the cases subject to the proceedings before the Court concern acts having occurred during an armed conflict. It further contended that the qualification of an act of a State is based on the nature of the act and is independent of the legality of such act. In this sense, Germany argued that sovereign acts may also involve serious breaches of international law and that international law counts on substantive rules on State responsibility and international criminal responsibility that do not repeal or derogate from State immunity.

85. For its part, Italy argued that the issue of reparations is not closed, as there are several categories of victims that have never been taken into account for the purpose of awarding reparations, including those categories referred to in the cases underlying the present dispute. Italy submitted that the delicts *exceptio* applies to both acts *jure gestionis* and *jure imperii*[111], and added

---

[109]Namely: — "In relation to your arguments in these public sittings before the Court and bearing in mind the Settlement Agreements of 1961 between Germany and Italy, what is the precise scope of the waiver clauses contained therein, and of the waiver clause of Article 77(4) of the Peace Treaty of 1947? Can the issue of reparation be considered as entirely closed today? Or has any of its aspects remained open to date?".

[110]Namely: — "Is the delicts *exceptio* (territorial torts) limited to acts *jure gestionis*? Can it be? Are acts *jure imperii* understood to contain also a delicts *exceptio*? How can war crimes be considered as acts *jure* — I repeat, *jure* — *imperii*?".

[111]And argues that its view is confirmed by the practice of States, the ILC's Commentary on the Draft Articles on Jurisdictional Immunities of States and Their Property, Article 11 of the European Convention on Jurisdictional Immunity, and the relevant legal literature.

that there is no *obligation* to accord immunity for acts *jure imperii* in cases in which the delicts *exceptio* applies. Italy further submitted that "[t]here is nothing inherent in the notion of acts *jure imperii* which dictates the conclusion that the tort exception does not cover this category of acts. The justification of this exception to immunity is based on the assertion of local control or jurisdiction over torts committed within the territory of the forum State". Italy thus contended that, on the basis of this justification, the exception applies to all acts of a foreign State that took place on the territory of the forum State, whether they were performed *jure imperii* or *jure gestionis*.

86. Italy added that, while it was aware of the view that crimes against humanity and war crimes cannot be considered sovereign acts for which a State is entitled to invoke the defence of sovereign immunity, it acknowledged that this area of the law of State immunity is undergoing a process of change. Thus, under the unique and specific circumstances of the cases submitted to Italian courts, Italy contended that its case before this Court is based on other arguments: the tort exception and the existence of an irreconcilable conflict between immunity and the effective enforcement of peremptory rules, which support its position that Italy had no obligation to accord immunity to Germany.

87. In respect of the *third question* I asked the contending parties[112], Germany again referred to the Court's Order of 06.07.2010, arguing that the question whether reparations related to the II world war are still due is not, in its view, the subject of the present proceedings; it considered the reparation scheme for the II world war to be a classic inter-State and comprehensive scheme. It further argued that those victims who consider to have a claim against Germany can institute proceedings in German courts, which abide by Article 6(1) of the European Convention of Human Rights that guarantees the right of access to justice.

88. Italy retorted that none of the categories of victims referred to in the cases underlying the present dispute has received reparation; it added that some categories of victims were never able to claim compensation because no mechanism was put in place while others have been trying to obtain compensation for a decade without any success. Italy further argued that there does not seem to be any willingness on Germany's part to conclude an agreement aimed at making reparation to these categories of victims. It also submitted that, at the moment, there is no other alternative than national proceedings for these categories of victims to receive reparation. Italy argues that had domestic judges not removed immunity, no other avenue would have remained open for war crime victims to obtain reparation, considering, for example, the strong reluctance of German authorities to enter into an agreement providing for reparation for the "Italian Military Internees".

89. Italy claimed that the regime of reparations for grave breaches of human rights and international humanitarian law does not exhaust itself at the inter-State level and that individual victims can address their claims in domestic courts. It also submitted that the removal of immunity is justified when resort to domestic courts represents the only and last means available to obtain some form of redress. Italy further argues that "[u]nder certain circumstances, the denial of access to justice because of the immunity granted to a foreign State may imply a denial of effective reparation". It next submitted that the concept of *jus cogens* does not confine itself to the realm of primary rules, but also relates to the remedies available in cases of grave breaches of obligations prescribed by norms having such character. In Italy's submission, when there is a conflict between

[112]Namely: — "Have the specific Italian victims to whom the Respondent refers effectively received reparation? If not, are they entitled to it and how can they effectively receive it, if not through national proceedings? Can the regime of reparations for grave breaches of human rights and of international humanitarian law still be regarded as exhausting itself at inter-State level? Is the right to reparation related to the right of access to justice *lato sensu*? And what is the relationship of such right of access to justice with *jus cogens*?".

rules that prevent individuals from having access to justice and the effective enforcement of *jus cogens* rules, if there is no other avenue open to obtain effective enforcement of *jus cogens*, "priority must be given to *jus cogens* by removing immunity, thereby allowing access to justice to individual victims".

(b) Greece's Answer

90. In answer to the question I put to the intervening State[113] — (to the best of my knowledge, the first question ever put to a non-party intervenor in the history of The Hague Court), — Greece first recalled that the Special Supreme Court does not rank as a Supreme Court nor is it a constitutional court within the Greek legal system; rather, it has a *sui generis* legal status in Greece. It added that the Special Supreme Court is an independent and non-permanent organ which does not fit within the hierarchy of the Greek court system. Greece further argued that, as part of the Special Supreme Court's function, it identifies or defines a customary rule of international law "in the present development of international law". In this area of its functions, the Special Supreme Court judgments — it continued — have limited effects, and, in practice, a judgment by the Special Supreme Court is binding only on the courts which have posed to it the specific question. Greece further submitted that judgments of the Special Supreme Court do not have the force of *res judicata erga omnes*; it is for the ordinary courts or the Special Supreme Court to determine subsequently whether there has been any change in the assertion that a customary norm exists.

91. Greece added that a judgment of the Special Supreme Court "always reflects the considerations of an *opinio juris* expressed 'at the same temporal stage of development of international law and its generally accepted rules'". It argued that the judgment in the *Margellos and Others* case "has no effect whatever" or legal implications on the judgment of the *Areios Pagos* in the *Distomo Massacre* case, which was rendered prior to the *Margellos* judgment and concerned a different case. In this sense, Greece claimed that the *Areios Pagos* judgment "is final and irrevocable. It is in force and produces legal effects within the Greek legal order, remaining pending of execution". Greece at last contended that the fact that the Minister of Justice has not authorized the enforcement of the *Areios Pagos* judgment yet does not signify that it is "emptied of meaning and unenforceable"; the *Distomo* judgment "remains open".

3. Second Round of Answers

92. The contending parties saw it fit to comment on the answers they provided to the questions I put to them during the oral hearings before the Court *(supra)*. These additional comments form the second round of their answers, which I proceed likewise to revise and summarize, for the sake of clarity as to the distinct positions taken by the contending parties in the present case on the *Jurisdictional Immunities of the State* before the Court.

(a) Germany's Comments

93. Germany only made observations on Greece's response to my question addressed to it. Germany first referred to Article 100(1) of the Greek Constitution, Article 54(1) of Greek Law n°. 345/1976 regarding the Greek Special Supreme Court, and to a ruling by the Special Supreme Court on this latter provision. On this basis, Germany argued that, since the

---

[113]Namely: — "Within the Greek legal system, what are the legal effects of the Greek Special Supreme *Court decision in the Margelos case upon the Areios Pagos decision in the Distomo Massacre case? Is the Areios* Pagos decision in the *Distomo Massacre* case still pending of execution within and beyond the Greek legal system?".

Judgment of 2002 in the *Margellos and Others* case, "no Greek Court has issued a judgment disregarding Germany's state immunity for acts *jure imperii* during world war II and no measures of execution in the *Distomo* case have been taken". Germany then referred to two judgments of the *Areios Pagos* (in 2007 and in 2009) that followed the jurisprudence of the Special Supreme Court, "according to which the rule of jurisdictional immunity stands unaffected even in cases the subject matter of which are allegations of serious violations of international humanitarian law".

(b) Italy's Comments

94. In turn, Italy commented on some parts of Germany's responses to the questions I posed *(supra)*. In relation to my first question, contrary to what Germany contended, Italy argued that the conclusion by the Court in the paragraphs of the Order of 06.07.2010 cited by Germany was strictly limited to the issue of the admissibility of Italy's counter-claim and it did not affect the solution of the question raised by Germany's main claim. Italy contended that it remains for the Court to examine Italy's arguments on the merits of Germany's main claim, and in particular, the argument whereby the obligation to make reparation for war crimes has some specific implications for State immunity.

95. As to Germany's response to my third question, Italy took issue with Germany's statement that the reparation regime set up for the II world war was "comprehensive". Italy argued that Germany itself, both in its written and oral submissions, admitted that reparations made in relation to Italian victims of war crimes were only "partial". Italy further contended that the 1961 Agreement provided only for reparations for victims of persecution. Thus, Italy added that the characterization of the reparation scheme as "comprehensive" cannot be accurate, in particular concerning Italian victims of war crimes. It further claimed that Germany's arguments make it clear that no reparation has been made to numerous Italian victims of war crimes[114].

96. Italy at last contended that Germany's argument that Italian victims of war crimes did not receive compensation because Italy had been an ally of Germany until 08.09.1943 "is flawed because it confuses the regime of responsibility for violations of *jus ad bellum* with the consequences of violations of the provisions of *jus in bello*, and in particular it ignores the special regime of responsibility for serious breaches of international humanitarian law". Also in relation to my third question, Italy claimed that "[t]he fact that Italian victims had access to German courts does not mean that they were given an effective legal avenue to obtain reparation". It argued that German laws imposed a number of "unduly restrictive requirements" for Italian victims to receive reparation[115].

XII. The Prohibition of Forced Labour at the Time of the II World War

1. Normative Prohibition

97. The legal regulation of forced labour at the time of II world war was based on the 1930 ILO Convention (n. 29) on Forced Labour, which came into force on 01.05.1932. The

---

[114]As Germany claims that it has been relieved of the obligation to make reparation on the basis of the waiver clause of Article 77 of the 1947 Peace Treaty, an argument which Italy challenges in the present proceedings.

[115]Italy argued, in this respect, that the reference made by Germany to the jurisprudence of the European Court of Human Rights is "inapposite", as such jurisprudence relies on the assumption that "the Convention imposes no specific obligation on the Contracting States to provide redress for wrongs or damage caused prior to their ratification of the Convention". Italy added that the cases against Germany before the European Court were based on the right to property under Article 1 of Protocol n. 1 to the European Convention, and the Court considered those cases inadmissible as the facts at issue did not fall within the ambit of that norm.

Convention provided for a series of restrictions and prohibitions of forced labour, aiming ultimately to its total suppression. The 1930 ILO Convention (n. 29) made clear that prisoners of war may not be employed in any way that is connected with the operations of war (manufacture, transport of arms and munitions) or for unhealthy or dangerous work (Articles 31-32). In case of violations they have the right to complaint (Article 31); moreover, more arduous work cannot be used as a disciplinary measure (Article 31).

98. Forced labour, in the sense of labour imposed under coercion or the threat of penalty (Article 2 (1)), has been condemned and expressly prohibited ever since the 1930 ILO Convention (n° 29)[116], despite the distinct contexts wherein forced labour was imposed as time went on. The 1930 ILO Convention (n° 29) was followed by the 1957 Abolition of Forced Labour Convention, to meet practically universal acceptance. As I sustained in my earlier Dissenting Opinion (paras. 130-132) in the Court's Order of 06.07.2010 in the case of *the Jurisdictional Immunities of the State* (Germany *versus* Italy, counter-claim), their underlying principles, informing and conforming the abolition of forced labour in general international law, belong nowadays to the domain of *jus cogens*[117].

99. Furthermore, in the domain of international humanitarian law, the treatment of prisoners of war or civilian populations during armed conflict was governed, at the time of the II world war, by the 1907 IV Hague Convention and by the 1929 Geneva Convention on Prisoners of War; the 1929 Geneva Convention added the prohibition of forced labour that was unhealthy or dangerous for the prisoners of war (Articles 28-34). Still in connection with the prohibition of forced labour, at that same time, the 1926 Geneva Anti-Slavery Convention prohibited slavery and slave trade; it expressly set forth the obligation of States "to take all measures to prevent compulsory or forced labour from developing into conditions analogous to slavery" (Article 5).

100. The Regulations concerning the Laws and Customs of War on Land, annexed to the aforementioned 1907 IV Hague Convention, prohibited, with regard to forced labour of inhabitants of occupied territories, to involve those inhabitants in the work of "military operations against their own country" (Article 52). Germany signed the 1907 IV Hague Convention on 18.10.1907 and ratified it on 27.11.1909. In addition, it should be noted that Germany ratified the 1930 ILO Convention (n. 29) on Forced Labour only on 13.06.1956. Be that as it may, even if this later ratification removed *jurisdiction* on the basis of this Convention before mid-1956, the *responsibility* of Nazi Germany subsisted. No one would dare to deny the wrongfulness of forced labour, already at the time of the II world war.

101. The forced labour regime, as organised by Nazi Germany, could be equated to "enslavement", given the presence of the elements constitutive of this crime, namely, the subjection of a part of a population of an occupied territory, in order to sever forced or compulsory labour, meant to be permanent, and undertaken in conditions similar to slavery under the heel of private persons[118]. It was the policy of Nazi German authorities to let exhausted forced labourers die;

---

[116] ILO/OIT, *Alto al Trabajo Forzoso —Informe Global con Arreglo al Seguimiento de la Declaración de la OIT Relativa a los Principios y Derechos Fundamentales en el Trabajo*, ILO, Geneva, 2001, pp. 9-10.

[117] Cf., to this effect, e.g., M. Kern and C. Sottas, "The Abolition of Forced or Compulsory Labour", *in Fundamental Rights at Work and International Labour Standards*, Geneva, ILO, 2003, p. 44, and cf. p. 33; and International Labour Office, *Eradication of Forced Labour*, Geneva, ILO, 2007, p. 111.

[118] L. Hannikainen, *Peremptory Norms (Jus Cogens) in International Law: Historical Development, Criteria, Present Status*, Helsinki, Lakimiesliiton Kustannus/Finnish Lawyers' Publ. Co., 1988, pp. 455-456.

sometimes they actively killed forced labourers when they could no longer work. Such circumstances could make their policy fall under the "enslavement" definition[119].

2. Judicial Recognition of the Prohibition.

102. That State policy of Nazi Germany was to have repercussions in the work and findings of the International Military Tribunal of Nuremberg, shortly after the II world war. The 1945 Charter of the Nuremberg Tribunal listed, among *war crimes*, the "deportation to slave labour or for any other purpose of civilian population of or in occupied territory" (Article 6 (*b*)); and, among *crimes against humanity*, the "enslavement, deportation, and other inhumane acts committed against any civilian population, before or during the war" (Article 6 (*c*)). The prohibition of forced labour and enslavement was already established, as indicated above, in the *corpus juris gentium*, in international instruments of the ILO as well as of international humanitarian law.

103. It was then, with the work of the Nuremberg Tribunal, to gain judicial recognition as well. In fact, the question of forced labour during the II world war was examined by the Nuremberg Tribunal, which, in the case of the *Major War Criminals* (Judgment of 01.10.1946), recalled that Article 6(*b*) its Charter[120] provides that the "ill-treatment, or deportation to slave labour or for any other purpose, of civilian population of or in occupied territory shall be a war crime". The Tribunal further reminded that "[t]he laws relating to forced labour by the inhabitants of occupied territories are found in Article 52 of the Hague Convention" of 1907[121].

104. In this regard, the Nuremberg Tribunal concluded that "[t]he policy of the German occupation authorities was in flagrant violation of the terms of [the Hague Convention of 1907]" and that an "idea of this policy may be gathered from the statement made by Hitler in a speech on 9th November, 1941", asserting that "the German occupation authorities did succeed in forcing many of the inhabitants of the occupied territories to work for the German war effort, and in deporting at least 5,000,000 persons to Germany to serve German industry and agriculture". It also noted that "[i]nhabitants of the occupied countries were conscripted and compelled to work in local occupations, to assist the German war economy" and that "[i]n many cases they were forced to work on German fortifications and military installations"[122].

105. From the above statement by Hitler, singled out by the Nuremberg Tribunal itself, there can be no doubt whatsoever that widespread forced labour of inhabitants of the occupied territories in the German war industry during the II world war, was a State policy of Nazi Germany. Such State policy was in flagrant violation of International Law, both conventional and customary.

106. In fact, the Nuremberg Tribunal further observed that a vigorous propaganda campaign was set up to induce workers to volunteer to work in Germany, and, in some instances, labourers and their families were threatened by the police in case they refused to go to Germany[123]. The

---

[119]Cf. ICRC, *Customary International Humanitarian Law*, Rule 95: Forced Labour, Deportation to Slave Labour, nº 19.

[120]Hereinafter referred to as the "Nuremberg Charter".

[121]International Military Tribunal, Judgment of 1 October 1946, in *The Trial of German Major War Criminals. Proceedings of the International Military Tribunal sitting at Nuremberg, Germany*, Part 22 (22.08.1946 - 01.10.1946), p. 460.

[122]*Ibid.*, p. 460.

[123]*Ibid.*, p. 461.

evidence before the Tribunal showed that the workers were sent under guard to Germany and were often crammed in trains without adequate food, heat, clothing or sanitary facilities, and demonstrated that the treatment of workers in Germany was, in many cases, brutal and degrading; the Tribunal also found that, many prisoners of war were allocated to work directly in relation to military operations, in violation of Article 31 of the 1929 Geneva Convention[124].

107. As to the customary nature of the rules that it applied, the Nuremberg Tribunal further stated that:

> "Article 6 of the Charter provides:
>
> '*(b)* War Crimes: namely, violations of the laws or customs of war. Such violations shall include, but not be limited to, murder, ill-treatment or deportation to slave labour or for any other purpose of civilian population of or in occupied territory, murder or ill-treatment of prisoners of war or persons on the seas, killing of hostages, plunder of public or private property, wanton destruction of cities, towns or villages or devastation not justified by military necessity;
>
> *(c)* Crimes against Humanity: namely, murder, extermination, enslavement, deportation, and other inhumane acts committed against any civilian population, before or during the war, or persecutions on political, racial or religious grounds in execution of or in connection with any crime within the jurisdiction of the Tribunal, whether or not in violation of the domestic law of the country where perpetrated'. (. . .)
>
> The Tribunal is of course bound by the [Nuremberg] Charter, in the definition which it gives both of War Crimes and Crimes Against Humanity. With respect to War Crimes, however, as has already been pointed out, the crimes defined by Article 6, section *(b)*, of the [Nuremberg] Charter were already recognized as War Crimes under International Law. They were covered by Articles 46, 50, 52, and 56 of The Hague Convention of 1907, and Articles 2, 3, 4, 46, and 51 of the Geneva Convention of 1929. That violations of these provisions constituted crimes for which the guilty individuals were punishable is too well determined to admit of argument."[125]

108. The Nuremberg Tribunal further found that, by 1939, the rules laid down in the Hague Convention of 1907 were recognized by all "civilised nations", and were regarded as being declaratory of the laws and customs of war referred to in Article 6 (*b*) of the Nuremberg Charter. As to crimes against humanity, the Nuremberg Tribunal concluded that "[t]he policy of terror was certainly carried out on a vast scale, and in many cases was organised and systematic" and concerning "[t]he policy of persecution, repression and murder of civilians in Germany before the war of 1939, who were likely to be hostile to the Government" it found that such policy "was most ruthlessly carried out". The Tribunal thus concluded that "from the beginning of the war in 1939 war crimes were committed on a vast scale, which were also crimes against humanity" and held

---

[124]*Ibid.*, p. 462.

[125]International Military Tribunal, Judgment of 01.10.1946, in *The Trial of German Major War Criminals. Proceedings of the International Military Tribunal sitting at Nuremberg, Germany*, Part 22 (22.08.1946 to 01.10.1946), p. 467. The Judgment also stated, in relation to the crimes committed in Czechoslovakia, that: —"Although Czechoslovakia was not a party to the Hague Convention of 1907, *the rules of land warfare expressed in this Convention are declaratory of existing International Law and hence are applicable*", p. 524 (emphasis added).

that "they were all committed in execution of, or in connection with, the aggressive war, and therefore constituted crimes against humanity"[126].

109. For its part, the International Military Tribunal for the Far East (the Tokyo Tribunal), in its Judgment of 12.11.1948, also expressed concern with regards to the use of forced labour, the method of recruitment, the confination of labourers in camps; the Tokyo Tribunal was also concerned with the little or no distinction made "between these conscripted laborers on the one hand and prisoners of war and civilian internees on the other hand", all being regarded as "slave laborers"[127].

110. In our days, in its recent adjudication of the case *Kononov versus Latvia* (2008-2010), lodged with the European Court of Human Rights (ECtHR) by a survivor of the II world war, the ECtHR (Former III Section, Judgment of 24.07.2008) saw it fit to undertake an examination of the evolution of International Humanitarian Law, from the I and II Hague Peace Conferences (1899 and 1907) to the aftermath of the II world war (the Nuremberg and Tokyo Tribunals trials, and the 1949 Geneva Conventions), to determine that the subjugation and the ill-treatment of civilians was already prohibited well before the II world war (paras. 55-70).

111. In the same line of reasoning, the ECtHR, in its subsequent Judgment (Grand Chamber, of 17.05.2010) in the *Kononov versus Latvia* case, deemed it fit to undertake to an ever greater depth such examination of the evolution of International Humanitarian Law, this time from the earlier codifications of the XIXth century to the aftermath of the II world war (paras. 206-217), to find that "the ill-treatment, wounding and killing" of villagers (in any case *hors de combat*) constituted, already by the time of the 1907 Hague Regulations, "a war crime" (para. 216). The Court pondered, *inter alia*, that:

> "While the notion of war crimes can be traced back centuries, the mid-XIXth century saw a period of solid codification of the acts constituting a war crime and for which an individual could be held criminally liable. The Lieber Code [of] 1863 [the Oxford Manual of 1880 (. . .)], and in particular the [1874] Draft Brussels Declaration, (. . .) inspired The Hague Convention and Regulations [of] 1907. These latter instruments were the most influential of the earlier codifications and were, in 1907, declaratory of the laws and customs of war: they defined, *inter alia*, relevant key notions (combatants, *levée en masse*, *hors de combat*), they listed detailed offences against the laws and customs of war and they provided a residual protection through the Martens Clause, to inhabitants and belligerents for cases not covered by the specific provisions of The Hague Convention and Regulations [of] 1907. Responsibility therein was on States, which had to issue consistent instructions to their armed forces and pay compensation if their armed forces violated those rules" (para. 207).

---

[126]*Ibid.*, p. 468.

[127]In the words of the Tribunal: — "Having decided upon a policy of employing prisoner of war and civilian internees on work directly contributing to the prosecution of the war, and having established a system to carry that policy into execution, the Japanese went further and supplemented this source of manpower by recruiting laborers from the native population of the occupied territories. This recruiting of laborers was accomplished by false promises, and by force. After being recruited, the laborers were transported to and confined in camps. Little or no distinction appears to have been made between these conscripted laborers on the one hand and prisoners of war and civilian internees on the other hand. They were all regarded as slave laborers to be used to the limit of their endurance. For this reason, we have included these conscripted laborers in the term 'civilian internees' (. . .). The lot of these conscripted laborers was made worse by the fact that generally they were ignorant of the principles of hygience [sic] applicable to their unusual and crowded conditions and succumbed more readily to the diseases resulting from the insanitary conditions of confinement and work forced upon them by their Japanese captors". International Military Tribunal for the Far East, Judgment of 12 November 1948, *in*: J. Pritchard and S.M. Zaide (eds.), *The Tokyo War Crimes Trial*, vol. 22, pp. 693-694.

112. After reviewing the "Hague" and the "Geneva" branches of humanitarian law, "the latter supplementing the former", in the course of the second half of the XIXth century and the first half of the XXth century, the European Court further recalled that the Charter of the Nuremberg Tribunal provided a "non-exhaustive definition of war crimes", and its judgment opined that the humanitarian rules enshrined into the 1907 Hague Convention and Regulations were generally recognized as being

> "'declaratory of the laws and customs of war' by 1939 and that violations of those provisions constituted crimes for which individuals were punishable" (para. 207).

113. The ECtHR then added that "[i]nternational and national law (the latter including transposition of international norms) served as a basis for domestic prosecutions and liability" (para. 208)[128]. In sum, from the review above, it is clear that there has also been further judicial recognition of the fact that, well before the II world war, ill-treatment of civilians (such as forced labour) was illegal, — it was a war crime, — and engaged both State and individual responsibility.

3. The Prohibition in Works of Codification

114. The prohibition of forced labour as a form of slavery is not to be taken lightly, keeping in mind the long time it has taken to eradicate it, and the fact that it still survives in our days. Time and time again attention has been drawn into the everlasting struggle against forced labour as slave work. In this respect, in 1958, for instance, J. H. W. Verzijl pointed out that it was "shocking to have to acknowledge" that any attempt to deal with stigmatized abuses and disgraces of the past was "relatively recent". Thus,

> "It will suffice to remind ourselves of the humiliating historical evidence that the formal abolition of slavery was only reluctantly achieved, little by little, during the XIXth century, that hidden or even overt forms of serfdom still flourish (. . .), that it was still necessary in 1956 to conclude a Convention for the Abolition of Slavery, the Slave Trade and Institutions and Practices Similar to Slavery, (. . .) a still existing evil surviving from the past"[129].

115. When, early in its life and in the era of the United Nations itself, the International Law Commission (ILC) formulated the *Principles of International Law Recognized in the Charter of the Nuremberg Tribunal and in the Judgment of the Tribunal* (1950), it included, among "*war crimes*", the "deportation to slave-labour or for any other purpose of civilian population of or in occupied territory" (Principle VI (*b*)); and it likewise included, among "*crimes against humanity*", the "enslavement, deportation and other inhuman acts done against any civilian population" (Principle VI (*c*))[130]. Codified in 1950, those principles were already deeply-engraved in the universal juridical conscience for a long time. Those crimes were already prohibited by international law likewise for a long time.

116. The fact remains that the prohibition of forced labour as a form of slavery soon marked its presence in endeavours of codification, not only of the ILC in the mid-XXth century, but also of the International Committee of the Red Cross (ICRC) in the middle of last decade. In fact, in accordance with a study undertaken by the ICRC on *Customary International Humanitarian Law*,

---

[128]Cf. also para. 212.

[129]J.H.W. Verzijl, *Human Rights in Historical Perspective*, Haarlem, Haarlem Press, 1958, pp. 5-6.

[130]U.N., *The Work of the International Law Commission*, 7th ed., vol. I, N.Y., U.N., 2007, p. 265.

published in 2005, uncompensated and abusive forced labour is prohibited; the study asserts that such prohibition of forced labour attained the status of "a norm of customary international law applicable in both international and non-international armed conflicts"[131] (Rule 95).

4. International Crimes and the Prohibitions of *Jus Cogens*

117. The fact remains that, by the time of the II world war, forced labour as a form of slave work was already prohibited by international law. Well before the II world war, and indeed before the I world war, its wrongfulness was widely acknowledged. The fact that wrongful practices nevertheless persisted, in times of peace and or armed conflict, — as they still persist today, — does not mean that there was a legal void in that respect. The prohibitions of international law do not cease to exist because violations occur. Quite on the contrary, such violations entail legal consequences for those responsible for them.

118. Already at the beginning of the XXth century, the IV Hague Convention of 1907 contained, in its preamble, the *célèbre Martens clause* (cf. *infra*), invoking, for cases not included in the adopted Regulations annexed to it, "the principles of humanity" and "the dictates of the public conscience" (para. 8). Due attention had been taken not to leave anyone outside the protection granted by the *corpus juris gentium*, — by conventional and customary international law, — against forced and slave work in armaments industry. Such protection was extended by the *jus gentium* to human beings, well before the sinister nightmare and the horrors of the Third *Reich*.

119. In this line of thinking, in my previous Dissenting Opinion (paras. 144-146) in the Court's Order of 06.07.2010 in the present case of the *Jurisdictional Immunities of the State* (Germany *versus* Italy, counter-claim), I drew attention (in the light of the submissions of the contending parties themselves in the present case, not necessarily diverging herein) to the incidence of *jus cogens*, in the absolute prohibition of forced and slave work in the war industry. In this respect, I pondered therein:

> "In fact, we can go back, — even before the II Hague Peace Conference (1907), — to the time of the I Hague Peace Conference (1899) (. . .). By the end of the XIXth century, in the days the I Hague Peace Conference, there was a sense that States could incur into delictual responsibility for mistreatment of persons (e.g., for transfer of civilians for forced labour); this heralded the subsequent age of criminal responsibility of the individual State officials, with the typification of war crimes and crimes against humanity.
>
> The gradual awakening of human conscience led to the evolution from the conceptualization of the *delicta juris gentium* to that of the violations of international humanitarian law (in the form of war crimes and crimes against humanity), — the Nuremberg legacy, — and from these latter to that of the *grave* violations of international humanitarian law (with the four Geneva Conventions on International

[131] ICRC, *Customary International Humanitarian Law* — vol. I: *Rules* (eds. J .-M. Henckaerts and L. Doswald-Beck), Geneva/Cambridge, ICRC/Cambridge University Press, 2005, p. 330, and cf. pp. 331-334; and cf. also ICRC, *Customary International Humanitarian Law* — vol. II: *Practice* — Part I (eds. J. -M. Henckaerts and L. Doswald-Beck), Geneva/Cambridge, ICRC/Cambridge University Press, 2005, pp. 2225-2262.

Humanitarian Law of 1949, and their I Additional Protocol of 1977)[132]. With that gradual awakening of human conscience, likewise, human beings ceased to be *objects* of protection and became reckoned as *subjects* of rights, starting with the fundamental right to life, encompassing the *right of living* in dignified conditions.

Human beings were recognized as *subjects* of rights in all circumstances, in times of peace as well as of armed conflict. As to the former, may it here be briefly recalled that, well before the 1948 Universal Declaration of Human Rights, in the inter-war period, the pioneering experiments of the minorities system and the mandates system under the League of Nations granted direct access to the individuals concerned to international instances (the Minorities Committees and the Permanent Mandates Commission, respectively), in order to vindicate the rights emanated *directly* from the law of nations (the evolving *jus gentium*). As to the latter, likewise, as from the II Hague Peace Conference of 1907 onwards, human beings were recognized as being entitled to war reparations claims" (paras. 144-146).

120. This being so, such right to war reparations claims, being recognized well before the end of the II world war, could not be waived by States in their agreements with other States; it was related to other rights inherent to the human beings victimized by the cruelty and untold human suffering of arbitrary detention, deportation and forced labour in war industry. I have already considered this point in the present Dissenting Opinion (cf. item VII, *supra*). In a logical sequence, I deem it now appropriate to turn attention to the oral pleadings of the contending parties, and the intervening State, on *jus cogens* and removal of immunity, and next to the problem of the opposition of State immunity to the individuals' right of access to justice.

XIII. Oral Pleadings of the Parties, and the Intervening State, on *Jus Cogens* and Removal of Immunity: Assessment

121. As to *jus cogens* and *State immunity*, Germany contends that reference is here made to primary rules of international law and not secondary rules (such as the consequences of violations)[133]. Germany argues that there cannot be an issue of conflict between two rules of general international law, only a question of whether one of them has been modified by the operation of the other, and in the present case, in its view, State practice does not indicate that rules of State immunity have been modified in any way[134].

122. Italy, in turn, claims that *jus cogens* norms have effects on the realm of State responsibility, also for the prevention of breaches of international law[135]. Italy's position is that in some specific cases, there is a right to lift immunity in order to enforce *jus cogens* rules[136].

---

[132] I Geneva Convention, Articles 49-50; II Geneva Convention, Articles 50-51; III Geneva Convention, Articles 129-130; IV Geneva Convention, Articles 146-147; I Additional Protocol, Articles 85-88.— The I Additional Protocol of 1977 (Article 85) preferred to stick to the terminology of the four Geneva Conventions of 1949 in this particular respect, and maintained the expression of "grave breaches" on international humanitarian law, in view of the "purely humanitarian objectives" of those humanitarian treaties; yet, it saw it fit to state that "grave breaches" of those treaties (the four Geneva Conventions and the I Additional Protocol) "shall be regarded as war crimes" (Article 85 (5)). Cf. Y. Sandoz, C. Swinarski and B. Zimmermann (eds.), *Commentary on the Additional Protocols of 1977 to the Geneva Conventions of 1949*, Geneva, ICRC/Nijhoff, 1987, pp. 990 and 1003.

[133] ICJ, *Compte rendu* CR 2011/17, pp. 49-50, para. 3; it further argues that *jus cogens* cannot be understood as expressing principles of law of higher value that override all other principles which express less high values.

[134] *Ibid.*, p. 53, para. 6.

[135] ICJ, *Compte rendu* CR 2011/18, pp. 47-48, para. 25.

[136] *Ibid.*, p. 49, para. 28.

Hence the correctedness of the decision of the Italian Court of Cassation to lift immunity in such cases of violation of *jus cogens* rules, putting an end to the continuation of the violation by Germany[137].

123. Greece, for its part, argued that, according to the Greek courts, if rules endowed with a peremptory character have been breached, State immunity cannot be invoked[138]; in its view, the attempt to draw a distinction between a substantive rule (*jus cogens*) and a procedural one (State immunity) does not have a legal value. A procedural rule cannot take precedence over the substantive *jus cogens* rule, since that would be inconsistent with the purpose and *ratio* of the substantive rule, and would result in impunity for the States that have committed such grave breaches of peremptory norms[139]. Moreover, — it added, — such a distinction would hamper the right to an effective remedy, as provided for in international instruments[140]; thus, effective access to courts for the enforcement of such rules (with no bar to jurisdiction due to immunity) ought to be recognized[141].

124. Germany retorted that a decision to set aside immunity would destabilize peace settlements and the principle of *pacta sunt servanda* itself, as all peace treaties would be undermined by individual suits for compensation (and even Italy itself could face such suits)[142]. It also claimed that the common good ought not to be undermined for the individual good, — and thus human rights cannot be recognized to be able to jeopardize the structure of the international society.

125. Italy replied that what is requested from the Court is to examine the legality of certain decisions of Italian courts based on a very specific factual background, which makes the present case unique. Thus, the decision of the Court cannot be considered to have the catastrophic consequences that Germany claims that it may have on the whole international legal system[143]. Italy added that its view brings one closer to the "principle of complementarity", as its argument is that an individual has the right to address his/her national courts only if he/she is unsuccessful before the courts of the State in breach[144].

126. As to the Judgment of the *Areios Pagos* in the *Distomo Massacre* case, Greece recounts the proceedings before Greek Courts and the decisions thereof, and argues that the Greek Special Supreme Court is not a "constitutional court"; it enjoys such a role only in limited situations regarding the constitutionality of laws and it does not correspond to the Courts of other States, the decisions of which take precedence within their legal order[145]. Thus, the impact of the

---

[137] *Ibid.*, pp. 56-58, paras. 16-18.

[138] ICJ, *Compte rendu* CR 2011/19, p. 36, para. 98.

[139] *Ibid.*, p. 37, para. 102

[140] *Ibid.*, p. 38, para. 106.

[141] *Ibid.*, p. 38, para. 106.

[142] ICJ, *Compte rendu* CR 2011/17, pp. 55-56, para. 13. It further claimed that there is a risk of creating a culture of "*forum* shopping", which would cause serious problems in international relations and would create an issue for the ownership of property abroad; *ibid.*, p. 59, para. 18.

[143] ICJ, *Compte rendu* CR 2011/21, pp. 14-16, paras. 4-7. Italy further questioned whether the risk of "forum *shopping*", as argued by Germany, is a real risk or not; Italy claimed that its argument and that of the Italian Court of Cassation have nothing to do with any sort of "universal civil jurisdiction"; *ibid.*, pp. 49-50, paras. 31-33.

[144] *Ibid.*, pp. 49-50, paras. 31-33.

[145] ICJ, *Compte rendu* CR 2011/19, pp. 23-24.

decision in the Greek legal order raises some questions, but cannot be considered as having reversed the decision of *Areios Pagos* in the *Distomo Massacre* case[146].

127. In this respect, Germany claims that, despite the arguments raised by Greece, it is a fact that following the Special Supreme Court's decision on the *Margellos* case, the Greek legal order does not recognize any limitation to sovereign immunity for acts *jure imperii*, as the decision of that Court is a binding precedent for all Greek courts[147]. Germany also argues that the recognition and the enforcement of the Greek decision in the *Distomo* case by the Italian courts violated Germany's immunity[148]. In this regard, Germany also notes the acceptance of the Agent of Italy regarding the illegality of the judicial mortgage on the *Villa Vigoni* and the will of Italy to remedy the situation[149].

128. Italy argues that the enforcement of the *Distomo Massacre* judgment was not a consequence of the alleged "*forum* shopping" created by the *Ferrini* decision, and that there is no principle that renders any foreign State immune for recognitions proceedings. Furthermore, it argues that since the Greek courts had not recognized immunity to Germany based on the same justifications and on similar circumstances as those of the *Ferrini* case, Italy had no duty to accord immunity to Germany[150].

129. In my understanding, what jeopardizes or destabilizes the international legal order, are the international crimes, and not the individual suits for reparation in the search for justice. In my perception, what troubles the international legal order, are the cover-up of such international crimes accompanied by the impunity of the perpetrators, and not the victims' search for justice. When a State pursues a criminal policy of murdering segments of its own population, and of the population of other States, it cannot, later on, place itself behind the shield of sovereign immunities, as these latter were never conceived for that purpose. Grave breaches of human rights and of international humanitarian law, amounting to international crimes, are not at all acts *jure imperii*. They are anti-juridical acts, they are breaches of *jus cogens*, that cannot simply be removed or thrown into oblivion by reliance on State immunity. This would block the access to justice, and impose impunity. It is, in fact, the opposite should take place: breaches of *jus cogens* bring about the removal of claims of State immunity, so that justice can be done.

XIV. State Immunity *versus* The Right of Access to Justice

1. The Prevailing Tension in the Case-Law of the European Court of Human Rights.

(a) The *Al-Adsani* Case (2001)

130. The tension between the right of access to justice and State immunity has been present in the recent case-law of the European Court of Human Rights (ECtHR). The leading case of *Al-Adsani versus United Kingdom* (2001) concerned the claim of a dual British/Kuwaiti national against the United Kingdom, wherein he argued that British courts had failed, in breach of Articles 6 and 13 of the European Convention of Human Rights (ECHR), to protect his right of

146 *Ibid.*, pp. 23-24, paras. 43, 46.

147 ICJ, *Compte rendu* CR 2011/20, p. 19, para. 10.

148 *Ibid.*, pp. 28-29, paras. 28-30.

149 *Ibid.*, p. 29, para. 31.

150 ICJ, *Compte rendu* CR 2011/21, pp. 28-29, paras. 1-4.

access to a court by granting State immunity to Kuwait, against which he had brought a civil suit for torture suffered while he was detained by the authorities in Kuwait.

131. In its Judgment of 21.11.2001, the ECtHR (Grand Chamber), while accepting that the prohibition of torture has acquired the status of a norm of *jus cogens* in international law, nevertheless found itself unable to discern any firm basis for the conclusion that a State "no longer enjoys immunity from civil suit in the courts of another State where acts of torture are alleged"[151]. This decision of the ECtHR (Grand Chamber) was taken by 9 votes to 8[152]. The shortcomings of the majority's reasoning are well formulated in the Joint Dissenting Opinion of Judges Rozakis and Caflisch joined by Judges Wildhaber, Costa, Cabral Barreto and Vajić; they rightly concluded that, when there is a conflict between a *jus cogens* norm and any other rule of international law, the former prevails, with the consequence that the conflicting rule does not have legal effects which contradict the content of the peremptory rule[153].

132. In my understanding, the Dissenting Judges touched upon the crux of the matter in the majority's reasoning. Unlike the majority, they duly drew the necessary consequence of the finding that the prohibition of torture has attained the status of *jus cogens*, namely: a State cannot hide itself behind the rules of State immunity in order to evade the consequences of its actions and to avoid civil proceedings for a claim of torture before a foreign jurisdiction[154]. The Dissenting Judges also reasoned that the distinction drawn by the majority between criminal and civil proceedings is not in line with the very essence of the operation of *jus cogens* rules: indeed, the criminal or civil nature of the proceedings at issue is not material, as what really matters is the fact that there was a violation of a *jus cogens* norm and thus any jurisdictional bar has to be lifted "by the very interaction of the international rules involved"[155].

133. Similarly, in his Dissenting Opinion, Judge Loucaides pondered that, once it is accepted that the prohibition of torture is indeed a *jus cogens* norm, the consequence is that no immunity can be invoked in respect of proceedings whose object is the attribution of responsibility for acts of torture[156]. It is indeed regrettable that the reasoning of the Court's majority failed to draw the relevant conclusions of the finding that the prohibition of torture is a *jus cogens* norm, which would entail, in the circumstances of the *Al-Adsani* case, an invalidating effect on the plea of State immunity[157]. Yet, the Court's majority at least accepted the customary law nature of rules on State immunity, with the recognition of their state of transition and of the possibility of imposing limitations upon them (even when States act *jure imperii*), which seems to leave the door open for future developments in the correct line[158].

---

[151]ECtHR, *Al-Adsani v United Kingdom*, Application No. 35763/97, Judgment of 21.11. 2001, paras. 59-61.

[152]On the question of the alleged violation of Article 6 of the Convention.

[153]ECtHR, *Al-Adsani v. United Kingdom*, Application No. 35763/97, Judgment of 21.11.2001, Dissenting Opinion of Judges Rozakis and Caflisch, joined by Judges Wildhaber, Costa, Cabral Barreto and Vajić, para. 1.

[154]*Ibid.*, para. 3.

[155]*Ibid.*, para. 4.

[156]ECtHR, *Al-Adsani v. United Kingdom*, Application No. 35763/97, Judgment of 21.11.2001, Dissenting Opinion of Judge Loucaides, p. 1.

[157]Cf. Ch.L. Rozakis, "The Law of State Immunity Revisited: The Case Law of the European Court of Human Rights", 61 *Revue hellénique de Droit International* (2008) pp. 579-680.

[158]Cf. *ibid.*, p. 593.

134. In the present case of *Germany versus Italy* before this Court, Italian courts rightly drew the necessary legal conclusion on the effect of violations of norms that have the status of *jus cogens* upon the plea for State immunity in relation to civil claims. The facts underpinning the present case constitute violations of peremptory norms, and the responsibility of Germany for these violations is not contested. Thus, in the line of the right reasoning of the Dissenting Judges in the case of *Al-Adsani* before the ECtHR, the consequence is that Germany cannot hide behind rules of State immunity to avoid proceedings relating to reparations for violations of *jus cogens* norms before a foreign jurisdiction (Italy). In this regard, it should not pass unnoticed that, unlike in the *Al-Adsani* case, where the complained conduct did not take place in the *forum* State (but rather in Kuwait), some of the claims lodged with Italian courts pertained to crimes committed in whole or in part on the territory of Italy itself[159].

(b) The *McElhinney* Case (2001)

135. The *McElhinney versus Ireland* case (2001) concerned a claim for damages, pertaining to a legal action lodged in Ireland against both the British soldier who shot the claimant and the Secretary of State for Northern Ireland. The domestic courts rejected his claim on the basis of the plea of immunity submitted by the United Kingdom. The ECtHR (Grand Chamber), in its Judgment of 21.11.2001, held that, while there appeared to be "a trend in international and comparative law towards limiting State immunity" for personal injury caused by an act or omission committed in the territory of the *forum* State, the practice was "by no means universal" (para. 38). It then found, by 12 votes to 5, that the decisions of the Irish courts had not exceeded "the margin of appreciation in limiting an individual's right to access to court" (para. 40).

136. Two of the 5 Dissenting Judges (Rozakis and Loucaides), in their respective individual Dissenting Opinions, held that the majority's Decision did not take into account developments in international law, and disproportionately restricted the right of access to courts, unduly affecting and impairing the essence of this right. Judge Loucaides added that

> "The international law immunities originated at a time when individual rights were practically non-existent and when States needed greater protection from possible harassment through abusive judicial proceedings. The doctrine of State immunity has in modern times been subjected to an increasing number of restrictions, the trend being to reduce its application in view of developments in the field of human rights which strengthen the position of the individual" (para. 4).

137. The other three Dissenting Judges (Caflisch, Cabral Barreto and Vajic), in their Joint Dissenting Opinion, also supported compliance with the right of access to courts under Article 6 (1) of the European Convention (disproportionately restricted in the present case), as under Article 12 of the U.N. Convention on the Jurisdictional Immunity of States and their Property, there was at present "no international *duty,* on the part of States, to grant immunity to other States in matters of torts caused by the latter's agents". They further pondered that

> "The principle of State immunity has long ceased to be a blanket rule exempting States from the jurisdiction of courts of law. (. . .) [T]he edifice of absolute immunity of jurisdiction (and even of execution) began to crumble, in the first quarter of the XXth century, with the advent of State trading (. . .).

[159] Cf. ICJ, *Compte rendu* CR 2011/18, pp. 41-46.

(. . .) [E]xceptions to absolute immunity have gradually come to be recognized by national legislators and courts, initially in continental Western Europe and, much later, in common law countries (. . .)

The exceptions in question have also found their way into the international law on State immunity, especially the tort exception" (paras. 2-4).

138. In the present case of the *Jurisdictional Immunities of the State* before this Court, it is telling, — as Italy argues, — that the claimants pursued their suit before German courts, which did not find in their favour. Thus, the reasoning of the ECtHR in the *McElhinney* case, that it was open to the applicant to bring a legal action in Northern Ireland (as he in fact did), is not readily applicable to the circumstances of the present case before this Court, as the original claimant did pursue other avenues before turning to Italian courts: in the present case there was no other reasonable alternative means to protect the rights at stake effectively[160].

(c) The *Fogarty* Case (2001)

139. The case of *Fogarty v. United Kingdom* (Judgment of 21.11.2001) concerned an employment-related dispute (an allegation of victimization and discrimination by a former employee of the U.S. Embassy in London). The ECtHR observed in this case that there was a trend in international and comparative law towards limiting State immunity with respect to employment-related disputes. It further noted that the ILC did not intend to exclude the application of State immunity when the subject of the proceedings was recruitment, including recruitment to a diplomatic mission.

140. The ECtHR concluded that State practice concerning employment of individuals by an Embassy of a foreign State is not uniform. The ECtHR observed that the limitations applied to the right of access to court must "not restrict or reduce the access left to the individual in such a way or to such an extent that the very essence of the right is impaired" (para. 33), but decided as in the other aforementioned cases. In the circumstances of the present case of the *Jurisdictional Immunities of the State* before this Court, it seems, however, — as Italy argued, — that "no other avenue would have remained open for war crime victims to obtain reparation"[161].

(d) The *Kalogeropoulou and Others* Case (2002)

141. Last but not least, the case of *Kalogeropoulou and Others* (2002) was brought by applicants who were relatives of the victims of the Distomo massacre. The applicants raised complaints under Article 6 of the ECHR and Article 1 of Protocol n. 1 to the ECHR. The ECtHR's Chamber seized of the case declared it inadmissible (Decision of 12.12.2002), even though, unlike the case of *Al-Adsani*, this case of *Kalogeropoulou and Others* pertained to crimes against humanity committed in the territory of the *forum* State (i.e., Greece). Notwithstanding, the Court's Chamber's decision rested on the premise that the right of access to court may be subject to limitations (proportionate to the aim pursued). Such limitations, however, in my understanding cannot impair the very essence of the right of access to court.

---

[160]Cf. ICJ, *Counter--Memorial of Italy*, para. 4.100. Cf. Also ICJ, *Written Response of Italy to the Questions Put by (. . .) Judge Cançado Trindade (. . .) at the End of the Public Sitting Held on 16 September 2011*, p. 9, where Italy states that "had domestic judges not removed immunity no other avenue would have remained open for war crime victims to obtain reparation".

[161]ICJ, *Written Response of Italy to the Questions Put by (. . .) Judge Cançado Trindade (. . .) at the End of the Public Sitting Held on 16 September 2011*, p. 9.

142. The conclusion reached by the Court's Chamber was that some restrictions on access to court ought to be regarded as an inherent to fair trial, and it referred to State immunity; but it added that this "does not preclude a development in customary international law in the future" (p. 9). This statement seems to go slightly further than the finding in the *Al-Adsani* and the *McElhinney* precedents, which did not expressly articulate this "open door" for future developments. Even if such an "open door" for future developments may not appear an entirely sufficient finding of the ECtHR's Chamber, it thus at least reckoned, one decade ago (in 2002), that the law on the matter at issue was undergoing a process of transition[162].

2. The Prevailing Tension in the Case-Law of National Courts

143. The aforementioned tension, prevailing also in the case-law of national courts, was object of attention of the contending parties in their oral pleadings before the Court, particularly in their respective views of the Judgment of the Italian Court of Cassation in the *Ferrini* case (2004). Germany claimed that the *Corte di Cassazione* decided to substitute itself for the legislator and introduce a new rule, which has not yet gained international support in State practice and judicial decisions of other States[163]; it further contended that the practice of domestic courts shows recognition of the rule of State immunity even in cases of international crimes[164]. Germany concluded on this point that the *Ferrini* Judgment of the *Corte di Cassazione* remained, in its view, an isolated decision in State practice, and that jurisdictional immunity in respect of acts *jure imperii* remains a firm rule in international law[165].

144. Italy, in turn, argued that the *Ferrini* decision did not harm the rule of immunity, which still remains fundamental, but rather redefined it in order to ensure compliance with the basic obligations of the international community[166]; sovereign immunity for acts *jure imperii* is not to be regarded as absolute, as it is subject to exceptions such as the tort exception. It is, in its view, for national courts to classify and define the acts of a foreign State in order to decide whether they are covered by immunity or not[167]. Italy further contended that, in the *Ferrini* case, the *Corte di Cassazione* also ensured the effective access to justice for victims of violations, which has two constitutive elements: the right to a fair trial and the right to reparation. Since, according to the German courts, Mr. Ferrini and the other victims were not entitled to reparations based on German legislation, they could only have recourse to the Italian courts, and the *Corte di Cassazione* had thus to adjust the principle of immunity so as to preserve the coherence of the international rules that apply in this case[168].

145. The decision of the *Corte di Cassazione* in the *Ferrini* case (2004) was just one of the relevant decisions of the national courts invoked by the contending parties (Germany and Italy) and

---

[162]The Court's Chamber placed much emphasis on the fact that it was necessary, under Greek law, that the Minister of Justice authorized enforcements proceedings (Article 923 of the Greek Code of Civil Procedure), which was not obtained in the case at issue (cf. pp. 11-12). In this sense, the *Ferrini* case in Italy can be distinguished on this basis, since in Italy the consent of the Minister of Justice does not seem to be necessary for enforcement proceedings.

[163]ICJ, *Compte rendu* CR 2011/17, pp. 21-22, and 29-31, paras. 16-17, and pp. 27-28, paras. 13-14.

[164]*Ibid*, p. 33, para. 27, and cf. para. 26. It further argued that the *Ferrini* Judgment did not distinguish between substantive and procedural rules, besides disregarding the systemic context of war reparations, which allegedly falls under the exclusive competence of States and are based on mutual understandings (or the action of the Security Council); *ibid.*, p. 25, para. 9. Germany claimed, moreover, that the Judgment in the *Ferrini* case confused the concepts of personal and State immunity; *ibid.*, pp. 26-27, paras. 10-12.

[165]*Ibid.*, pp. 61-62.

[166]ICJ, *Compte rendu* CR 2011/18, p. 60, para. 24.

[167]ICJ, *Compte rendu* CR 2011/18, p. 13, para. 9, and p. 16, para. 3.

[168]ICJ, *Compte rendu* CR 2011/18, pp. 61-62, para. 27.

the intervening State (Greece) in the course of the proceedings of the present case on the *Jurisdictional Immunities of the State* before this Court. In the course of the proceedings, the contending parties as well as the intervening State referred to other pertinent decisions of national courts, in order to substantiate their arguments on the matter at issue. Thus, in so far as the practice of national courts pertaining to State immunity is concerned, for example, Germany referred, in support of its claims, to a recent summary decision of the Israeli District Court of Tel Aviv-Yafo[169], to a decision of the Federal Court in Rio de Janeiro[170], and to another decision of the Polish Supreme Court[171].

146. Italy, for its part, countered the claimant's argument by contending that "when confronted with claims arising from breaches of *jus cogens* rules, domestic courts have taken different views as regards the question of the immunity enjoyed by the wrongdoing State"[172]. In support of this contention, Italy cites, in addition to the aforementioned judgments of the Greek *Areios Pagos* in the *Distomo Massacre* case and of the Italian *Corte di Cassazione* in the *Ferrini* case, two other recent judgments, respectively from the Superior Court of Quebec[173], and from the French *Cour de Cassation*[174], which, in its view, go "in the direction of recognizing that the principle of immunity for *acta iure imperii* may be subject to restrictions in this kind of cases"[175].

147. Greece, for its part, points out that "the fundamental argument in the position of the Greek courts is based on the recognition that there is an individual right to reparation in the event of grave violations of humanitarian law"[176]. It argues that "the obligation on the State to compensate individuals for violations of the rules of humanitarian law seems to derive from Article 3 of the Fourth Hague Convention of 1907 (. . .). That is made clear by the fact that individuals are not excluded from the text of Article 3. This line of argument also emerges from the *travaux préparatoires* of the Second Hague Conference"[177]. Greece adds that the obligation to pay reparation, on the part of the State which committed a wrongful act, is, in its view, well-established in international law[178]. Human rights and international humanitarian law treaties contain some specific rules that lay down a State obligation of reparation to the benefit of individual victims of treaty breaches.

---

[169]Case of *Orith Zemach et al. versus Federal Republic of Germany,* District Court Tel Aviv-Yafo, Decision of 31.12.2009, Case 2143-07, referred to by Germany in its oral pleadings: ICJ, *Compte rendu* CR 2011/17, p. 32, para. 24.

[170]Case of *Barreto versus Federal Republic of Germany,* Justiça Federal, Seção Judiciária do Rio de Janeiro, Ordinary Proceedings n. 2006.5101016944-1, 09.07.2008, referred to by Germany in its oral pleadings: ICJ, *Compte rendu* CR 2011/17, p. 32, para. 23. This decision remains pending of appeal to date.

[171]Case of *Natoniewski versus Federal Republic of Germany,* Polish Supreme Court, Decision of 29.10.2010, File ref. IV CSK 465/09, referred to by Germany in its oral pleadings: ICJ, *Compte rendu* CR 2011/17, p. 33, para. 25.

[172]ICJ, *Compte rendu* CR 2011/18, p. 40, para. 7.

[173]Case of *Kazemi (Estate of) and Hashemi* versus *Iran, Ayatollah Ali Khamenei and others,* Superior Court of Québec, 25.01.2011, 2011 QCCS 196, referred to by Italy in its oral pleadings: ICJ, *Compte rendu* CR 2011/18, p. 40, para. 7.

[174]*Cour de cassation, première chambre civile*, France, 09.03.2011, *numéro de pourvoi*: 09-14743, referred to by Italy in its oral pleadings: ICJ, *Compte rendu* CR 2011/18, p. 40, para. 7.

[175]ICJ, *Compte rendu* CR 2011/18, p. 40, para. 7.

[176]ICJ, *Compte rendu* CR 2011/19, p. 22 (translation).

[177]ICJ, *Compte rendu* CR 2011/19, pp. 22-23 (translation).

[178]Cf. passages *cit. in* p. 4 of this memorandum. Greece refers to the Ethiopia-Eritrea Claims Commission in support of its claim that "individuals are perceived as the holders of secondary rights under international humanitarian law"; ICJ, *Compte rendu* CR 2011/19, p. 26 (translation).

148. The over-all picture resulting from the pleadings before the Court discloses the tension which ensues from the relevant case-law of national courts, as to claims of State immunity and the exercise of the right of access to justice. The Court could hardly thus base its reasoning on the practice of national courts only. It has to resort to other present-day manifestations of international law, such as those listed in Article 38 of its Statute (the formal "sources" of international law), and to go beyond that, as it has done at times in the past. Only in this way can it perform properly its function, in the settlement of a contentious case like the present one, as "the principal judicial organ of the United Nations" (Article 92 of the U.N. Charter).

3. The Aforementioned Tension in the Age of the Rule of Law at National and International Levels

149. This is even more compelling if one bears in mind the aforementioned tension in the current age of the rule of law at national and international levels. The origins of this concept (the rule of law essentially at domestic level), in both civil law and common law countries, can be traced back to the end of the XVIIIth century, and it gradually takes shape throughout the XIXth century. It comes to be seen, especially in the XXth century, as being conformed by a set of fundamental principles and values, and the underlying idea of the needed *limitation* of power. One of such principles is that of *equality* of all before the law.

150. The concept of rule of law moves away from the shortsightedness of legal positivism (with its characteristic subservience to the established power), and comes closer to the idea of an "objective" justice, at national and international levels, in line with jusnaturalist legal thinking. Within the realm of this latter, it is attentive to the protection of human rights, anterior and superior to the State. Not surprisingly, the concept of rule of law has marked its presence also in the modern domain of the law of international organizations, within which it has gained currency in recent years.

151. We witness, nowadays, within the framework of the general phenomenon of our age, that of the *jurisdictionalization* of the international legal order itself, with the expansion of international jurisdiction (as evidenced by the creation and co-existence of multiple contemporary international tribunals)[179], the reassuring enlargement of the *access to justice* — at international level — to a growing number of *justiciables*[180]. Not surprisingly, the theme of the rule of law (*preéminence du droit*) at national and international levels, has lately become one of the items of the U.N. General Assembly itself (from 2006 onwards), wherein it has been attracting growing attention to date[181].

152. I have drawn attention to this development in my Dissenting Opinion (paras. 55 and 101) in the case concerning *Questions Relating to the Obligation to Prosecute or to Extradite* (Belgium *versus* Senegal, Order of 28.05.2009). An impulse to this development in the

---

[179]Cf., e.g., Société Française pour le Droit International (SFDI), *La juridictionnalisation du droit international* (Colloque de Lille de 2002), Paris, Pédone, 2003, pp. 3-545; A.A. Cançado Trindade, "Le développement du Droit international des droits de l'homme à travers l'activité et la jurisprudente des Cours européenne et interaméricaine des droits de l'homme", 16 *Revue universelle des droits de l'homme* (2004) pp. 177-180.

[180]Cf., in this respect, A.A. Cançado Trindade, *El Derecho de Acceso a la Justicia en Su Amplia Dimensión*, Santiago de Chile, CECOH/Librotecnia, 2008, pp. 61-407.

[181]Cf., on the item "The Rule of Law at the National and International Levels", the following resolutions of the U.N. General Assembly: resolutions A/RES/61/39, of 04.12.2006; A/RES/62/70, of 06.12.2007; A/RES/63/128, of 11.12.2008; A/RES/64/116, of 16.12.2009; A/RES/65/32, of 06.12.2010. For a recent examination of this issue, in the light of the aforementioned resolutions of the U.N. General Assembly, cf. A.A. Cançado Trindade, *Direito das Organizações Internacionais*, 4th. ed., Belo Horizonte/Brazil, Edit. Del Rey, 2009, pp. 584-587 and 645-651.

U.N. General Assembly was given by the 2005 progress review in the implementation of the 2000 Millenium Declaration and the Millenium Development Goals. Attention was drawn then to a core group of multilateral treaties[182], concerned, ultimately and to a large extent, with the rights of the human person.

153. The World Summit Outcome, adopted in September 2005, recognized the needed adherence to, and implementation of, the rule of law at national and international levels. The main traits of that memorable exercise may thus be singled out: first, the aforementioned focus on multilateral treaties; secondly, the search for the primacy of the rule of law; thirdly, the assertion of that primacy at both national and international levels; and fourthly, the overcoming of the purely inter-State outlook of the matter.

154. This, in my view, has an incidence in distinct areas of contemporary international law. In so far as State immunities are concerned, for example, the 1972 European Convention on State Immunity (Article 11) and the 2004 U.N. Convention on Jurisdictional Immunities of States and Their Property (Article 12) provide for the personal injury (tort) exception. Both Conventions thus acknowledge that their subject-matter does not exhaust itself in purely inter-State relations.

155. It goes in fact beyond them, in encompassing the way States treat human beings under their respective jurisdictions. State immunities have not been devised to allow States that committed atrocities (*delicta imperii*) to shield themselves behind them. Before turning to this point, I shall address, in the following paragraphs, the old dichotomy between acts *jure imperii* and acts *jure gestionis* (as considered in the present case), and the treatment of the human person in face of State immunities, disclosing the shortsightedness and the overcoming of the strict inter-State outlook.

XV. The Contentions of the Parties as to Acts *Jure Imperii* and Acts *Jure Gestionis*

156. In the present case before the Court opposing Germany to Italy, the contending parties put forward distinct lines of arguments concerning the distinction between *acta jure imperii* and *acta jure gestionis* for the purpose of the application of sovereign immunity, and, more broadly, on the question of the evolution from absolute to relative immunity. Germany essentially argued that at the time of German presence on Italian soil from 1943-1945 "the doctrine of absolute sovereign immunity was uncontested". It submitted that it was the United States Tate Letter, "based on a general consensus, [that] brought about a fundamental turn-around in 1952". It argued that since then "judicial practice has distinguished between two categories of State activities, *acta jure imperii* and *acta jure gestionis*"[183].

157. For its part, Italy argued that, at first, the exercise of jurisdiction was made exclusively based on the distinction between *acta jure imperii* and *acta jure gestionis* and that "more recently the law and practice of many States" have also supported "exceptions to State immunity for some activities in the domain of sovereign acts"[184]. Italy submitted that the evolution from absolute immunity to relative immunity has its origins in the successive rulings of national courts. And Greece reiterated this view in its "Written Statement" of 04.08.2011 (paras. 43-49). In this regard, Italy referred to Belgian case-law as pioneer in the evolution of the private-acts exception to

[182]Cf. U.N., *Multilateral Treaty Framework: An Invitation to Universal Participation — Focus 2005: Responding to Global Challenges*, N.Y., U.N., 2005, pp. 1-154.

[183]ICJ, *Memorial of Germany*, paras. 91-92.

[184]ICJ, *Counter-Memorial of Italy*, p. 45, para. 4.13.

immunity and argued that Italian case-law, since the XIXth century, "has been consistent in distinguishing the State as a political entity exercising sovereign powers and entitled to immunity and the State as a legal person not entitled to immunity"[185].

158. Italy added that "Belgian and Italian case law did not long remain isolated", and there were also repercussions in the same sense in legal doctrine as from the end of the XIXth century[186]. Italy thus submitted that the turning point of the distinction between *acta jure imperii* and *jure gestionis*, was not, as Germany claimed, represented by the United States Tate Letter of 1952, as "well before the II world war, the denial of State immunity before municipal courts was not considered prejudicial to the dignity or sovereignty of a foreign State" and "the evolution towards restrictive immunity has its *ratio* in the necessity of protecting private persons". It then added that "exceptions to immunity are not limited to *acta jure gestionis*"[187].

159. In the course of the oral pleadings before the Court, turning to the personal injury (tort) exception — as provided for in Article 12 of the 2004 U.N. Convention on Jurisdictional Immunities of States and Their Property, — Germany claimed that that provision does not codify customary law, and does not apply to the actions of armed forces, and that international State practice excludes armed forces from any exception to immunity[188]. Italy, for its part, argued that the tort exception provides for the lift of immunity if the tortuous act took place in whole or in part within the *forum* State, as it happened in the present case[189]. It further claimed that Article 12 of the 2004 U.N. Convention does not make any distinction between acts *jure imperii* and acts *jure gestionis*. And it added that the specific torts that German forces committed in Italy were not just torts, but grave violations of *jus cogens*; thus, the tendency to recognize the tort exception in order to provide relief and access to justice, coupled with the tendency to lift immunity in case of breaches of peremptory norms, means that there was no obligation of Italy to accord immunity to Germany for these acts[190].

160. This debate between the contending parties was confined to the paradigm of inter-State relations. It did not free itself from the chains of the lexicon of traditional international law, with the exception of the sole reference to *jus cogens*. The evolution of law to which the two contending parties referred, — with an entirely different reading and interpretation advanced by each of them, — can be better appreciated within a larger framework, going well beyond the strict outlook of an inter-State legal order. I purport to draw attention, in the following paragraphs, to this point, so as to arrive at a better understanding of the matter at issue.

XVI. The Human Person and State Immunities: The Shortsightedness of the Strict Inter-State Outlook

161. To that end, an appropriate starting-point lies in the identification of the distortions of the State-centric outlook of the international legal order, leading to an awareness of myth surrounding the role of the State. Shaken by the horrors of the II world war and the collapse of reason (rational thinking) in European relations, Ernst Cassirer (1874-1945) studied the role played

[185] *Ibid.*, paras. 4.15-4.16.

[186] Cf. *ibid.*, para. 4.17.

[187] *Ibid.*, paras. 4.20-4.50.

[188] ICJ, *Compte rendu* CR 2011/17, pp. 37-38, paras. 2-3.

[189] ICJ, *Compte rendu* CR 2011/18, p. 41, paras. 9-11.

[190] ICJ, *Compte rendu* CR 2011/21, pp. 35-36, paras. 16-17.

by myth in that collapse. He concluded, shortly before dying, that civilization was, — unlike what most people used to assume, — not solid at all, but rather a fragile layer, below which lay extreme violence and recurring massacres and atrocities throughout history[191]. The learned thinker E. Cassirer, focusing on the XXth century myth of the State, identified the deleterious influence of traces of Machiavellian thinking (dismissal of, or indifference to, ethical considerations), of Hobbesian thinking (indissoluble links between the rulers and those ruled, with the subjection of the latter to the former), and of Hegelian thinking (the State as the supreme historical reality that has to preserve itself, the interests of which standing above anything, irrespective of any ethical considerations)[192].

162. One has to be careful with myths, — E. Cassirer further warned, — including the "political myths", in particular those who have led, in the XXth century, to so much extreme violence and to totalitarianism[193]. Another learned thinker, the historian Arnold Toynbee, also propounded the same view in this particular respect. In an insightful essay published in 1948, A. Toynbee questioned the very bases of what was understood by *civilization* (as "a movement and not a condition"), characterizing this latter as no more than quite modest advances at social and ethical levels. Under its thin layer, — he added, — barbarism unfortunately persisted[194], as demonstrated by the uncontrolled and extreme violence of his times.

163. State-centric thinking, to the exclusion of human beings, gradually made its incursions into international legal thinking, — with disastrous consequences, as illustrated by the horrors of the II world war, and the successive atrocities throughout the XXth century and the beginning of the XXIst century. The term "sovereignty", for example, has a long-standing and troubling history: from the times of Jean Bodin (1530-1596) and of Emerich de Vattel (1714-1767) up to the present, in the name of State sovereignty — unduly and inadvertently diverted from inter-State to intra-State relations, — millions of human beings were sacrificed. The misuses of language, having repercussions in international legal thinking, sought to exert influence in the international scenario, for whatever purposes, devoid of ethical considerations.

164. Soon it was realized that there should be limits to what one could do, in the sphere of inter-State relations. International legal language became then engaged in the recognition and construction of the principle of the equality of States, but again in the framework of sovereignty (internal and external), pursuant to an essentially State-centric outlook and reasoning[195]. It was in the blurred inter-State outlook of sovereignties in potential or actual confrontation that some jargon, remindful of the Westphalian paradigm, was to flourish. Such was the case of State immunities.

165. In fact, the origins of the term "immunity" (from Latin *immunitas*, deriving from *immunis*) go back to the mid-XIIIth century; the word was used, from then onwards, to refer to the condition of someone exempted from taxes, or from any charges or duties. Towards the end of the XIXth century, the term "immunity" was introduced into the lexicon of constitutional law and

---

[191]E. Cassirer, *El Mito del Estado*, Bogotá/Mexico City, Fondo de Cultura Económica, 1996 [reed.], pp. 338-339, and cf. pp. 347 and 350. His book *The Myth of State* was published posthumously in distinct idioms (1946 onwards).

[192]*Ibid.*, pp. 168 (Machiavelli), 207 (Hobbes) and 311 and 313 (Hegel), and cf. p. 323.

[193]*Ibid.*, pp. 333-336, 341-342, 344-345 and 351.

[194]A. J. Toynbee, *Civilization on Trial*, Oxford/N.Y., Oxford University Press, 1948, pp. 54-55, 150-151, 159, 161, 213, 222 and 234.

[195]S. Beaulac, *The Power of Language in the Making of International Law*, Leiden, Nijhoff, 2004, pp. 154-155 and 188, and cf. pp. 29, 190-191 and 196.

international law (in relation to parliamentarians and diplomats, respectively) [196]. In criminal law, it became associated with "cause of impunity"[197]. In international law, the term came to be used also in respect of "prerogatives" of the sovereign State[198].

166. In any case, as such, the term "immunity" has all the time meant to refer to something wholly exceptional, an exemption from jurisdiction or from execution[199]. It was never meant to be a "principle", nor a norm of general application. It has certainly never been intended, by its invocation, to except jurisdiction on, and to cover-up, international crimes, let alone atrocities or grave violations of human rights or of international humanitarian law. It has certainly never been intended to exclude reparations to victims of such atrocities or grave violations. To argue otherwise would not only beg the question, but also incur into a serious distortion of the term "immunity".

167. The theory of State immunity was erected at a time and in an atmosphere which displayed very little concern with the treatment dispensed by States to human beings under their respective jurisdictions. Gradually, pursuant to an inter-State outlook perceived with myopia, the gradual introduction was to take place, towards the end of the XIXth century, — due to a large extent to the work of Italian and Belgian courts, and of national courts of the leading trading nations, — of the distinction between *acta jure imperii* and *acta jure gestionis*: State immunity was then limited only to the former, to the so-called *acta jure imperii*.

168. As this development took place, those responsible for it did not have in mind international crimes: concern was rather turned to commercial transactions mainly, so as to exclude the incidence of immunity when the State was acting as a private entity. Reliance upon this distinction in legislative endeavours, including the drafting of conventions on State immunities — such as the 1972 European Convention on State Immunity, adopted in Basel four decades ago and in force as from 1976 — served at least to put an end to the notion of absolute immunity[200]. Likewise, in the American continent, the Inter-American Juridical Committee of the Organization of American States (OAS) concluded, in 1983, the Draft Inter-American Convention on Jurisdictional Immunities of States, which took into account the on-going evolution towards restricting State immunity.

---

[196] *Dictionnaire Historique de la Langue Française* (dir. A. Rey), 3rd. ed., Paris, Dictionnaires Le Robert, 2000, pp. 1070-1071; *The Oxford English Dictionnary* (prep. J. A. Simpson and E. S. C, Weiner), 2nd ed., vol. VII, Oxford, Clarendon Press, 1989, p. 691; *The Oxford Dictionary of English Etymology* (eds. C. T. Onions *et alii*), Oxford, Clarendon Press, 1966, p. 463; *Dictionnaire étymologique et historique du français*) (eds. J. Dubois, H. Mitterand and A. Dauzat), Paris, Larousse, 2007, p. 415.

[197] G. Cornu/Association Henri Capitant, *Vocabulaire juridique*, 8th rev. ed,, Paris, PUF, 2007, p. 467.

[198] *Ibid.*, p. 468.

[199] *Dictionnaire de Droit International Public* (dir. J. Salmon), Bruxelles, Bruylant, 2001, pp. 559-560.

[200] Cf., in general, *inter alia*, H. Fox, *The Law of State Immunity*, 2nd ed., Oxford, Oxford University Press, 2008, pp. 502-598; M. Cosnard, *La soumission des États aux tribunaux internes face à la théorie des immunités des États*, Paris, Pédone, 1996, pp. 203-403; T. R. Giuttari, *The American Law of Sovereign Immunity — An Analysis of Legal Interpretation*, London, Praeger Publs., 1970, pp. 63-142; I. Sinclair, "The Law of Sovereign Immunity — Recent Developments", 167 *Recueil des Cours de l'Académie de Droit International de La Haye* (1980) pp. 121-217 and 243-266; P. D. Trooboff, "Foreign State Immunity: Emerging Consensus on Principles", 200 *Recueil des Cours de l'Académie de Droit International de La Haye* (1986) pp. 252-274; W. W. Bishop Jr., "New United States Policy Limiting Sovereign Immunity", 47 *American Journal of International Law* (1953) pp. 93-106; J. Combacau, "L'immunité de l'État étranger aux États-Unis: La lettre Tate vingt ans après", 18 *Annuaire français de droit international* (1972) pp. 455-468; among others.

169. Such evolution was prompted by the involvement of States in commercial relations, excluded from the domain of State immunity. The Inter-American Juridical Committee questioned the "rigidity" of the classic distinction between acts *jure imperii* and *jure gestionis*, and refused to make reference to such traditional categorization of acts[201]. In any case, it deliberately shifted away from absolute immunity. The fact remains that restrictive immunity entered into the lexicon of modern international law; but again, the underlying major concern, and the main motivation, were with commerce, essentially with commercial relations and transactions, excluded therefrom.

170. In his sharp criticism of State immunities in 1951, Hersch Lauterpacht challenged the prerogatives of the sovereign State that denied legal remedies to individuals for the vindication of their rights; to him, absolute immunity led to injustice, and the move towards restrictive immunity, on the ground of the distinction between acts *jure imperii* and *jure gestionis*, was not a solution either, it failed to provide a guide or basis for the development of international law[202]. To H. Lauterpacht, the concept of State immunity was rather "absolutist", a manifestation of the Hobbesian conception of the State; rather than a principle, it was an "anomaly", to be reassessed in the gradual "general progression towards the rule of law within the State"[203]. After all, one could no longer "tolerate the injustice" arising whenever the State "screens itself behind the shield of immunity in order to defeat a legitimate claim"[204].

171. This becomes clearer if we move away from the rather circumscribed historical context which motivated the formulation of the distinction between acts *jure imperii* and *jure gestionis*, namely, trade relations and transactions. If we enter the larger domain to the treatment dispensed by the State to human beings under their respective jurisdictions, that traditional distinction will appear even more insufficient and inadequate. One ought to proceed to the definitive overcoming of the strict and dangerous exclusively inter-State outlook of the past.

XVII. The State-Centric Distorted Outlook in Face of the Imperative of Justice

172. The beginning of the personification of the State — in fact, of the modern theory of the State — in the domain of International Law took place, in the mid-XVIII century, with the work of E. de Vattel (*Le Droit des gens ou Principes de la loi naturelle appliquée à la conduite et aux affaires des nations et des souverains*, 1758), which was to have much repercussion in the international legal practice of his times. The emphasis on State personality and sovereignty led to the conception of an International Law applicable strictly to the relations among States (the *jus inter gentes*, rather than the *jus gentium*), that is, an inter-State legal order; it amounted to a reductionist outlook of the subjects of the law of nations, admitting only and exclusively the States as such[205].

173. The consequences of this State-centric distortion were to prove disastrous for human beings, as widely acknowledged in the mid-Xth century. In the heyday of the inter-State frenzy,

---

[201]Cf. Comité Jurídico Interamericano, *Informes y Recomendaciones*, vol. XV (1983), Washington D.C., OEA/Secretaría General, 1983, p. 48.

[202]H. Lauterpacht, "The Problem of Jurisdictional Immunities of Foreign States", 28 *British Year Book of International Law* (1951) pp. 220 and 226-227.

[203]*Ibid.*, pp. 232-233 and 249-250.

[204]*Ibid.*, p. 235.

[205]Cf., e.g., E. Jouannet, *Emer de Vattel et l'émergence doctrinale du Droit international classique*, Paris, Pédone, 1998, pp. 255, 311, 318-319, 344 and 347.

individuals had been relegated to a secondary level. To G.W.F. Hegel (1770-1831), — apologist of the Prussian State, — for example, the individual was entirely subsumed under the State; society itself was likewise subordinated to the State[206]. The State was an end in itself (*Selbstzweck*), and freedom could only be the one granted by the State itself[207]. Hegel endorsed and justified the authoritarian and absolutely sovereign State; to him, the State should be stronger than society, and individuals could only pursue their interests within the sovereign State[208].

174. From the late XIXth century onwards, legal positivism wholly personified the State, endowing it with a "will of its own", and reducing the rights of human beings to those which the State "conceded" to them. The consent of the "will" of the States (according to the voluntarist positivism) was erected into the alleged predominant criterion in International Law, denying *jus standi* to individuals, to human beings; this rendered difficult a proper understanding of the international community, and undermined International Law itself, reducing its dimension to that of a strictly inter-State law, no more *above* but rather *among* sovereign States[209]. In fact, when the international legal order moved away from the universal vision of the so-called "founding fathers" of the law of nations (*droit des gens* — *supra*), successive atrocities were committed against human beings, against humankind.

175. Such succession of atrocities, — war crimes and crimes against humanity, — occurred amidst the myth of the all-powerful State, and even the social *milieu* was mobilized to that end. The criminal policies of the State — gradually taking shape from the outbreak of the I world war onwards — counted on "technical rationality" and bureaucratic organization; in face of the aforementioned crimes, without accountability, individuals became increasingly vulnerable[210], if not defenceless. It soon became clear that there was a great need for justice, not only for the victims of their crimes and their relatives, but for the social *milieu* as a whole; otherwise life would become unbearable, given the denial of the human person, her annihilation, perpetrated by those successive crimes of State[211].

176. It was at the time of the prevalence of the inter-State myopia that the practice on State immunity took shape and found its greatest development, discarding legal action on the part of individuals against what came to be regarded as sovereign "acts of State". Yet, the individual's submission to the "will" of the State was never convincing to all, and it soon became openly challenged by the more lucid doctrine. The idea of absolute State sovereignty, — which led to the irresponsibility and the alleged omnipotence of the State, not impeding the successive atrocities committed by it (or in its name) against human beings, — appeared with the passing of time entirely unfounded. The State — it is nowadays acknowledged — is responsible for all its acts — both *jure gestionis* and *jure imperii* — as well as for all its omissions[212]. In case of (grave)

---

[206]Eric Weil, *Hegel et l'État* [1950], 4th. ed., Paris, Librairie Philosophique J. Vrin, 1974, pp. 11, 24 and 44.

[207]*Ibid.*, pp. 45 and 53.

[208]*Ibid.*, pp. 55-56, 59, 62, 100 and 103.

[209]P.P. Remec, *The Position of the Individual in International Law According to Grotius and Vattel*, The Hague, Nijhoff, 1960, pp. 36-37.

[210]G. Bensoussan, *Auschwitz en héritage? D'un bon usage de la mémoire*, 9th rev. ed., [Paris,] Mille et Une Nuits, 2006, pp. 174, 183, 187, 197 and 246.

[211]*Ibid.*, p. 207.

[212]*Ibid.*, pp. 247-259.

violations of human rights, the *direct access* of the individuals concerned to the international jurisdiction is thus fully justified, to vindicate such rights, even against their own State[213].

XVIII. The Human Person and State Immunities: The Overcoming of the Strict Inter-State Outlook

177. In the present case concerning the *Jurisdictional Immunities of the State* (Germany *versus* Italy, Greece intervening) before this Court, we are faced with a matter entirely different from those which prompted the traditional doctrines of the past. We are here before the invocation of State immunity in respect of the perpetration of international crimes (of grave violations of human rights and of international humanitarian law), and of the individual victims' right of access to justice, in order to vindicate their right to reparation under general international law. What is the relevance of that distinction between *acta jure imperii* and *acta jure gestionis* for the consideration of the present case before the Court? None.

178. War crimes and crimes against humanity are not to be considered *acta jure gestionis*, or else "private acts"; they are crimes. They are not to be considered *acta jure imperii* either; they are grave *delicta*, crimes. The distinction between acts *jure imperii* and acts *jure gestionis*, between sovereign or official acts of a State and acts of a private nature, is a remnant of traditional doctrines which are wholly inadequate to the examination of the present case on the *Jurisdictional Immunities of the State* before the Court. Such traditional theories, in their myopia of State-centrism, forgot the lessons of the founding-fathers of the law of nations, pointing to the acknowledgement that individuals are subjects of the law of nations (*droit des gens*).

179. No State can, nor was ever allowed, to invoke sovereignty to enslave and/or to exterminate human beings, and then to avoid the legal consequences by standing behind the shield of State immunity. There is no immunity for grave violations of human rights and of international humanitarian law, for war crimes and crimes against humanity. Immunity was never conceived for such iniquity. To insist on pursuing a strictly inter-State approach in the relationships of responsibility leads to manifest injustice. The present case of the *Jurisdictional Immunities of the State* (Germany *versus* Italy, Greece intervening) gives eloquent testimony of this.

180. Individuals are indeed subjects of international law (not merely "actors"), and whenever legal doctrine departed from this, the consequences and results were catastrophic. Individuals are *titulaires* of rights and bearers of duties which emanate *directly* from international law (the *jus gentium*). Converging developments, in recent decades, of the International Law of Human Rights, of International Humanitarian Law, and of the International Law of Refugees, followed by those of International Criminal Law, give unequivocal testimony of this.

181. The doctrine of sovereign immunities, which blossomed with the myopia of a State-centric approach, — which could only behold inter-State relations, — unduly underestimated and irresponsibly neglected the position of the human person in international law, in the law of nations (*droit des gens*). The distinction between acts *jure imperii* and acts *jure gestionis* is of no assistance to a case like the present one before the Court. International crimes are not acts of State, nor are they "private acts" either; a crime is a crime, irrespective of who committed it.

---

[213]S. Glaser, "Les droits de l'homme à la lumière du droit international positif", *in Mélanges offerts à H. Rolin — Problèmes de droit des gens*, Paris, Pédone, 1964, pp. 117-118, and cf. pp. 105-106 and 114-116.

182. History shows that war crimes and crimes against humanity are generally committed by individuals with the support of the so-called State "intelligence" (with all its cruelty), misuse of language, material resources and the apparatus of the State, in pursuance of State policies. The individual and the State responsibilities for such crimes are thus complementary, one does not exclude the other; there is no room for the invocation of State immunities in face of those crimes.

183. Perpetrators of such crimes — individuals and States alike — cannot seek to avoid the legal consequences of those anti-juridical acts, of those breaches of *jus cogens*, by invoking immunities. International legal doctrine in our days appears to be at last prepared to acknowledge the duties of States *vis-à-vis* individuals under their respective jurisdictions[214]. This should have been the primary concern in the adjudication of the present case before the Court.

XIX. No State Immunities for *Delicta Imperii*

184. This brings me to the next point to consider, namely, the absence or inadmissibility of State immunities in face of *delicta imperii*, of international crimes in breach of *jus cogens*. I shall refer to two illustrations of such *delicta imperii* often referred in the course of proceedings of the *cas d'espèce*, namely, the perpetration of massacres of civilians in situations of defencelessness (as illustrated, *inter alia*, by the *massacre of Distomo* in Greece, and the *massacre of Civitella* in Italy), and the practice of deportation and subjection to forced labour in war industry, that took place during the II world war. Such *delicta imperii*, marking the factual origin of the claim of State immunity before the Court, were committed within a pattern of extreme violence which led to several other episodes of the kind, not only in Greece and Italy, but also in other occupied countries as well, during the II world war.

1. Massacres of Civilians in Situations of Defencelessness

(a) The Massacre of Distomo

185. In my Separate Opinion at a prior stage of the present case concerning the *Jurisdictional Immunities of the State*, opposing Germany to Italy, with Greece intervening (Court's Order of 04.07.2011, on Greece's Request for Intervention), I have already referred to the massacre of Distomo (on 10 June 1944), — wherein 218 villagers (men, women and children) were murdered by the Nazi forces, — a massacre which was brought to the attention of the Court in the course of the proceedings. In that Separate Opinion, I evoked one of the historical accounts of it (para. 29).

186. There are, furthermore, other historical accounts of that massacre, including one of the devastation of, and the desolation in, the Greek village of Distomo, shortly after its perpetration: this was recalled by Sture Linner, the (then) Head of the Mission of the International Committee of the Red Cross (ICRC) in Greece, who arrived at the village shortly after the aforementioned massacre in order to provide assistance. The account that follows (excerpt), describes the brutalities of the Nazi forces, as verified in the bodies of the victims that he found at the village of Distomo and on the way thereto:

---

[214]Cf., e.g., J. Stigen, "Which Immunity for Human Rights Atrocities?", *in Protecting Humanity – Essays in International Law and Policy in Honour of N. Pillay* (ed. C. Eboe-Osuji), Leiden, Nijhoff, 2010, pp. 750-751, 756, 758, 775-779, 785 and 787; M. Panezi, "Sovereign Immunity and Violation of *Jus Cogens* Norms", 56 *Revue hellénique de droit international* (2003) pp. 208-210 and 213-214; P. Gaeta, "Are Victims of Serious Violations of International Humanitarian Law Entitled to Compensation?", *in International Humanitarian Law and International Human Rights Law* (ed. O. Ben-Naftali), Oxford, Oxford University Press, 2011, pp. 319-320 and 325.

"[...]Απαιτήθηκε ανυπόφορα μεγάλο χρονικό διάστημα έως ότου διασχίσουμε τους χαλασμένους δρόμους και τα πολλά μπλόκα για να φτάσουμε, χαράματα πια, στον κεντρικό δρόμο που οδηγούσε στο Δίστομο. Από τις άκρες του δρόμου ανασηκώνονταν γύπες από χαμηλό ύψος, αργά και απρόθυμα, όταν μας άκουγαν που πλησιάζαμε. Σε κάθε δέντρο, κατά μήκος του δρόμου για εκατοντάδες μέτρα, κρεμόντουσαν ανθρώπινα σώματα, σταθεροποιημένα με ξιφολόγχες, κάποια εκ των οποίων ήταν ακόμη ζωντανά. Ήταν οι κάτοικοι του χωριού που τιμωρήθηκαν με αυτόν τον τρόπο: θεωρήθηκαν ύποπτοι για παροχή βοήθειας στους αντάρτες της περιοχής, οι οποίοι επιτέθηκαν σε δύναμη των Ες Ες. Η μυρωδιά ήταν ανυπόφορη.

Μέσα στο χωριό σιγόκαιγε ακόμη φωτιά στα αποκαΐδια των σπιτιών. Στο χώμα κείτονταν διασκορπισμένοι εκατοντάδες άνθρωποι κάθε ηλικίας, από υπερήλικες έως νεογέννητα. Σε πολλές γυναίκες είχαν σχίσει τη μήτρα με την ξιφολόγχη και αφαιρέσει τα στήθη, άλλες κείτονταν στραγγαλισμένες, με τα εντόσθια τυλιγμένα γύρω από το λαιμό. Φαινόταν σαν να μην είχε επιζήσει κανείς.

Μα να! Ένας παππούς στην άκρη του χωριου! Από θαύμα είχε καταφέρει να γλυτώσει τη σφαγή. Ήταν σοκαρισμένος από τον τρόμο, με άδειο βλέμμα, τα λόγια του πλέον μη κατανοητά. Κατεβήκαμε στη μέση της συμφοράς και φωνάζαμε στα ελληνικά: «Ερυθρός Σταυρός! Ερυθρός Σταυρός! Ήρθαμε να βοηθήσουμε'"[215].

187. In the adjudication of the case of the *massacre of Distomo*, the legacy of the decisions of the Leivadia Court of 1st Instance (case of *Prefecture of Voiotia versus F.R. Germany*, 1997) and of the *Areios Pagos* (2001, upon appeal from Germany) — whether one fully agrees with the whole of their reasoning or not, — is that the Third *Reich's* acts (of their armed forces) carried out in the territory of the *forum* State (i.e.; the massacre of Distomo, in Greece), were not acts *jure imperii*, but rather breaches of *jus cogens* (failing to comply with the obligations imposed upon it by the Regulations annexed to the IV Hague Convention (1907) Respecting the Laws and Customs of War on Land), thereby discarding the possibility of any invocation of sovereign immunity[216].

188. Furthermore, it should not pass unnoticed that, in the course of the proceedings before this Court in the present case concerning the *Jurisdictional Immunities of the State*, counsel for Germany took the commendable initiative — in a sign of maturity — of recognizing the responsibility of the State for the *massacre of Distomo*. To this effect, in the public sitting before

---

[215][Unofficial translation:] "[...] We needed too much time to cross the broken roads and the many blockades to reach, at dawn, the central road that led to Distomo. From the edges of the road, vultures got up from low height, slowly and unwillingly, when they heard us approach. From every tree, along the road and for hundreds of meters, human bodies were hanging, stabilised with bayonets, some of whom were still alive. They were villagers who were punished in this way: they were suspected for helping the partisans of the area, who attacked an SS detachment. The smell was unbearable.

Inside the village, the fire was still burning in the ashes of the houses. Hundreds of people, of all ages, from elders to newborns, were lying on the ground. They [the Nazis] had torn the uterus and removed the breasts of many women; others were lying strangled with their intestines still tied around their necks. It seemed that no one had survived.

But! An elder man at the end of the village! He had miraculously survived the massacre. He was shocked by the terror, his gaze was empty and his speech was incomprehensible. We got out of the car in the middle of the disaster and we shouted in Greek: 'The Red Cross, the Red Cross! We came to help'". Sture Linnér, *Min Odyssé* (1982), as reprinted *in*: Petros Antaios *et alii* (eds.), *Η Μαύρη Βίβλος της Κατοχής (The Black Book of Occupation)*, 2nd ed., Athens, National Council for the Claim of Reparations Owed by Germany to Greece, 2006, pp. 114-115.

[216]For the view that the focus on territoriality (of those two Greek Courts' decisions as well as of the decision of the Italian *Corte di Cassazione* in the *Ferrini* case, 2004) could have yielded to greater stress on *universal values* shared by the international community, cf. Xiaodong Yang, "*Jus Cogens* and State Immunity", 3 *New Zealand Yearbook of International Law* (2006) pp. 163-164 and 167-169. And, on the divergences of State practice causing the erosion of State immunities, in face of the growing demand for protection of the rights of the human person, cf. R. Garnett, "Should Foreign State Immunity Be Abolished?", 20 *Australian Year Book of International Law* (1999) pp. 175-177 and 190.

the Court, after recalling the origins of the claim against Germany "enshrined in the judgment of the Court of Leivadia", pertaining to the *massacre of Distomo*, counsel for Germany, — though contending that the issue of State immunity was a distinct one, — stated:

> "(. . .) Let me emphasize again: this was an abominable crime. We, as counsel for Germany, in the name of Germany, deplore deeply what happened at Distomo, being ourselves unable to understand how military forces may exceed any boundaries of law and humanity by killing women, children and elderly men (. . .)"[217].

(b) The Massacre of Civitella

189. Another massacre, in the same pattern of extreme violence, was perpetrated, on 29.06.1944, by the Nazi forces in the town of Civitella (near the town of Arezzo), in Italy, during which 203 civilians were killed. The matter was again brought into the cognizance of the Italian Court of Cassation, half a decade after its decision of 2004 in the *Ferrini* case. Thus, on 29.05.2008, the *Corte di Cassazione* rendered 12 identical decisions endorsing its position in the *Ferrini* case[218], to the effect that State immunity does not apply in cases of international crimes (grave breaches of human rights and of international humanitarian law) amounting to breaches of *jus cogens*.

190. Shortly afterwards, on 13.01.2009, the Italian Court of Cassation again confirmed its position (Judgment of 21.10.2008), in the case of the *massacre of Civitella*. In effect, the case *Milde versus Civitella* concerned criminal proceedings against a Nazi officer, former member of the *Wehrmacht* (the armed forces), who took part in that massacre, conducted by the tank division Hermann Göring on 29.06.1944. The *Corte di Cassazione*, having found that the *massacre of Civitella* was an international crime, denied immunity from civil jurisdiction, and upheld the right to reparation of the victims or their surviving relatives, from the Federal Republic of Germany and from Milde (as joint debtors).

191. The key-point of the Italian Court of Cassation's decision, in the line of the interpretative guidelines of the *Ferrini* judgment[219], was its denial of State immunity in the occurrence of State pursuance of a criminal policy conducive to the perpetration of crimes against humanity. The decision of the *Corte di Cassazione*, in the case of the *massacre of Civitella*, was clearly value-oriented, in the sense that a State cannot avail itself of immunity in case of grave violations of human rights; emphasis was led, in such circumstances, on the individual victim's right to reparation[220].

---

[217]ICJ, *Compte rendu* CR 2011/20, p. 28, para. 28.

[218]Cf. R. Pavoni and S. Beaulac, "L'immunité des États et le *jus cogens* en droit international — Étude croisée Italie/Canada", 43 *Revue juridique Thémis* — Montréal (2009) pp. 503-506 and 515-516; and A. Atteritano, "Immunity of States and Their Organs: The Contribution of Italian Jurisprudence over the Past Ten Years", 19 *Italian Yearbook of International Law* (2009), p. 35.

[219]Cf. A. Gianelli, "Crimini Internazionali ed Immunità degli Stati dalla Giurisdizione nella Sentenza *Ferrini*", 87 *Rivista di Diritto Internazionale* (2004), pp. 648-650, 655-657, 660-667, 671-680 and 683-684.

[220]A. Ciampi, "The Italian Court of Cassation Asserts Civil Jurisdiction over Germany in a Criminal Case Relating to the Second World War — The *Civitella* Case", 7 *Journal of International Criminal Justice* (2009), pp. 605 and 607-608; and cf. pp. 599-601, on the uniqueness of the *Civitella* proceedings.

2. Deportation and Subjection to Forced Labour in War Industry

192. Attention has already been drawn to the long-standing prohibition, in the realm of international humanitarian law, of ill-treatment of civilians, deported and subjected to forced labour in war industry, in infrahuman conditions. This prohibition, as already pointed out, is set forth at normative level, and found in works of codification of international law. It amounts to cruel, inhuman and degrading treatment (in the domain of international human rights law), and belongs to the domain of *jus cogens*.

193. Such international crime soon met with judicial recognition, not only of international criminal tribunals, such as in the pioneering trials of the Nuremberg and the Tokyo Tribunals, but also of international human rights tribunals, as acknowledged by the recent adjudication by the ECtHR of the case *Kononov versus Latvia* (2008-2010). Such crime is not an act *jure imperii* nor an act *jure gestionis*: it is an international crime, irrespective of whom committed it, engaging both State and individual responsibility.

194. Parallel to the concentration camps (of extermination), in the course of the II world war Nazi Germany established also a network of forced labour camps, less studied by historians to date. They were intended to exploit the forced labour of detainees from the occupied countries. There were numerous camps of this kind, erected also by private enterprises within their premises; in this "privatized" system, the forced labour of detainees was exploited[221], even without remuneration, and in infra-human conditions of living, or rather surviving.

195. Those subjected to this ordeal were detained civilians and prisoners of war from occupied countries, who were deported to work in private industry in Nazi Germany; there, they were subjected to forced labour in the production of weapons, in sub-human conditions of work[222]. They became part of a vast productive enterprise aimed at the planified destruction of the enemies and the perpetration of massacres, in a campaign of extermination in the so-called *total war*[223]. Civilians, and prisoners of war who became forced labourers[224], were all subsumed in this process of dehumanization of all those involved in this enterprise.

196. The regime of forced labour during the II world war — insufficiently studied to date — was marked by manipulation, distortions and lies; according to the few historical accounts available, workers were constantly threatened, and forced labour was reduced into slave work in Nazi Germany's war industry[225]. From 1943 onwards, forced labour became vital to Nazi Germany's war efforts; slave workers hoped to survive by participating, under coercion and domination, in the war industry of their persecutors[226]. Forced labour in occupied countries was

---

[221]C.R. Browning, *À l'intérieur d'un camp de travail nazi — Récits des survivants: mémoire et histoire*, Paris, Les Belles Lettres, 2010, p. 24.

[222]E. Traverso, *La Violencia Nazi — Una Genealogía Europea*, Buenos Aires/Mexico D.F., Fondo de Cultura Económica, 2002, pp. 42-43, and cf. p. 92.

[223]The sinister book by E. Ludendorff (*La guerre totale* [1935], Paris, Perrin, 2010 [reed.], pp. 49-286), a crude incitement to total war (of extermination) involving the whole population, launched in 1935, had by 1939 sold some 100 thousand copies, in anticipation of Hitler's total war of 1939-1945, with its devastating consequences.

[224]E. Traverso, *op. cit. supra*, n. (222), pp. 96 and 100.

[225]C.R. Browning, *op. cit. supra* n. (221), pp. 34 and 197.

[226]*Ibid.*, pp. 350-351.

put in practice by the Third *Reich* with a long-term projection, in order to sustain the war economy[227].

197. Members of the civilian populations of the occupied countries during the II world war were deported and subjected to conditions of slave labour in the war industry in Germany. Likewise, — as the present case discloses, — besides civilians, members of the Italian armed forces were denied and deprived of the status of prisoners of war (and the protections ensuing from that status) and used as forced labourers in the German war industry. These crimes, perpetrated with great cruelty[228], generated, not surprisingly, much resentment in occupied countries, and incited the organized resistance movements therein to struggle against them[229].

198. It is estimated that, "[b]y the fall of 1944, 7.7 million foreign workers were in Germany"[230]. The conditions of "slave labour" and "forced labour" have thus been defined by German reparations law[231]:

> "[*Slave labour*:] Work performed by force in a concentration camp (as defined in the German Indemnification Law) or a ghetto or another place of confinement under comparable conditions of hardship, as determined by the German Foundation.
>
> [*Forced labour*:] Work performed by force (other than 'slave labour') in the territory of the German *Reich* or in a German-occupied area, and outside the territory of Austria, under conditions resembling imprisonment or extremely harsh living conditions; or work performed by force under a program of implementing the National Socialist policy of 'extermination through work' *(Vernichtung durch Arbeit)* outside the territory of Austria"[232].

XX. The Prevalence of the Individual's Right of Access to Justice: The Contending Parties' Invocation of the Case *Goiburu et Alii* (IACtHR, 2006)

199. From all the aforementioned, it results, in my perception, that it is not at all State immunity that cannot be waived, as some *droit d'étatistes* keep on insisting even in our days, seemingly incapable of learning the lessons of history (including international legal history). There

---

[227]In this regard, Himmler is reported to have stressed, in a speech delivered to the senior leadership of the SS in June 1942, that "if we do not fill our camps with slaves (. . .), then even after years of war we will not have enough money to be able to equip the settlements in such a manner that real Germanic people can live there and take root in the first generation"; *cit. in* M. Mazower, *Hitler's Empire — Nazi Rule in Occupied Europe*, London, Penguin Books, 2009, p. 309.

[228]In one of the testimonies on them, from Maideneck (*Communiqué* of the *Commission extraordinaire polono-soviétique*), it is reported that:

> "Les Allemands ont fait faire un travail au-dessus de leurs forces — le transport de pierres lourdes — à de nombreux groupes (1200 personnes) de professeurs, médecins, ingénieurs et autres spécialistes amenés de la Grèce. Les SS frappaient à mort les savants qui tombaient, affaiblis par ce lourd travail. Tout ce groupe de savants grecs a été exterminé en cinq semaines par un système de famine, de travail épuisant, de matraquages et de meurtres". *Cit. in*: *Paroles de déportés — Témoignages et rapports officiels*, Paris, Bartillat, 2009 [reed.], p. 113.

[229]J. Bourke, *La Segunda Guerra Mundial — Una Historia de las Víctimas*, Barcelona, Paidós, 2002, p. 43, and cf. pp. 144 and 175.

[230]J. Authers, "Making Good Again: German Compensation for Forced and Slave Laborers", *in The Handbook of Reparations* (ed. P. de Greiff), Oxford, Oxford University Press, 2006, pp. 421-422.

[231]Of 2000, Section 11 (on "Eligible Persons").

[232]*Cit. in* J. Authers, *op. cit. supra* n. (229), p. 435.

is no immunity for crimes against humanity. In cases of international crimes, of *delicta imperii*, what cannot be waived, in my understanding, is the individual's right of access to justice, encompassing the right to reparation for the grave violations of the rights inherent to him as a human being. Without that right, there is no credible legal system at all, at national or international levels.

200. Some decades ago, on the basis of a Kantian aphorism (— "Out of the crooked timber of humanity no straight thing was ever made"), Isaiah Berlin pondered that "[t]he first public obligation is to avoid extremes of suffering"[233]. To force people into "neat uniforms" demanded by dogmatisms, — he added — is "almost always the road to inhumanity"; the unprecedented atrocities of the XXth century show that it is possible to attain "a high degree of scientific knowledge and skill" and yet to subjugate, humiliate and "destroy others without pity"[234].

201. Tragedy — distinct from mere disaster — is due to "avoidable human mistakes", some with devastating consequences. At the end, — concluded I. Berlin, — we are left with a constant return to the idea of an "objective" justice, to universal principles, — in the line of natural law thinking, — forbidding the treatment of human beings "as means to ends"[235]. In this respect, another great thinker of the XXth century, Simone Weil, pondered, in an illuminating essay (of 1934, ever since republished in distinct countries and idioms)[236], that, from the times of the *Illiad* of Homer until nowadays, the influence of war upon human beings has been constantly revealing an "essential evil" of humanity, namely, "the substitution of the ends by the means"; the search for power takes the place of the ends, and transforms human life into a means, which can be sacrificed[237].

202. From Homer's *Illiad* until today, — she added, — the unreasonable demands of the struggle for power leave no time to think of what is truly important; individuals are "completely abandoned to a blind collectivity", incapable of "subjecting their actions to their thoughts", incapable of thinking[238]. The terms, and distinction between "oppressors and oppressed", almost lose meaning, given the "impotence" of all individuals in face of the "social machine" of destruction of the spirit and fabrication of the inconscience; all start living — or rather surviving — in the painful domain of the inhuman, in a world wherein "nothing is the measure of man", wherein there is no attention at all to the needs of the spirit[239].

203. The prevalence of the individual's right of access to justice cannot be challenged even in the light of the stratified inter-State mechanism of litigation before the ICJ. In this respect, in my Dissenting Opinion in the case concerning *Questions Relating to the Obligation to Prosecute or Extradite* (Belgium *versus* Senegal, Provisional Measures, Order of 28.05.2009), I deemed it fit to ponder that

---

[233]I. Berlin, *The Crooked Timber of Humanity — Chapters in the History of Ideas* [1959], Princeton/N.J., Princeton University Press, 1991, p. 17, and cf. pp. 18-19.

[234]*Ibid.*, pp. 19 and 180.

[235]*Ibid.*, pp. 185, 204-205 and 257.

[236]S. Weil, "Réflexions sur les causes de la liberté et de l'oppression sociale", *in Oeuvres*, Paris, Quarto Gallimard, 1999, pp. 273-347.

[237]S. Weil, *Reflexiones sobre las Causas de la Libertad y de la Opresión Social*, Barcelona, Ed. Paidós/Universidad Autónoma de Barcelona, 1995, pp. 81-82.

[238]*Ibid.*, pp. 84 and 130.

[239]*Ibid.*, pp. 130-131.

> "Facts tend to come before the norms, requiring of these latter the aptitude to cover new situations they are meant to regulate, with due attention to superior values[240]. Before this Court, States keep on holding the monopoly of *jus standi*, as well as *locus standi in judicio*, in so far as requests for provisional measures are concerned, but this has not proved incompatible with the preservation of the rights of the human person, together with those of States. The ultimate beneficiaries of the rights to be thereby preserved have been, not seldom and ultimately, human beings, alongside the States wherein they live. Reversely, requesting States themselves have, in their arguments before this Court, gone beyond the strictly inter-State outlook of the past, in invoking principles and norms of the International Law of Human Rights and of International Humanitarian Law, to safeguard the fundamental rights of the human person.
>
> In so far as material or substantive law is concerned, the inter-State structure of litigation before this Court has not been an unsurmountable obstacle to such vindication of observance of principles and norms of International Human Rights Law and International Humanitarian Law (. . .)" (paras. 23-34).

204. Moreover, in my Separate Opinion appended to this Court's Advisory Opinion of the day before yesterday, on *Judgment n. 2867 of the Administrative Tribunal of the International Labour Organization upon a Complaint Filed against the International Fund for Agricultural Development*, I dwell further upon this particular point. It is not my intention to repeat herein the critical reflections I developed two days ago (keeping in mind the Court's mission as the principal judicial organ of the United Nations), in my Separate Opinion in that Advisory Opinion. I thus limit myself only to refer to those reflections herein, for the purposes of the present Dissenting Opinion.

205. In the course of the proceedings in the present case concerning *the Jurisdictional Immunities of the State*, both Germany and Italy expressly referred to the Judgment of 22.09.2006 of the IACtHR in the case of *Goiburu and Others versus Paraguay*. Italy was the first to invoke this Judgment of the IACtHR, in its Counter-Memorial, of 22.12.2009, in support of its argument that the right of access to justice "is conceived in all systems of human rights of protection as a necessary complement of the rights substantively granted" (para. 4.94). Italy added that,

> "Accordingly, it is not surprising that the Inter-American Court of Human Rights has described access to justice as a peremptory norm of international law in a case in which the substantive rights violated were also granted by *jus cogens*" (para. 4.94)[241].

206. For its part, Germany referred to the IACtHR's Judgment in the case of *Goiburu and Others*, in the first round of its oral pleadings, so as to respond to the argument of Italy in this regard. Germany first submits that the *Goiburu and Others* case (in the line of other cases decided by the IACtHR), in its view "did not concern war damages" (para. 25). Germany added that that

[240] Cf., *inter alia*, G. Morin, *La Révolte du Droit contre le Code — La révision nécessaire des concepts juridiques*, Paris, Libr. Rec. Sirey, 1945, pp. 2, 6-7 and 109-115.

[241] ICJ, *Counter-Memorial of Italy*, pp. 76-77.

case concerned the right of access to justice in the State which was responsible for the wrongful act and thus did not concern the rule of foreign State immunity (para. 25)[242].

207. The case of *Goiburu et alii* pertained to the "Operation Condor", whereby the States of the Southern Cone of South America, during the period of the dictatorships in the 70's, mounted a network of collaboration of their so-called "intelligence services", to pursue, at inter-State level, their joint criminal policies of repression. These latter were coordinated State policies of extermination of targeted segments of their respective populations, consisting of "anti-insurrection" trans-frontier operations, which comprised illegal or arbitrary detentions, kidnappings, torture, murders or extra-judicial executions, and forced disappearances of persons. Planified at the highest level of the State, the "Operation Condor" also secured the cover-up of the operations, and, with that, the irresponsibility and the absolute impunity of the official perpetrators[243].

208. In the *cas d'espèce* before the IACtHR, the respondent State itself recognized, — in a commendable spirit of procedural cooperation, — its own international responsibility for the existence, at the time the grave wrongs took place, of a *criminal State policy*. Those were *crimes of State*, of equivalent gravity to those perpetrated in Asia also in the 70's, in Europe three decades earlier, and again in Europe, and in Africa, two decades later. Time and time again succeeding generations witnessed, in distinct regions of the world, the perpetration of true *crimes of State* (whether segments of the international legal doctrine like this expression or not).

209. In its Judgment of 22.09.2006 in the case of *Goiburu et alii*, concerning Paraguay, the IACtHR established the grave violations of human rights that had taken place, and, accordingly, it ordered the corresponding reparations. In an *obiter dictum*, the IACtHR observed that, while the State, through its institutions, mechanisms and powers, should function "in such a way as to ensure protection against criminal action", in the present case, however, the instrumentalization of the State power was a means to violate the rights that it should guarantee: worse still, such breaches counted on "inter-State collaboration", with the State constituting itself as "the main factor of the grave crimes committed, giving place to a clear situation of 'State terrorism'" (paras. 66-67).

210. In my Separate Opinion in the *Goiburu et alii* case, I sought *inter alia* to identify the elements of approximation and complementarity (insufficiently dealt with by international legal doctrine to date) between the international law of human rights and international criminal law, namely: *(a)* the (active and passive) international legal personality of the individual; *(b)* the complementarity of the international responsibility of the State and that of the individual; *(c)* the conceptualization of crimes against humanity; *(d)* the prevention and guarantee of non-repetition (of the grave violations of human rights); and *(e)* the reparatory justice in the confluence between the international law of human rights and international criminal law (para. 34)[244].

211. Although the "Operation Condor" belongs to the past, scars have not yet healed, and they probably never will. The countries where it was mounted still struggle with their past, each one in its own way. Yet, being a region with a strong tradition of international legal thinking, advances in international justice have occurred therein, as some cases, and other situations of the

---

[242]ICJ, *Compte rendu* CR 2011/17, p. 44, para. 25; Germany also referred to "an approach similar to that of the Inter-American Court on Human Rights", taken one year later, by the U.N. Committee of Human Rights, in its "general comment" n. 32, on Article 14 of the U.N. Covenant on Civil and Political Rights.

[243]A.A. Cançado Trindade, *Évolution du droit international au droit des gens — L'accès des individus à la justice internationale: Le regard d'un juge*, Paris, Pédone, 2008, pp. 174-175.

[244]*Ibid.*, pp. 139 and 167.

kind, have been brought to international justice (before the IACtHR), and no State of the region dares nowadays to invoke State immunity in respect of those crimes. May it here be recalled, in historical perspective, that Article 8 of the 1948 Universal Declaration of Human Rights, on the right to an effective remedy before competent national courts to safeguard fundamental rights, has, as its *travaux préparatoires* reveal, a Latin American origin, being a Latin American contribution to the Universal Declaration.

212. In effect, to uphold State immunity in cases of the utmost gravity amounts to a travesty or a miscarriage of justice, from the perspective not only of the victims (and their relatives), but also of the social *milieu* concerned as a whole. The upholding of State immunity making abstraction of the gravity of the wrongs at issue amounts to a denial of justice to all the victims (including their relatives as indirect — or even direct — victims). Furthermore, it unduly impedes the legal order to react in due proportion to the harm done by the atrocities perpetrated, in pursuance of State policies.

213. The finding of the particularly grave violations of human rights and of international humanitarian law provides, in my understanding, a valuable test for the removal of any bar to jurisdiction, in pursuance of the necessary realization of justice. In sum and conclusion on this point: *(a)* there is no State immunity in such cases of extreme gravity, cases of *delicta imperii*; and *(b)* grave breaches of human rights and of international humanitarian law ineluctably entail the duty to provide reparation to the victims.

XXI. The Individual's Right of Access to Justice: The Evolving Case-Law Towards *Jus Cogens*

214. Unlike the IACtHR, the ECtHR has approached a fundamental right, such as that of access to justice — and to a fair trial — (Articles 6(1) and 13 of the European Convention of Human Rights), with attention drawn also to permissible or implicit limitations. Thus, in its *jurisprudence constante* (Judgments in cases *Ashingdane versus United Kingdom*, of 28.05.1985; *Waite and Kennedy versus Germany*, of 18.02.1999; *T.P. and K.M. versus United Kingdom*, of 10.05.2001; *Z and Others versus United Kingdom*, of 10.05.2001; *Cordova versus Italy*, of 30.01.2003; *Ernst versus Belgium*, of 15.07.2003; among others), the ECtHR has laid down the test for permissible limitations, namely, pursuance of a legitimate aim, proportionality, and no impairment of the essence of the right.

215. This flexibility was useful to the ECtHR´s (Grand Chamber's) majority in the decisions on cases concerning immunities (cf. section XII, *supra*). But it should not pass unnoticed that the *Ashingdane* case, which marks the beginning of the adoption by the ECtHR of this inadequate approach to a fundamental right such as that of access to justice, was not a case of grave violations of human rights concerning several victims; it was rather a single individualized case, of alleged breaches of Articles 5(1) and (4) and 6(1) of the European Convention, wherein the ECtHR found no violation of this latter. In sum, a fundamental right is, in my view, to be approached as such, and not as from permissible or "implicit" limitations.

216. For its part, on the other side of the Atlantic, the IACtHR has focused, to a far greater extent, on the essence of the fundamental right of access to justice itself, and not on its "limitations". These latter have not been used, or relied upon, to uphold State immunity, — not until now. The ECtHR has granted the "margin of appreciation" to Contracting States, the IACtHR has not done so (at least not in my times serving it). The result has been the approach, by the IACtHR, of the right of access to justice (Articles 8 and 25 of the American Convention on Human

Rights) as a true *fundamental* right, with not much space left for consideration of "limitations". The major concern has been with its guarantee.

217. The adjudication, by the IACtHR, of cases of *gravity* of violations of human rights, has led to a jurisprudential development stressing the fundamental character of the right of access to justice. This right assumes an imperative character in face of a crime of State: it is a true *droit au Droit*, a right to a legal order which effectively protects the fundamental rights of the human person[245], which secures the intangibility of judicial guarantees (Articles 8 and 25 of the American Convention) in any circumstances. We are here, in sum, in the domain of *jus cogens*[246], as the IACtHR itself acknowledged in its Judgments in the cases of *Goiburu et alii versus Paraguay* (of 22.09.2006) and of *La Cantuta versus Peru* (of 29.11.2006)[247].

218. The ECtHR could have reached a similar conclusion, had its majority developed its reasoning on the corresponding provisions (Articles 6(1) and 13) of the European Convention with attention focused on the essence of the right of access to justice, rather than on its permissible or implicit "limitations". Had it done so, — as it should, — the Court's majority would not have upheld State immunity the way it did (cf. section XII, *supra*). In my perception, Articles 6 and 13 of the European Convention — like Articles 8 and 25 of the American Convention — point to an entirely different direction, and are not at all "limited" with regard to State immunity.

219. Otherwise States could perpetrate grave violations of human rights (such as massacres or subjection of persons to forced labour) and get away with that, by relying on State immunity, in a scenario of lawlessness. Quite on the contrary, States Parties are bound, by Articles 6 and 13 of the European Convention, to provide effective (domestic) remedies in a fair trial, with all the guarantees of the due process of law, in *any* circumstances. This is proper of the rule of law, referred to in the preamble of the European Convention. There is no room for the privilege of State immunity here[248]; where there is no right of access to justice, there is no legal system at all. Observance of the right of access to justice is imperative, it is not "limited" by State immunity; we are here in the domain of *jus cogens*.

220. It is immaterial whether the harmful act in grave breach of human rights was a governmental one (*jure imperii*), or a private one with the acquiescence of the State (*jure gestionis*), or whether it was committed entirely in the *forum* State or not (deportation to forced labour is a trans-frontier crime). This traditional language — the conceptual poverty of which is

---

[245]IACtHR, case of *Myrna Mack Chang versus Guatemala* (Judgment of 25.11.2003), Separate Opinion of Judge Cançado Trindade, paras. 9-55.

[246]IACtHR, case of the *Massacre of Pueblo Bello*, concerning Colombia (Judgment of 31.01.2006), Separate Opinion of Judge Cançado Trindade, paras. 60-62 and 64.

[247]Paragraphs 131 and 160, respectively. On this jurisprudential construction, cf. A.A. Cançado Trindade, "The Expansion of the Material Content of *Jus Cogens*: The Contribution of the Inter-American Court of Human Rights", *in La Convention Européenne des Droits de l'Homme, un instrument vivant — Mélanges en l'honneur de Chr.L. Rozakis* (eds. D. Spielmann *et alii*), Bruxelles, Bruylant, 2011, pp. 27-46; A.A. Cançado Trindade, "*Jus Cogens*: The Determination and the Gradual Expansion of Its Material Content in Contemporary International Case-Law", *in XXXV Curso de Derecho Internacional Organizado por el Comité Jurídico Interamericano — 2008*, Washington D.C., Secretaría General de la OEA, 2009, pp. 3-29; A.A. Cançado Trindade, "La Ampliación del Contenido Material del *Jus Cogens*", *in XXXIV Curso de Derecho Internacional Organizado por el Comité Jurídico Interamericano — 2007*, Washington D.C., Secretaría General de la OEA, 2008, pp. 1-15.

[248]Cf., to this effect, J. Bröhmer, *State Immunity and the Violation of Human Rights*, The Hague, Nijhoff, 1997, pp. 164, 181 and 186-188; W.P. Pahr, "Die Staatenimmunität und Artikel 6 Absatz 1 der Europäischen Menschenrechtkonvention", *in Mélanges offerts à P. Modinos — Problèmes des droits de l'homme et de l'unification européenne*, Paris, Pédone, 1968, pp. 222-232.

conspicuous — is alien to what we are here concerned with, namely, the imperative of the realization of justice in cases of grave breaches of human rights and of international humanitarian law. State immunity does not stand in the domain of redress for grave violations of the fundamental rights of the human person.

XXII. Out of Lawlessness: The Individual Victim's Right to the Law (*droit au Droit*)

221. This leads me to the right of access to justice, in its proper dimension: the right of access to justice *lato sensu* comprises not only the formal access to justice (the right to institute legal proceedings), by means of an effective remedy, but also the guarantees of the due process of law (with equality of arms, conforming the *procès équitable*), up to the judgment (as the *prestation juridictionnelle*), with its faithful execution, with the provision of the reparation due. The realization of justice is in itself a form of reparation, granting *satisfaction* to the victim. In this way those victimized by oppression have their right to the Law (*droit au Droit*) duly vindicated.

222. It is not my intention to dwell much further on this point, — which I have done elsewhere[249], — but just refer to it in the course of my reasoning in the present Dissenting Opinion. May I just recall that, in its *jurisprudence constante*, the IACtHR has rightly taken together the interrelated provisions of the right to an effective remedy and the guarantees of due process of law (Articles 25 and 8 of the American Convention on Human Rights), while the ECtHR has begun only more recently — in the course of the last decade, from the case *Kudla versus Poland* (Judgment of 18.10.2000) onwards — to follow the same approach, bringing together Articles 6(1) and 13 of the European Convention of Human Rights. This is reassuring, as the two provisions reinforce each other, to the benefit of the protected persons. The jurisprudential construction of the two international human rights tribunals is today converging, in respect of the right of access to justice *lato sensu*.

223. The individual's right to reparation, as already pointed out, is one of its components. In the case *Hornsby versus Greece* (Judgment of 19.03.1997), the ECtHR, after recalling the right to institute proceedings before a court and the right to procedural guarantees, added that the right of access to justice would be "illusory" if the legal system did not allow a final and operative binding judicial decision; in the view of the ECtHR, a judgment not duly executed would lead to situations incompatible with the rule of law which the States Parties undertook to respect when they ratified the European Convention.

224. The jurisprudential construction bringing the right of access to justice into the domain of *jus cogens* (*supra*) is, in my understanding, of great relevance here, to secure the ongoing evolution of contemporary international law upon humanist foundations. From this perspective, it is most unfortunate that the 2004 U.N. Convention on the Jurisdictional Immunities of States and Their Property olympically ignored the incidence of *jus cogens*. In its *travaux préparatoires* it had the occasion to take it in due account, but it preferred simply not to do so: its draftsmen dropped the matter in 1999, when the Working Group of the ILC was evasive about it, and the Working Group of the VI Committee of the U.N. General Assembly argued that the matter "was not yet ripe" for codification (as recalled with approval by the Court in the present Judgment, para. 89).

225. This is simply not true, as, by that time, the IACtHR and the *ad hoc* International Criminal Tribunal for the Former Yugoslavia (ICTY) were already engaged in their jurisprudential

---

[249] A.A. Cançado Trindade, *Évolution du droit international au droit des gens gens — L'accès des individus à la justice internationale* (. . .), *op. cit. supra* n. (243), pp. 113-119.

construction on the expanding material content *of jus cogens* (being the two contemporary international tribunals which have most contributed to that development to date)[250]. There were, moreover, other manifestations of contemporary international law that could have been taken into account, but were not. The 2004 U.N. Convention, which has not yet entered into force, has been heavily criticized[251] for not having addressed the problem of the jurisdictional immunities of States in face of *grave violations of human rights and of international humanitarian law.*

226. Its draftsmen were aware of the problem, but the Working Groups of the ILC and of the VI Committee of the General Assembly, finding the matter "not ripe" to be taken into account, took the easier path to conclude the Convention and have it approved, leaving the problem unresolved, continuing to raise uncertainties, — as the present case before this Court concerning the *Jurisdictional Immunities of the State* bears witness of. Worse still, the majority of the ECtHR (Grand Chamber) in the *Al-Adsani* case (cf. *supra*) availed itself of that omission of the draftsmen of the 2004 U.N. Convention to arrive at its much-criticized decision in 2001[252], and, over a decade later, the Court´s majority in the present case does the same in the Judgment (paras. 89-90) adopted today. I cannot at all accept that contemporary international law can thereby be "frozen", and hence the care I have taken to elaborate and to present this Dissenting Opinion.

XXIII. Towards the Primacy of the Never-Vanishing *Recta Ratio*

227. Grave breaches of human rights and of international humanitarian law amount to breaches of *jus cogens*, entailing State responsibility with aggravating circumstances, and the right to reparation to the victims. This is in line with the idea of *rectitude* (in conformity with the *recta ratio* of natural law), underlying the conception of Law (in distinct legal systems — *Recht/Diritto/Droit/Direito/Derecho/Right*) as a whole. Before I move on to this next point, may I, at this stage of the present Dissenting Opinion, raise just a couple of questions, which I find indeed appropriate to ask: when will human beings learn the lessons of the past, when will they learn from the terrible sufferings of previous generations, of the kind of the ones which lie in the factual origins of the present case? As they have not learned to date (as it seems), perhaps they never will.

228. When will they stop dehumanizing their fellow human beings? As they have not stopped to date, perhaps they never will. When will they reflect in their laws the superior values *(neminen laedere)* needed to live in peace and with justice? As they have not done it yet, perhaps they never will. In all probability, they will keep on living with evil, subjecting themselves thereunder. Yet, even in this grim horizon, endeavours towards the primacy of the *recta ratio* also seem never to vanish, as if suggesting that there is still always hope, in the perennial quest for justice, never reaching an end, like in the myth of Sisyphus.

229. It is thus not surprising to find that the (underlying) problem of evil has been and continues to be one raising major concern, throughout the history of human thinking. As lucidly warned, in the aftermath of the II world war, by R.P. Sertillanges, during centuries philosophers,

---

[250]Cf. n. (247), *supra.*

[251]E.g., L. Caflisch, "Immunité des États et droits de l'homme: Évolution récente", *in Internationale Gemeinschaft und Menschenrecht — Festschrift für G. Ress*, Köln/Berlin, C. Heymanns Verlag, 2005, pp. 937-938, 943 and 945; C. Keith Hall, "U.N. Convention on State Immunity: The Need for a Human Rights Protocol", 55 *International and Comparative Law Quarterly* (2006) pp. 412-413 and 426; L. McGregor, "Torture and State Immunity: Deflecting Impunity, Distorting Sovereignty", 18 *European Journal of International Law* (2007) pp. 903-904, 914 and 918-919; L. McGregor, "State Immunity and *Jus Cogens*", 55 *International and Comparative Law Quarterly* (2006) pp. 437-439 and 445.

[252]The ECtHR (Grand Chamber) referred in detail to that omission of the Working Group of the ILC in 1999, in paragraphs 23-24, 62-63 and 65-67 of its Judgment of 21.11.2001 in the *Al-Adsani* case.

theologians and writers have drawn their attention to that problem, without however finding a definite or entirely satisfactory answer to it. In his own words,

> "L'angoisse du mal s'impose à toutes les âmes, à tous les groupes et à toutes civilisations. (. . .) Le problème du mal met en cause la destinée de chacun, l'avenir du genre humain"253.

230. The effects of the planified criminal State policies of the Third *Reich* over the population have been addressed by various contemporaries of those years of darkness. The historical novels of the thirties, of a sensitive person like Klaus Mann, for example, while criticizing the intellectuals who let themselves be co-opted by Nazism (in *Mephisto*, published in 1936), or else describing the drama of those who emigrated into exile to escape persecution (in *Le Volcan*, published in 1939), are permeated by premonitions of the social cataclysm that was soon to take place (like a volcano that was already erupting), and was to victimize millions of human beings[254], — amongst whom forced labourers from the occupied countries.

231. In fact, throughout the last century, there were States which indeed pursued criminal policies — through those who spoke and acted in their names (as institutions have no moral conscience) — and victimized millions of human beings, incurring in responsibility for grave violations of human rights and of international humanitarian law of various kinds. The facts are fully documented nowadays by historians. What remains to be further developed, by jurists, is the responsibility of States themselves (besides that of their officials) for the crimes perpetrated, which from time to time, along decades, became the object of some rather solitary and penetrating studies[255].

232. The human suffering which ensued from those atrocities (narrated in some historical accounts and testimonies of surviving victims) can hardly be measured, goes beyond imagination, and is simply devastating. Moreover, suffering *projects itself in time*, especially if victims of grave violations of their rights have not found justice. In my own experience of the international adjudication (in the IACtHR) of cases of massacres, there were episodes when, many years after their occurrence, the surviving victims (or their *ayants-droits*) remained in search of judicial recognition of their suffering[256]. Unlike what one may easily assume, human suffering not always effaces with the passing of time: it may also increase, in face of manifest injustice, — and particularly in cultures that wisely cultivate the links of the living with their dead. Human suffering, in cases of persisting injustice, may project itself in an inter-generational scale.

233. The lucid German thinker Max Scheler (1874-1928), in an essay published posthumously (*Le sens de la souffrance*, 1951), expressed his belief that all sufferings of human beings have a meaning, and, the more profound they are, the harder is to struggle against their

---

[253]R.P. Sertillanges, *Le problème du mal — l'histoire*, Paris, Aubier, 1948, p. 5.

[254]Cf. K. Mann, *Mefisto* [*Mephisto*, 1936], Barcelona, Debolsillo, 2006 [reed.], pp. 31-366; K. Mann, *Le Volcan* [1939], Paris, Grasset, 1993, pp. 9-404.

[255]Cf., *inter alia*, Vespasien V. Pella, *Criminalité collective des États et le droit pénal de l'avenir*, Bucarest, Imprimerie de l'État, 1925, pp. 1-340; Roberto Ago, "Le délit international", 68 *Recueil des Cours de l'Académie de Droit International de La Haye* (1939) pp. 419-545; Pieter N. Drost, *The Crime of State — Book I: Humanicide*, Leiden, Sijthoff, 1959, pp. 1-352; J. Verhaegen, *Le droit international penal de Nuremberg — acquis et regressions*, Bruxelles, Bruylant, 2003, pp. 3-222.

[256]Cf. A.A. Cançado Trindade, *El Ejercicio de la Función Judicial Internacional — Memorias de la Corte Interamericana de Derechos Humanos*, Belo Horizonte/Brazil, Edit. Del Rey, 2011, pp. 159-165.

causes[257]. And in one of his thoughtful writings in the years following the II world war (an essay originally published in 1953), the learned German philosopher Karl Jaspers (1883-1969) pondered that reason exists "only by decision", it "arises from freedom", it is inseparable from existence itself; although we know that we stand all at the mercy of events beyond our control, "[r]eason can stand firm only in the strength of Reason itself"[258].

234. Shortly afterwards, in his book *Origine et sens de l'histoire* (1954), K. Jaspers clearly expressed his belief that

> "(. . .) C'est sur [le *droit naturel*] que se fonde le droit des gens, sur lui que se constituerait une juridiction, dans l'ordre mondial, pour protéger l'individu contre les abus de l'État en lui permettant de recourir à une justice efficace, exercée au nom de l'humanité souveraine.
>
> (. . .) [O]n peut démontrer que l'État totalitaire, la guerre totale sont contraires au droit naturel, non seulement parce qu'ils prennent pour un but ce qui est moyens et conditions de la vie, mais aussi parce qu'ils proclament la valeur absolue des moyens, détruisant ainsi le sens de l'ensemble, les droits de l'homme.
>
> Le droit naturel se borne à organiser les conditions vitales[,] (. . .) actualiser en ce monde la condition humaine dans son intégralité"[259].

235. In an illuminating essay published in Germany promptly after the war, in 1946 (titled *Die Schuldfrage / La question de la culpabilité*), — derived from a course he delivered in the winter of 1945-1946 at the University of Heidelberg, which has been reedited ever since and has survived the onslaught of the passing of time, — Karl Jaspers distinguished between criminal guilt, political guilt, moral guilt and metaphysical guilt, seeking to establish degrees of personal responsibility proportional to one's participation in the occurrences at issue. In one passage of his long-lasting essay, in addressing the "differentiation of the German guilt", K. Jaspers, discarding excuses on the basis of State sovereignty, asserted, in respect of the II world war, that

> "This time there can be no doubt that Germany planned and prepared this war and started it without provocation from any other side. It is altogether different from 1914. (. . .) Germany, (. . .) violating international law, has committed numerous acts resulting in the extermination of populations and in other inhumanities"[260].

236. And then he identified the question, — which he phrased, — "How can we speak of crimes in the realm of political sovereignty?", — with what he identified as "a habit of thought derived from the tradition of political life in Europe". And he added that

---

[257]M. Scheler, *Le sens de la souffrance*, Paris, Aubier, [1951,] pp. 5 and 27.

[258]K. Jaspers, *Reason and Anti-Reason in Our Time* [1953], Hamden/Conn., Archon Books, 1971 [reed.], pp. 50, 59 and 84.

[259]K. Jaspers, *Origine et sens de l'histoire*, Paris, Libr. Plon, 1954, p. 245.

[260]K. Jaspers, *The Question of German Guilt*, N.Y., Fordham University Press, 2001 [reed.], p. 47. And cf. K. Jaspers, *La culpabilité allemande*, Paris, Éditions de Minuit, 2007 [reed.], pp. 64-65: — "cette fois il n'est pas douteux que l'Allemagne ait préparé méthodiquement la guerre et qu'elle l'ait commencée sans provocation venue de l'autre côté. C'est tout différent de 1914. (. . .) [L'] Allemagne a commis de nombreuses actions (. . .) contraires au droit des gens, qui menaient à l'extermination de populations entières et à d'autres faits inhumains".

"heads of States (. . .) are men and answer for their deeds. (. . .) The acts of States are also the acts of persons. Men are individually responsible and liable for them. (. . .) In the sense of humanity, of human rights and natural law, (. . .) laws already exist by which crimes may be determined"[261].

In fact, throughout all the proceedings before this Court in the present case concerning the *Jurisdictional Immunities of the State*, Germany recognized its State responsibility (cf. paras. 24-31) for the historical facts lying in the origins of the *cas d'espèce*.

237. Moreover, in the course of the last decades it provided the corresponding compensation on distinct occasions and circumstances. In addition, on successive occasions, Germany, — homeland of universal thinkers and writers like, e.g., I. Kant (1724-1804) and J.W. Goethe (1749-1832), — expressed public apologies, such as the renowned silent apology of former Chancellor Willy Brandt in Warsaw, Poland, on 07 December 1970, among other and successive acts of contrition. This being so, I wonder why Germany has not yet provided reparation to the surviving IMIs who have not received it to date (cf. *infra*), instead of having brought the present case before this Court.

238. In my view, in the present Judgment the Court could and should have gone beyond expressing its "surprise" and "regret" (para. 99) at the persistence of the unresolved situation concerning the IMIs. In effect, to attempt to make abstraction of grave violations of human rights or of international humanitarian law, or to attempt to assimilate them to any kind of "tort", is like to try to withhold the sunlight with a blindfold. Even in the domain of State immunities properly, there has been acknowledgment of the changes undergone by it, in the sense of restricting or discarding such immunities in the occurrence of those grave breaches, due to the advent of the International Law of Human Rights, with attention focused on the right of access to justice and international accountability[262].

239. There is nowadays a growing trend of opinion sustaining the removal of immunity in cases of international crimes, for which reparation is sought by the victims[263]. In effect, to admit the removal of State immunity in the realm of trade relations, or in respect of local personal tort (e.g., in traffic accidents), and at the same time to insist on shielding States with immunity, in cases of international crimes — marked by grave violations of human rights and of international humanitarian law — in pursuance of State (criminal) policies, in my perception amounts to a juridical absurdity.

---

[261]K. Jaspers, *The Question of German Guilt*, *op. cit. supra* n. (260), pp. 49-50. And cf. K. Jaspers, *La culpabilité allemande*, *op. cit. supra* n. (260), p. 66: — "comment peut-on parler de crime dans le domaine de la souveraineté politique? (. . .) [L]es chefs d'État (. . .) sont des hommes, et ils sont responsables de leurs actes. (. . .) Les actes de l'État sont en même temps des actes personnels, des actes personnels, des actes personnels. Ce sont des individus qui en portent la responsabilité. (. . .) [A]u sens de l'humanité, des droits de l'homme et du droit naturel, (. . .) il existe déjà des lois pouvant servir de normes à la determination des crimes".

[262]Cf. [Various Authors,] *Le droit international des immunités: contestation ou consolidation?* (Colloque de Paris de 2003, ed. J. Verhoeven), Paris/Bruxelles, LGDJ/Larcier, 2004, pp. 6-7, 52-53 and 55.

[263]Cf. *ibid*, p. 121, and cf. pp. 128-129, 138 and 274. And cf. also: M. Frulli, *Immunità e Crimini Internazionali — L'Esercizio della Giurisdizione Penale e Civile nei Confronfi degli Organi Statali Sospettati di Gravi Crimini Internazionali*, Torino, G. Giappichelli Edit., 2007, pp. 135, 140 and 307-309; [Various Authors,] *Droit des immunités et exigences du procès équitable* (Colloque de Paris de 2004, ed. I. Pingel), Paris, Pédone, 2004, pp. 20, 31, 150 and 152.

XXIV. The Individuals' Right to Reparation as Victims of Grave Violations of Human Rights and of International Humanitarian Law

1. The State's Duty to Provide Reparation to Individual Victims

240. As early as in 1927-1928, the PCIJ gave express judicial recognition to a precept of customary international law, reflecting a fundamental principle of international law, to the effect that

> "the breach of an engagement involves an obligation to make reparation in an adequate form. Reparation therefore is the indispensable complement of a failure to apply a convention" (PCIJ, *Chorzów Factory* case, Jurisdiction, 1927, p. 21).

The PCIJ added that such reparation "must, as far as possible, wipe out all the consequences of the illegal act and reestablish the situation which would, in all probability, have existed if that act had not been committed" (PCIJ, *Chorzów Factory* case, Merits, 1928, pp. 29 and 47-48).

241. In the present case concerning the *Jurisdictional Immunities of the State*, as already indicated, Germany itself recognized its State responsibility for the grave breaches of human rights and of international humanitarian law which rest in the factual origins of the *cas d'espèce* (cf. section III, *supra*). The *State*'s obligation of reparation ineluctably ensues therefrom, as the "indispensable complement" of those grave breaches. As the *jurisprudence constante* of the old PCIJ further indicated, already in the inter-war period, that obligation is governed by international law in all its aspects (e.g., scope, forms, beneficiaries); compliance with it shall not be subject to modification or suspension by the respondent State, through the invocation of provisions, interpretations or alleged difficulties of its own domestic law (PCIJ, Advisory Opinion on the *Jurisdiction of the Courts of Danzig*, 1928, pp. 26-27; PCIJ, Advisory Opinion on the *Greco-Bulgarian "Communities"*, 1930, pp. 32 and 35; PCIJ, case of the *Free Zones of Upper Savoy and the District of Gex*, 1932, p. 167; PCIJ, Advisory Opinion on *Treatment of Polish Nationals and Other Persons of Polish Origin or Speech in the Danzig Territory*, 1932, p. 24).

242. The individuals' right to reparation as victims of grave violations of human rights and of international humanitarian law was much discussed before this Court in the present case. In this regard, Germany contended that, under general international law, individuals are not granted the right of reparation, "and certainly not for war damages"[264]. In its view, "Article 3 of the IV Hague Convention of 1907, as well as Article 91 of the First Additional Protocol (of 1977) to the Four Geneva Conventions on International Humanitarian Law of 1949, given the very structure of the Conventions, can only deal with State responsibility at inter-State level, and, hence, cannot have any direct effect for individuals[265]. As to, more specifically, whether individual victims are conferred rights which can be invoked before courts of law, Germany argued that "it is hard to see how the unwarranted blend of two different concepts, one of which — the right of access to justice — is subjected to various limitations, and the other of which — the alleged right of action as a consequence of a war crime — simply does not exist *de lege lata*, can together create a super-rule of *jus cogens*"[266].

---

[264]ICJ, *Compte rendu* CR 2011/17, p. 42.

[265]*Ibid.*, p. 42.

[266]*Ibid.*, p. 45.

243. In turn, Italy contended that the goal of "preserving individual rights from an unjust privilege and granting the individual access to justice and to tort reparation also characterized further developments of the immunity rule and its exceptions"[267]. It further claimed that "[t]he restriction of immunity in cases of individuals bringing lawsuits to obtain redress for a grave breach of the most fundamental principles of human dignity granted by *jus cogens* rules seems to be a reasonably balanced solution"[268]. Moreover, it also argued that "[w]hen the victims of violations of fundamental rules of the international legal order, deprived of any other means of redress, resort to national courts, the procedural bars of State immunity cannot bring the effect of depriving such victims of the only available remedy"[269].

244. For its part, Greece also held, in this respect, that, "the fundamental argument in the position of the Greek courts is based on the recognition that there is an individual right to reparation in the event of grave violations of humanitarian law"[270]. Greece claimed that "the obligation on the State to compensate individuals for violations of the rules of humanitarian law seems to derive from Article 3 of the Fourth Hague Convention of 1907, even though it is not expressly stated in that Article and even though individuals needed State mediation through inter-State treaties. (. . .) That is made clear by the fact that individuals are not excluded from the text of Article 3. This line of argument also emerges from the *travaux préparatoires* of the Second Hague [Peace] Conference"[271].

245. The individual right to reparation is well-established in International Human Rights Law, which counts on a considerable case-law of international human rights tribunals (such as the European and Inter-American Courts) on the matter[272]. Beyond that, Public International Law itself has been undergoing a continuous development in relation to reparation for war-related individual claims, traditionally regarded as being subsumed by inter-State peace arrangements. From the nineties onwards, there have been attempts to re-structure such classical approach into the new line of the adjudication of individual claims by "regular courts of law"[273]. After all, the ultimate victims of violations of international humanitarian law are individuals, not States.

246. Individuals subjected to forced labour in the German war industry (1943-1945), or the close relatives of those murdered in Distomo, Greece, or in Civitella, Italy, in 1944, during the II world war, or victimized by other State atrocities, are the *titulaires* (with their *ayants-droits*) of the corresponding right to reparation. Victims are the true bearers of rights, including the right to reparation, as generally recognized nowadays. Illustrations exist nowadays also in the domain of International Humanitarian Law. A study of the International Committee of the Red Cross (ICRC)

---

[267]ICJ, *Counter-Memorial of Italy*, para. 4.22.

[268]*Ibid.*, para. 4.101.

[269]*Ibid.*, para. 4.103.

[270]ICJ, *Compte rendu* CR 2011/19, p. 22 (translation).

[271]*Ibid.*, pp. 22-23 (translation).

[272]The case-law on the matter of the IACtHR has been particularly singled out, for the *diversity of forms* of the reparations it has granted to the victims; cf., e.g., [Various Authors,] *Réparer les violations graves et massives des droits de l'homme: La Cour interaméricaine, pionnière et modèle?, op. cit. supra* n. (67), pp. 17-334; [Various Authors,] *Le particularisme interaméricain des droits de l'homme* (eds. L. Hennebel and H. Tigroudja), Paris, Pédone, 2009, pp. 7-413 ; [Various Authors,] *Reparations for Victims of Genocide, War Crimes and Crimes against Humanity — Systems in Place and Systems in the Making* (eds. C. Ferstman, M. Goetz and A. Stephens), Leiden, Nijhoff, 2009, pp. 217-282.

[273]R. Dolzer, "The Settlement of War-Related Claims: Does International Law Recognize a Victim's Private Right of Action? Lessons After 1945", 20 *Berkeley Journal of International Law* (2002), p. 296.

on customary international humanitarian law rules[274] can be recalled in this connection. Rule 150 reads as follows: — "A State responsible for violations of international humanitarian law is required to make full reparation for the loss or injury caused"[275]. As to, specifically, the question of "reparation sought directly by individuals", Rule 150 refers to "an increasing trend in favour of enabling individual victims of violations of international humanitarian law to seek reparation directly from the responsible State"[276].

247. Furthermore, the 2004 *Report of the International Commission of Inquiry on Darfur to the U.N. Secretary-General*, after asserting that grave violations of human rights and of international humanitarian law "can entail not only the individual criminal liability of the perpetrator but also the international responsibility of the State (or State-like entity) on whose behalf the perpetrator was acting", added that such international responsibility requires that that "the State (or the State-like entity) must pay compensation to the victim" (para. 593).

248. After singling out the impact of International Human Rights Law on the domain of State responsibility, the 2004 *Report* stated that there is nowadays "a strong tendency towards providing compensation not only to States but also to individuals based on State responsibility" (p. 151 n. 217). The aforementioned *Report of the Commission on Darfur* then concluded that, under the impact of the International Law of Human Rights,

> "the proposition is warranted that at present, whenever a gross breach of human rights is committed which also amounts to an international crime, customary international law not only provides for the criminal liability of the individuals who have committed that breach, but also imposes an obligation on States of which the perpetrators are nationals, or for which they acted as *de jure* or *de facto* organs, to make reparation (including compensation) for the damage made" (para. 598).

249. Reference can also be made to the legal regime of the Ethiopia-Eritrea Claims Commission: according to Article 5(1) of the Agreement of 12.12.2000 between the Governments of the State of Eritrea and of the Federal Democratic Republic of Ethiopia, the Commission was thereby set up in order

> "to decide through binding arbitration all claims for loss, damage or injury by one Government against the other, and by nationals (. . .) of one party against the Government of the other party or entities owned or controlled by the other party".

Furthermore, the 2010 Draft Declaration of International Law Principles on Reparation for Victims of Armed Conflict (Substantive Issues), of the ILA International Committee on Reparation for Victims of Armed Conflict, in addressing the right to reparation (under Article 6), acknowledges the enhanced position of individuals in International Human Rights Law, and sees no reason why individuals were to have a weaker position under the rules of international law applicable in armed conflicts.

---

[274]ICRC, *Customary International Humanitarian Law* (eds. J.-M. Henckaerts and L. Doswald-Beck), vol. I: Rules, Geneva/Cambridge, Cambridge University Press, 2005, esp. pp. 537-550.

[275]*Ibid.*, p. 537; according to the appended summary, State practice establishes this Rule as one of "customary international law applicable in both international and non-international armed conflicts".

[276]*Ibid.*, p. 541; in this regard, Rule 150 refers to Article 33(2) of the ILC Articles on State Responsibility and the commentary thereof, and asserts that reparations have been granted directly to individual victims through different procedures, ranging from mechanisms set up by inter-State agreements to reparations sought by individuals directly before national courts.

250. In the same vein, the 2005 *Basic Principles and Guidelines on the Right to a Remedy and Reparation for Victims of Gross Violations of International Human Rights Law and Serious Violations of International Humanitarian Law*[277], sets forth, in Article 15, the duty of States to provide for reparation to victims:

> "In accordance with its domestic laws and international legal obligations, a State shall provide reparation to victims for acts or omissions which can be attributed to the State and constitute gross violations of international human rights law or serious violations of international humanitarian law".

All these recent developments go beyond the strict and traditional inter-State dimension, in establishing the individuals' right to reparation as victims of grave violations of human rights and of international humanitarian law.

251. It would appear odd, if not surreal, if the domain of State immunity were to remain oblivious of such significant developments in recent years. The *titulaires* of the right to reparation for those grave violations are the individual victims who suffered them. As I sustained in my Dissenting Opinion (para. 178) in this Court's Order of 06.07.2010 (dismissing the Italian counter-claim) in the present case concerning the *Jurisdictional Immunities of the State*, States cannot at all waive rights that do not belong to them. One cannot at all turn one's back to significant developments in areas of international law, such as those of the International Law of Human Rights and International Humanitarian Law, so as to deprive the human person of its right to redress. This would lead to manifest injustice.

252. It appears clearly to me without foundation to claim that the regime of reparations for grave breaches of human rights and of international humanitarian law would exhaust itself at inter-State level, to the detriment of the individuals who suffered the consequences of war crimes and crimes against humanity. After all, those individuals are the *titulaires* of the right to reparation, as a consequence of those grave violations of international law *inflicted upon them*. An interpretation of the regime of reparations as belonging purely to the inter-State level would furthermore equate to a complete misconception of the position of the individual in the international legal order. In my own conception, "the human person has emancipated herself from her own State, with the acknowledgement of her rights, which are prior and superior to this latter"[278]. Thus, the regime of reparations for grave breaches of human rights and of international humanitarian law cannot possibly exhaust itself at the inter-State level, wherein the individual is left at the end without any reparation at all.

253. It is also to be kept in mind that national courts are not the only avenue for victims to obtain redress for grave violations of human rights and of international humanitarian law. There have been, in fact, other avenues, in the international *fora*, for individuals to seek and obtain reparation. These include Mixed Claims Tribunals and Commissions, and quasi-judicial bodies set up either by the U.N. Security Council, or by peace treaties, or at the initiative of States or corporations, and "dormant claims" arbitrations[279]. Thus, national courts are one avenue for

---

[277]Adopted and proclaimed by U.N. General Assembly resolution 60/147, of 16.12.2005.

[278]A.A. Cançado Trindade, *The Access of Individuals to International Justice*, Oxford, Oxford University Press, 2011, p. 209; A.A. Cançado Trindade, *Évolution du Droit international au droit des gens — L'accès des individus à la justice internationale..., op. cit. supra* n. (243), pp. 29 and 146.

[279]Cf., e.g., E.-C. Gillard, "Reparation for Violations of International Humanitarian Law", 85 *International Review of the Red Cross* (Sept. 2003) n. 851, pp. 539-545; and cf., generally, [Various Authors,] *Redressing Injustices through Mass Claims Processes — Innovative Responses to Unique Challenges*, Oxford, OUP/PCA, 2006, pp. 3-425.

victims to obtain redress, depending on the circumstances of the case, but they are not the only one. In contemporary international law, national and international courts are in an increasingly closer contact with each other, in distinct domains.

254. For example, in the protection of individual rights, where there is a convergence between public domestic law and international law, they are so, by means of the States' duty to provide effective local remedies[280]. In the realm of the law of regional integration, the preliminary ruling procedure (e.g., as under Article 234 of the EC Treaty) affords another example to the same effect. In international criminal law, the principle of complementarity provides yet another illustration. And the examples multiply, disclosing ultimately the *unity of the Law*. In fact, what ultimately matters is the *realization of justice* at national and international levels. After all, international crimes are not acts *jure imperii*, they remain *crimes* irrespective of who committed them; they are grave breaches of human rights and of international humanitarian law which require reparations to the victims; claims of State immunity cannot do away with the State's duty to provide reparation to the individual victims.

255. In effect, the acknowledgment of the *individual's* right to reparation (corresponding to that obligation of the State), as a component of the individual's right of access to justice *lato sensu*, — with judicial recognition nowadays from both the IACtHR and the ECtHR, — becomes even more compelling in respect of *grave violations of human rights and of international humanitarian law*, like the ones which form the factual background of the present case relating to the *Jurisdictional Immunities of the State* before this Court. Immunities can hardly be considered in a legal *vacuum*. From the very start of the present case, in the written phase of the proceedings, up to the conclusion of the oral phase, the *punctum pruriens* of a major difference between the contending parties was precisely the counterposition of State immunities to the State's duty to provide reparation to those victimized by grave violations of human rights and of international humanitarian law.

256. Germany's thesis, clearly expounded in its *Memorial*, is that "Italy is bound to abide by the principle of sovereign immunity which debars private parties from bringing suits against another State before the courts of the forum State" (para. 47). In its view, "Italy cannot rely on any justification for disregarding the immunity which Germany enjoys under that principle" (para. 47). Contrariwise, Italy's thesis, as expounded in its *Counter-Memorial*, is that "the State which has committed grave violations of fundamental rules cannot be regarded as being entitled to invoke immunity for its wrongful acts, even if these acts are to be qualified as *acta jure imperii*. If granted, immunity would amount to an absolute denial of justice for the victims and to impunity for the State" (para. 4.110). In its view,

> "The international legal order cannot, on the one hand, establish that there are some fundamental substantive rules, which cannot be derogated from and whose violation cannot be condoned, and on the other hand grant immunity to the author of violations of these fundamental rules in situations in which it is clear that immunity substantially amounts to impunity" (para. 4.111).

257. Consideration of this matter, — the State's duty to provide reparation to individual victims of grave violations of human rights and of international humanitarian law — cannot possibly be avoided. It is a State's duty under customary international law and pursuant to a fundamental general principle of law. This brings me now to the issue of compliance or otherwise,

---

[280]A.A. Cançado Trindade, "Exhaustion of Remedies in International Law and the Role of National Courts", 17 *Archiv des Volkerrechts* — Tübingen (1977-1978) pp. 333-370.

by the responsible State, with the duty to provide reparation to the victims — referred to by Italy — for those grave violations which took place in the II world war. The following points will be addressed in sequence: first, the categories of victims in the *cas d'espèce*; secondly, the legal framework of the Foundation "Remembrance, Responsibility and Future" (2000); and thirdly, assessment of the submissions of the contending parties.

2. The Categories of Victims in the *Cas d'Espèce*

258. According to Italy, there are three categories of victims of the aforementioned violations[281], entitled to receive reparation, namely:

> "*(i)* soldiers who were imprisoned, denied the status of prisoners of war, and sent to forced labour [the so-called 'Italian Military Internees']; *(ii)* civilians who were detained and transferred to detention camps where they were sent to forced labour; *(iii)* civilian populations who were massacred as part of a strategy of terror and reprisals against the actions of freedom fighters"[282].

259. Italy contends that "none, or very few, of them has obtained [reparation] so far"[283]. Italy further argues, with regard to Mr. Ferrini in particular, that he belongs to the category of *(ii)* civilians who were detained and transferred to detention camps to be used as forced labour[284]. While Mr. Ferrini had already initiated proceedings before the *Tribunale di Arezzo* in 1998, he also sought to obtain reparation from German authorities. Italy claims that Mr. Ferrini decided not to submit a request for compensation under the Law of 02.08.2000 (establishing the Foundation "Remembrance, Responsibility and Future") "since he had not been detained in 'another place of confinement' within the meaning of section 11 § 1 no. 1 of the Foundation Act and was furthermore not in a position to demonstrate that he met the requirements as set up by the guidelines of the Foundation"[285].

260. Italy adds that "[i]n 2001 Mr. Ferrini, together with other complainants, also lodged a constitutional complaint against sections 10 § 1, 11 § 3 and 16 §§ 1 and 2 of the Foundation Law with the Federal Constitutional Court" and that "[t]his complaint was later rejected by the Federal Constitutional Court"[286]. Keeping this background information in mind, attention may now be turned to the legal framework of the Foundation "Remembrance, Responsibility and Future", established in 2000.

---

[281]Germany also classifies the victims into the three categories described by Italy; cf. ICJ, *Memorial of Germany*, para. 13.

[282]ICJ, *Counter-Memorial of Italy*, para. 2.8.

[283]*Ibid.*, para. 2.8.

[284]In Italy's words: "War crimes were widely committed against the civilian population, and thousands of civilians of military age, among them Mr. Ferrini, Mr. Mantelli, and Mr. Maietta (whose cases are referred to by the Applicant in its Memorial), were also transferred to detention camps in Germany, or in territories controlled by Germany, where they were employed as forced labour as another form of retaliation against the Italian civilian population"; *ibid.*, para. 2.7.

[285]*Ibid.*, para. 2.43 (n. 43). Cf. summary of facts reported in *Associazione Nazionale Reduci dalla Prigionia dall'Internamento e dalla Guerra di Liberazione (A.N.R.P.) and 275 Others versus Germany*, p. 5 (Annex 10 to Italy's *Counter-Memorial*).

[286]ICJ, *Counter-Memorial of Italy*, para. 2.43 (n. 43).

3. The Legal Framework of the Foundation "Remembrance, Responsibility and Future" (2000)

261. In the years 1999-2000, Germany conducted diplomatic negotiations with a number of States — which formerly were belligerent parties in the II world war — concerning reparation for individuals who had, during the war, been subjected to forced labour in German companies and in the public sector[287]. According to Italy, those negotiations were triggered by lawsuits brought by former forced labourers against German companies in U.S. courts, and, against that background, Germany and the United States concluded an agreement that envisaged the establishment of a mechanism for addressing reparation claims of former forced labourers[288].

262. Upon the conclusion of such agreement, on 02.08.2000 a German Federal Law was adopted, setting up the Foundation "Remembrance, Responsibility and Future"[289]. The purpose of the Foundation was to make funds available to persons who had been victims of forced labour "and other injustices from the National Socialist period" (Article 2(1) of the Foundation Law). The Foundation did not provide reparation directly to individuals defined by the Foundation Law, but rather to so-called "partner organizations", which received specified global amounts (Article 9 of the Foundation Law)[290].

263. The categories of persons entitled to receive reparation, according to section 11 of the Foundation Law, were thus defined: *a)* individuals "detained in a concentration camp, or in another prison or camp, or in a ghetto under comparable conditions, and subjected to forced labour" (para. 11(1)); *b)* individuals "deported from their home country to Germany in the borders of 1937, or a territory occupied by Germany, and subjected to forced labour in a private company or in the public sector, and (. . .) detained (. . .) or subjected to particularly bad conditions of life" (para. 1(2)); and *c)* it was expressly stated — importantly for the proceedings of the present case — that the status of a prisoner of war does not give entitlement to payments or benefits under the Law (section 11(3))[291].

264. Thus, although the Foundation Law was intended specifically to cover categories of victims who were left out of other German reparation arrangements, section 11(3) of the Foundation Law expressly excluded prisoners of war, stating that "[e]ligibility cannot be based on prisoner-of-war status". As to the scope of this provision, it has been pointed out that, in the official commentary of the Foundation Law,

> "the Federal Government explained the exclusory clause as follows: 'Prisoners of war subjected to forced labour are in principle not entitled to payments because the rules of international law allowed a detaining power to enlist prisoners of war as workers. However, persons released as prisoners of war who were made 'civilian workers' (*Zivilarbeiter*) can be entitled under the [Foundation Law] if the other requirements are met'. However, in 'guidelines' adopted in August 2001 in agreement with the Federal Ministry of Finance, the Board of the Foundation further limited the exclusionary effect of the clause by determining that 'prisoners of war who have been

---

[287] *Ibid.*, para. 2.27. And cf., generally, J. Authers, *in op. cit. supra* n. (230), pp. 420-449.

[288] ICJ, *Counter-Memorial of Italy*, para. 2.27.

[289] Hereinafter referred to as "the Foundation".

[290] Cf. B. Fassbender, "Compensation for Forced Labour in World War II: The German Compensation Law of 2 August 2000", 3 *Journal of International Criminal Justice* (2005), pp. 244-245; cf. also, ICJ, *Counter-Memorial of Italy*, paras. 2.27-2.28.

[291] Cf. B. Fassbender, "Compensation for Forced Labour in World War II . . .", *op. cit. supra* n. (290), p. 246.

> taken to a concentration camp' are not excluded from benefits under the Statute 'because in this case special discrimination and mistreatment on account of the National Socialist ideology is relevant, and imprisonment in a concentration camp cannot be regarded as a general wartime fate (. . .)'"[292].

265. Against this background, an expert opinion (by C. Tomuschat) concerning the issue of the entitlement of "Italian military internees" to reparation under the Foundation Law[293] cannot pass unnoticed here. Such expert opinion advised the German Government that, although Germany treated persons that were to be given the status of prisoners of war (POWs) as forced labourers, their status was actually that of prisoners of war. In the words of the expert opinion, the "Italian military internees" "possessed, up until their final liberation after the end of the II world war, POW status in accordance with the rules of international law, although the German *Reich* massively infringed this status. Accordingly, the exclusion clause [section 11(3) of the Foundation Law] can in principle be applied to them"[294].

266. Thus, the expert opinion prioritized the military internees' *de jure* status — a status (with all the rights attached to it) which was in fact denied to them — over their *de facto* treatment. On the basis of the advice provided by the aforementioned expert opinion, many victims fell under the exception of section 11(3) of the Foundation Law (*supra*) and were thus excluded from that reparation scheme. Against this background, Italy submits that, since the year 2000, "thousands of [Italian Military Internees] and Italian civilians subjected to forced labour had lodged requests for compensation" on the basis of the Foundation Law and those requests "were almost all rejected". It adds that

> "[i]n 2003, German administrative courts had dismissed the lawsuits filed by a certain number of [Italian military internees]. With the sole exception of the *Ferrini* case, all the claims submitted before Italian courts were filed starting from 2004. At that time it was already evident that Italian forced labourers had no possibility of obtaining redress from German authorities"[295].

267. In my understanding, it is regrettable that the "Italian Military Internees" were actually precluded from obtaining reparation on the basis of a status which they were *de facto* denied. This was precisely one of the many violations committed by Nazi Germany against those persons: the denial of their right, under international law, to be treated as prisoners of war. Relying on this violation to commit yet another violation, — the denial of reparation, — amounts to, as Italy puts it, "a Kafkaesque black hole of law"[296], and amounts to a double injustice[297].

---

[292]*Ibid.*, p. 246.

[293]ICJ, *Counter-Memorial of Italy*, Annex 8.

[294]*Ibid.*, p. 31. The expert opinion concluded, however, that a different assessment should be given concerning "Italian military internees", who, in addition to the violation of their prisoner of war status, suffered measures of racist persecution; *ibid.*, p. 44.

[295]ICJ, *Counter-Memorial of Italy*, para. 2.43. The assertion that Italian military internees have not received reparation for their forced labour is also found in expert writing; cf. R. Buxbaum, "German Reparations After the Second World War", 6 *African-American Law and Policy Report* (2004) p. 39.

[296]ICJ, *Compte rendu* CR 2011/18, p. 33, para. 28.

4. Assessment of the Submissions of the Contending Parties

268. May I now turn to the arguments of the contending parties concerning the issue of the reparations due to the victims referred to by Italy, put forward by them in the written and oral phases of the proceedings before the Court in the present case. The materials and submissions of Germany do not generally address which specific victims have in fact received reparation. While Germany does not provide a full account of the reparations it paid after 1945 by stating that "[t]his is not the place to provide a complete balance sheet of all the reparations which the Allied Powers received from Germany after 1945", it nevertheless argues that, under the two 1961 Agreements between Germany and Italy, "considerable payments were made to Italy"[298]; it adds that it made payments to Italy "on grounds of equity", despite the waiver clause of the Peace Treaty[299].

269. The more telling submission of Germany is when it clearly admits that the "Italian Military Internees" have not received reparation on the basis of an interpretation given of the Foundation Law:

> "It is only after the adoption of the 2000 German law on the 'Remembrance, Responsibility and Future' Foundation that Italy made representations to Germany on account of the *exclusion of the Italian military internees ('IMIs') from the scope* ratione personae *of that law. As prisoners of war, this group of persons was not taken into account for the purposes of that belated reparation scheme*"[300].

270. For its part, in its written submissions, Italy notes that "[a] very large number of victims remained uncovered" by the two 1961 Agreements between Germany and Italy and "has never received appropriate reparation"[301]. While Italy recognizes that Germany has adopted and implemented, over the past decades, a number of measures in order to address the reparation claims from victims of war atrocities, and notes that two important pieces of legislation (the Federal Compensation Law of 1953 and the Foundation Law of 02.08.2000) were adopted, it adds that, nevertheless, neither provided an effective legal avenue for Italian victims to obtain reparation[302]. In this regard, Italy argues that under the 1953 Federal compensation law, foreign nationals were generally excluded from compensation, and that, with regard to the Foundation Law:

> "while more than 130,000 Italian forced labourers lodged requests for compensation under the Law of 2 August 2000, the great majority of such requests (more than 127,000) was rejected because of the unduly strict requirements for compensation set under that Law"[303].

---

[297]It has been pointed out, in this connection, that "[t]he Italians were not prisoners of war who happened also to be subjected to forced labour. Instead, the exploitation of their labour force was the principal reason for their continued detention in Germany"; B. Fassbender, "Compensation for Forced Labour in World War II . . .", *op. cit. supra* n. (290), p. 251. Furthermore, "the living conditions of the Italians were worse than those of the Western Allied soldiers captured by Germany. In particular, Italian detainees suffered from poor nourishment. In a third period, between August 1944 and the end of the war, the detained Italian soldiers were given the status of "civilian workers" (*Zivilarbeitert*)" in order to "exploit their manpower in a more efficient way"; *ibid.*, p. 244 (n. 2).

[298]ICJ, *Reply of Germany*, paras. 30-33.

[299]*Ibid.*, para. 33.

[300]ICJ, *Reply of Germany*, para. 13 (emphasis added); cf. also *supra*, p. 6.

[301]ICJ, *Counter-Memorial of Italy*, para. 2.18.

[302]*Ibid.*, paras. 2.20-2.21.

[303]*Ibid.*, para. 2.21.

271. Italy also claims that "the measures adopted so far by Germany (both under the relevant agreements as well as in unilateral acts) have proved insufficient, in particular because such measures did not cover several categories of victims such as the Italian military internees and the victims of massacres perpetrated by German forces during the last months of Second World War"[304]. For its part, Germany does not make reference to specific victims, and, instead, only argues generally that "reparations were made" through "a comprehensive scheme for all countries concerned and covering all war damages"[305].

272. Germany also recalls the lump-sum payments made to Italy and Greece, and claims that "[r]oughly 3,400 Italian civilians were compensated for their forced labour by the Foundation "Remembrance, Responsibility, Future", and that "roughly 1,000 Italian military internees were awarded compensation for forced labour under the Foundation scheme"[306]. As to this latter group of victims, Germany argues that it "decided to make *ex gratia* payments to former forced labourers in the year 2000", but then admits that "prisoners of war were not included in this specific scheme"; only "those military internees who had also been subjected to racial and/or ideological persecution were entitled to payments"[307].

273. It ensues, from the aforementioned submissions, that not all "Italian Military Internees" were provided reparations, but only those who had also been victims of "racial and/or ideological persecution"[308]. Italy retorts to this argument by Germany by arguing that the issue underlying the present dispute does not concern those latter victims, but rather hinges upon the "obligation to make reparation for war crimes committed against several thousands of Italian victims that *have not received any reparation, as indirectly admitted by Germany*"[309]. Italy thus concludes that "there is plain and unrestricted recognition of the fact that the rest of the victims — in other words, those who were not victims of persecution, and these represent the vast majority — remained totally unsatisfied"[310].

274. As already pointed out, at the end of the oral hearings before the Court of 16.09.2011, one of the questions I put to the contending parties aimed at clarifying this particular factual issue: I then asked whether "the specific Italian victims to whom the Respondent refers effectively received reparation", and, if they have not received reparation, whether "they are entitled to it and how can they effectively receive it, if not through national proceedings"[311]. The responses of the contending parties to this question served to clarify their respective positions on the matter at issue.

275. Germany, for its part, seemed to evade the question by referring to the Court's Order of 06.07.2010 (counter-claim) and by arguing that "the question of whether reparations related to World War II are still due or not is not the subject matter of the proceedings before the Court"[312].

---

[304] *Ibid.*, para. 7.9.

[305] ICJ, *Compte rendu* CR 2011/20, pp. 11-12.

[306] *Ibid.*, pp. 12-13.

[307] *Ibid.*, p. 13, para. 10.

[308] To whom Italy has already recognized that reparations were made, cf. ICJ, *Compte rendu* CR 2011/21, p. 25, para. 33.

[309] *Ibid.*, p. 25, para. 33.

[310] *Ibid.*, p. 26, para. 35.

[311] *Ibid.*, p. 54.

[312] ICJ, *Written Response of Germany to the Questions Put by (...) Judge Cançado Trindade (...) at the End of the Public Sitting Held on 16 September 2011*, p. 3.

It also affirmed that the reparation scheme for the II world war was a classic inter-State and comprehensive[313] regime, and further argued that those victims who consider to have a claim against Germany can institute proceedings in German courts[314]. Germany thus shed no light into the factual question of whether or not those specific victims have received reparations; it appeared to evade this question by relying, somewhat equivocally, on the Court's Order of 06.07.2010 (counter-claim).

276. Italy, for its part, provided a clear answer to this specific question, in affirming unambiguously that "[n]one of the categories of victims referred to in the cases underlying the present dispute has received reparation"[315]. It added that some categories of victims were never able to claim compensation because no mechanism was put in place while others have been trying to obtain compensation for a decade without any success. Italy further argues that there is strong reluctance on Germany's part to conclude an agreement aimed at making reparation to these categories of victims. It also claimed that the question of reparation for the Italian military internees was addressed by the Italian Ambassador in Berlin during discussions on the possibility of compensation by the Foundation[316].

277. Italy also submitted that, at the moment, there is no other alternative than national proceedings for these categories of victims to receive reparation. Italy argued that had domestic judges not removed immunity, no other avenue would have remained open for war crime victims to obtain reparation[317]. In its comments on Germany's written reply to my question, Italy further claimed that Germany's arguments make it clear that no reparation has been made to numerous Italian victims of war crimes, as its refusal to make reparation was grounded on the argument that it had been relieved of the obligation to make reparation on the basis of the waiver clause of Article 77 of the 1947 Peace Treaty[318]. Germany did not contest Italy's clear assertion that "[n]one of the categories of victims referred to in the cases underlying the present dispute has received reparation"[319]; in its comments to Italy's response to my question, Germany had an opportunity to rebut this statement and set the record straight. Yet, it remained silent to this strong statement[320], and this should not pass unnoticed.

---

[313]Italy takes issue with Germany's statement that the reparation regime set up for the II world war was "comprehensive". Italy argues that Germany itself, both in its written and oral submissions, admitted that reparations made in relation to Italian victims of war crimes were only "partial". Italy further contends that the 1961 Agreement only provided for reparations for victims of persecution. Thus, Italy submits that the characterization of the reparation scheme as "comprehensive" cannot be accurate, in particular concerning Italian victims of war crimes. ICJ, *Comments of Italy on Germany's Written Reply to the Questions Put by (...) Judge Cançado Trindade and on Greece's Written Reply to the Question put by Judge Cançado Trindade at the Public Sitting Held on 16 September 2011*, pp. 1-2.

[314]ICJ, *Written Response of Germany to the Questions Put by (...) Judge Cançado Trindade (...) at the End of the Public Sitting Held on 16 September 2011*, p. 3.

[315]ICJ, *Written Response of Italy to the Questions Put by (. . .) Cançado Trindade (. . .) at the End of the Public Sitting Held on 16 September 2011*, p. 9.

[316]*Ibid.*, pp. 9-10.

[317]*Ibid.*, pp. 9-10.

[318]ICJ, *Comments of Italy on Germany's Written Reply to the Question Put by (. . .) Judge Cançado Trindade and on Greece's Written Reply to the Question Put by Judge Cançado Trindade at the Public Sitting Held on 16 September 2011*, p. 2.

[319]ICJ, *Written Response of Italy to the Questions Put by (. . .) Judge Cançado Trindade (. . .) at the End of the Public Sitting Held on 16 September 2011*, p. 9.

[320]ICJ, *Comments of Germany on Italy's Written Reply to the question put by (. . .) Judge Cançado Trindade and on Greece's Written Reply to the Question Put by Judge Cançado Trindade at the Public Sitting Held on 16 September 2011*, p. 1-2.

278. As already indicated, the question of whether reparations have or have not been paid has to be assessed in light of the records before the Court; both Parties have been given ample opportunity to clarify this issue in their written and oral proceedings. They have further been requested by me to provide a clear answer to a simple factual question. Italy did so; Germany evaded this question, arguing that the issue of reparations is excluded from the present dispute by virtue of the Court's Order of 06.07.2010 (counter-claim). This is far from convincing; had it provided a clear answer to my question, it would have assisted the Court to clarify further this factual question. On the basis of the foregoing, it appears, from the materials submitted by the contending Parties, together with their submissions, that the specific victims referred to in Italy's recent case-law have not in fact received reparation.

279. In conclusion on the matter at issue, the records before the Court show that Italy has repeatedly claimed in the present proceedings that none of the victims referred to in Italy's recent case-law received reparation. This is its basic argument, on which its case rests. Germany had ample opportunity, in its written and oral submissions, as well as in its responses and further comments to the questions I put to both contending parties (*supra*), to rebut this argument. It did not provide evidence of reparation made to these specific victims, and, instead, limited its arguments to general references of payments, while admitting that "Italian Military Internees" were left outside the scope of the scheme of the Foundation "Remembrance, Responsibility, Future".

280. In sum, and as already indicated, on the basis of an expert opinion (by C. Tomuschat), Germany did not make reparation to Italian prisoners of war used as forced labourers ("Italian Military Internees") through the Foundation. It resorted to an appraisal which led to a treatment of those victims that incurs, in my understanding, into a double injustice to them: first, when they could have benefited from the rights attached to the status of prisoners of war, such status was denied to them; and secondly, now that they seek reparation for violations of international humanitarian law of which they were victims (including the violation of denying them the status of prisoners of war), they are seen to be treated as prisoners of war.

281. It is regrettably too late to consider them prisoners of war (and, worse still, to deny them reparation): they should be so considered during the II world war and in its immediate aftermath (for the purpose of protection), but they were not. These are the uncontested and the distressing facts. On the basis of the foregoing, it can thus at last be concluded, on the basis of the records before the Court, that many victims of Nazi Germany's grave violations of human rights and of international humanitarian law have in fact been left without reparation.

XXV. The Imperative of Providing Reparation to Individual Victims of Grave Violations of Human Rights and of International Humanitarian Law

1. The Realization of Justice as a Form of Reparation

282. In my understanding, it is imperative that reparation is provided to the individual victims of the grave violations of human rights and of international humanitarian law at issue in the *cas d'espèce*. The individual victim's right to reparation is ineluctably linked to the grave violations of human rights and of international humanitarian law that they suffered. In the present case concerning the *Jurisdictional Immunities of the State*, the contending claims of war reparations and State immunities could not at all have been dissociated, and certainly not at all in the way they were by the Court's Order of 06.07.2010, summarily dismissing the Italian counter-claim. That decision was taken by the Court (with my firm dissent), without a public hearing, and on the basis

of two succinct paragraphs (28 and 29) containing, each of them, a *petitio principii*, simply begging the question[321].

283. Notwithstanding, as I have pointed out in the present Dissenting Opinion (paras. 18-23, *supra*), the contending Parties, Germany and Italy, kept on referring to the factual and historical background of the *cas d'espèce*, in advancing their opposite views on State immunities. This was not surprising, as claims of State immunities and war reparations, in the circumstances of the present case, go inevitably together, as the two faces of the same coin. This is one of the many lessons to be extracted from the present case. Its factual background confirms that, whenever a State sought to stand above the Law, abuses were committed against human beings[322], including grave violations of human rights and of international humanitarian law.

284. The *rule of law* (*État de Droit*) implies restrictions imposed upon the power of the State by the Law, as no State stands above this latter; the rule of law seeks to preserve and guarantee certain fundamental values, in the line of natural law thinking. Whenever those values are forgotten, in the mounting of a State apparatus of oppression leading to systematic and grave violations of human rights and of international humanitarian law, Law reacts. And the *realization of justice*, which takes place also to put an end to impunity, in my view constitutes by itself a relevant form of reparation (satisfaction) to the victims.

2. Reparation as the Reaction of Law to Grave Violations

285. It indeed resembles a reaction of the Law to the extreme violence victimizing human beings. We enter here into the domain of *jus cogens* (cf. *infra*); Law reacts to assert its primacy over brute force, to seek to regulate human relations according to the precepts of the *recta ratio* (of natural law), and to mitigate human suffering. Hence the imperative of having justice done, and of providing reparation to the victims. In his work *L'Ordinamento Giuridico* (originally published in 1918), the Italian jusphilosopher Santi Romano sustained that sanction is not circumscribed to specific legal norms, but is rather immanent to the juridical order as a whole, operating as an "effective guarantee" of all the subjective rights set forth therein[323]. In face of the acts of extreme violence victimizing human beings, violating fundamental rights inherent to them, the legal order (national and international) reacts, so as to secure the primacy of justice and to render viable the reparation (satisfaction) to the victims.

286. I had the occasion, one decade ago, to dwell upon this particular point, in the adjudication of a case in another international jurisdiction (the IACtHR). I then pointed out that the Law, emanating ultimately from human conscience and moved on by this latter, comes to provide the *reparatio* (from the Latin term *reparare*, "to dispose again"); and Law intervenes, moreover, to guarantee the non-repetition of the harmful acts[324]. The *reparatio* does not put an end to the

---

[321]Cf. ICJ, Advisory Opinion (of 01.02.2012) on *Judgment nº 2867 of the Administrative Tribunal of the International Labour Organization upon a Complaint Filed against the International Fund for Agricultural Development*, Separate Opinion of Judge Cançado Trindade, para. 111.

[322]E. Cassirer, *El Mito del Estado*, *op. cit. supra* n. (191), pp. 311-319; A. Ross, *Sobre el Derecho y la Justicia*, 2nd ed., Buenos Aires, Eudeba, 1997, pp. 314-315.

[323]Santi Romano, *L'ordre juridique* (transl., 2nd ed.), Paris, Dalloz, 2002 (reed.), p. 16.

[324]IACtHR, case *Bulacio versus Argentina* (Judgment of 18.09.2003), Separate Opinion of Judge Cançado Trindade, para. 35.

human rights violations already perpetrated[325], but it at least avoids the aggravation of the harm already done (by the indifference of the social *milieu*, by impunity or by oblivion).

287. Under this outlook, the *reparatio* is endowed, in my understanding, with a double meaning, as I stated on that occasion, namely:

> "it provides satisfaction (as a form of reparation) to the victims, or their relatives, whose rights have been violated, at the same time that it restablishes the legal order broken by such violations, — a legal order erected on the full respect for the rights inherent to the human person. The legal order, thus reestablished, requires the guarantee of non-repetition of the harmful acts (. . .).
>
> The *reparatio* disposes again, reorganizes the life of the victimized survivors, but it does not manage to eliminate the pain which is already ineluctably incorporated to their day-to-day existence. The loss is, from this angle, rigorously irreparable. Yet, the *reparatio* is an inescapable duty of those who have the responsibility to impart justice. In a stage of greater development of human conscience, and thus of Law itself, it is beyond doubt that the realization of justice overcomes every and any obstacle, including those ensuing from the abusive exercise of rules or institutes of positive law, thus rendering *imprescriptible* the grave breaches of human rights (. . .). The *reparatio* is a reaction, at the level of the law, to human cruelty, manifested in the most diverse forms: the violence in the treatment of fellow human beings *semejantes*, the impunity of those responsible on the part of the public power, the indifference and oblivion of the social *milieu*.
>
> This reaction of the broken legal order (the *substratum* of which is precisely the observance of human rights) is moved, ultimately, by the spirit of human solidarity (. . .). The reparation, thus understood, encompassing, in the framework of the realization of justice, the satisfaction to the victims (or their relatives) and the guarantee of non-repetition of the harmful acts, (. . .) is endowed with undeniable importance. The rejection of the indifference and oblivion, and the guarantee of non-repetition of the violations, are manifestations of the links of solidarity between those victimized and those who can be so, in the violent world, devoid of values, wherein we live. This is, ultimately, an eloquent expression of the links of solidarity that unite the living to their dead[326]. (. . .)"[327].

XXVI. The Primacy of *Jus Cogens*: A Rebuttal of Its Deconstruction

288. This leads me to my last line of considerations. In the present Dissenting Opinion, I have already expressed my firm opposition to the posture of stagnation in respect of *jus cogens* whenever claims of State immunity are at stake (paras. 224-227, *supra*). In fact, in this and other respects (methodology, approach adopted and pursued, reasoning, conclusions), there seems to be an abyss separating my own position from that of the Court's majority in the present case concerning the *Jurisdictional Immunities of the State*. In laying the foundations of my own

---

[325]Human capacity of both promoting the common good and to commit evil has not ceased to attract the attention of human thinking thoughout the centuries; cf., e.g., F. Alberoni, *Las Razones del Bien y del Mal*, México, Gedisa Edit., 1988, pp. 9-196; A.-D. Sertillanges, *Le problème du mal*, *op. cit. supra* n. (253), pp. 5-412.

[326]On these links of solidarity, cf. my Separate Opinions in the case *Bámaca Velásquez versus Guatemala* (Judgments of the IACtHR on the merits, of 25.11.2000, and on reparations, of 22.02.2002).

[327]IACtHR, case *Bulacio versus Argentina* (Judgment of 18.09.2003), Separate Opinion of Judge Cançado Trindade, paras. 36 and 38-40.

personal position on the issues dealt with in the present Judgment, may I now concentrate my Dissenting Opinion, at last, on one point which is particularly dear to me: the consolidation and primacy of *jus cogens* in international law. In effect, without the primacy of *jus cogens*, international law would have a grim future. I could not accept that, as all hope for a better future would then vanish.

289. I am a surviving Judge from the painful international adjudication of a cycle of cases of massacres that recently reached a contemporary international tribunal, the IACtHR, during which I was in contact with the most somber side of human nature. Now that those cases have been decided, and belong to the history of contemporary international law (and in particular the International Law of Human Rights), I have organized my memories of that experience[328], so that present and future generations of scholars of the law of nations (*droit des gens*) may perhaps benefit from the lessons I have extracted therefrom. It is not my intention to recollect those lessons in the present Dissenting Opinion, but only and briefly to refer to them and to point out that, in my view, one cannot approach cases of the kind involving grave breaches of human rights and of international humanitarian law — without close attention to *fundamental human values*. Unlike what legal positivism assumes, law and ethics go ineluctably together, and this should be kept in mind for the faithful realization of justice, at national and international levels.

290. The invocation of "elementary considerations of humanity"[329] cannot be rhetorical, failing to guard coherence in not anticipating nor addressing the consequences of the application of those considerations in practice. Moreover, one should not pursue a very restrictive view of *opinio juris*[330], reducing it to the subjective component of custom and distancing it from the general principles of law, up to a point of not taking account of it at all[331]. In the present case, the "acts committed on the territory of the forum State by the armed forces of a foreign State"[332] (as the Court depicts them), are "acts" the illegality of which has been recognized by the responsible State itself, Germany, "at all stages of the proceedings"[333] of the present case. They are not *acta jure imperii*[334], as the Court repeatedly characterizes them; they are unlawful acts, *delicta imperii*, atrocities, international crimes of the utmost gravity, engaging the responsibility of the State and of the individuals that perpetrated them. The traditional distinction between acts *jure imperii* and *jure gestionis*, as I have already indicated, is immaterial here, in a case of the gravity of the present one.

291. The principle of the sovereign equality of States is indeed a fundamental principle applicable at the level of *inter*-State relations[335]: had it been duly observed, those atrocities or international crimes would not have occurred in the way and at the time they did (in 1943-1945). In any case, that principle is not the *punctum pruriens* here, as we are concerned in the *cas d'espèce*

---

[328]A.A. Cançado Trindade, *El Ejercicio de la Función Judicial Internacional — Memorias de la Corte Interamericana de Derechos Humanos*, *op. cit .supra* n. (256), pp. 1-340; and cf. also A.A. Cançado Trindade, *State Responsibility in Cases of Massacres: Contemporary Advances in International Justice* (Inaugural Address, 10.11.2011), Utrecht, Universiteit Utrecht, 2011, pp. 1-71; A.A. Cançado Trindade, "Die Entwicklung des interamerikanischen Systems zum Schutz der Menschenrechte", 70 *Zeitschrift für ausländisches öffentliches Recht und Völkerrecht* (2010), pp. 629-699, esp. pp. 695-699.

[329]Cf. para 52 of the present Judgment.

[330]Cf. para. 55 of the present Judgment.

[331]Cf. paragraph 78 of the present Judgment.

[332]Cf. paragraph 65 of the present Judgment.

[333]Cf. paragraph 60 of the present Judgment.

[334]Cf. paragraph 60 of the present Judgment, and cf. also paragraphs 61-65, 72 and 77.

[335]Cf. paragraph 57 of the present Judgment.

with atrocities or international crimes committed at *intra*-State level. The central principles at issue here are, in my perception, the principle of humanity and the principle of human dignity. State immunity cannot, in my view, be unduly placed[336] above State responsibility for international crimes and its ineluctable complement, the responsible State's duty of reparation to the victims.

292. As already indicated, the *jurisprudence constante* of The Hague Court (PCIJ and ICJ) upholds the understanding that, as a matter of principle, a violation of international law and the corresponding duty of providing reparation form an *indissoluble whole*, so as to make the consequences thereof cease. State immunities cannot be made to operate, like in the present Judgment, like a thunder coming out of a dark storm (the social cataclysm of the II world war) and falling upon that indissoluble whole dismantling it altogether. As I have further also indicated, State immunity is not a right but rather a prerogative or privilege; it cannot be upheld in a way that leads to manifest injustice.

293. In order to try to justify the upholding of State immunity even in the circumstances of the *cas d'espèce*, the Court's majority pursues an empirical factual exercise of identifying the incongruous case-law of national courts and the inconsistent practice of national legislations on the subject-matter at issue. This exercise is characteristic of the methodology of legal positivism, over-attentive to facts and oblivious of values. Be that as it may, even in its own outlook, the examination of national courts decisions, in my view, is not at all conclusive for upholding State immunity in cases of international crimes.

294. As to national legislations, pieces of sparse legislation in a handful of States[337], in my view, cannot withhold the lifting of State immunity in cases of grave violations of human rights and of international humanitarian law. Such are positivist exercises leading to the fossilization of international law, and disclosing its persistent underdevelopment, rather than its progressive development, as one would expect. Such undue methodology is coupled with inadequate and unpersuasive conceptualizations, of the kind of the ones so widespread in the legal profession, such as, *inter alia*, the counterpositions of "primary" to "secondary" rules, or of "procedural" to "substantive" rules[338], or of obligations of "conduct" to those of "result". Words, words, words . . . Where are the values?

295. At times, resort to conceptualizations of the kind may lead to manifest injustice, as in the present case concerning the *Jurisdictional Immunities of the State*. Once again the Court resorts to the counterposition between procedural law (where it situates immunity, as it did in its earlier Judgment of 2002 in the *Arrest Warrant* case, opposing the D.R. Congo to Belgium) and substantive law[339]. To me, the separation between procedural and substantive law is not ontologically nor deontologically viable: *la forme conforme le fond.* Legal procedure is not an end in itself, it is a means to the realization of justice. And the application of substantive law is *finaliste*, it purports to have justice done.

296. In the present Judgment, the Court's majority starts from the wrong assumption that no conflict exists, or can exist, between the substantive "rules of *jus cogens*" (imposing the prohibitions of "the murder of civilians in occupied territory, the deportation of civilian inhabitants

---

[336]Cf. paragraphs 90 and 106 of the present Judgment.

[337]Cf. paragraph 88 of the present Judgment.

[338]Cf. paragraphs 58 and 100 of the present Judgment.

[339]Cf. paragraph 58 of the present Judgment.

to slave labour and the deportation of prisoners of war to slave labour") and the procedural "rules of State immunity"[340]. This tautological assumption leads the Court to its upholding of State immunity even in the grave circumstances of the present case. There is thus a material conflict, even though a formalist one may not be discernible. The fact remains that a conflict does exist, and the Court's reasoning leads to what I perceive as a groundless deconstruction of *jus cogens*, depriving this latter of its effects and legal consequences.

297. This is not the first time that this happens; it has happened before, e.g., in the last decade, in the Court's Judgments in the cases of the *Arrest Warrant* (2002) and of the *Armed Activities on the Territory of the Congo* (D.R. Congo *versus* Rwanda, 2006), recalled by the Court with approval in the present Judgment[341]. It is high time to give *jus cogens* the attention it requires and deserves. Its deconstruction, as in the present case, is to the detriment not only of the individual victims of grave violations of human rights and of international humanitarian law, but also of contemporary international law itself. In sum, in my understanding, there can be no prerogative or privilege of State immunity in cases of international crimes, such as massacres of the civilian population, and deportation of civilians and prisoners of war to subjection to slave labour: these are grave breaches of absolute prohibitions of *jus cogens*, for which there can be no immunities.

298. State immunities cannot keep on being approached in the light of an atomized or self-sufficient outlook (contemplating State immunities in a void), but rather pursuant to a comprehensive view of contemporary international law as a whole, and its role in the international community. International law cannot be frozen by continued and prolonged reliance on omissions of the past, either at normative level (e.g., in the drafting of the 2004 United Nations Convention on Jurisdictional Immunities of States and Their Property), or at judicial level (e.g., the majority decision of the ECtHR [Grand Chamber] in the *Al-Adsani* case, 2001, and of this Court in the present case), already pointed out. The assertion by the Court, in the present Judgment, that, analogically, there is nothing "inherent in the concept of *jus cogens*" which would require the modification, or displace the application, of rules determining the scope and extent of jurisdiction[342], simply begs the question: it requires persuasive demonstration, not provided to date.

299. The Court cannot, by its decisions, remain indifferent to, or oblivious of, the enormous suffering of victims of grave violations of human rights and of international humanitarian law; it cannot remain over-attentive to the apparent sensitivities of States, to the point of conniving at denial of justice, by unduly ascribing to State immunities an absolute value. Quite on the contrary, the individual victims of State atrocities cannot be left without any form of redress. State immunity is not supposed to operate as a bar to jurisdiction in circumstances such as those prevailing in the present case concerning the *Jurisdictional Immunities of the State*. It is not to stand in the way of the *realization of justice*. The pursuit of justice is to be preserved as the ultimate goal; securing justice to victims encompasses, *inter alia*, enabling them to seek and obtain redress for the crimes they suffered. *Jus cogens* stands above the prerogative or privilege of State immunity, with all the consequences that ensue therefrom, thus avoiding denial of justice and impunity.

---

[340]Cf. paragraph 93 of the present Judgment, and cf. also paragraph 95.

[341]Cf. paragraph 95 of the present Judgment.

[342]Cf. paragraph 95 of the present Judgment.

XXVII. A Recapitulation: Concluding Observations

300. From all the preceding considerations, it is crystal clear that my own position, in respect of all the points which form the object of the present Judgment on the case concerning the *Jurisdictional Immunities of the State*, stands in clear opposition to the view espoused by the Court's majority. My dissenting position is grounded not only on the assessment of the arguments produced before the Court by the contending parties (Germany and Italy) and the intervening State (Greece), but above all on issues of principle and on fundamental values, to which I attach even greater importance. I have thus felt obliged, in the faithful exercise of the international judicial function, to lay the foundations of my dissenting position in the *cas d'espèce* in the present Dissenting Opinion. I deem it fit, at this stage, to recapitulate all the points of my dissenting position, expressed herein, for the sake of clarity, and in order to stress their interrelatedness.

301. *Primus*: One cannot take account of inter-temporal law only in a way that serves one's interests in litigation, accepting the passing of time and the evolution of law in relation to certain facts but not to others, of the same *continuing* situation. One cannot hide behind static dogmas so as to escape the legal consequences of the perpetration of atrocities in the past; the evolution of law is to be taken into account. *Secundus*: Likewise, one cannot make abstraction of the factual context of the present case; State immunities cannot be considered in the void, they constitute a matter which is ineluctably linked to the facts which give origin to a contentious case. Recognition of this interrelatedness is even more forceful, in a unique and unprecedented case like the present one, in which the complainant State, throughout the proceedings before the Court (written and oral phases), recognized its own responsibility for the harmful acts lying in the origins, and forming the factual background, of the present case.

302. *Tertius*: There have been doctrinal developments, from a generation of jurists which witnessed the horrors of two world wars in the XXth century, which did not at all pursue a State-centric approach, and were centred on fundamental human values, and on the human person, guarding faithfulness to the historical origins of the *droit des gens*, as one ought to do nowadays as well. State immunities are, after all, a prerogative or a privilege, and they cannot keep on making abstraction of the evolution of international law, taking place nowadays in the light of fundamental human values.

303. *Quartus*: The more lucid contemporary international legal doctrine, including the work of learned institutions in international law, gradually resolves the tension between State immunity and the right of access to justice rightly in favour of the latter, particularly in cases of international crimes. It expresses its concern with the need to abide by the imperatives of justice and to avoid impunity in cases of perpetration of international crimes, thus seeking to guarantee their non-repetition in the future. *Quintus*: The threshold of the *gravity* of the breaches of human rights and of international humanitarian law removes any bar to jurisdiction, in the quest for reparation to the victimized individuals. It is indeed important that all mass atrocities are nowadays considered in the light of the threshold of *gravity*, irrespective of who committed them. Criminal State policies and the ensuing perpetration of State atrocities are not to be covered up by the shield of State immunity.

304. *Sextus*: Purported inter-State waivers of rights inherent to the human person are inadmissible; they stand against the international *ordre public*, and are to be deprived of any juridical effects. This is deeply-engraved in human conscience, in the *universal juridical conscience*, the ultimate material source of all Law. *Septimus*: By the time of the II world war, deportation to forced labour (as a form of slave work) was already prohibited by international law. Well before the II world war its wrongfulness was widely acknowledged, at normative level (in the

IV Hague Convention of 1907 and in the 1930 ILO Convention on Forced Labour); there was recognition of that prohibition in works of codification. That prohibition has, furthermore, met with judicial recognition. *Octavus*: The right to war reparation claims was likewise recognized well before the end of the II world war (in the IV Hague Convention of 1907).

305. *Nonus*: What jeopardizes or destabilizes the international legal order, are the international crimes, and not the individual suits for reparation in the search for justice. What troubles the international legal order, are the cover-up of such international crimes accompanied by the impunity of the perpetrators, and not the victims' search for justice? When a State pursues a criminal policy of murdering segments of its own population, and of the population of other States, it cannot, later on, place itself behind the shield of sovereign immunities, as these latter were never conceived for that purpose.

306. *Decimus*: Grave breaches of human rights and of international humanitarian law, amounting to international crimes, are anti-juridical acts, are breaches of *jus cogens*, that cannot simply be removed or thrown into oblivion by reliance on State immunity. *Undecimus*: International crimes perpetrated by States are not acts *jure gestionis*, nor acts *jure imperii*; they are crimes, *delicta imperii*, for which there is no immunity. That traditional and eroded distinction is immaterial here.

307. *Duodecimus*: In case of grave violations of human rights and of international humanitarian law, the *direct access* of the individuals concerned to the international jurisdiction is thus fully justified, to vindicate those rights, even against their own State. *Tertius decimus*: Individuals are indeed subjects of international law (not merely "actors"), and whenever legal doctrine departed from this, the consequences and results were catastrophic. Individuals are *titulaires* of rights and bearers of duties which emanate *directly* from international law (the *jus gentium*). Converging developments, in recent decades, of the International Law of Human Rights, of International Humanitarian Law, and of the International Law of Refugees, followed by those of International Criminal Law, give unequivocal testimony of this.

308. *Quartus decimus*: It is not at all State immunity that cannot be waived. There is no immunity for crimes against humanity. In cases of international crimes, of *delicta imperii*, what cannot be waived is the individual's right of access to justice, encompassing the right to reparation for the grave violations of the rights inherent to him as a human being. Without that right, there is no credible legal system at all, at national or international levels.

309. *Quintus decimus*: The finding of particularly grave violations of human rights and of international humanitarian law provides a valuable test for the removal of any bar to jurisdiction, in pursuance of the necessary realization of justice. *Sextus decimus*: It is immaterial whether the harmful act in grave breach of human rights was a governmental one, or a private one with the acquiescence of the State, or whether it was committed entirely in the *forum* State or not (deportation to forced labour is a trans-frontier crime). State immunity does not stand in the domain of redress for grave violations of the fundamental rights of the human person.

310. *Septimus decimus*: The right of access to justice *lato sensu* comprises not only the formal access to justice (the right to institute legal proceedings), by means of an effective remedy, but also the guarantees of the due process of law (with equality of arms, conforming the *proces équitable*), up to the judgment (as the *prestation juridictionnelle*), with its faithful execution, with the provision of the reparation due. The realization of justice is in itself a form of

reparation, granting *satisfaction* to the victim. In this way those victimized by oppression have their right to the Law (*droit au Droit*) duly vindicated.

311. *Duodevicesimus*: Even in the domain of State immunities properly, there has been acknowledgment of the changes undergone by it, in the sense of restricting or discarding such immunities in the occurrence of those grave breaches, due to the advent of the International Law of Human Rights, with attention focused on the right of access to justice and international accountability. *Undevicesimus*: The State's duty to provide reparation to individual victims of grave violations of human rights and of international humanitarian law is a duty under customary international law and pursuant to a fundamental general principle of law.

312. *Vicesimus*: There is nowadays a growing trend of opinion sustaining the removal of immunity in cases of international crimes, for which reparation is sought by the victims. In effect, to admit the removal of State immunity in the realm of trade relations, or in respect of local personal tort (e.g., in traffic accidents), and at the same time to insist on shielding States with immunity, in cases of international crimes — marked by grave violations of human rights and of international humanitarian law — in pursuance of State (criminal) policies, amounts to a juridical absurdity.

313. *Vicesimus primus*: The right of access to justice *lato sensu* is to be approached with attention focused on its essence as a fundamental right, and not on permissible or implicit "limitations" to it. *Vicesimus secundus*: Grave breaches of human rights and of international humanitarian law amount to breaches of *jus cogens*, entailing State responsibility and the right to reparation to the victims. This is in line with the idea of *rectitude* (in conformity with the *recta ratio* of natural law), underlying the conception of Law (in distinct legal systems — *Recht/Diritto/Droit/Direito/Derecho/Right*) as a whole.

314. *Vicesimus tertius*: It is groundless to claim that the regime of reparations for grave breaches of human rights and of international humanitarian law would exhaust itself at inter-State level, to the detriment of the individuals who suffered the consequences of war crimes and crimes against humanity. It is clear from the records of present case that there are IMIs, victims of Nazi Germany's grave violations of human rights and of international humanitarian law, who have in fact been left without reparation to date. *Vicesimus quartus*: Such individual victims of State atrocities cannot be left without any form of redress. State immunity is not supposed to operate as a bar to jurisdiction in circumstances such as those prevailing in the present case concerning the *Jurisdictional Immunities of the State*. It is not to stand in the way of the *realization of justice*. The pursuit of justice is to be preserved as the ultimate goal; securing justice to victims encompasses, *inter alia*, enabling them to seek and obtain redress for the crimes they suffered.

315. *Vicesimus quintus*: One cannot embark on a wrongfully assumed and formalist lack of conflict between "procedural" and "substantive" rules, depriving *jus cogens* of its effects and legal consequences. The fact remains that a conflict does exist, and the primacy is of *jus cogens*, which resists to, and survives, such groundless attempt at its deconstruction. There can be no prerogative or privilege of State immunity in cases of international crimes, such as massacres of the civilian population, and deportation of civilians and prisoners of war to subjection to slave labour: these are grave breaches of absolute prohibitions of *jus cogens*, for which there can be no immunities.

316. *Vicesimus sextus*: *Jus cogens* stands above the prerogative or privilege of State immunity, with all the consequences that ensue therefrom, thus avoiding denial of justice and impunity. On the basis of all the aforesaid, my firm position is that there is no State immunity for international crimes, for grave violations of human rights and of international humanitarian law. In my understanding, this is what the International Court *of Justice* should have decided in the present Judgment.

(Signed) Antônio Augusto CANÇADO TRINDADE.

Dissenting opinion of Judge Yusuf

The key question in these proceedings was whether Italian courts violated the jurisdictional immunity of Germany — The Italian courts set aside the immunity of Germany with respect to claims for reparation of serious humanitarian law violations in the absence of other remedial avenues — The Court failed to adequately address this core issue — The Court instead focused on the extent of immunity for acts jure imperii *when committed by armed forces during armed conflict and the strength of* jus cogens *norms — The Court's analysis does not adequately address the real life situation of the victims of Nazi atrocities without other means of redress — Immunity should not be used as a screen where no other remedial avenues are available — The victims' petition to Italian domestic courts was a last attempt to obtain reparation — Immunity is not an immutable value in international law — The scope of immunity has been contracting over the past century as the international legal system shifted from a State-centred model to one that also protects the rights of human beings — It is as full of holes as Swiss cheese — There is considerable divergence in the extent and scope of immunity in State practice — Uncertainties on customary rules cannot be resolved by a formalistic exercise of surveying divergent judicial decisions — Customary international law is not a question of relative numbers — Consideration must be given to the circumstances and nature of each case and the factors underlying it — Resort may also be had to the general principles underlying human rights and humanitarian law — A balance must be sought between the function of immunity and the realization of fundamental human rights and humanitarian law — There should be a proportionality and legitimacy assessment with respect to granting immunity when the customary rules are found to be fragmentary or unsettled — The evolution of the law on immunity has often occurred through isolated domestic court decisions that gradually become mainstream — Assertion of jurisdiction by domestic courts crystallizes an emerging exception to State immunity — Domestic courts cannot set aside immunity every time there is a claim for reparation for violations of international humanitarian law or human rights — In exceptional circumstances, assertion of jurisdiction where there is no other remedial avenue contributes to a better observance of international humanitarian law without unjustifiably indenting immunity.*

1. Introduction

1. I am regrettably unable to concur with the Court's majority in finding that:

> "[T]he Italian Republic has violated its obligation to respect the immunity which the Federal Republic of Germany enjoys under international law by allowing civil claims to be brought against it based on violations of international humanitarian law committed by the German Reich between 1943 and 1945."

2. I am also in disagreement with the reasoning and consideration on which this finding is based.

3. My disagreements relate in particular to the marginal way in which the core issues in dispute between the Parties have been dealt with in the judgment; the lack of an adequate analysis of the obligation to make reparations for violations of international humanitarian law (hereinafter IHL), which is intimately linked to the denial of State immunity in the dispute before the Court; the reasoning and conclusions of the majority on the scope and extent of State immunity in international law and the derogations that may be made from it; and the approach adopted in the judgment towards the role of domestic courts in the identification and evolution of international customary norms, particularly in the area of State immunity.

I will elaborate my views on these matters below.

2. The core issues before the Court

4. The jurisdictional immunity of foreign States before national courts in cases concerning serious violations of human rights or humanitarian law has been extensively debated in recent years in scholarly literature and has given rise to conflicting judicial decisions by courts of various jurisdictions. The core issues before the Court in these proceedings are however of a much more limited and narrower scope. They concern decisions by Italian courts to set aside Germany's immunity in proceedings regarding claims for reparation arising out of acts committed by the Third Reich in the period 1943-1945 whose illegality has been admitted by Germany.

5. The claims before the Italian courts concerned certain categories of victims (for a description of these categories, see paragraph 52 of the Judgment) to whom Germany allegedly failed to pay compensation, thus leaving them without other means of redress for the harm suffered. The Court had therefore to determine whether the refusal of Italian courts to grant jurisdictional immunity to Germany with respect to claims of victims of Nazi crimes in search of redress and reparation constitutes an internationally wrongful act, in the absence of other remedial avenues. The Court's answer to this question is positive, and I disagree with it. But my disagreement concerns also the approach adopted by the Court to reach this conclusion.

6. The Court recognizes that it has jurisdiction to determine whether Germany's failure to pay compensation to those categories of victims, whose illegal treatment by the Third Reich has been admitted by Germany, is capable of having an effect on the existence and scope of Germany's jurisdictional immunity before Italian courts, and consequently whether the Italian courts were legally justified, under these specific circumstances, to deny immunity to Germany (paragraph 50). The Court, however, in its consideration of the merits, limits its examination, almost entirely, to the issue of "whether . . . immunity is applicable to acts committed by the armed forces of a State . . . in the course of conducting an armed conflict" (paragraph 61).

7. This formulation of the core issues is, in my view, too abstract and formalistic as compared to the real life situation of the victims of Nazi atrocities who, for the lack of any alternative means of redress, had to submit their claims for reparation to Italian courts. The dispute before the Court is not about the general applicability of immunity to unlawful acts committed by the armed forces of a State in a situation of armed conflict. This is a very broad subject which is best left for academic papers and scholarly discussions. The dispute in this case is about the decisions of Italian courts to set aside the jurisdictional immunity of Germany to allow certain categories of Italian victims, who were unable to obtain effective reparations for crimes committed by the Third Reich and admitted by Germany, to have an alternative means of redress.

8. Italy has repeatedly emphasized this point both in its written submissions (Counter-Memorial Italy, pp. 87-122; and Rejoinder Italy, pp. 11-26) and during the oral proceedings (CR 2011/18, para. 11; CR 2011/21, paras. 4-12; CR 2011/21, p. 17, paras. 1-37). Germany has also abundantly responded to it (CR 2011/17, paras. 14-42; CR 2011/20, p. 30, paras. 11-36). The Court should have therefore adequately addressed it.

9. Unfortunately, as a result of the above-mentioned approach by the Court, the centrality to the dispute between the Parties of the link between the lack of reparations and the denial of immunity by the Italian courts in order to provide an alternative means of redress to the victims, has been substantially overlooked, if not completely sidelined, in the Judgment. The only

exception is a short section (paragraphs 98-103), which deals with the "last resort" argument put forward by Italy with regard to the lack of reparations for certain categories of victims.

10. In that section, the Court notes that

> "Germany decided to deny compensation to a group of victims on the ground that they had been entitled to a status which, at the relevant time, Germany had refused to recognize, particularly since those victims had thereby been denied the legal protection to which that status entitled them." (Paragraph 99.)

However, instead of assessing the impact that this failure to make reparations, and the absence of alternative means of redress, could have on the granting or denial of State immunity to Germany in the courts of the forum State under international law, the Court limits itself to state that "the Court considers that it is a matter of surprise — and regret — that Germany decided to deny compensation . . ." *(ibid.)*. It bears to be recalled in this connection that disputes between States are not submitted to an international adjudicatory body, and particularly to the principal judicial organ of the United Nations, for expressions of surprise and regret, but for their appropriate settlement on the basis of international law.

11. On the other hand, I agree with the Court's statement that: "the Court is not unaware that the immunity from jurisdiction of Germany in accordance with international law may preclude judicial redress for the Italian nationals concerned" (paragraph 104). Nevertheless, the Court should have, in my view, drawn some legal conclusions from this statement, particularly with respect to the legality or illegality of the decisions of the Italian courts in this specific context. Instead, the Court goes on to state that the claims of the Italian military internees (IMIs), together with other claims of Italian nationals, "could be the subject of further negotiation involving the two States concerned, with a view to resolving the issue" (paragraph 104); thus, suggesting a diplomatic approach, rather than a legal determination by the Court itself, to some of the core issues of the dispute submitted to it for adjudication.

3. The Obligation to make reparations for violations of IHL

12. In view of the direct bearing that the lack of reparations for IHL violations by the Third Reich had on the refusal by Italian courts to grant immunity to Germany, I find it also regrettable that the Court, despite recognizing this close relationship, has not considered it necessary to examine, at least in a general manner, the obligation to make reparations for violations of IHL in international law.

13. The obligation to make reparations for damages suffered as a result of breaches of humanitarian law is enshrined in Article 3 of the 1907 Hague Convention IV which provides that:

> "A belligerent party which violates the provisions of the said Regulations shall, if the case demands, be liable to pay compensation. It shall be responsible for all acts forming part of its armed forces."

14. A similar provision is to be found in Article 91 of the Additional Protocol I of 1977 to the Geneva Conventions of 1949 (hereinafter "Protocol I"). These provisions do not indicate whether the beneficiaries of such compensation are individuals or States. It can, however, be said that they clearly establish the existence of an obligation under international law to pay compensation and make reparations for violations of humanitarian law.

15. It is only in the past two decades or so that one may find examples of individual claimants seeking compensation for damages suffered as a result of violations of humanitarian law. Such examples include the claims brought before Japanese courts in the 1990s on behalf of the victims of IHL violations during the Second World War including slave labourers, comfort women, and torture victims; or the legal suits brought before United States courts by the Holocaust Restitution Movement against Germany on behalf of wartime "labour slaves", which have now been settled by Germany; the *Distomo* case brought by the relations of the victims of a massacre by the Nazi armed forces before Greek courts against Germany in 1995; and the *Ferrini* case brought against Germany before Italian courts by Mr. Luigi Ferrini, an Italian national who had been arrested in August 1944, and deported to Germany, where he was detained and forced to work in a munitions factory until the end of the war.

16. Historically, there is ample evidence that compensation for such breaches was for a long period of time handled at the inter-State level either through peace treaties or through settlement agreements. More recently, other mechanisms have been used such as the Iraq Compensation Commission established by the United Nations Security Council and the Eritrea-Ethiopia Claims Commission created through a bilateral agreement. This does not however mean that individuals are not or were not intended to be the ultimate beneficiaries of such mechanisms; or that they do not possess the right to make claims for compensation. It only indicates that the national State of the victims receives a lump sum to be distributed to the victims of such breaches. Such arrangements appear to have been resorted to for policy or practical reasons aimed at avoiding the prospect of innumerable private suits, or a delay in the conclusion of peace treaties and the resumption of normal relations between formerly belligerent States.

17. What is at issue here is the question of State responsibility. If crimes are committed by the agents of a State during an armed conflict, such a State has to assume responsibility for the unlawful acts of its agents, and to provide reparation to the victims. Such reparation is most often made through inter-State mechanisms, or through special funds set up by the State responsible for the violation. But, the law of State responsibility does not rule out the possibility that rights may accrue to individuals as a result of a wrongful act committed by a State. As a matter of fact, it is stated in Article 33, paragraph 2, of the ILC Articles on the Responsibility of States for internationally wrongful acts, that: "This Part is without prejudice to any right, arising from the international responsibility of a State, which may accrue directly to any person or entity other than the State."

18. Moreover, the ILC commentary clearly states that there are cases where individuals are the holders of the rights resulting from international rules regarding State responsibility. This is the case, in my view, not only in human rights treaties, but also in humanitarian law conventions. Article 3 of Hague Convention IV and Article 91 of Protocol I are good examples of such rules, particularly when interpreted in light of the recent evolution of international law in the area of human rights and humanitarian law. The International Committee of the Red Cross Commentary to Article 91, Protocol I, appears to recognize this evolution:

> "Those entitled to compensation will normally be Parties to the conflict or their nationals, though in exceptional cases they may also be neutral countries, in the case of violation of the rules on neutrality or of unlawful conduct with respect to neutral nationals in the territory of a Party to the conflict . . . However, since 1945 a tendency has emerged to recognize the exercise of rights by individuals." (See ICRC, www.icrc.org/ihl.nsf/COM/470-750117, paras. 3656 and 3657.)

19. It may therefore be stated that Article 3 of the Hague Convention IV — or for that matter, Article 91 of Protocol I — does not exclude the right of individuals to make claims for compensation for damages arising from breaches of IHL, despite the fact that the practice of States has been for a very long time to establish bilateral mechanisms through peace treaties and other agreements, and to have the issue of compensation handled by the State whose nationals have suffered damage as a result of such breaches.

20. The question, however, arises as to what happens in case some of the victims of IHL violations, for which responsibility has been recognized by the foreign State, are not covered through such schemes, and consequently are deprived of the possibility of being beneficiaries of the right to receive compensation for such breaches. Should such a State be allowed to use immunity before domestic courts as a screen against the obligation to make reparations, particularly when resort to such courts may be the only means of redress available to the victims? This is in my view the fundamental issue that the Court should have examined in this case.

4. Assessment of the scope of State immunity and its possible conflict with claims for reparations

21. My disagreement with the Court also extends to the approach and reasoning of the majority, which I find unpersuasive, on the scope and extent of the jurisdictional immunity of States under international law, as well as its exceptions and derogations. It is true that State immunity is a rule of customary international law, and not merely a matter of comity, although some legal scholars consider it only as an exception to the principle of territorial sovereignty and jurisdiction of States (see, for example, R. Higgins, "Certain Unresolved Aspects of the Law of State Immunity", *Netherlands Yearbook of International Law*, pp. 265-276). Its coverage has, however, been contracting over the past century, in light of the evolution of international law from a State-centred legal system to one which also protects the rights of human beings vis-à-vis the State.

22. The shrinking of immunity coverage has been spearheaded by the decisions of domestic courts and largely prompted by the growing recognition of the rights of individuals involved in transactions with States or State-owned entities. It was indeed for the purpose of protecting the rights of individuals or juridical persons vis-à-vis States that a restrictive doctrine of immunities was introduced by national courts as early as the nineteenth century. Similarly, the tort exception to immunity has been conceived for the protection of individual rights against States.

23. Thus, although State immunity is important to the conduct of harmonious and friendly relations between States, it is not a rule of law whose coverage is well defined for all circumstances or whose consistency and stability is unimpaired. There is indeed considerable divergence in the manner in which the scope and extent of such immunity is interpreted and applied in the practice of States, and particularly in the judicial decisions of their courts. It is not therefore very persuasive to characterize some of the exceptions to immunity as part of customary international law, despite the continued existence of conflicting domestic judicial decisions on their application, while interpreting other exceptions, similarly based on divergent domestic courts' decisions, as supporting the non-existence of customary norms. This may give the impression of cherry-picking, particularly where the number of cases invoked is rather limited on both sides of the equation.

24. It may, for example, be asked whether the judicial decisions of a handful of domestic courts (see paragraphs 73-74 of the Judgment) could serve to substantiate the existence of customary international law based on State practice which supports the proposition that:

> "State immunity for *acta jure imperii* continues to extend to civil proceedings for acts occasioning death, personal injury or damage to property committed by the armed forces and other organs of a State in the conduct of armed conflict, even if the relevant acts take place on the territory of the forum State" (paragraph 77 of the Judgment).

It could equally be asked why more weight should be attached, in terms of the existence of customary law norms, to those decisions as opposed to the Italian and Greek Supreme Courts' decisions (paragraphs 27-36 of the Judgment). Is customary international law a question of relative numbers?

Would it not have been more appropriate to recognize, in light of conflicting judicial decisions and other practices of States, that customary international law in this area remains fragmentary and unsettled?

25. It should be recalled that even the traditional distinction between *jure gestionis* and *jure imperii*, which is often used for practical purposes to group together certain exceptions, depending on the nature of the acts involved, is far from being universally applied in a uniform manner, since the categorization of certain acts under one class of acts or the other still remains a matter of controversy among States and national courts. Moreover, the definition of the basic concept underlying the distinction, namely commercial transactions, remains elusive. In the meantime, the exceptions and derogations to which State immunity is subject keep growing all the time.

26. State immunity is, as a matter of fact, as full of holes as Swiss cheese. Thus, to the extent that customary norms of international law are to be found in the practice and *opinio juris* of States, such practice clearly attests to the fact that the scope and extent of State immunity, particularly in the area of violations of human rights and humanitarian law, which is currently characterized by conflicting decisions of national courts in its interpretation and application, remains an uncertain and unsettled area of international custom, whose contours are ill-defined.

27. These uncertainties cannot adequately be resolved, in my view, through a formalistic exercise of surveying conflicting judicial decisions of domestic courts, which remain sparse as regards human rights and humanitarian law violations arising from armed conflict (or the lack of reparations for such violations), and counting those in favour of applying immunity and those against it. Such a process is unlikely to yield very useful results or to contribute to the clarification of the law in this field. Moreover, State immunity from jurisdiction cannot be interpreted in an abstract manner or applied in a vacuum. The specific features and circumstances of each case, and the factors underlying it, have to be fully taken into account. In the present case, it is claims for reparations for unlawful acts admitted by the responsible State that are at issue, where no alternative means of redress appear to be available. This is the reason why this case is rather unusual, as recognized in the Judgment (paragraph 60).

28. When jurisdictional immunities come into conflict with fundamental rights consecrated under human rights or humanitarian law, for which a forum State has an obligation to secure and enforce in its territory, and whose realization reflects basic values of the international community, it is much more appropriate to have regard to the manner in which, under contemporary international law, "[a] balance . . . must be struck between two sets of functions which are both valued by the international community" (see *Arrest Warrant of 11 April 2000 (Democratic Republic of the Congo* v. *Belgium), Judgment, I.C.J. Reports 2002*, joint separate opinion of Judges Higgins, Kooijmans, and Buergenthal, p. 85, para. 75). In today's world, the use of State

immunity to obstruct the right of access to justice and the right to an effective remedy may be seen as a misuse of such immunity.

29. Such a balance has to be sought between the intrinsic functions and purposes of immunity, and the protection and realization of fundamental human rights and humanitarian law principles. The European Court of Human Rights (ECHR) recognized the necessity of balancing the granting of immunity (in the case of International Organizations) with the right of access to courts and the right to an effective remedy in *Waite & Kennedy* v. *Germany* and *Beer & Regan* v. *Germany* by underlining that:

> "For the Court, a material factor in determining whether granting ESA (the European Space Agency) immunity from German jurisdiction is permissible under the Convention is whether the applicants had available to them reasonable alternative means to protect effectively their rights under the Convention." (ECHR, Case of *Waite and Kennedy* v. *Germany* (Application No. 26083/94, Judgment, 18 February 1999, para.68); and ECHR, Case *Beer and Regan* v. *Germany* (Application No. 28934/95, Judgment, 18 February 1999, para. 58).)

30. The assessment of whether, in the present case, immunity should have been granted or could have been denied under international law by the Italian courts cannot exclude, in my view, the application of the general principles underlying human rights and humanitarian law and embodying basic rights such as the right to an effective remedy, the right to compensation for damages suffered as a result of breaches of humanitarian law, and the right to protection from denial of justice, which are directly relevant to the particular circumstances of the claims submitted to those courts. Nor can the law of State immunity, as raised by the cases before the Italian courts, be interpreted in a way which conflicts with the realization of those rights in the context of contemporary international law. Even more importantly, recourse should be had to those principles, and to an assessment of the proportionality and legitimacy of purpose of granting immunity, when the rules on State immunity or the exceptions to it are either fragmentary or unsettled, such as in the case of human rights or humanitarian law violations for which appropriate reparations have not been made.

31. Such principles include those proclaimed by the United Nations General Assembly as "Basic Principles and Guidelines on the Right to a Remedy and Reparation for Victims of Gross Violations of International Human Rights Law and Serious Violations of international humanitarian law" (resolution 60/147 of 16 December 2005) according to which:

> "11. Remedies for gross violations of international human rights law and serious violations of international humanitarian law include the victim's right to the following as provided for under international law:
>
> *(a)* Equal and effective access to justice;
>
> *(b)* Adequate, effective and prompt reparation for harm suffered;
>
> *(c)* Access to relevant information concerning violations and reparation mechanisms."

The UN Basic principles further provide that:

> "12. A victim of a gross violation of international humanitarian law . . . shall have equal access to an effective judicial remedy as provided for under international law."

32. In explaining the provisions of the General Assembly resolution, the United Nations Special Rapporteur Theo van Boven noted that:

> "From the outset the Principles and Guidelines were based on the law of State Responsibility . . . It was argued, however, by some governments that the Articles on State Responsibility were drawn up with inter-State relations in mind and would not per se apply to relations between States and individuals. This argument was countered in that it ignored the historic evolution since the Second World War of human rights having become an integral and dynamic part of international law as endorsed by numerous widely ratified international human rights treaties. It was also said to ignore that the duty of affording remedies for governmental misconduct was so widely acknowledged that the right to an effective remedy for violations of human rights and a fortiori of gross human rights violations, may be regarded as forming part of customary international law." (Theo van Boven, *The United Nations Basic Principles and Guidelines on the Right to a Remedy and Reparation for Victims of Gross Violations of International Human Rights Law and Serious Violations of International Humanitarian Law*, United Nations Audiovisual Library of International Law, pp. 1-2.)

33. Similarly, the Report of the United Nations Commission on Darfur states that:

> "at present, whenever a gross breach of human rights is committed which also amounts to an international crime, customary international law not only provides for the criminal liability of the individuals who have committed that breach, but also imposes an obligation on the States of which the perpetrators are nationals, or for which they acted as *de jure* or *de facto* organs, to make reparations (including compensation) for the damage done" (*Report of the International Commission of Enquiry on Darfur*, 25 January 2005, paras. 598-599).

34. Among the three categories of Italian victims of unlawful acts committed by the Nazi régime mentioned in paragraph 52 of the Judgment, the Court highlights in particular the plight of the Italian military internees (IMIs) who were excluded by Germany from eligibility for reparations on the ground that prisoners of war were not entitled to compensation for forced labour, although they were, as a matter fact, denied treatment as prisoners of war by the Nazi authorities. Having determined that at least this category of victims had no possibility of receiving compensation from Germany through other mechanisms such as inter-State agreements or the national legislation of Germany, the Court, should have, in my view, conducted an assessment of whether by granting immunity to Germany the Italian courts would have impaired the IMIs' right to reparation, or their access to justice, or their right to an effective remedy for the damages suffered.

35. Immunity is not an immutable value in international law. Its adjustability to the evolution of the international society, and its flexibility, are evidenced by the number of exceptions built gradually into it over the past century, most of which reflect the growing normative weight attached to the protection of the rights of the individual against the State, be that as a private party to commercial transactions with the State or as a victim of tortious acts by State officials. This is not to say that the importance of immunity to the stability of relations among States or to the orderly allocation and exercise of jurisdiction in proceedings concerning States has been weakened. Immunity continues to perform those functions, despite the growing number of exceptions.

36. The granting or denial of immunity by domestic courts, in cases involving claims arising from international crimes where the law of State immunity, and exceptions thereto, is still uncertain

or unsettled, requires a contextual assessment not only to ensure the proper characterization of the nature of the claims involved, but also to review the effect that such a decision may have on other normative values to which the international community attaches similar importance. It is indeed widely recognized in the jurisprudence of domestic courts that, before ruling on the existence of immunity as a right of the foreign State, a review of the underlying factors of the case has to be conducted to determine whether or not an exception applies (see, for example, *Conrades* v. *United Kingdom* (1981), 65 *I.L.R.* 205 (Hanover Labour Court); *Farouk Abdul Aziz* v. *Yemen* (2005) the Court of Appeal (Civil Division) of England, [2005] EWCA civ 745, paras. 61-62; *Supreme Court of Canada, Kuwait Airways Corp.* v. *Iraq*, 2010 SCC 40 [2010] 2 S.C.R. 571, para. 33). In this context, the *Cour de Cassation* in France declared, in the *Bucheron* case, that:

> "attendu que l'immunité de juridiction des Etats étrangers, bien qu'étant de principe, n'est que relative et connait des exceptions ; qu'il en résulte que la juridiction devant laquelle elle est invoquée est dans la nécessité d'en apprecier le bien-fondé au regard du fond du litige pour decider s'il y a lieu d'accueillir ou non cette fin de non-recevoir d'une nature particulière" (No. 02-45961,16 December 2003, *Bull. civ.*, 2003, No. 258, p. 206 (the *Bucheron* case)).

37. Thus, the preliminary nature of immunity from jurisdiction does not preclude national courts, in this case the Italian courts, from assessing the context in which the claim has been made to ensure a proper legal characterization of the acts for which immunity is claimed, and where necessary, to balance the different factors underlying the case to determine whether the court has jurisdiction.

38. In the present case, Germany's arguments revolved around the idea that there is no relevant limitation on the immunity to which a State is entitled in respect of *acta jure imperii* in the sense that:

> "no general practice, supported by *opinio juris*, exists as to any enlargement of the derogation from the principle of State immunity in respect of violations of humanitarian law committed by military forces during an armed conflict" (Memorial of Germany, para. 55).
>
> According to Germany,
>
> "the practice regarding the settlement of war claims is very consistent. Such claims are generally settled under international treaties in the relationship between the States concerned. Specifically with regard to all the claims resulting from World War II, this traditional course was followed." *(Ibid.)*

39. Italy, on the other hand, maintained that:

> "The ongoing German denial of appropriate and effective reparation to a large number of Italian victims of IHL committed by German authorities during the final part of the Second World War, as recognized and renewed by Germany through the 1961 Agreements as well as subsequent unilateral measures, needed to be addressed." (Counter-Memorial of Italy, para. 6.15.)
>
> In the view of the Italian side:
>
> "Italian judges, facing such a blatant and long-lasting denial of reparation in violation of all relevant rules of international law, could not simply turn down victims' claims by recognizing the principle of State Immunity. Clearly, the judges had the

feeling that by applying a purely procedural principle in the face of the gravity of crimes for which no reparation has yet been made, they would create a typical situation of denial of justice. Had Italian courts granted immunity they would have put a full stop to the entire question of reparation to thousands of victims. They would have effectively denied any possibility for these claims to achieve any objective. On the contrary, they had very serious justifications for setting aside the immunity of Germany and verifying whether the claims were substantiated on the merits." (Counter-Memorial of Italy, para. 6.16.)

40. The issue of the possible conflict between State immunity and reparations arising from violations of humanitarian law has recently been dealt with in a report and a resolution of the Institut de droit international. In introducing the report, which was titled "the Fundamental Rights of the Person and the Immunity from Jurisdiction of States" to the Naples Session of the Institut in 2009, Lady Fox stated that

"a further difficulty arose as regards State immunity, namely whether it was illogical and possibly morally unjustifiable that an individual official might currently be subject to criminal persecution in national courts but that the State which ordered the acts might be sheltered by immunity from civil proceedings for reparation for the consequences of such crimes" (*Annuaire de l'Institut de droit international, session de Naples*, Vol. 73, p. 110).

41. In its resolution on the report presented by Lady Fox, the Institut considered among other things, "the underlying conflict between immunity from jurisdiction of States and their agents, and claims arising from international crimes" and made two statements which are relevant to the issues in dispute before the Court. First, it is recognized, in a preambular paragraph, that "the removal of immunity from proceedings in national courts is one way by which effective reparation for the commission of international crimes may be achieved". Secondly, it is stated in paragraph 2, of Article II, on Principles that: "Immunities should not constitute an obstacle to the appropriate reparation to which victims of crimes addressed by this Resolution are entitled." (*Ibid.*, pp. 228-230.)

42. I believe that these statements reflect the current state of international law as regards the relationship between State immunity and claims for reparations arising from unlawful acts committed in the course of an armed conflict, particularly in exceptional circumstances such as those faced by the Italian victims of atrocities committed by the Third Reich during the Second World War where no other means of redress appear to be available. The statements cannot be taken to mean, in my view, that immunity should be set aside whenever claims for reparation of crimes committed by the agents of a foreign State are submitted to domestic courts. They rather indicate the necessity of appropriate and effective reparations to victims of crimes, and that immunity should not be an obstacle to such reparation in those exceptional circumstances where no other means of redress is available. This is a very limited exception to immunity bounded by the special circumstances arising from the lack of other remedial avenues for the victims. The manner in which these considerations could be applied to the present case is discussed in paragraphs 49-54 below.

5. Domestic courts, State immunity, and the right to reparation for violations of IHL committed in the forum State

43. The law relating to State immunity has historically evolved through the decisions of domestic courts. It is in such domestic courts that the nature and scope of State immunity has most

often been determined and developed over the ages. It is to them that we owe the distinction between *jure gestionis* and *jure imperii* as well as other derogations and exceptions to State immunity. Divergences and conflicts in the interpretation and application of the law to specific circumstances are bound to arise in such a diversified setting. It is not therefore surprising that many aspects of these exceptions and derogations remain unsettled.

44. The decisions of the Italian courts, as well as the Distomo decision in Greece, may be viewed as part of a broader evolutionary process, in the context of judicial decisions by domestic courts, which has given rise to a number of exceptions to the jurisdictional immunity of States, such as the tort exception, the employment exception and the intellectual property exception. The question of course may be asked whether any of these exceptions should have been considered as violations of international law when they were first established by one or two national courts, given the unsettled nature of the scope and extent of State immunity in customary international law at the time of the decision.

45. In this connection, it is of particular interest that the Court refers approvingly to the 1961 judgment of the Supreme Court of Austria in *Holubek* v. *Government of the United States of America* (*ILR*, Vol. 40, 1962, p. 73), which may have been one of the first decisions to recognize the notion of tort exception to State immunity. One could perhaps try to imagine the fate of this important exception, which is now widely applied and has been codified into all the existing conventions on State immunity, had the Austrian judgment been found to be in violation of the law of State immunity by an international judicial body in the mid-sixties. A nascent norm, which has come to reflect a widely held *opinio juris* and State practice, would have been undoubtedly nipped in the bud.

46. As Lord Denning commented with respect to the exception of *acta jure gestionis*: "Whenever a change is made, someone some time has to make the first move. One country alone may start the process. Others may follow. At first a trickle, then a stream, last a flood." (Quoted in *Brohmer, State Immunity and the Violation of Human Rights*, 1997, p. 20, note 85.)

47. Certain rules of international law may remain in a grey zone, and their existence may be debated in legal scholarship, until such time as a court of law — in the case of State immunities, a domestic court of law — clarifies their status and establishes their legal quality. This has happened many times with respect to the exceptions and derogations to State immunity. It is not indeed through diplomatic exchanges, or through the conclusion of conventions, or even through the pronouncements of international judicial or arbitral bodies that the exceptions and derogations to State immunity have developed. It has most often occurred through single, and sometimes isolated, domestic court decisions, which gradually turned mainstream.

48. Thus, in the area of State immunity it is not to be excluded that such domestic courts may be performing a law-development function, even when their decisions are not yet shared by other jurisdictions or are considered, at first sight, not to conform to what may have hitherto been viewed as State practice. The Court itself appears to recognize the potential of domestic courts for further development of the law of immunity through its references to certain judicial decisions which were the first to formulate some of the derogations and exceptions to State immunity.

49. In his report to the Institut de Droit International on "the Activities of National Judges and the International Relations of their State", Professor Benedetto Conforti stated the following:

> "In arts. 4–7 of the draft resolution, the independence of national courts . . . is considered in relation to the various sources of international law. Beginning with customary law, it does not seem that there has ever been any doubt that national courts, when they are called upon to apply a customary rule, are fully independent with respect to its ascertainment. There are, however, at least two aspects of such ascertainment which have a rather problematic nature: one concerns the court's participation in the formation and modification of customary law . . .
>
> As far as the first aspect is concerned, we can say, in keeping with the main trend in domestic case law, that the courts are able to review whether a customary rule corresponds to the exigencies of equity and justice, and if it does not, to refuse to apply it, provided that such course of action has a basis in State practice, even if its is still fragmentary and at a formative stage."

He then added:

> "To conclude on this point, we can say that the judge may refuse to apply an international customary norm or consider it wholly or in part modified if he ascertains the existence of an *opinio* necessitates in this sense, and if the extinction of the norm or the formation of a new norm has its basis in an international and/or domestic practice, even if such practice is fragmentary." (Provisional Report, Part 2 — Judicial Independence and the Sources of International Law, pp. 386–387.)

50. Both the rules on State immunity and the entitlement of individuals to reparations following the commission by State agents of international crimes are undergoing transformation. The Institut de droit international recognized as much in its above-mentioned Naples Resolution in which reference was made to "the underlying conflict between immunity from jurisdiction of States and their agents and claims arising from international crimes". Such conflict did not exist in the past. It is of recent origin. It has arisen as a result of a widely held view in the international community (some sort of an *opinio juris necessitates*) according to which State immunity should not be used as a screen to avoid reparations to which victims of crimes are entitled. This is the situation in my view with which the Italian "Corte di Cassazione" was faced in the *Ferrini* case and in subsequent cases.

51. The assertion of jurisdiction by domestic courts for a failure to make reparations for serious breaches of the law of armed conflict admitted by the responsible State, particularly where no other means of redress is available, could not, in my view, harm the independence or the sovereignty of another State. It simply contributes to the crystallization of an emerging exception to State immunity, which is based on the principles underlying human rights and humanitarian law and on the widely-held *opinio juris* of ensuring the realization of those rights, including the right to an effective remedy, in those circumstances where the victims would have no other means of redress.

52. Recognizing that a failure to make reparations for war crimes or crimes against humanity may result in non-immunity before domestic courts, particularly when no other means of redress is available, is not so much about further narrowing the scope of State immunity, but about bringing it in line with the growing normative weight attached by the international community to the protection of human rights and humanitarian law, and the realization of the right to effective remedy for human beings. It could also have a deterrent effect on the non-observance of humanitarian law by States.

53. I am not sure that it is sufficient to state, in the context of the exceptional circumstances surrounding the claims of the Italian victims for reparations, that: "the fact that immunity may bar the exercise of jurisdiction in a particular case does not alter the applicability of the substantive rules of international law" (paragraph 100). A question that may arise, in this context, is whether, if immunity were granted in such a case, the defendant State would be under an obligation to afford an alternative remedy to the victims of the breaches to which it has admitted? This is an important question to which an answer should have been provided in the proceedings or in the Judgment. Moreover, it is doubtful whether a responsibility that does not afford a means of redress or a remedial context within which the claims may be settled can be of much use to such victims.

54. The above arguments do not imply that each time there is a claim for reparation of breaches of international humanitarian law or human rights, the domestic courts of the State where the breaches had been committed, are entitled to set aside the immunity of the State responsible for such breaches. This may result in countless lawsuits that may overwhelm both the judicial system of the State where the claims are made and the governmental machinery of the responsible State. Moreover, in addition to the traditional inter-State or compensation mechanisms of the past mentioned above, new practices have been developed at the international level in recent years, such as the United Nations Compensation Commission for Iraq, instituted by the Security Council by resolution 687 (1991), and the Claims Commission instituted by the Agreement of 12 December 2000 between Ethiopia and Eritrea, to offer the possibility of compensation to victims of breaches of international law.

55. Although the claims of individuals before such commissions must be put forward by States, what matters most is the availability of a remedial context to which such claims for reparations are assigned, and where an effective means of redress can be obtained. It is only where reparations for certain categories of victims, as in the Italian cases, are not covered by inter-State compensation schemes, by other international mechanisms, or by the legislation of the responsible State, and the victims concerned have, so to say, fallen through the cracks of the system, that the courts of the forum are, in my view, entitled to offer an alternative and "ultimate" means of redress, and an effective remedy to the victims of grave breaches of humanitarian law, to avoid a denial of justice. The "underlying conflict" to which reference was made in the Naples Resolution of the Institut de droit international should, in such exceptional circumstances, be resolved in favour of the victims of grave breaches of international humanitarian law.

6. Final observations

56. The core issue in this dispute was not that in each and every case of an alleged violation of human rights or humanitarian law, immunity should be derogated from, or that there is, generally speaking, a human rights or humanitarian law exception to jurisdictional immunity. The core issue was whether, in those exceptional circumstances where immunity may prevent the victims of international crimes from obtaining an effective remedy or where no other means of redress is available, such immunity should be granted or set aside by domestic courts. In other words, where reparation has not been assigned to another contextual remedy, should immunity be used as a screen to ward off the obligation to make reparations to the victims before domestic courts?

57. I believe that, in such a case, by lifting the bar of immunity in the very limited way suggested above (paragraphs 49-54), humanitarian law would be better enforced and the human rights-based values of the international community as a whole would be better protected.

58. As the principal judicial organ of the United Nations, the Court has an important role to play to provide guidance on rules of international law and to clarify them, particularly where the law is uncertain or unsettled. It had a unique opportunity to do so in this case. It could have clarified the law in the sense in which it is already evolving of a limited and workable exception to jurisdictional immunity in those circumstances where the victims have no other means of redress. Such an exception would bring immunity in line with the growing normative weight attached by the international community to the protection of human rights and humanitarian law, and the realization of the right to effective remedy for victims of international crimes, without unjustifiably indenting the jurisdictional immunity of States.

59. The assertion of jurisdiction by domestic courts in those exceptional circumstances where there is a failure to make reparations, and where the responsible State has admitted to the commission of serious violations of humanitarian law, without providing a contextual remedy for the victims, does not, in my view, upset the harmonious relations between States, but contributes to a better observance of international human rights and humanitarian law.

(Signed) Abdulqawi A. YUSUF.

DISSENTING OPINION OF JUDGE *AD HOC* GAJA

1. The Court's Judgment accepts the view that the jurisdictional immunity of a foreign State does not cover certain claims concerning reparation for torts committed in the forum State. However, the Court

> "considers that customary international law continues to require that a State be accorded immunity in proceedings for torts allegedly committed on the territory of another State by its armed forces and other organs of State in the course of conducting an armed conflict" (paragraph 78).

This point is decisive for rejecting the applicability of the so-called "tort exception" in the case in hand. The Court consequently concludes that the Italian courts breached an international obligation when they asserted their jurisdiction over claims relating to wrongful acts committed by Germany in Italy during the Second World War.

The Court's argument is well built and includes a wide survey of relevant State practice. However, the scope of the "tort exception" deserves further analysis, also because this is an area where the law, according to several judicial decisions, is currently "developing".

2. The "tort exception" has found expression in Article 12 of the United Nations Convention on Jurisdictional Immunities of States and Their Property, according to which:

> "Unless otherwise agreed between the States concerned, a State cannot invoke immunity from jurisdiction before a court of another State which is otherwise competent in a proceeding which relates to pecuniary compensation for death or injury to the person, or damage to or loss of tangible property, caused by an act or omission which is alleged to be attributable to the State, if the act or omission occurred in whole or in part in the territory of that other State and if the author of the act or omission was present in that territory at the time of the act or omission."

This codification Convention, which was adopted by the General Assembly in 2004, has so far been ratified by 13 States and is not yet in force. It would be at any event unwarranted to assume that all its substantive provisions correspond to rules of general international law. On the other hand, many of its provisions cannot be regarded as fully innovative. This certainly applies to Article 12, which finds precedents in several provisions of municipal legislation which will be referred to later and, before these statutes were enacted, in Article 11 of the 1972 European Convention on State Immunity. The latter text reads as follows:

> "A Contracting State cannot claim immunity from the jurisdiction of a court of another Contracting State in proceedings which relate to redress for injury to the person or damage to tangible property, if the facts which occasioned the injury or damage occurred in the territory of the State of the forum, and if the author of the injury or damage was present in that territory at the time when those facts occurred."

In the following paragraphs there will be only a few references to the European Convention, because it is clearly of limited significance for the purpose of ascertaining the existing rules of general international law on State immunity. It received only eight ratifications, all by States from a defined geographical area (Austria, Belgium, Cyprus, Germany, Luxembourg, Netherlands, Switzerland and United Kingdom). Moreover, it does not attempt to state general rules, but only considers the immunity of a Contracting State from the jurisdiction of other Contracting States.

3. The "tort exception" has also been expressed in statutes concerning the jurisdictional immunity of foreign States that nine States have enacted. Only one State (Pakistan) has not included the "tort exception" in its legislation on this subject.

Legislation is an important aspect of State practice. It is significant also when the object of a rule of international law is the conduct of judicial authorities, as with regard to the exercise of jurisdiction by courts. One may assume that only in exceptional circumstances judicial authorities will depart from what is required from them by the respective legislator. To my knowledge, no court of any of the States which enacted legislation incorporating the "tort exception" has raised any question of consistency between the relevant legislation and general international law.

The number of States in question may at first sight seem insufficient to represent the attitude of the generality of States, since most States have not adopted statutes on jurisdictional immunity and directly rely on general international law. However, it would be difficult to consider the legislative practice of ten States, which spans a period of more than 30 years, as insignificant for the purpose of ascertaining the current status of general international law. The criterion adopted by these States was not intended to codify a standard that all the States would be required to follow. On certain issues, the legislation of some States was arguably more favourable to immunity than general international law. This is certainly lawful, which would not be the case for a more restrictive approach. When asserting a "tort exception", the States concerned no doubt assumed that they were entitled to exercise their jurisdiction lawfully in applying the exception. Should their view be regarded as unfounded under general international law, all these States would incur international responsibility when applying the "tort exception". One would have expected some form of protest on the part of other States at the international level, since the legislation in question was well known and many States were likely to be affected. The silence kept by the majority of States cannot be interpreted as an implicit criticism of the lawfulness of resorting to the "tort exception".

4. In the nine States that have enacted legislation on jurisdictional immunity of foreign States including a "tort exception" this exception has a similar content. It may be appropriate to quote the texts of the pertinent provisions. I shall follow a chronological order.

According to section 1605 *(a)* of the United States *Foreign Sovereign Immunities Act 1976:*

"*(a)* A foreign state shall not be immune from the jurisdiction of courts of the United States or of the States in any case —

. . . .

(5) not otherwise encompassed in paragraph (2) above, in which money damages are sought against a foreign state for personal injury or death, or damage to or loss of property, occurred in the United States and caused by the tortious act or omission of that foreign state or of any official or employee of that foreign state while acting within the scope of his office or employment; except that this paragraph shall not apply to —

(A) any claim based upon the exercise or performance or the failure to exercise or perform a discretionary function regardless of whether the discretion be abused, or

(B) any claim arising out of malicious prosecution, abuse of process, libel, slander, misrepresentation, deceit, or interference with contract rights;"

Section 5 of the *United Kingdom State Immunity Act 1978* runs as follows: "A foreign State is not immune from the jurisdiction of a court in any proceedings that relate to — *(a)* death or personal injury; or *(b)* damage to or loss of tangible property, caused by an act or omission in the United Kingdom."

Section 7 of Singapore's *State Immunity Act* is identical to this text, with the only replacement of the words "the United Kingdom" with "Singapore".

Section 6 of South Africa's *Foreign States Immunities Act* declares that: "A foreign state shall not be immune from the jurisdiction of the courts of the Republic in proceedings relating to — *(a)* the death or injury of any person; or *(b)* damage to or loss of tangible property, caused by an act or omission in the Republic."

According to Section 13 of Australia's *Foreign States Immunities Act 1985*: "A foreign State is not immune in a proceeding in so far as the proceeding concerns — *(a)* the death of, or personal injury to, a person; or *(b)* loss of or damage to tangible property, caused by an act or omission done or omitted to be done in Australia."

Section 6 of Canada's *State Immunity Act* reads as follows: "A foreign state is not immune from the jurisdiction of a court in any proceedings that relate to — *(a)* any death or personal or bodily injury, or *(b)* any damage to or loss of property, that occurs in Canada."

In Argentina, Article 2 of Law No. 24,488 on jurisdictional immunity of foreign States provides that: "Foreign States may not invoke jurisdictional immunity in the following cases: … *(e)* where the foreign State is subject to a claim for losses or damages derived from crimes or offences committed in Argentina" *["(e) Cuando fueren demandados por daños y perjuicios derivados de delitos o cuasidelitos cometidos en el territorio;"]*.

According to Section 5 of Israel's *Foreign State Immunity Law* 5769-2008: "A foreign state shall not have immunity from jurisdiction in an action in tort where personal injury or damage to tangible property has occurred, provided the tort was committed in Israel."

Finally, Article 10 of the Act on the Civil Jurisdiction of Japan with respect to a Foreign State, etc., provides that:

> "In cases where the death of or injury to a person or the loss of or damage to a tangible object resulted from an act for which it is claimed a Foreign State, etc., should take responsibility, if all or part of said act took place in Japan and the person who performed said act was in Japan at the time it was committed, said Foreign State, etc., shall not be immune from jurisdiction with respect to judicial proceedings in which monetary compensation for the damage or loss resulting from said act is being sought."

Although the wording varies, all these texts contain a general statement, which appears to cover claims for all the acts or omissions attributable to a foreign State which take place in the territory of the forum State and cause death or personal injury or damage to tangible property.

5. None of the legislative acts quoted in the previous paragraph restricts the applicability of the "tort exception" when the act or omission of the foreign State is taken within an activity which may be described *jure imperii* because it occurs in the exercise of a sovereign power by the foreign State.

The Commentary of the International Law Commission (ILC) on Draft Article 12, which later became without change Article 12 of the 2004 UN Convention, noted that "[t]he areas of damage envisaged in Article 12 are mainly concerned with accidental death or physical injuries to persons or damage to tangible property involved in traffic accidents", but that "the scope of Article 12 is wide enough to cover also intentional physical harm such as assault and battery, malicious damage to property, arson or even homicide, including political assassination". The ILC Commentary also noted that, while "the case law of some States" maintained the distinction between acts *jure imperii* and acts *jure gestionis*, the "tort exception" in Article 12 "makes no such distinction" (*Yearbook of the International Law Commission*, 1991, Vol. II, Part Two, p. 45). According to the Commentary:

> "The *locus delicti commissi* offers a substantial territorial connection regardless of the motivation of the act or omission, whether intentional or even malicious, or whether accidental, negligent, inadvertent, reckless or careless, and indeed irrespective of the nature of the activities involved, whether *jure imperii* or *jure gestionis*."

There is nothing in the text of the UN Convention or in the preparatory work that suggests that the "tort exception" should not apply when the foreign State acts *jure imperii*.

On the basis of the ILC Commentary, the Italian *Corte di Cassazione* stressed in *Ferrini* that, according to Article 12 of the ILC Draft Articles,

> "the distinction between acts performed *jure imperii* and acts carried out *jure gestionis* assumes no relevance in respect of damages claims arising from 'assaults on the physical integrity of a person' or from loss or damage of a 'bodily' nature" (judgment of 11 March 2004 No. 5044; English translation in *International Law Reports (ILR)*, Vol. 128, p. 672).

The Supreme Court of Canada in *Schreiber* v. *The Federal Republic of Germany and the Attorney General of Canada* agreed that the "tort exception" also covered acts *jure imperii*, adding the observation that if one restricted the exception in this regard, one "would deprive the victims of the worst breaches of basic rights of any possibility of redress in national courts" ([2002] *Supreme Court Reports*, Vol. 3, p. 269, para. 37).

A different view was expressed by the Supreme Court of Ireland in *McElhinney* v. *Williams* when Chief Justice Hamilton held that, even if the tortious act of a British soldier had occurred in the forum State, immunity had to be granted to the foreign State "when such act or omission is committed *jure imperii*" (*ILR*, Vol. 104, p. 703). Ireland has not enacted legislation on jurisdictional immunity, nor is it a party to the European Convention on State Immunity. An application to the European Court of Human Rights was later made by Mr. McElhinney against Ireland. This Court said that the "tort exception" corresponded to a "trend in international and comparative law", but that:

> "the trend may primarily refer to 'insurable' personal injury, that is incidents arising out of ordinary road traffic accidents, rather than matters relating to the core area of State sovereignty such as the acts of a soldier on foreign territory which, of their very nature, may involve sensitive issues affecting diplomatic relations between States and national security. Certainly, it cannot be said that Ireland is alone in holding that immunity attaches to suits in respect of such torts committed by *acta jure imperii* or that, in affording this immunity, Ireland falls outside any currently accepted international standards." (*ILR*, Vol. 123, p. 85, para. 38.)

It is to be noted that the question before the European Court in *McElhinney* v. *Ireland* was not whether the respondent State had an obligation to grant jurisdictional immunity to the United Kingdom, but whether Ireland was in breach of an obligation under Article 6 of the European Convention on Human Rights by denying the applicant access to justice. The majority of the Court did not endorse the idea that States were required to apply a "tort exception". It found that, "given the present state of the development of international law" on jurisdictional immunity, there was no breach by Ireland of an obligation to exercise jurisdiction. However, the Court did not go as far as to say that, had the Irish courts hypothetically entertained the claim, Ireland would have been in breach of its obligations under international law with regard to jurisdictional immunity.

6. The European Convention on State Immunity contains various clauses which restrict the scope of the Convention. What is relevant for our purposes is Article 31, which runs as follows:

> "Nothing in this Convention shall affect any immunities or privileges enjoyed by a Contracting State in respect of anything done or omitted to be done by, or in relation to, its armed forces when on the territory of another Contracting State."

The ILC Draft Articles do not contain a similar clause. However, the ILC Commentary on Draft Article 12 observes that this provision does not "apply to situations involving armed conflicts" (*Yearbook of the International Law Commission*, 1991, Vol. II, Part Two, p. 46). No explanation is given, nor is there an indication of the intended consequences of the fact that Draft Article 12 does not apply. It is not clear in particular whether "situations involving armed conflicts" are considered to be outside the scope of the UN Convention or whether another rule set forth in the Convention becomes applicable.

The exclusion suggested in the ILC Commentary has not found its way either into the text of the UN Convention or into the Understandings which represent an annex to the Convention. Nor is there anything on this matter in the report presented to the General Assembly (GA) by the Ad Hoc Committee which recommended the adoption of the Convention (A/59/22). However, when introducing this report to the Sixth Committee, the Chairman of the Ad Hoc Committee, Mr. Gerhard Hafner, made, among others, the following statement: "[o]ne of the issues that had been raised was whether military activities were covered by the Convention. The general understanding had always prevailed that they were not". He then referred to the exclusion of "situations involving armed conflicts" suggested by the ILC in its Commentary (A/C.6/59/SR.13, para. 36), which is a narrower subject than "military activities". The Chairman of the Ad Hoc Committee expressed the opinion that this matter was not regulated by the UN Convention. The legal significance of this statement is not altogether clear. GA resolution 59/38, which adopted the Convention, said in its last preambular paragraph: "Taking into account the statement of the Chairman of the Ad Hoc Committee introducing the report of the Ad Hoc Committee". This paragraph also does not entirely clarify matters.

Norway and Sweden, when ratifying the UN Convention, declared that they understood the Convention not to apply to "military activities". These two States shared Mr. Hafner's view that "military activities" are not covered by the UN Convention. These interpretative declarations support the idea that "military activities" are not regulated by the UN Convention, but do not provide a solution binding all the contracting States.

7. None of the legislative acts referred to above in paragraph 3 contains a general exclusion concerning claims relating to "situations involving armed conflicts" or to "military activities". There are, however, some provisions concerning these matters.

Section 16 (2) of the United Kingdom State Immunity Act 1978 states:

> "This Part of this Act does not apply to proceedings relating to anything done by or in relation to the armed forces of a State while present in the United Kingdom and, in particular, has effect subject to the *Visiting Forces Act 1952*."

Section 19 (2) *(a)* of Singapore's State Immunity Act is similarly worded. These provisions appear concerned with claims that may be brought against a State whose forces are present on the territory of the forum State with its consent. Special rules would apply to these claims. Section 22 of the Israeli Foreign States Immunities Law is more explicit on this point:

> "Notwithstanding the provisions of this statute, legal actions based on any act or omission committed by foreign military forces whose rights and status in Israel were determined by agreement between the State of Israel and the State to which the foreign military forces belong shall be governed by that agreement."

Also Section 6 of Australia's *Foreign States Immunities Act 1985*, which excludes immunities or privileges "by or under ... the *Defence (Visiting Forces) Act 1963*", and Section 16 of Canada's *State Immunity Act*, which mentions "the *Visiting Forces Act*", only refer to forces stationed on the territory of the forum State with the consent of the latter.

None of these texts specifically considers the "tort exception". They all relate more generally to the legislation concerning immunities of foreign States. In any event, the implication of these texts is that claims relating to armed activities that are not covered by the exclusion clauses come within the rules on immunity expressed in the statute, including the "tort exception".

8. The courts of several States considered the jurisdictional immunity of Germany in relation to acts of its armed forces during World War Two.

In *Ferrini* the Italian *Corte di Cassazione* based its main argument against immunity on a different basis but also gave weight to the fact that the wrongful act, consisting of the deportation of an Italian national to Germany where he underwent forced labour, "was commenced in the country in which the legal proceedings have since been brought" (judgment of 11 March 2004 No. 5044; English translation in *ILR*, Vol. 128, pp. 670-671). In a group of later decisions the same Court denied immunity "also in view of the fact that the wrongful act had occurred also in Italy" (thus, for example, Order No. 14209 of 29 May 2008, *Rivista di Diritto Internazionale*, Vol. 91 (2008), p. 900).

The French *Cour de Cassation* recognized on the contrary Germany's immunity in *Bucheron* (16 December 2003, case 02-45961) and later in *Grosz* (3 January 2006, case 04-47504). Both decisions concerned the deportation and subjection of French citizens to forced labour in Germany. The *Cour de Cassation* based its argument on the *jure imperii* character of the act, without considering the possibility of applying a "tort exception".

Greek courts were divided on the issue. The Greek *Areios Pagos* found in the *Distomo* case (judgment of 4 May 2000; English translation in *ILR*, Vol. 129, p. 519) that a rule of international customary law:

> "requires, by way of exception from the principle of immunity, that national courts may exercise international jurisdiction over claims for damages in relation to torts committed against persons and property on the territory of the forum State by organs of a foreign State present on that territory at the time of the commission of these torts even if they resulted from acts of sovereign power *(acta jure imperii)*".

The majority held that this would also apply to "damages arising [from military action] in situations of armed conflict" when "the offences for which compensation is sought (especially crimes against humanity) did not target civilians generally, but specific individuals in a given place who were neither directly nor indirectly connected with the military operations".

Two years later in *Margellos* the Greek Special Supreme Court, *Anotato Eidiko Dikastirio* (judgment of 17 September 2002; English translation in *ILR*, Vol. 129, p. 525) came (albeit by a 6 to 5 majority) to the almost opposite conclusion that the "tort exception" does not apply to activities of a foreign State's military force:

> "in the present state of development of international law, there is no generally accepted rule which, as an exception to the rule of sovereign immunity, would allow proceedings to be brought against a foreign State before the courts of another State, relating to a claim for compensation for a tort committed in the forum State in which the armed forces of the defendant State participated — in whatever manner and whether in time of war or peace" (*ibid.*, p. 532).

A similar approach was taken by the Polish Supreme Court in *Natoniewski* (judgment of 29 October 2010; English translation in *Polish Yearbook of International Law*, Vol. XXX (2010), p. 299). The Court reached the conclusion that:

> "there are insufficient grounds for recognizing an exception to state immunity in cases concerning redress for breaches of human rights occasioned by unlawful acts committed in the territory of the forum state which come within the category of armed activities".

Some further decisions that recognized immunity of a foreign State for military activity on the territory of the forum State will be referred to in paragraph 11.

9. The analysis of State practice concerning the "tort exception" in general and injuries caused by military activities more specifically shows that State authorities have taken a variety of approaches. One can apply to the issue of State immunity under consideration the introductory remark made by the ILC in its Commentary, that there is a "grey area in which opinions and existing case law and, indeed, legislation still vary" (*Yearbook of the International Law Commission*, 1991, Vol. II, Part Two, p. 23). In this "grey area" States may take different positions without necessarily departing from what is required by general international law.

The rationale of the suggested restriction to the "tort exception" concerning military activities is not clear. First of all, the conduct of all State organs is equally attributed to the State, as expressed in Article 4 of the ILC Articles on the responsibility of States for internationally wrongful acts. Why should a distinction be made between military and other organs of the same State? Moreover, when the forum State gives its consent to the presence on its territory of foreign troops, a specific, and more favourable, régime of immunities is understandable. This will normally be established by an agreement between the States concerned. It is more difficult to understand why there should be a favourable régime for a hostile State that would prevail over the sovereign right of the territorial State to exercise its jurisdiction concerning conduct taking place on its territory.

The fact that military activities may cause injuries on a large scale does not seem a good reason for depriving the many potential claimants of their judicial remedy. It may be that in practice this remedy will not be effective, but this applies more generally to all claims brought against foreign States given the difficulty for a successful claimant of enforcing any judgment that may be obtained.

10. One factor that could contribute to justifying a restrictive approach to State immunity when applying the "tort exception" is the nature of the obligation for the breach of which a claim to reparation is brought against a foreign State. This may be an obligation only covered by municipal law; it may also be the breach of an obligation under international law and, in the latter case, of an

obligation under a peremptory norm, which can reasonably be evoked at least with regard to the massacres of civilians.

What is in fact in question is not the exercise of jurisdiction for preventing the breach of an obligation under a peremptory norm or for obtaining the cessation of the breach, but a judicial remedy for the reparation of the injury caused by the alleged breach. It would be difficult to maintain that the obligation to provide reparation of a breach of an obligation under *jus cogens* is also set forth by a peremptory norm.

Thus, for example, while Article 91 of Additional Protocol I to the Geneva Conventions of 1949 considers that "[a] Party to the conflict which violates the provisions of the Conventions or of this Protocol shall, if the case demands, be liable to pay compensation", the commentary by the International Committee of the Red Cross observes that "[o]n the conclusion of a peace treaty, the Parties can in principle deal with the problems relating to war damage in general and those relating to the responsibility for starting the war, as they see fit" (C. Pilloud, J. de Preux, Y. Sandoz, B. Zimmermann, P. Eberlin, H.-P. Gasser, C.F. Wenger, *Commentary on the Additional Protocols of 8 June 1977 to the Geneva Conventions of 12 August 1949*, 1987, p. 1055).

While the obligation of reparation can hardly be viewed as an obligation under a peremptory norm, the fact that the alleged breach concerns an obligation of *jus cogens* may have some relevant consequences. Article 41 of the ILC Articles on Responsibility of States for Internationally Wrongful Acts lists some consequences of a serious breach by a State of an obligation under a peremptory norm of general international law that are additional to those following from an ordinary wrongful act. Paragraphs 1 and 2 enumerate some specific consequences and paragraph 3 refers to "further consequences that a breach to which this chapter applies may entail under international law". While the issue of jurisdictional immunity has not been mentioned either in the text of the article or in the related commentary, a restriction of immunity could well be regarded as an appropriate consequence which would strengthen the effectiveness of compliance with the obligation to make reparation. This would contribute to removing doubts about the lawfulness for a State of exercising its jurisdiction in the "grey area" of injury caused by military activity of a foreign State on the territory of the forum State. In other words, even if immunity covered in general claims regarding damages caused by military activities in the territory of the forum State, it would not extend to claims relating to massacres of civilians or torture in the same territory.

11. It would be more difficult to infer from the nature of the breach a restriction of the jurisdictional immunity of foreign States that would cover injuries caused by a foreign State wherever they occur.

This conclusion was suggested by a minority opinion in the European Court of Human Rights in *Al-Adsani* v. *United Kingdom* and by the Italian *Corte di Cassazione* in a number of judgments, especially those in *Ferrini* (judgment of 11 March 2004, No. 5044; English translation in *ILR*, Vol. 128, pp. 668-669) and in *Milde* (judgment of 13 January 2009, No. 1072). Also a decision by the French *Cour de Cassation* in *GIE La Réunion Aérienne* c. *La Jamahiriya Arabe Libyenne* (9 March 2011, case 09-14743) pointed to the existence of a restriction of immunity when a claim concerns reparation of the breach of an obligation under *jus cogens*, provided that the breach consists in a positive conduct of the foreign State.

The European Convention on State Immunity and the UN Convention do not lend support to this view, because they do not establish any exception to immunity which is based on the nature of the obligation breached by the foreign State.

In 1999 the denial of jurisdictional immunity with regard to claims "in the case of death or personal injury resulting from acts of a State in violation of human rights norms having the character of *jus cogens*" was considered by an ILC working group chaired by Mr. Hafner as a "recent development" which the working group took the initiative of highlighting, suggesting to the General Assembly that it "should not be ignored" (*Yearbook of the International Law Commission*, 1999, Vol. II, Part Two, p. 172). The report of the Chairman of the GA Working Group (again Mr. Hafner) found that it did not "seem advisable to include this matter among the issues to be covered by the forthcoming considerations on the topic" (A/C.6/54/L.12, p. 9, para. 67). This cannot be taken as a total rejection of the suggested exception.

It is to be noted that the ILC working group had referred only to two decisions restricting State immunity, both based on the United States *Anti-Terrorism and Effective Death Penalty Act of 1996*. This had amended the *Foreign Sovereign Immunity Act* in order to restrict immunity of foreign States with regard to claims for damages caused by acts of torture, extrajudicial killings and some other acts wherever committed, but only if these acts had been committed by a foreign State designated by the Secretary of State as a State sponsor of terrorism and if the claimant or victim was a national of the United States. Given these conditions, the United States Act is not indicative of the existence of a possible exception to immunity based on the nature of the obligation under international law which is at the origin of the claim.

What appears more significant for that issue is that none of the legislative acts referred to above in paragraph 3 contains any reference to a similar exception.

The matter was thoroughly debated in the European Court of Human Rights in *Al-Adsani* v. *United Kingdom*. By a majority of nine votes to eight, the Court stated that it did not

> "find it established that there is yet acceptance in international law of the proposition that States are not entitled to immunity in respect of civil claims for damages for alleged torture committed outside the forum State".

Also the Ontario Court of Appeal stressed in *Bouzari and others* v. *Islamic Republic of Iran* (judgment of 30 June 2004, *ILR*, Vol. 128, p. 605) the distinction according to the place where the injury occurred. While implicitly acknowledging the applicability of the "tort exception" provided by Canadian legislation, this Court said that: "practice reflects the customary international law principle that state immunity is provided for acts of torture committed outside the forum state …".

The Constitutional Court of Slovenia (judgment of 8 March 2001, case Up-13/99) found that there was a "trend", but no

> "rule of international customary law, which would in the case of violations of the cogent norms of international law in the area of human rights protection as a consequence of state activities in the framework of *iure imperii* … allow Slovenian courts to try foreign states in such cases".

The Court was here considering an activity which had occurred on what had become Slovenian territory.

A similar approach was taken by the German *Bundesgerichtshof* in a judgment of 26 June 2003 when it was faced with the request to enforce the Greek judgment on the merits in the *Distomo* case (English translation in *International Legal Materials*, Vol. 42 (2003), p. 1033).

A flat rejection of the existence of an exception to immunity covering claims for breaches of obligations under peremptory norms was expressed by the House of Lords in *Jones* v. *Ministry of Interior of the Kingdom of Saudi Arabia* ([2007] 1 *AC* 270). This judgment concerned a claim relating to an act of torture that had taken place outside the territory of the forum State.

If one takes into consideration all these elements of practice, one has to reach the conclusion that the nature of the obligation under international law which is at the origin of the claim does not per se provide sufficient evidence that jurisdiction may be exercised over foreign States in case of a claim for reparation for the breach of an obligation under a peremptory norm wherever committed. On the other hand, one cannot infer from this practice that the nature of the obligation breached negatively affects the applicability of the "tort exception". It would indeed be extraordinary if a claim could be entertained on the basis of the "tort exception" when the obligation breached is of a minor character while this exception would not apply to claims relating to breaches of obligations under peremptory norms.

12. The application of the criteria above would have required the Court to examine in greater detail, in relation to the facts of each case, the various decisions of Italian courts to which the Application of Germany refers. This should have led the Court to conclude that, at least for certain decisions of Italian courts, the exercise of jurisdiction could not be regarded as being in breach of an obligation under general international law.

(Signed) Giorgio GAJA.

Völkerrecht, Europarecht und Internationales Wirtschaftsrecht

Herausgegeben von Peter Hilpold und August Reinisch

Band 1 Florian Razesberger: The International Criminal Court. The Principle of Complementarity. 2006.

Band 2 Christian Wimpissinger: Steuerliche Verlustverrechnung nach EG-Recht. 2006.

Band 3 Christina Knahr: Participation of Non-State Actors in the Dispute Settlement System of the WTO: Benefit or Burden? 2007.

Band 4 Daniela Kröll: Toward Multilateral Competition Law? After Cancún: Reevaluating the Case for Additional International Competition Rules Under Special Consideration of the WTO Agreement. 2007.

Band 5 Georg Nolte / Peter Hilpold (Hrsg.): Auslandsinvestitionen – Entwicklung großer Kodifikationen – Fragmentierung des Völkerrechts – Status des Kosovo. Beiträge zum 31. Österreichischen Völkerrechtstag 2006 in München. 2008.

Band 6 Irmgard Marboe: Die Berechnung von Entschädigung und Schadenersatz in der internationalen Rechtsprechung. 2009.

Band 7 Peter Neumann: United Nations Procurement Regime. Description and Evaluation of the Legal Framework in the Light of International Standards and of Findings of an Inquiry into Procurement for the Iraq Oil-for-Food Programme. 2008.

Band 8 Kirsten Schmalenbach / Wolfgang Benedek (Hrsg.): Von Terrorismusbekämpfung bis Klimaschutz. Beiträge zum 32. Österreichischen Völkerrechtstag 2007 in Altaussee. 2008.

Band 9 Stephan Wittich / August Reinisch / Andrea Gattini (Hrsg.): Kosovo – Staatsschulden – Notstand – EU-Reformvertrag – Humanitätsrecht. Beiträge zum 33. Österreichischen Völkerrechtstag 2008 in Conegliano. 2009.

Band 10 Peter Hilpold (Hrsg.): Das Selbstbestimmungsrecht der Völker. Vom umstrittenen Prinzip zum vieldeutigen Recht? 2009.

Band 11 Peter Hilpold / Christoph Perathoner (Hrsg.): Immigration und Integration. Völkerrechtliche und europarechtliche Antworten auf eine zentrale Herausforderung der Zeit. 2010.

Band 12 Claudia Alfons: Recognition and Enforcement of Annulled Foreign Arbitral Awards. An Analysis of the Legal Framework and its Interpretation in Case Law and Literature. 2010.

Band 13 Peter Hilpold / Walter Steinmair / Christoph Perathoner (Hrsg.): Rechtsvergleichung an der Sprachgrenze. 2011.

Band 14 Werner Schroeder / Jelka Mayr-Singer (Hrsg.): Völkerstrafrecht, Rechtsschutz und Rule of Law. Das Individuum als Herausforderung für das Völkerrecht. Beiträge zum 34. Österreichischen Völkerrechtstag 2009 in Tramin/Südtirol. 2011.

Band 15 Werner Petritz: Vor dem Aus? Der Vertrag über die Nichtweiterverbreitung von Kernwaffen. Funktion und Relevanz anhand zweier Beispiele. 2012.

Band 16 Kirsten Schmalenbach (Hrsg.): Aktuelle Herausforderungen des Völkerrechts. Beiträge zum 36. Österreichischen Völkerrechtstag 2011. Unter Mitarbeit von Lando Kirchmair. 2012.

Band 17 Ruth Steger: Staatenimmunität und Kriegsverbrechen. Das IGH-Urteil im Verfahren Deutschland gegen Italien vom 03.02.2012. 2013.

Band 18 Christoph Vedder (Hrsg.): Völkerrecht 2012. Richterliche Praxis und politische Realität. Beiträge zum 37. Österreichischen Völkerrechtstag 2012. Unter Mitarbeit von Manuel Indlekofer. 2013.

www.peterlang.com

www.ingramcontent.com/pod-product-compliance
Ingram Content Group UK Ltd.
Pitfield, Milton Keynes, MK11 3LW, UK
UKHW021237031026
15588UKWH00001B/128

9 783631 643372